国家社科基金项目"江南地区古今游具的设计美学研究"（12BZX087）结题成果

（评级良好）

嘉兴学院人才引进科研启动资金资助成果

浙江省高校中青年学科带头人学术项目成果

江南地区古今游具的设计美学研究

◎ 秦菊英 著

ZHEJIANG UNIVERSITY PRESS
浙江大学出版社

图书在版编目（CIP）数据

江南地区古今游具的设计美学研究 / 秦菊英著. —
杭州：浙江大学出版社，2022.6
ISBN 978-7-308-22421-5

Ⅰ.①江… Ⅱ.①秦… Ⅲ.①旅游商品—设计—艺术
美学—研究—华东地区 Ⅳ.①F762.7 ②J528

中国版本图书馆 CIP 数据核字（2022）第 047695 号

江南地区古今游具的设计美学研究

秦菊英 著

策划编辑	吴伟伟	
责任编辑	陈思佳(chensijia_ruc@163.com)	
责任校对	宁 檬	
封面设计	刘依群	
出版发行	浙江大学出版社	
	（杭州市天目山路 148 号 邮政编码 310007）	
	（网址：http://www.zjupress.com）	
排 版	杭州青翊图文设计有限公司	
印 刷	杭州高腾印务有限公司	
开 本	710mm×1000mm 1/16	
印 张	24.5	
字 数	450 千	
版 印 次	2022 年 6 月第 1 版 2022 年 6 月第 1 次印刷	
书 号	ISBN 978-7-308-22421-5	
定 价	88.00 元	

前　　言

　　"驾言出游,日夕忘归。"游赏山水,放浪自然,不仅是文人骚客捐世俗、去世累、追慕精神家园的志趣,也是世俗男女感时应物、豁达世情的重要生活方式。古往今来,无不如是。江南民风淳朴,山水清丽,自古及今为游人青睐。而外出游历时,助游兴、免劳顿、增品位的游具(旅游用具,明人小品等著述中该词频现)至为重要。

　　"游具"一词被广泛关注是在明朝。晚明前,几乎只有士大夫与贵族阶层能够从事休闲旅游活动,晚明时,庶民旅游渐成风尚。大众旅游活动的普及与其娱乐性冲击了士大夫的旅游文化。为区分自己与一般人在身份地位上的不同,他们致力于将休闲消费改造为一种文化象征,将地位认定的物品——"游具"——推陈出新,并且塑造出特异的旅游品位——"游道"。游具成为身份象征和品位塑造的物化,一些文士又发展出了一套关于游具的论点。高濂的《遵生八笺》、屠隆的《游具雅编》、文震亨的《长物志》系统地说明了游具的种类、功能乃至其制作、审美。游具设计在我国具有深厚的文化底蕴和地域特色。

　　现今,户外运动旅游用品的内涵与游具概念一致,它也是本书的研究对象。目前,国内游具设计及其审美相对贫乏,并对国外存在依赖。作为中国传统文化的重要组成部分,古代游具丰厚的设计美学并没有得到良好传承,古今游具设计美学存在断层问题。本书的研究呼唤人们对传统游具设计美学的研究和关注,以促进当今国内游具设计和审美的研究。

　　本书主要分为三大部分,第一部分为古代江南地区游具的设计美学研究。这部分主要运用历史资料,从先秦、秦汉、魏晋南北朝、隋唐、宋元、明、清及民国相继展开,结合历史地理学和政治地理学的地域研究方法定义这些历史时期的"江南",继而研究这个"江南"和一定辐射区域内的游具设计美学。第二部分为江南地区当今游具设计美学研究。当今江南地区的游具设计美学存在两个突出的问题:一是随着区域融合的加速,江南的区域特色已经不那么明显,当然游具设计美学也几乎失去区域特色;二是由于古今游具设计美学断层现象严重,江南地区的游具设计美学也几乎失去了传统文化特色。在这种情况下,我们展开了对江浙沪这些江南核心区域内当今游具生产、销售和使用的扎扎实实的调查、分析与研究,收集资料,制作图表,结合一些重要且典型的游具进行实证研究,并对比国外案例进行分析,做出思考,以期启发国内游具业界对游具设计美学的更多关注。第三部分为江南地区传统游具设计美学的传承与流变。这部分阐述以实证和精研相结合的研究方法为主,采取的是总、分的写作手法,先是阐述游具设计美学守护、传承与发展、流变的辩证统一关系,继而以江苏、浙江为主要研究区域,以典型的案例作为实证研究,探讨古今游具设计美学守护、继承与发展、流变的种种途径,并力图上升为一种启迪方法和策略。这里,我们并没有纳入上海,因为直至清末,上海仍然是作为江苏省松江府的辖区存在的。

总而言之,通过对古今游具设计美学的研究,可以得出四个基本观点:第一,传统社会注重纵向的继承;第二,近现代社会侧重的是横向的依傍;第三,古今游具设计美学之间存在断层;第四,融合传统文人游具设计的审美意识和文化品位,学习国外先进的技术美学,是推动当今游具设计审美和游具产业健康快速发展的重要举措。这也是贯穿本书始终的主线和思考。游具设计美学作为中华文化的重要组成部分,与中国社会整体的发展脉络是基本一致的。倘若当今国内游具设计美学既能师习国外的技术美学,又能较好吸收传统设计美学的文化营养,充盈光辉,那么何患国内游具业的发展不敌国外?

目　　录

第二部分 江南地区当今游具设计美学研究

第三部分 江南地区传统游具设计美学的传承与流变

绪　论

一、相关问题阐释

(一)江南的界定:何处是江南?

江南在我们的印象中似乎约定俗成,然而,当我们翻开史册,当我们对话不同的专业人士、社会人士,江南的定义却变得迥然不同,与大多数人印象中的江南相去甚远。近年来,关于江南在哪里的问题,引起了许多学者、媒体的讨论,甚至CCTV《人文地图》栏目、《中国国家地理》杂志都展开了"何处是江南"的大讨论,历史学者、地理学者、气象学者、经济学者、语言学者、文化学者各有不同的回答。地理学者指出,江南指的就是江南丘陵;气象学者认为,江南就是绵绵梅雨所覆盖的地区;语言学者认为,江南就是吴方言覆盖的地方;文化学者认为,江南是一种理想化的文化情结,江南并不是江南实际的样子,而是我们希望江南应该有的样子;历史地理学者认为,江南是一个变动的概念,它经历了伸缩的过程。古今中外各个领域的学者关于江南的说法纷纭歧出,关于这一没有明确边界地区的界定从来没有统一过。

综合而言,江南有广义和狭义两个内涵。广义的江南指的是宜昌以东、长江以南、南岭以北的广大区域。狭义的江南指的是以江苏南部、浙江北部为核心的长江以南地带,包括皖南、赣东北等地。长江缘北的扬州,因其经济、文化等与江南核心地区非常相似,以及历史沿革等原因,也被看作是文化意义上的江南地区。综合这些因素,定位历史上江南文化核心地区,本书展开关于江南地区古今游具的设计美学研究。

(二)相关"旅游"概念的定义

旅游有广义和狭义之分。狭义的旅游是指以休闲、度假、游览为主要目的的游览观光活动。广义的旅游是指不完全以游览观光为主要目的,但又包含游览观光内容和内涵的带有事务性质的旅游活动。[①] 以此而言,中国人对于旅游行为的界定和概括,最早并不是使用"旅游"这一双音节词,而是"旅"、"游"、"行"等一系列单音节字。用这些字来概括旅游,可以追溯到上古时期。周代金文已出现"旅"字,商代甲骨文中也已出现"游"、"行"字。[②] 学界一般认为,"旅"、"游"这两个单音节字结合形成"旅游"一词,是在魏晋南北朝时期。南朝梁代沈约《悲哉行》中的"旅游媚年春,年春媚游人"为迄今始见。"旅游"一词虽然出现较晚,但"'旅游'这一概念的产生和运用,在我国至少可以追溯到 3100 年之前,或许 4100 年前,《周易》是最好的例证。在其六十四卦中,就有'观卦'和'旅卦'两词,它们正是我国最古旅游概念的标志。'观卦'说:'必观国之光,利用宾于王。'又说:'观国之光,尚宾也。'这两处'观国之光'就是后世'观光'一词的出典。'观光'一词当今几乎成了'旅游'的同义词"。"'观卦'、'旅卦'两卦有力地证明,早在三四千年前,华夏祖先已经懂得了旅游的意义。"[③]

(三)"游具"释义

"游具"一词的出现和广泛使用是在明朝,其中以屠隆的《游具雅编》、高濂的《遵生八笺·游具》的传播尤著,游具、食具这些精悍的词语如今稀少出现,这当然与传统文化的没落相关,我们姑且不论,毕竟中华文化一脉相承,理解起来也不难,何况不惧望文生义。可是,其内涵的界定就较难了。白居易《东归》:"翩翩平

---

① 王福鑫:《宋代旅游研究》,河北大学博士学位论文,2006 年,第 1 页。
② 谢贵安、谢盛:《中国旅游史》,武汉大学出版社,2012 年,第 545 页。
③ 范能船:《先秦旅游文化散论》,《社会科学》,1991 年第 12 期,第 56 页。

肩舆,中有醉老夫。膝上展诗卷,竿头悬酒壶。……风将景共暖,体与心同舒。始悟有营者,居家如在途。方知无系者,在道如安居。……"诗文不仅描绘了春和景明之日外出游历的体舒神怡,还抛出了"居家如在途"、"在道如安居"的感悟,也间接说明哪些用具是在途所持,哪些为居家所用很难区分。苏轼《定风波》"竹杖芒鞋轻胜马,谁怕? 一蓑烟雨任平生"中的蓑衣、竹杖、芒鞋,不仅是风雨行旅中的日常用具,也是古代司空见惯的游历必备的游具。宋人冯时行"芒鞋竹杖祇相宜,"……归作东游五胜诗"、陈著"芒鞋又办游山计"、方回"芒鞋未往意先飞"等脍炙人口的诗句也将这些用具指向游具的意象。纵然是《游具雅编》等游具专著,亦难将"药篮"、"棋篮"的旅途与家居之用截然分开,何况"坐垫"、"衣匣"又如何分清家里屋外? 所以,我们所能凭借的依据只能是:第一,大众普遍认可的;第二,《游具雅编》等古籍里业已认可的;第三,外出游历必备或出现概率较大的。语言似乎不够严谨,但相信作为人文研究的学者们定会认同人文研究的弹性、软性,它的研究对象毕竟不同于自然科学,人文学科注重的是创建性的探讨过程和非固定的结论,相对而言更感性、更主观。

二、研究现状、目的和意义

(一)研究现状

本书是对于本人前期研究"浙江区域特色的游具设计与策划"的深化和拓展,这方面最初的研究是受中国艺术研究院的小论文《古代文人的游兴与游具设计》的启发。文章思想的新颖性、独特性启发了我。置身于阳明知行合一哲学思想和浙派实用哲学思想影响根深蒂固的这块土地,赋予传统游具的设计美学以现实意义和区域特色想来也是很自然的事了。思想形成,返身研究,首先是对国内外同类研究工作现状的关注。遗憾的是,以"游具"(旅游用具,明人小品等著述中该词频现)为主题、篇名抑或关键词的研究,仅有上述小文。延伸查找,也只偶见张嘉昕的《明人的旅游生活》中谈及明人出游的简单游具("第五章旅游的交通工具"),巫仁恕的《晚明的旅游风气与士大夫心态》稍有对明人出游工具的描写。另外,南京艺术学院巩天峰博士的《"逸乐"与"尚奇":从游具看晚明文人造物设计心态》;苏州大学魏向东教授的《晚明游具及其特征》;北京服装学院陈芳老师的《晚明的游具设计研究——以〈考槃余事〉为例》,孟晖老师的《携得叠桌好逸游——乾隆的活腿文具桌》、《算袋与诗筒》,扬之水先生的《一担风雅——提匣与行具》等零星涉及对古代游具的研究。这些研究成果为本书研究的展开奠定了一定的基础,但也存在些许不足:一是缺少系统性的研究;二是研究对象主要集中在晚明;三是尚缺从美学角度切入的研究;四是对古为今用的研究或缺。

以"traveling tool"检索,亦无相关研究。

(二)研究目的和意义

基于目前的研究状况而言,本书的研究多为相关游具的原创性研究,或者说是对相关游具进行系统性研究空白的填充。原因大抵是:第一,做旅游的多着力于旅游纪念品设计、审美研究,做产品设计的又对旅游用具的相关研究触及不多,那么我们这些做设计美学研究的学者似乎责无旁贷了;第二,自晚明旅游形成风尚,研究游具设计审美者在封建社会里仅限于那些衣食无忧而又独善山水风雅的文人士大夫,而今游具(现为户外运动旅游用品)在国内发展水平尚不高,国产自主品牌相对较少,代加工企业成为行业发展的主流,户外行业中高端品牌几乎均为国外品牌,那么推进实用、美观且富含文化气质的国产游具占领国内市场,进军国际领域,不仅成了我研究的动力,更是此研究的重要目的。虽然目前相关研究尚未引起学界更多关注,但此研究的迫切性、重要性却日渐突出,希望本书能够起到两点作用:一是引起学界对相关研究的共鸣,扩充实用美学的研究范畴,是以抛砖引玉;二是借此促进我国游具业的发展,让实用而美观的具有江南区域特色的游具设计、审美文化创意为业界所重视并形成气候,这不仅能为人们游赏山水带来便捷,对于江南地区经济的繁荣、文化的丰富,意义尤深。

三、研究方法

(一)定性与定量相结合的研究方法

本书采用定性分析方法中的历史研究法、文献资料法、深入访谈法、参与观察法等方法确立基本框架,展开全方位的"有根据的理论"研究。本书通过定量研究中的深入调查法、统计法等方法获得相关第一手资料,对这些资料进行数据分析、图表制作,并对研究的严密性、客观性和价值中立性提出了严格的要求,以求研究的实事求是和客观中立。

(二)跨学科的研究方法

本书研究范畴涉及设计艺术学、美学、历史学等领域,因而本书从设计艺术学和历史学的学科视野进行行文的观照,以游具设计美学的发生特质和重大历史背景作为分期的依据与参照,展开纵向的对演化规律的探索和横向的对结构模式的研究,力图追求表层的丰富性与深层的逻辑性相结合。

(三)比较分析的研究方法

在定性和定量研究的基础上,本书对一些重要的问题进行比较分析、对比论证,在具体的比较分析研究中,力避片面狭隘,追求一种整体的观照和个体的客观性,把握其中的共性和差异性。

四、学术价值、应用价值和创新之处

(一)学术价值

本书不但弥补了传统游具设计美学的系统性研究,以及现代户外旅游用具的设计美学、传统游具在当今的传承与流变等方面研究的空白,更形成了对古今游具设计美学及其传承与流变的系统性研究,并提出了具有针砭意义的见解:传统游具的设计美学不唯供审美,更可以滋养我国当今游具的审美性、文化创意性设计。可以说,本书研究走在了相关研究的前沿,为相关研究提供了很好的借鉴意义和资料来源,为国内相关户外行业的发展提供了思考价值和参考意义。

(二)应用价值

游具的设计是一种基于应用的艺术创造活动,与这种功能特征紧密相伴的是其审美性,即设计美学。对于这种极富实用价值和现实意义的实用美学进行研究,能够有效引导游具设计与实用设计美学的健康发展。在当今高端旅游用具较大份额被国外品牌占领的情形下,我们的研究和在此基础上即将展开的推广,实则有助于国产游具健康有力地发展,进而掌控本土市场,挺进国际领域。

(三)创新之处

1. 视野视角的创新

本书运用成熟的历史学、美学等多学科的研究方法对江南地区古今游具设计进行了审美研究。

2. 研究思想的创新

本书将抽象的美学理论与具象的审美创意相结合,启迪设计审美,拓展实用美学领域,助力游具设计和美学的发展。

3. 研究方法的创新

本书运用 SPSS 对江浙沪地区游具生产、销售、使用情况进行了深度和信度较好的图表分析。

4. 研究内容的创新

本书通过对古今游具设计美学全面、深入的系统性研究,弥补了国内外研究在这方面的不足,是一种真正意义上的开拓性研究。

五、主要建树和尚需深入研究的问题

(一)主要建树

首先,本书的研究是原创性前沿研究,为相关研究提供了一定的借鉴意义和丰富的资料来源。其次,游具的设计是一种基于应用的艺术创造活动,与这种功能紧密相伴的是其审美性,即设计美学,本书对于这种极富实用价值和现实意义的实用美学进行研究,拓展了实用美学领域。最后,这种目的明确的研究为国内相关户外行业的发展提供了思考价值和参考意义,能够有效引导游具设计与实用设计美学的健康发展。

(二)尚需深入研究的问题

第一,由于"江南"这一概念的变迁限定,我们尚难对江南地区传统游具进行类型化的梳理研究。以类型化的形式展开尝试性研究,将是我们以后进行研究的重点。

第二,对当今游具设计审美的提炼和技术美学的把控等也是未来研究的重点与需要攻克的难点。

第一部分

古代江南地区游具的设计美学研究

第一章　先秦时期江南地区游具的
设计美学研究

一、先秦的时间范围

史学界的先秦,是泛指秦王朝之前的所有阶段,还是专指其之前的文明时期,并无定论。而前者跨度内的史前史阶段,在过往研究中,虽因田野考古的兴起而获得了诸多实证,终因缺乏史书等文献可据,常被多方排斥。

对于先秦文明史起始时间的界定,国外考古学家认为,中国目前所能证明的最早文明社会只能是商、周。《最初的文明:文明起源的考古学》中提到,"克拉克洪的文明社会标准是'五千以上居民的城市、文字、复杂的礼仪中心',三项必须具备两项才能成为古代文明"①。依据这一标准,都城需要有卫星城市的围绕,礼仪需要宗教、仪式和具有象征性的器物,而夏朝至今只发现两座城,没有中心城市和卫星城市的概念,也没有发现文字。当然,先秦典籍《尚书》、《左传》、《墨子》、《楚辞》以及晋朝汲县出土的战国竹简《竹书纪年》中都有夏朝历史的叙述,如《左传·襄公四年》、《左传·哀公元年》、《逸周书·尝麦解》中皆记载了夏太康失国、少康中兴一事。汉朝《史记·夏本纪》也记载,夏朝传国 14 代、17 代后(夏朝统治者称"后"),同时,"自《史记》中商史被确认后,史学家相信,同

---

① 转引自张光直:《商文明》,辽宁教育出版社,2002 年,第 23 页。

样被《竹书纪年》所记载的夏朝历史也和商朝历史一样具有可信性"①。此外,徐旭生、苏秉琦、邹衡等考古学家、历史学家也认为,虽然凭目前之力,尚难以辨认夏王朝的都城及其文化遗迹,但龙山文化和二里头文化皆与传说中的夏朝时间相当,夏朝是明确存在的。

将夏朝视为研究起点,有助于为史前到商周时期器物风格的转变找到过渡,探源中国器具的文化传统。且夏、商、西周具有相似的社会环境和文化背景,其更迭实际上是各原始部落后裔之间的争夺,因而相因沿袭,社会意识连贯,这深度影射在器物之上,其风格连贯,气质统一。但是,对于本书而言,被视作夏文化存在证据的早中期、晚期遗存——龙山文化晚期和偃师二里头文化一、二期——皆处于黄河流域,属中原文化,和长江以南的文化关系甚微,彼时江南的器物实证并不丰富,且难以界定。商朝江南的器具已有较丰富的遗存,以江西清江吴城和新干大洋洲为典型,商朝吴越文化的分布地区也主要在长江以南。春秋、战国是礼崩乐坏的政治变革时期,也是思欲多变、人性活跃的社会生活阶段,致使出游类型和数量都广为增加,游具因而也增多起来,故而本章以商、西周至春秋、战国时期为研究的主要时间范围。在具体时间上,2000 年 11 月 9 日,"夏商周断代工程"正式公布了《夏商周年表》,其中的夏商分界大约在公元前 1600 年,商周分界定为公元前 1046 年,此间隔是本章研究的第一阶段;春秋战国的年代说法不一,本书依据《史记·六国年表》,视公元前 770 年周平王东迁洛邑为春秋开始,故而公元前 1046 年至此为本章研究的第二阶段;公元前 477 年为春秋结束,公元前 476 年(周元王元年)为战国开始,公元前 221 年秦朝建立,至此,春秋战国结束,是为本章研究的第三阶段,也是研究的重要时期。

---

① 北京大学历史系考古教研室商周组:《商周考古》,文物出版社,1979 年,第 137 页。

二、"江南"的地理界定

"江南"这一地理概念的提出晚至唐代的"江南道",在不同的历史时期,不同的人文领域,对其细划的方法又有所不同。现代先秦的"江南"研究中,地域的界定仍旧众说纷纭。大多数以中原各国为论述立场的先秦古籍中,述及的"江南"之"江"却不一定指长江,"江"是南方世界最显著的标志,常与"江"并提的河流有江淮、江汉、河济江淮。至于"江水"以南,当时中原人士还是知之甚少,故而不会细做区分。与此相对照的,就是《楚辞》中出现大量江南河流名称。春秋战国时期,青铜器铭文也有出现"江"字,如"江汉之阴阳"等。

由表 1-1 可知,春秋战国时期的"江南",其范围可从汉水西岸直至长江中下游南岸或更南的地区。春秋时,以汉水为"江",江南的位置偏北一些;战国时,长江成为重要分界线,江南范围则向南移动了不少。此外,《战国策·楚策》中出现了"江东"一词,指春秋时期吴地。越灭吴后,尽有其地,即以长江下游以南的太湖平原北部和宁镇丘陵为主体,扩展到皖南的大部分丘陵,还有江北的苏北及淮南一部分地区,当时也被称为"江南",可能是楚人鉴于地理位置对吴越的称谓。

表 1-1　先秦文献中"江南"的大致范围①

文献时代	文献出处	相关地名	大致地点或范围
春秋	《左传》宣公十二年	俘诸江南	楚境
	《左传》昭公三年	田江南之梦	楚境,汉水西岸,离郢都不远
	《左传》昭公四年	复田江南	楚境,汉水西岸,离郢都不远
	《国语》卷十九《吴语》	越王军于江南	古松江南岸

---

① 黄爱梅、于凯:《先秦秦汉时期"江南"概念的考察》,《史林》,2013 年第 2 期,第 33 页。

续表

文献 时代	文献出处	相关地名	大致地点或范围
战国	《荀子·强国》	南有沙羡与俱,是乃江南也	沙羡,在今湖北武汉江夏区金口,在长江中游沿江南岸
	《楚辞·招魂》	魂兮归来,哀江南	包括汉代长沙郡罗县,今湖南省岳阳市,洞庭东南
	《战国策》卷八《齐一》	楚封田忌于"江南"	位置不明
	《战国策》卷三《秦一》	洞庭、五都、江南	含郢都在内的江汉之间,或今涪陵以东黔江下流之地
	《战国策》卷十四《楚一》	江南泗上	楚国长江以南部分
	《吕氏春秋·古乐篇》	周公遂以师逐之,至于江南	最远可至今长江下游宁镇丘陵一带

　　黄爱梅、于凯在《先秦秦汉时期"江南"概念的考察》中总结,先秦"江南"通常泛指"长江下游的江南地区",具体所指通常有"太湖流域和宁绍平原"、"宁镇区与太湖区"、"皖南、宁镇、太湖地区"三种不同的观点。李希霍芬在《中国》一书所绘中国地图的注释中说明其是参考《周礼》绘制的,因为目前学界普遍认为《周礼》的成书年代在春秋战国或其以后时期,此图可认为是春秋战国时期的国家范围图。这一范围中,长江中下游横跨长江南北的主要方国和本章限定的江南范围基本吻合,即楚国南部、徐国南部、越国、蔡国等(尽列商周不同时期江南不同的方国名称)。与明清之际"江南"所指代的风景秀丽、渔樵耕读、文治教化之文化意义上的"江南腹心"地区相比较,这些方国为异军突起或逐渐强大的新势力,能引起中原中央王朝和周边国家的关注,或警惕其政治势力,或猎奇其地域文化,但又为中原所轻视,楚国国君朝觐周天子,不得进大殿即可为证。此时的江南与唐宋之后成为中原众人口中交相称赞、内心向往的所在,尚不可同日而语。而这些小国却依地利和国势,一面模仿中原的器具造型和纹饰,一面发展自己的地域文化,留下了丰富的器物遗存。

　　其中,楚国的江南版图虽然不大,但其开发江南的过程,也就是囊括、统一、融合南方群蛮、夷越等众多族系的过程,且楚族勇于披荆斩棘、犯艰历险的活跃力量对江南文化发展的推进很明显。江南深受楚国影响,将楚排除在江南之外,显然不妥。同时,类似楚国的一些方国地势辽阔,横跨长江南北,其器物风格相近,虽出土地点有长江南北之分,但难以一一证明其是否曾经迁徙,因此很难以一江将其二分。有些处于江北的地点,如扬州,和江南地区的人文地貌几乎相近,现代研究者也多将此类地点文化遗存视为江南文化。鉴于此,本章介绍具体游具时不以长江为绝对的界限,而是结合其地理和文化属性予以综合判断。本章"江南"的地理范围取长江中下游以南及局部江北近江区域,南岭、武夷山脉以北,即湘赣浙沪全境与鄂皖苏长江以南地区及其江北近江区域。

三、先秦时期"游"与"游具"的界定

中国作为大陆型文化的文明古国,合适的地理环境和长期稳定的自给自足农耕生活是促成中国古人安土重迁思想的主要原因。这种安居乐业、彼此隔绝的社会是排斥人们旅行交往的。老子言:"使民重死而不远徙。虽有舟舆,无所乘之……安其居,乐其俗,邻国相望,鸡犬之声相闻,民至老死不相往来。"这种安居乐业、邻国间老死不相往来之态正是时人追求的生活之最高理想——定居生活方式。历经石器时代长期的迁徙生活后,定居方式可促进生产发展,促成物丰人旺,但若长期闭门自守,则会使人目短识浅、停滞不前。居安思变,加之人性对声色视听皆有所求,出行的观念也经历了转变,游历既有必要,也是必需。步先民寻芳觅草、神农走遍山野尝百草之后尘,自商朝至战国时期,既有诸侯朝觐中央王朝之行,也有国卿名士为施合纵连横之术出使于列国之间,更有能人异士游仕他国以展平生抱负。如《越绝书》托孔子之口所言:"种见蠡之时,相与谋道:'东南有霸兆,不如往仕。'相要东游,入越而止。"伍子胥亦为逃亡和求仕而踏上征途,时人种种出行有增无减。先秦之"游"包含以上种种类型,促进了各地政治、文化、经济的交流。后世张骞出使西域、唐玄奘西天取经和郑和下西洋等推动社会进步之出行,难道非属这一传统之延续?

商周时期,石器时代的野外生活经验尚未丢弃,人们出行时,更多的是以行为主,游为辅,关心出行的顺利安全,旁及"游"的功能意义。孔子云:"不观于高

岸,何以知颠坠之患;不临于深渊,何以知没溺之患;不观于海上,何以知风波之患。"这也是视游为学习体验的工具。而其"知者乐水,仁者乐山。知者动,仁者静。知者乐,仁者寿"的旅游理论不仅"将山水与不同思想修养、气质特点、个性品格紧密联系起来,使山水人格化、气质化,凡是人具有的美德,都可以赋予山水,而且人可以于游览山水之中实现娱乐、长寿的目的。《论语》确实开创了我国人本主义的'比德说'的旅游观"。① 当然,后人寄寓山林,除境遇落魄者外,也有拓胸宽怀、更上层楼之目的。纯粹醉心山水的王公贵族也不乏其人,文献记载,先秦时期,贵族们外出一般历时长、旅途远,如:齐景公喜好游玩,不分春夏,到署梁去游玩狩猎,一去就是十八天;田成子到海上游玩,三月不归。交通、饮食和住宿等,都是长途旅行面临的基本问题。

先秦时期,游具的发展体现在交通工具和基本的生活用具上。商周时期,商纣王纵情声色于酒池肉林,高枕游阿,食具和日用器具都有所发展,食具中酒具颇多。春秋、战国时期,较之于商和西周,社会动乱,有利于军力增强的交通工具,诸如车舆、舟船等,皆大为繁荣。

四、游具设计美学研究

韩非子所言之"瓦卮之争",折射了先秦时期重实用、轻技巧之观念,以此实用目的为分类依据,可将游具分为饮食器具、交通工具、装备配件、衣履冠饰等。明朝屠隆所著《游具雅编》中提到的"笠、杖、鱼竿、舟、药篮、衣匣、叠桌、提盒、提炉、备具匣、酒尊"等专属游具,在先秦时期也可部分得到源流考证。

游具按材质分则主要有青铜器、漆器、陶瓷器等类型。大约在商朝中期,长江中下游各地区几乎同时开始铸造铜器,其青铜文化与中原近乎同步,比较繁荣的有江西清江吴城、湖南宁乡等商文化方国和区域。吴越青铜文化发源早自先吴时期的土著民族青铜文化,至春秋、战国时期,吴越青铜文化迅速发展,随着江南政治中心转移至吴国,江南青铜文化重心也转移至此,直至被越所灭。

---

① 范能船:《先秦旅游文化散论》,《社会科学》,1991 年第 12 期,第 59 页。

丹徒大港烟墩山、武进淹城内城河、安徽屯溪古墓都集中出土了大批吴越文化式的青铜器。

商朝和西周时期的江南也分布着一些印纹陶文化,商朝奴隶的生活器具多为灰陶器,但奴隶出行多为随从,其用具品质难以让人称道。春秋时期,江南东部的吴越地区也分布有相当一部分印纹陶。釉陶即原始瓷,也于商朝萌芽,而且萌生在江南,如浙江上虞已发现商朝的青瓷窑址,有尊、罐、豆等简单的器形,西周、春秋、战国时期有所发展,其在行途中的使用就值得一窥了。

漆器大多数为实用品,迄今发现最早的木胎漆器为朱漆的碗和圆筒,出土于浙江东部宁绍平原的河姆渡,三代时期江南漆器的考古地点也已达几十处之多。战国时期,漆器制作工艺异军突起,成为漆工艺史上的第一个高峰阶段。其时最繁荣的楚国漆器分布虽以湖北江陵为最,但也包括湖南、安徽南部等区域,两湖地区为战国至汉代漆器出土最多处。

上述三类材质中,青铜器制作工艺复杂,价格昂贵,又笨重易锈蚀;陶瓷器易碎,且外表华贵不足;漆器则不但造型讲究,而且文彩奇丽。除了耗资巨大外,漆器对前两类扬长避短,既不易腐蚀,又结实轻便、耐热耐酸,既造型灵活,又色彩丰富,在先秦的楚国及其相邻地域,很快就发展得如火如荼。

各类材质游具的流行和使用有时间上的先后顺序,如商周时流行青铜器,兼用印纹陶、原始瓷,春秋战国时青铜器、漆器兼而用之,但青铜器呈弱化趋势,漆器较繁荣,比较有序。

(一)饮食器具

《周礼·地官》"凡国野之道,十里有庐,庐有饮食",言明西周时通往国都的主干道每隔十里,设置一庐,为行旅者提供饮食和休息场所,但这种场所一般只有周官吏方能享用,普通行旅者无权问津。或"第其时虽有客店,似不卖食,故客仍须自炊"[①]。所以这些人尚需根据自身所需携带数量、种类不同的饮食器具和日用器具,以维持旅途生活所需。《吕氏春秋》载战国时说客——燕人蔡泽——曾在前往韩、魏途中,被盗贼掠去锅盆也旁证了这点。这个时期所见饮

---

① 尚秉和:《历代社会风俗事物考》,江苏古籍出版社,2002年,第29页。

食器具有饪食器(炊具)、盛食器(食具)和酒具三类。

1. 炊具

先秦时期在江南出现的炊具主要有青铜器、陶瓷器和漆器等,其中青铜器为最主要。青铜炊具是否用于行途,仅可旁引曲证。浙江永嘉出土的麦方鼎为西周前期饪食器,长方体,高 16.4 厘米,口宽 14.5 厘米,口长 17.8 厘米,圆角,双附耳,平底,四蹄足,器表光素无纹,器内有铭文 3 行 29 字,大意为:十一月邢侯步至于麦所,赐之以铜,麦用此作鼎,以随从邢侯征行所用,并用来宴飨诸友。此器体积重量虽然取决于赐者提供的材料和受者的身份地位,但的确便于军旅途中置于怀中,体现了游具需便于收纳、携带的设计思想,验证了其可能用于旅途实用。事实上,军旅用具确实引领着某些普通行旅用具的发展。

2. 食具

江南食具中常见的有鼎、簋、豆、盨、盂等,按材质可分为青铜器、漆器、陶瓷等。这些盛食器,或造型、纹饰简化,倾力于实用,或组合成套,拓展实用功能,或改变造型,方便搬运携带,展现了利于收纳或安稳出游的变化趋势。江南地区的食具相较中原而言,形态上减少了森严秩序之感,更加亲和实用,甚至不乏标新立异之设计。从出土器物形制来看,漆器食具作为游具最为合用。

西周青铜鼎麦方鼎
(浙江省博物馆藏)

漆器食具以盛食器为主,有盘、钵、食具盒、勺、碗等,而其中明显具有游具特征的是漆器食具套盒。在长沙浏城桥 1 号墓出土的战国漆器食具套盒为目前发现最早的食具盒。战国曾侯乙墓出土有两套制作精美的漆器食具套盒,这两套食具盒非常讲究实用。"其中一件食具盒的盒内分为二格,每格套装铜盒、铜鼎各一件;另一件食具盒里装有铜罐和铜勺、三层盒、方形高筒盒和竹夹各一件。这两件食具盒内的容积都不大,而放置的器物较多,且各自有序,盒外近两端处各有拴绳的铜扣一个(共四个),若外出打猎、出征和远游,携带各种酒和食物是相当方便的。"①

湖北九连墩2号墓出土的战国中晚期便携式饮食器具盒,通高22.6厘米,长78.0厘米,宽23.6厘米,由整木凿成,呈长方形而圆其角,盖、器作子母口扣合。外饰黑漆,内髹红漆,盖两端雕刻成龙首,两端中部各有一龙嘴形柄。器物整体均饰浮雕卷云纹,盖面的四块减地方格内,髹以云纹。底部两端浮雕四龙足。器内分隔成4段6格,便于放置盘、壶和耳杯等成套餐具。其为楚国贵族外出游玩典型的便携式饮食器具。

从出土的食具盒来看,其组合之功、收放之美,节省空间、方便提运和整齐一律的特点,近延秦汉,远传明清(其时盛行的提盒、备具匣源头依稀可见),展露了适合出行的设计思想。

战国曾侯乙墓出土的漆器食具套盒
(湖北省博物馆藏)

湖北九连墩2号墓出土的战国时期便携式饮食器具盒

① 陈振裕:《战国秦汉漆器群研究》,文物出版社,2007年,第87页。

3. 酒具

商人好饮酒,且配有隆重的仪式,故酒器造型繁多,有诸如爵、斝、角、觚、觯、卣、觥、盉、尊、彝等近乎完备的各种器具。周人则禁酒,尤禁群饮,所以周时酒具反而没落。但出游时往往长途跋涉,大多带有离乡愁绪,正可借酒浇愁,忘却家园,以酒为乡。考古发现,江南青铜器中的尊等器物也常带修补斑痕,证明青铜酒器的使用率颇高,漆器酒具也很繁荣,陶瓷器也有出现。以下以江南地区适宜出行所用者为主。

提梁盉,温酒和调酒的器皿,有三或四足,可置于火上。绍兴出土的春秋战国时期越国青铜龙首提梁盉造型新颖别致,作为器物毕肖动物显然困难,但其局部的仿生依然使器物栩栩如生,轻盈灵动,别有江南地区特色。该地区出土的春秋战国时期越国原始瓷提梁盉造型明显源自青铜盉,但受制于原始瓷的材料,其装饰表达上明显不如青铜盉优美,不如青铜盉灵动。不过无论是青铜盉还是原始瓷提梁盉,从其造型上来看,其轻巧的外形、稳定的结构、合握的提梁等设计,已经很适合外出携游和身份标榜。

春秋战国时期越国青铜龙首提梁盉   春秋战国时期越国原始瓷提梁盉

尊,盛酒备酌的容酒器,在江南类型较多,比如大型垂腹尊、筒形尊、仿生尊等。其中,仿生尊在江南出土较多,造型相较中原灵动活泼、自由清新,如湖南醴陵出土的商晚期的青铜象尊、湖北荆州出土的西周时期的虎尊等。湖南醴陵青铜象尊高22.8厘米,长26.5厘米。该尊兼有实用和艺术价值。青铜象尊秀美典雅,躯体遍饰龙、凤、虎、兽面等纹饰,头鼻部分夸张处理,象鼻上凤鸟引吭歌唱,装饰手法浪漫优美,制作技艺精巧绝妙,造型特征玲珑生动。张开的嘴巴作为倒酒的流口,与中空的腹部相通,将动物的形体特征与器物的实用功能巧妙地结合在了一起,美观与实用高度统一。荆州西周时期的虎尊长35.0厘米,高21.8厘米。虎尊双目圆睁,虎嘴獠牙利齿,如在昂首呼啸,有虎虎生威之感。象尊、虎尊造型栩栩如生,颇有荆楚之地神秘浪漫的审美色彩,对于主人出门携游、享受美酒佳肴、标榜自我身份而言,都是不错的选择。

商代晚期青铜象尊
（湖南醴陵出土）

西周虎尊
（荆州博物馆藏）

　　如果说酒尊既可以作为游具携行,又可以作为燕居赏用,那么扁形酒壶更体现了方便外出携带的设计思想。战国中晚期湖北九连墩1号墓出土有桃形漆木扁壶平口铜箍,短颈,扁圈足,有盖,肩部有一对衔环铜铺首,黑漆为地,以红黄色彩绘变形蟠虺纹饰,因战国中后期漆器木胎变薄,为加固漆器,用金属扣器加固器口。是较早的扣器实物。类似实物还有九连墩2号墓出土的另一仿铜盛酒器漆木扁壶,只是大小、形制和纹饰方面有所区别,其工艺制作手法基本相同。轻巧的髹漆、悦目的纹饰、扁平的壶体、扣器加固的壶口等设计,无不体现出便利行旅的目的。

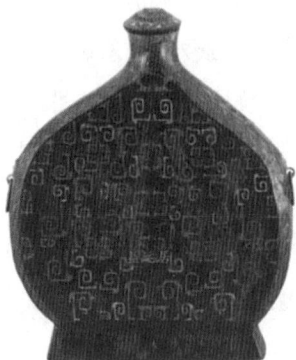

湖北九连墩 1 号墓出土的
桃形漆木扁壶

湖北九连墩 2 号墓出土的仿铜盛酒器
漆木扁壶
（湖北省博物馆藏）

耳杯(羽觞),饮酒器,多为漆器,有方耳、圆耳、弯月形耳等多种样式,还有双连杯。长沙出土的漆耳杯形制多样,如左家公山 15 号墓中出土的漆耳杯为椭圆形,木胎,是用整块木雕刻而成的,底部平且厚实,口沿部分较薄,外饰黑漆,底端用朱漆画边,杯内采取朱地黑绘,口沿及耳部则采取黑地朱绘,描绘有龙、凤、鸟等纹饰。杨家湾 6 号墓中出土的漆器制作工艺与之相同,也是椭圆形,但耳有半月形与方形之别,其中方形者形体较大,装饰花纹以四叶形纹、变形云纹和凤纹为主,且器底有烙印文字或符号。

　　"汉代漆器设计里,携带方便、清洁卫生的具杯盒和多子妆奁尤其精妙,但战国的酒具盒已经在表达同样的设计思想。"[1]江陵纪城 1 号墓出土的酒具盒内置一壶、二盘、三耳杯,内红外黑,器盖和器身分别用整木制作,以子母口扣合成器,器物外表浅浮雕卷云纹,两端有兽面纹浅浮雕,并各雕刻一短柄。湖北荆门包山 2 号墓出土的战国时期的方格云纹酒具盒,内置盘、壶各二,耳杯八只。盒里髹红漆,盒外髹黑漆,子母扣,盖面与器身两侧浮雕十字形交叉的方格纹四排,内填云纹的龙身鳞片,器身外侧下部两端浮雕云纹组成的龙足,十分精致。出土时酒具盒套装在一皮囊内,由皮革带捆扎结实。"尽管盒内的空间设计还欠紧凑,但清洁卫生、携带方便的目的已经实现,著名的汉代具杯盒和多子妆奁

---

① 尚刚:《中国工艺美术史新编》,高等教育出版社,2007 年,第 109 页。

就是对它的改进完善。""这个具杯盒以子母口扣合,两端柄设凹槽,可缠缚以利
携带。"①

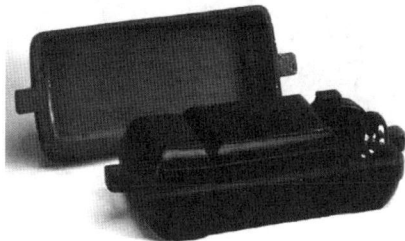

江陵纪城 1 号墓出土的卷云纹酒具盒
(湖北省博物馆藏)

荆门包山 2 号墓出土的战国时期方格云纹酒具盒外观及打开情景
(湖北省博物馆藏)

　　先秦时期,外出游玩几乎是贵族的特权,旅行赏玩和途中携行的器皿甚
至也成为一种奢靡炫耀。荆州市天星观 2 号墓出土的战国猪形木酒具盒,历
经两千多年的岁月洗礼,至今看来仍然十分华贵。不同于之前的几何形酒具
盒,该酒具盒为仿生型设计。全器为两怪兽合体,呈长椭圆形,由盖、身两部
分组成。盖两端各为一怪兽,形状相同,浮雕猪嘴圆眼,角上盘,耳后立,头部
有四个铜环捉手。全器外壁皆以黑漆为地,在其上用红、黄、银灰、棕红等色
绘龙纹、凤纹、云气纹以及乐舞、狩猎场景。内壁髹红漆。出土时器内装有数
件耳杯。

<hr>

　　①　尚刚:《中国工艺美术史新编》,高等教育出版社,2007 年,第 99 页。

荆州市天星观 2 号墓出土的猪形木酒具盒

先秦时期,江南地区的人们出于对游赏的爱好,制作了这些携行方便的酒具盒。这类酒具盒为楚国漆器的典型器物,在楚国及其邻近的周边地区有所出土发掘。为方便携行,这些酒具盒通常都有伸出的木柄,木柄周围有系绳的通槽,便于捆缚。器物造型也大致分为几何和仿生两种,器身通常轻灵易携带,细节设计精巧周到,宜人使用,纹饰、造型奢华炫丽,不仅传达出造物者巧夺天工的聪明才智,也间接反映出使用者高贵的身份地位,甚至连行旅生活也如此奢靡。

(二)装备配件

1.漆器套盒

民以食为天,食具在出游中使用频繁,无论是从数量上,还是从质量上来看,都堪称游具中的主体。因多脱胎于日用器具,江南各类食具类游具尚未完全定型,但许多漆器套盒已经孕育着游具的雏形,具有游具质坚实用、轻巧便捷、空间利用充分等特点。

春秋战国时期,江南漆器包括收放食具、酒具、文具、玩具、妆奁用物等功用的套盒,形制主要有圆形、椭圆形、长方形、曲形、仿生形、带足形盒等。其中尤以酒具套盒和妆奁套盒最有特点,这些套盒往往内分若干小格,每格分类固定放置小件的盒、罐、盘、壶、杯、勺、竹夹等,容积不大但紧凑、有序,便于外出携带,套盒外壁装饰多为浮雕花纹,实用之余兼具美观,构思巧妙。前文已经论及酒具套盒、食具套盒,此处主要探讨妆奁套盒。过去男子亦须日日照容修面,对于那些有身份、有地位的人而言,妆奁套盒不仅方便日常起居收纳,更便于出行携带。如长沙杨家湾 6 号墓中出土的诸多漆盒,大小有别,大的套盒内盛竹筒、铜镜、木梳、铜刷柄及小漆盒,或盒底与盒盖阴刻"王二"字迹,标明漆盒的使用者或订购者。[①] 大盒内髹黑漆,外为黑地朱绘,描绘有鸟、凤形图案,小盒的形制、胎质、做法及装饰与大盒一致。其内髹黑漆,无彩无饰,以深色、单色凸显所盛放物体,使其易于辨别取放,大小造型一致则于大小比例变化中寻求统一元素,使得形态统一,颇具设计的整体意识。

　　2. 髹漆木箱

　　战国曾侯乙墓出土有五件髹漆木制衣箱,这五件髹漆衣箱形制完全相同,均为长方体、直口、直壁、平底,箱体与箱盖是以子母口相扣合的形制,盖顶隆起呈拱形,这不仅避免了器物造型的单调,还增加了器物的容量,"盖顶的两侧各凸出一凹形足以便开启时搁置,箱体与盖的四角均伸出一短把,把中部周缘刻有凹槽以便扣合后捆缚"[②],这不仅固定了箱子,还方便抬运,箱顶上对称的弧形木块,既方便了木杆搁置抬运,也保护着箱体不受磨损。这些设计渗入了携行便利的思考。

战国曾侯乙墓出土的
后羿射日木漆箱

战国曾侯乙墓出土的
二十八星宿黑漆朱绘衣箱

---

① 张荣:《漆器型制与装饰鉴赏》,中国致公出版社,1994 年,第 31 页。
② 陈振裕:《战国秦汉漆器群研究》,文物出版社,2007 年,第 87 页。

3.铜器漆箱

曾侯乙墓还出土一件铜器漆箱,该漆箱的箱盖内部设有九个内凹的小孔,将配套的铜鼎置入其中,铜鼎盖上的兽形把手正好顶入小孔内,这样不仅有效地节省了内部空间,还巧妙地解决了外出搬运过程中的晃动问题,从而保证了运送途中的安全。

曾侯乙墓出土的铜器漆箱

4.漆木梳妆盒

湖北九连墩2号墓出土的战国中晚期漆木梳妆盒,虽然年久驳蚀,但仍不失考究华美之感。该梳妆盒由两块髹漆雕凿的木板铰链咬合,盒面装饰几何纹饰,盒内装有脂粉盒、木梳、刮刀和两个可伸缩的铜支架,以便梳妆盒张开时承镜照容修面。该梳妆盒设计精巧,当为贵族出行时所用。

湖北九连墩2号墓出土的漆木梳妆盒

（三）交通工具

先秦时期，尤其是春秋战国时期，很多器物的装饰图案已经表现出对出行的极大关注。车马出行图、游弋仪仗图等成为这个时期器物装饰图案的主题之一，也反映了这个时期交通工具的基本情况。

1. 陆上交通工具——车舆

先秦时期，我国古代交通初具规模。《史记·夏本纪》记载，大禹"陆行乘车，水行乘船，泥行乘橇，山行乘檋"。根据甲骨文、金文和其他出土实物资料来看，商朝不仅有"车马"、"步辇"和"舟船"等多样的交通工具，还建立了"驲传"制度，以快速有序地进行通信活动。周车在继承前代的基础上有所改进，《周礼·考工记》载"一器而工聚焉者，车为多"，体现了造车的繁复。这个时期车马交通工具并非寻常人等所能享用。邱春林在《古代文人的游兴与游具设计》中提到："待到先秦时期发明车辆之后，行旅方式被纳入礼制范围，结驷者一定是贵族或士，徒步而行逐渐成了出身贫寒、身份卑微的象征。"就连孔子也说："以吾从大夫之后，不可徒行也。"（《论语·先进》）

先秦时期，江南地区虽不及中原开发充分，且多湖泊沟壑阻绝，但陆上交通已陆续发展，《越绝书》卷二载苏州"胥门外有九曲路，阖庐造以游姑胥之台，以望太湖，中窥百姓。去县三十里"。这个时期，江南的楚、吴、越等国之间遣使相问的交通形式均已开通。湖南、湖北等地楚国墓葬中出土的漆器车骑品种丰富，其中的车马具类更有舆构件、龙头车辕、车伞、马镳、挽马的马具、马饰等。一些器物的装饰图案也反映了这个时期江南地区陆上交通工具的发展情况。比如湖北荆门包山 2 号墓出土的夹纻胎彩绘漆奁，其盖面和奁壁均绘有繁复华丽的花纹，最引人注目的是奁壁所绘的一行人物车马图，共有两组相联系的画面，一组为《迎宾图》，绘有一辆三马挽车，中坐黄衣黄冠使者，并有参乘陪侍。四名儒衣青帻者随从步行于后。接着又有一辆双马挽车，中乘者与参乘者均宽衣博带。另一组为《出行图》，也有相关车马描绘。这些出土文物都反映了江南地区的车具面貌。

2.水上交通工具——舟船

江南地区沟壑纵横,尤其是东南沿海的吴越地区更为"水乡泽国",山区溪涧密布,平原河网纵横。所谓吴人"以舟楫为舆马,以巨海为夷庚,不能一日而废舟楫之用",越人"水行而山处,以船为车,以楫为马,往若飘风,去则难从"。

在杭州萧山跨湖桥遗址出土的独木舟已历八千余年之久,其制作方法即刳木为舟,剡木为楫。不仅可容三两人坐入其中,还可放置随身携带物品,是远古吴越居民最早的水上交通工具,也是迄今世界上发现的最早的独木舟,有"中华第一舟"之誉。它存在的时间上限要早于浙江境内著名的河姆渡文化、良渚文化时期。中国船史研究会名誉会长席龙飞认为,据此可知这个地区造船的历史应该是我们国家最悠久的。

1965年,江苏武进淹城曾出土2只独木舟,其中一舟长4.3米,宽0.7—0.8米,深0.6米,一端尖,另一端呈U形开口,两边船舷凿大致对称的孔,尖端部凿有更大圆孔,估计为系缆绳所用,推测为一独木舟的残段。据碳14测定为约三千年前的遗物,其年代大约为西周早期。[①] 1958年该地还出土一春秋战国时期的独木舟,舟全长11.0米,上宽0.9米,深0.4米,舟体形制如梭,两船舷凿有若干对称的孔。根据同时出土的器物断代,约为春秋晚期至战国初期的遗物。[②]在江苏宜兴西渚镇吾桥也出土有春秋晚期的独木舟16只。

跨湖桥出土的独木舟

1965年江苏武进出土西周时期的独木舟

① 席龙飞、杨熺、唐锡仁:《中国科学技术史・交通卷》,科学出版社,2004年,第14页。
② 谢春祝:《奄城发现战国时期的独木舟》,《文物参考资料》,1958年第11期,第80页。

经过长期的文化积累、文化演变,造船文化已经成为江南地区一种独特的文化现象。另外,浙江余姚河姆渡出土的陶舟和木桨等也都证明了江南水上交通工具的历史久远。

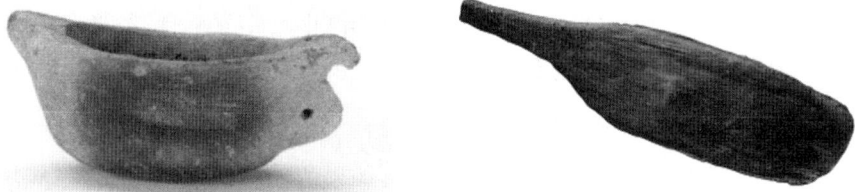

浙江余姚河姆渡出土的陶舟和木桨

对独木舟和筏进行变革的结果(筏的历史至少可以上溯至"伏羲氏始乘桴"),就是创制出了新型的船——木板船,对木板船的最初形态,可以追溯到久远的年代。但至迟殷商时期,它已经具备了成熟的形式。根据《越绝书》和《正字通》等古书记载:"早在先秦时期,浙闽等地就有了'首尾尖高、当中平阔'的'了鸟船',证明了我国船舶从独木舟到木板船发展的历史过程。"[①]一般认为,浙江河姆渡、跨湖桥等地"干栏"式建筑遗迹梁柱间用榫接,地板用企口板密拼,说明已经掌握了成熟的木构技术,为木板船的制作提供了技术支撑,而商代青铜工具也为其提供了锐利的工具依托。木板船的出现是造船史上的重大突破,奠定了春秋时期江南地区造船业竞相展开的基础。

五、小　结

先秦时期,江南地区游具的设计审美既具区域特征,又含中原特色。受内外因素的共同作用,江南地区的游具在其自身发展的过程中,也经历了吸收域外文化的演变过程,展现了造物的多样性和共通性。在这一复杂的变化发展过程中,江南地区的游具凝聚了丰富的文化内涵,既形成了区域性的审美特征,又

---

① 　上海交通大学、上海市造船工业局:《造船史话》,上海科学技术出版社,1979 年,第 9、14 页。

积淀出了综合性的审美气质。

在先秦连续两千多年的时间里,社会状况复杂多变,历史内蕴丰富深厚。宗教意识灌注于游具的文化内涵,使游具有了神秘的美感特征;宗法制的产生和发展加速了游具的等级化,形成秩序美感;世俗观念的渗透使游具出现了生活化、世俗化的审美倾向;造物技术的积淀和美善的器物设计理念,形成了游具设计中材美工巧的审美追求;贯穿于先秦时期社会意识中的主线"礼",以及围绕"礼"这个统一的内涵中心所形成的社会核心审美观——儒道礼学审美,使江南地区的游具呈现出器以载道和文质彬彬的儒道礼学审美原则。

(一)神秘的美感特征

先秦时期,在国家和江南各部族的内部信仰各自的至上神,宗教信仰状况复杂,但是区域内的认同日趋明显。宗教属于唯心的和主观的意识形态,内涵多重,内容呈现不确定性,又因为其内容全部来源于想象,所以表达方式晦涩不明,形成了浓厚的神秘感。以楚漆器外出用具为例证,楚人崇神敬鬼,崇火尚赤,漆器中的凤形器物和凤形纹饰满目皆是,体现了楚人宗教崇拜的狂热。漆器的主要色彩为红、黑,对比浓烈,也是受宗教信仰影响的结果。漆器往往整体髹天然漆多层以保护胎体,天然漆氧化后的色泽本是深褐,髹漆多层后就会形成黑底色,即"漆黑"。而红色在原始宗教中为生命的象征,是一种神圣的色彩,陪衬出漆器底纹,层次丰富,远离单调。其明度为弱对比,而纯度呈强对比,形成了楚漆器的色彩主调,神秘深沉,端庄古朴。类似神性观念指导下的工艺装饰繁复而华美,召唤着王公臣民们以虔诚行为方式去进行审美观照和体验,成为后代工艺追求"雕缋满眼"的装饰美的先导。

(二)秩序美感的建立

商代神权主宰社会的思想已有所发展,周代的宗教观念和政治思想进一步结合,提出了"天命无常、天命无德、天意在民"等"敬天保民"的观念。"宗教中的祭祀活动在集体仪式和生活习俗中已建立了一定的内部秩序,并在宗法制下进一步促生了等级化和条理化的特征,形成了周代以世卿世袭、王乐礼制等政治文化体制为基础的统治,随后上升为道德伦理,成为国家制度形成的前提,建立了中华民族稳定的文化心理结构和文化体系。"①处于次文化中心的江南深受中原影响,各种审美形象都表现出极强的规范化、制度化特点,体现着对理性和秩序的崇尚。在郊游、逐车等游玩中使用的交通工具、饮食器具、装备配件等游具亦具备明显的等级内涵,建立起一定的秩序美感。当然,这种秩序美感或许正如李泽厚所言,是"狞厉之美",需隔开一定的时空来进行审美观照。

(三)生活化、世俗化的审美倾向

先秦时期,人们的生存状态依然相当原始,在其审美追求中,自然质朴的审美始终占有一席之地。在商朝,中原游具概括朴实,于模仿现实生活的同时追求古朴厚重之感,江南地区远离君王家国政教,其器具更重生活实用,相对质朴亲民。西周崇尚"大圭不琢"等"反本修古"的审美风格,也使器具的审美和自然主义风格契合。江南地区的游具设计在这种审美倾向下呈现出自然亲和、质朴实用的审美风格。春秋战国时期,游具内涵中世俗性增加:于上流社会,极尽奢华,成为财富、权力、地位的化身,进而追求表现的华丽之趣;于寻常人家,则出现了大批生活气息浓厚的游具。江南各方国出现的大量仿生型游具,如前文所提的青铜龙首提梁盉、猪形木酒具盒,都呈现出了生活化、世俗化的审美特征。

(四)材美工巧的审美追求

和诸多造物一样,先秦游具是将材料、工艺技术和形式完美结合的"用"与"美"的统一体,它材料适宜,体量适中,轻便,易于收纳携带,结实耐用。人们出行途中不同的功能需求,反馈在游具设计中,往往会催生许多新颖的创意想法,因应许多工巧的实践,于是随心所欲的奇思妙想和机巧的工艺设计产生了密切的联系。游具设计出现合乎形式规律和合乎使用目的的统一,其既构成游具的结构、材料和技术等因素的良好合和,产生材美工巧合而为良的功利效用和审美效应,也成为人们更明确、更有意识的审美追求,上升为人们代代相传的智慧

---

① 范扬:《中国美术史》,西南财经大学出版社,2003年,第30页。

结晶。春秋战国时期的《考工记》就是这样一部集先秦时期人类造物智慧大成的书。以交通工具为例,《考工记》指出"轮人为轮,斩三材必以其时。三材既具,巧者和之",这是取材方面。在工艺方面,比如要把车轮设计成正圆,使轮与地面的接触"微至",可以减少阻力,促进车辆行驶"戚速"。对于行平地的"大车"和行山地的"柏车",其毂长和辐长尺寸也不同,"行泽者欲短毂,行山者欲长毂。短毂则利,长毂则安"。这种材美工巧的设计构思让车辆在不同的地势环境下可以安稳有效地行驶。在江南丘陵地区,传统山行车辆短毂巧适的构造正印证了这一造物思想。

《考工记》"天有时,地有气,材有美,工有巧,合此四者,然后可以为良"的思想,将人们对"材美工巧"的造物审美追求又推向前进,当然,江南地区游具的设计审美追求也无出例外。

(五)器以载道和文质彬彬的儒道礼学审美原则

先秦史书中记载的工匠有奚仲、傅说、匠庆等,他们艺事精湛,甚至"执艺事以谏"。春秋战国时期,工匠的"艺事"又被视为"道"的体现,所制器物也往往成为"道"的实物载体。因此,这个时期的器物设计审美往往"合于规矩",江南地区的器物设计审美也无所例外地体现了这一特征,但江南地区远离当时的政治中心,在"合于规矩"的基础上,也有自己别出心裁的设计审美体现。比如这一时期,以儒家思想"非礼勿视"、"非礼勿听"等为主题的礼乐设计思想往往渗透在器物的装饰纹饰等方面。在江南地区,这种主题图案一方面充溢着教化功能,另一方面又透露着欢快自由的表现方式。要言之,此时期"器以载道"的思想不仅体现在百工名匠往往"执艺事以谏",以制器的道理旁证做人做事的道理,还表现在对器物的制作、装饰等的规范方面。

如果说器以载道是"从做事到做人",那么文质彬彬则体现出从"从做人到做事",二者体现了一个相互融通的过程。从造物的角度而言,文质彬彬之"文"意味着外在的装饰形式,"质"则意味着内在的实际功用。在先秦造物思想中,对于"文"和"质"的统一与观照已然明确。在适宜外出携带的游具中,那些漆器组合用具展现的"文"、"质"之美最为突出。比如战国早期,实用型漆器广泛出现,外出携带最为常见的器具之一是漆器套盒,这些酒具盒、食具盒、衣箱盒等,其收纳和组合之功尤其卓越。这些套盒往往内分若干小格,每格分门别类地放置许多小件器具,各具契合,套盒虽总体容积不大,但紧凑、有序,形成系统化的收纳总和,加之盒体与盒盖间以子母口相扣合的形制,实用巧妙,别出心裁,充分体现了其"质"的本核。这些套盒的外壁往往饰浮雕花纹,镶金嵌玉,雕填剔犀,以各式装饰作平面的美化。以长沙楚墓出土的漆器套盒图案为例,这些图案装饰继承发扬了商朝青铜器图案上的某些纹饰(如夔纹、鸟纹等),又进行了纹饰上的创新(如极具地方特色的几何形勾连纹、蛇纹等),呈现出地方独有特色。其画工精细讲究,构图生动灵活,描绘舒展流畅。几何纹、龙凤云鸟纹和写实纹等各种纹线勾勒交错,流畅婉转。图案平涂设色中兼施渲染,主要用色为红、黑、黄、蓝、褐、金、银七种,尤以红、黑二色为多,非常讲究器物整体装饰效果的和谐统一。正如《荀子·礼论》所谓"雕琢刻镂,黼黻文章,所以养目也",尤其体现了"文"的格调与追求。其"文"的形式美感与"质"的功能效用彼此契合,实现了"美""善"的完美结合,生动地诠释着"文质彬彬"的儒道造物美学原则,逐渐形成之后"士"阶层的审美标准。

在对先秦时期江南地区的游具设计美学进行观照研究的时候,可以发现,这个时期并未形成真正意义上有目的、有计划的现代旅游形式,游具也并未如后代那样有意而为,但这些并不影响人们的出游之乐,也不阻碍人们从日用器具中厘出适宜出游的旅游用具,当然,更不阻碍游具设计与审美思想的孕育萌生。这些思想深刻影响着秦汉及之后游具设计与审美走出庙堂,服务人生,也为之后游具设计与审美拓展了更广阔的发展空间。

审美表现传递着社会形态与社会心理,先秦江南游具审美发端于江南人之审美视角,以江南之礼为主要来源,同时,受中原和江南社会文化内涵的双重影响,既呈现出中原地区造物设计美学的共性,又表现出与中原有别的个性,形成奇特神秘而又自由流畅、新颖别致的美学风格。它摆脱不了社会大背景下"礼""道""宗法"控制的造物美学影响,却又为江南地区相对浪漫自由、自然活泼的审美风格所吸引,于是出现了徘徊在二者之间的江南地区游具设计审美探索。这种审美探索的过程漫长曲折,甚至要到晚明时期才芙蓉出水,格调鲜明。要言之,先秦时期是江南地区游具设计与审美思想孕育的重要时期。

第二章　秦汉时期江南地区游具的设计美学研究

一、社会背景及旅游背景

公元前 221 年,秦统一中国,建立了我国历史上第一个统一的多民族的中央集权的国家,以咸阳为首都的秦王朝建立了"大一统"的政治、经济、文化、军事制度。汉朝则将秦朝"大一统"的理念及实践继续提升。汉初政治思想家董仲舒作《春秋繁露》,对先秦公羊学的"大一统"思想做了系统的阐述,发挥"春秋大一统"之要旨,为汉代中央集权的封建统治制度奠定了理论基础。中央集权得到巩固与加强。具体而言,秦汉时期"车同轨、书同文、行同伦"的诸多举措都在客观上促进了中华民族实质上的融合和统一,开拓了秦汉时期经济繁荣、文化昌盛和政治一统的局面。这种"大一统"不仅有利于人们眼界的开阔,胸襟的拓展,更激发了人们积极探索、开拓进取的情怀,旅游在"大一统"的形势下发展起来。

秦汉时期是中国历史上的第一次出游高潮时期。第一,从旅游主体而言,有秦皇、汉武等帝王群体,司马迁、张骞等奇志之士,还有司马相如、扬雄等众多文人骚客,以及游冶水边、啸歌林下的匹夫野老等。第二,从旅游客体而言,不仅有关中美景华岳骊山、江南山水姑苏会稽等自然资源,更有大量的宫廷苑囿、亭林台阁、寺庙宗宇等人文景观。扬名久远的宫室园林有阿房宫、未央宫、长乐宫、上林苑等皇室宫苑,亦有西汉梁孝王刘武的菟园、东汉梁冀的宛囿等私家园林。第三,从旅游形式来看,有规模浩大的帝王巡游封禅之旅,文人学士读书行路的壮游、宦游,还有不计其数的商务旅游,宗教旅游,西域、海上探险之旅,笑傲山林的民间郊游等。第四,从旅游媒介来看,秦汉时期,陆路方面先后修建了驰道、直道、新道、夜郎道,建立了一个以都城为中心,"东穷燕齐,南极吴楚,江湖之上,滨海之观毕至"①的四通八达的交通网。水路方面,灵渠、阳渠、漕渠等以运输为主要目的的水利工程在各地兴建,促进了水路的畅通和旅游资源的开发。就江南地区而言,灵渠的飞舟过岭沟通了长江水系和珠江水系,促进了江南地区旅游交通的发展;就全国范围而言,万里绵延长城路、东西交流丝绸路,更是王路荡荡。第五,从旅游观念来讲,秦汉时期影响深远的旅游文化观念有二:一是道家归依自然的旅游观念;二是儒家"比德说"的旅游伦理观念。秦汉时期,黄老思想非常流行。先秦时期,老子认为"至美"和"至乐"是游的最高旨趣,庄子主张"乘物以游心",追求"万物齐一"的最高审美境界,"与天和者,谓之天乐"。《淮南子》直接继承了老庄的这种思想,认为"天之与人有以相通也"②,秦汉道家归依自然,优游山林,栖岩养性,超越世俗,进而以追求生命的愉悦和永恒。在这种自然山水论的影响下,汉代诗坛乃至绽放出后世诗论家叹为"奇情奇想,笔势峥嵘"的诗文《生年不满百》:"生年不满百,常怀千岁忧。昼短苦夜长,何不秉烛游! 为乐当及时,何能待来兹? 愚者爱惜费,但为后世嗤。仙人王子乔,难可与等期。"汉代儒家被尊为正统,其"罔游于逸"和"无淫于游"的旅游观念大行其道,并成为影响深远的旅游伦理观,制约着上层君主和下层平民。对于文人士子"读万卷书,行万里路"的求知模式和修养提升手段,儒家则是鼓励的,不过要受"知者乐水,仁者乐山"《论语·雍也》的"君子比德"观念的指引。③ 西汉刘向在《说苑·杂言》里继续对"知者乐水,仁者乐山"进行阐述,旅游活动逐渐成为两汉时期文人士大夫完善人的道德品格的路径。第六,从旅游文献而言,东汉马第伯所作的《封禅仪记》是现今所能见到的最早的游记。光武帝建武三十二年(公元 56 年)正月封禅泰山,马第伯为先行官,他在《封禅仪记》中详细记叙了封禅时的种种准备工作。该文辑入《后汉书·祭祀志》,为应劭所引

---

① 　出自《汉书·贾山传》。
② 　范能船:《"游观"与秦汉旅游》,《益阳师专学报》,1992 年第 2 期,第 90 页。
③ 　谢贵安、谢盛:《中国旅游史》,武汉大学出版社,2012 年,第 66 页。

用。班超的儿子班勇根据亲身见闻所作《西域记》也是重要的游历文献；另外，班彪的《北征赋》、班昭的《东征赋》、蔡邕的《述行赋》都是比较有名的纪行赋。值得一提的是，秦汉时期，人们不仅寄情山水，都市风貌也深深吸引着人们，东汉班固的《两都赋》、张衡的《二京赋》和《南都赋》记述了都市风光的魅力。

秦汉时期的旅游与先秦相比，其特点有三：一是多样、广阔的旅游活动形式和范围；二是丰满厚实、阔大壮美的旅游思想文化；三是开拓、进取、征服的旅游风格。[①]

二、游历方式

旅游最初以生产生活、求仙问道、货殖买卖、政经交往、弘扬道义等为目的，随着社会的进步，逐步发展到游历和考察祖国秀丽河山，以及从事文学创作和科学研究等多方面的活动。秦汉是中国中央集权制大帝国形成时期，为了控制幅员辽阔的国土，秦汉帝国建立了一系列的制度，并且大力构建以国都为中心的四通八达的交通网，大大促进了帝王的封禅之旅和南北巡游。汉初的休养生息政策和较为宽松的政治环境促成了商务旅游的发达以及私人旅行的兴盛，丝绸之路的开辟又使得宗教旅游活动得以展开。独尊儒术的政策使儒家学说独盛一时，文人士子游宦游学成为风尚。

(一)秦皇汉武诸帝的大规模巡游

有学者认为，古代帝王的巡游是在政权范围内和完整领土上所产生的一种行为模式，也是古代社会的一项重要政治制度。[②] 其目的或为巡视各地，或为封禅祭拜，是以巩固政权为目的的旅行活动。帝王在巡视或者封禅的同时也游山玩水，瞻仰前代帝王和名人遗迹等。秦汉时帝王的巡游以秦始皇与汉武帝的巡游最具代表性。

---

① 王淑良：《中国旅游史》，旅游教育出版社，2009年，第68页。
② 王秀琴：《秦汉时期帝王巡游概述》，《沧桑》，2012年第3期，第19页。

　　秦始皇完成统一大业后,为巩固统治,亲自巡视全国。《史记》记载,秦始皇一生进行了五次大规模的巡游,第一次为北巡,巡视陇西、北地二郡,宣扬皇威。经过这次巡视,秦始皇发现道路崎岖难行,便下令建筑全国的驰道。驰道布局适应了战争的需要,也方便了经济、文化的交流和旅游的发展。后四次均为东南巡游,即四次巡海,踪迹所至相当于今天长江中下游、黄河中下游及其间的广大地区。秦始皇的先后五次巡游西抵黄帝登临过的鸡头山(即今天甘肃平凉崆峒山),东临齐鲁海滨,南达荆楚、吴越,行程14000多公里,奠定了封建帝王巡幸和封禅制度。[①] 秦二世也于二世元年春,东巡到碣石、泰山、会稽,至辽东而还,在巡游中也勒石刻碑,示威海内,以彰显先帝成功盛德。

　　汉武帝的巡游无论从次数、范围,还是规模上说,都胜过秦始皇,是秦汉时期皇帝中巡游次数最多、范围最广和规模最大的帝王。其远游以东巡和西游为最著。向东巡游共达13次之多,足迹遍及东部许多重要地区,最远到达大海和辽西。向西巡游有6次,远达陇地。向北和向南各1次。[②] 其中元鼎四年,即公元前113年,武帝巡游至河东汾阳,泛舟汾河,饮宴中流,触景生情,万千感慨,写就文坛千古绝调《秋风辞》:"秋风起兮白云飞,草木黄落兮雁南归。兰有秀兮菊有芳,怀佳人兮不能忘。泛楼船兮济汾河,横中流兮扬素波。箫鼓鸣兮发棹歌,欢乐极兮哀情多。少壮几时兮奈老何!"武帝四处巡游,对于控临疆土、安定四方、悉知民情民俗等起到了重要的作用。他的西巡和北巡则都是为了抗击外族的侵扰,安抚边界民心。之后的汉宣帝、汉元帝、汉成帝也都有巡游的记录,但次数及规模都不及汉武帝。至东汉,帝王巡游又有兴盛之势。东汉从光武帝刘秀、明帝刘庄、章帝刘炟,到桓帝刘志、灵帝刘宏,都不停地巡游。而作为光复汉室的帝王,光武帝的巡游次数是东汉帝王之最。

　　综合而言,秦汉帝王巡游是在封建集权统治下,统治者加强中央集权的一种手段。巡游于帝王而言,以服务于政权、政治为核心,游玩享乐则是附属。这也是他们热衷巡游的根本原因所在。秦汉时期开创了帝王巡游的黄金时代,也为帝王巡游游具的研究提供了蓝本。

---

① 贾鸿雁:《中国游记文献研究》,东南大学出版社,2005年,第33页。
② 谢贵安、谢盛:《中国旅游史》,武汉大学出版社,2012年,第66页。

（二）以贸易为宗旨的商贾旅游

秦始皇统一六国之后，为了巩固政权，采取了一系列的措施，促进了社会经济、文化的发展。在商业方面，随着领土的不断扩张，货币、度量衡制的统一，交通的进步等，贸易领域不断扩大，商贸活动更加频繁，商人成为出行游历频率极高的群体。据记载，秦朝商业活动的范围除中原、长江流域及巴、蜀各地外，已北及匈奴，南及闽、粤。《史记·秦始皇本纪》记载"始皇征南越时，曾有大量贾人随军南征"，证明凡是秦帝国势力到达的地方，皆已有商人活动的足迹。西汉初年，统治者实行休养生息政策，商业和商务旅行都得到了长足的发展。《史记·货殖列传》记载："汉兴，海内为一，开关梁，弛山泽之禁，是以富商大贾周流天下，交易之物莫不通，得其所欲。"这就是当时商业发展、商务旅游盛行的记录。晁错《论贵粟疏》不仅叙说"千里游遨，冠盖相望，乘坚策肥，履丝曳缟"的行商，也旁及"坐列贩卖，操其奇赢，日游都市"之小商贾。"天下熙熙，皆为利来，天下攘攘，皆为利往。"行商坐贩虽为利来，为利往，却构成了熙熙攘攘的游历众生。然而，随着贾谊、晁错重农抑商政策的推行，商务旅游受到抑制。直至武帝时，张骞通西域后，商务旅游又迎来了一个高峰。丝绸之路的开辟使中西商人、使者等络绎不绝，进一步推动了商业旅游的发展。

（三）宗教旅游

丝绸之路的开辟促进了沿途商务旅游的发展，同时促进了宗教旅游的发展。丝绸之路开辟之后，佛教传入中原。从《魏略·西戎传》和《明佛论》来看，西汉成、哀帝之间，佛教已经传入中国，此时宗教游历多以求法、翻译、取经等为目的。佛教史上，东汉时著名的宗教游历活动是"永平求法"。传东汉明帝刘庄梦见一身长丈六、来自西方的金人，在庭殿上飞行，次日明帝便询问群臣："此为何神也？""傅毅始以佛对。"于是，明帝派遣蔡愔、秦景、王遵等十数人去西域求佛，这在佛教史上称为"永平求法"。东汉时，安世高、安玄等也相继通过丝绸之路前来中国。之后，安世高避乱江南，将佛教进一步传至中国南方。宗教游历活动的兴起在一定程度上扩充了秦汉时期旅行者的队伍，也极大地丰富了秦汉旅游的内容,为日后旅游的兴盛打下了基础。

(四)文人士子的漫游

　　游学一直以来伴随着人们的求知生涯,中国文人士子向来有着"读万卷书,行万里路"的情结。读书、旅游一直是人们获得知识的必要途径。秦汉间的读书人大多经历过远道寻师求学的艰辛,在当时比较落后的交通条件下,他们往往自己背负着行李、书籍和文具,不远千里,寻师问学。千年后,明代的宋濂在《送东阳马生序》中描述自己借书求师之难,饥寒奔走之苦:"当余之从师也,负箧曳屣行深山巨谷中,穷冬烈风,大雪深数尺,足肤皲裂而不知。至舍,四支僵劲不能动,媵人持汤沃灌,以衾拥覆,久而乃和。"

　　秦朝,楚国上蔡人李斯与韩国人韩非都曾经游学荀卿,并西游关中,受到秦始皇的重视。由于推行焚书坑儒政策,秦朝的游学之士多为法家和道家。[①] 西汉初年,统治阶级对文化政策做了较大的调整,促进了学术文化的发展。汉武帝采用董仲舒的建议,推行"罢黜百家,独尊儒术"的文化政策后,政府设五经博士,招收弟子,于是各国儒生纷至沓来。《汉书·主父偃传》记其自谓"臣结发游学四十余年",《汉书·叙传》亦有记载班彪"幼与从兄嗣共游学"之事。汉代读书游学最负盛名者当属司马迁,《史记·太史公自序》自述:"二十而南游江、淮,上会稽,探禹穴,窥九疑,浮于沅、湘。北涉汶、泗,讲业齐、鲁之都,观夫子之遗风,乡射邹、峄,厄困鄱、薛、彭城,过梁、楚以归。于是迁仕为郎中,奉使西征巴、蜀以南,南略邛、笮、昆明,还报命。"通过实地游历考察,司马迁获得了大量翔实丰富的材料,所谓司马迁得"江山之助"而成《史记》。东汉时期游学更盛,文人士子往往不畏艰险,跋山涉水,在交通条件比较落后的条件下负箧曳屣千里以求学,形成了"处士山积,学者川流"[②]之盛况。

(五)民间郊游

　　百姓追求精神享受的愿望由于受经济条件的局限,不可能像帝王诸侯、官

---

①　谢贵安、谢盛:《中国旅游史》,武汉大学出版社,2012年,第62页。

②　出自《后汉书·崔骃传》。

宦贵族、富商大贾一样,能在长距离的远游中实现,他们往往是从郊游中得到快慰。汉末,民间以娱乐为目的的郊游开始活跃起来,特别是节会庆游,像春节庙会、元宵灯市、端午竞舟、重阳登高等是当时较为流行的游览方式,也一直延续到现在。

(六)外交使节的游历

外交出游也是此时较为重要的游历方式之一。西汉张骞凿通西域,开辟丝绸之路,加强了汉朝与域外的联系,外交出游变得更加重要和多元。张骞先后两次出使西域,完成了探索西域的史诗般的功业。班超、甘英、班勇等东汉使节在西汉经营西域的基础上,与西域各国扩大了友好交往,使得外交之旅得以延伸至中亚、西亚乃至欧洲,彪炳后世外交之旅。

另外,秦汉时期的海上探险之旅也见载历史。秦始皇时期的徐福在中国旅游史上是第一位有记载的跨海旅游人物。秦皇汉武为求长生不老之术,或出于掌控边陲之需,都曾经游历至山东半岛、环渤海湾等地,秦皇岛名便由秦皇求仙入海处而来。

三、秦汉时期"江南"的界定

"江南"是一个历史地理概念,也是一个文化概念。自古及今,朝代频易,舆图再订,经济文化中心迁移变换,内涵外延不尽相同,因而"江南"的界定也歧出不一。现已知较为明确的"江南"概念是从唐代"江南道"开始,秦汉时期对于江南的认定,我们也只有根据历史文献和当今学者的考证两方面进行梳理。

从历史文献中我们可以知道,秦汉时期的"江南"仍是地理范畴,且范围不同。在此,我们主要以《史记》、《汉书》、《后汉书》等典籍作为考证的依据,探索当时"江南"的大致界限。

第一,司马迁的《史记》中相关"江南"的资料分析。一是相对明确的包举。

《史记》记载:"(舜)葬于江南九疑"(《五帝本纪》);"(项羽)徙(义帝)都江南郴"(《秦楚之际月表》,注:秦楚之际是指秦二世在位时期和项羽统治时期);"吴王濞弃其军,而与壮士数千人亡走,保于江南丹徒"(《绛侯周勃世家》)。考证此三处地名可知,这时的"江南"包括了零陵郡、长沙国和长江下游会稽郡(东汉吴郡)。二是与其他地区的对举。《史记·李斯列传》中记载:"江南金锡不为用,西蜀丹青不为采。"这里"江南"与西蜀对言。《史记·货殖列传》中有载:"九疑、苍梧以南至儋耳者,与江南大同俗,而杨越多焉。番禺亦其一都会也,珠玑、犀、玳瑁、果、布之凑。"也就是以今南岭为"江南"的南界。《史记·货殖列传》中又有:"夫山西饶材、竹、穀、纑、旄、玉石。山东多鱼、盐、漆、丝、声色。江南出楠、梓、姜、桂、金、锡、连、丹沙、犀、玳瑁、珠玑、齿革。龙门、碣石北多马、牛、羊、旃裘、筋角。"这里又将"江南"与山西、山东、龙门、碣石北对举,这是一个大"江南"的概念,其范围相当于我们今天所说的"南方地区"。

第二,班固的《汉书》中相关"江南"的资料分析。《汉书·地理志》中两见"江南":一为"楚有江汉川泽山林之饶。江南地广,或火耕水耨";二为"吴东有海盐章山之铜,三江五湖之利,亦江东之一都会也。豫章出黄金,然堇堇物之所有,取之不足以更费。江南卑湿,丈夫多夭"。此二则记述将楚地、吴地和豫章都看作江南,与《史记·货殖列传》近似。

第三,范晔的《后汉书》中相关江南的资料分析。《后汉书·刘表传》记载"时江南宗贼大盛,……唯江夏贼张庄、陈坐拥兵据襄阳城。表使越与庞季往譬之,乃降。江南悉平。"《后汉书·马援列传》记载东汉时马援之子马防因罪徙丹阳,"后以江南下湿,上书乞归本郡"。《后汉书·循吏列传》记载更始初年,"天下新定,道路未通,避乱江南者皆未还中土,会稽颇称多士"。由上述相关荆襄、丹阳、会稽等地三则材料可见,东汉时,江南界定与秦、西汉仍然大体一致。此外,东汉应劭《汉官仪》有:"荆扬江南七郡,唯有临湘、南昌、吴三令尔。"这里的"江南七郡"分别指武陵、长沙、桂阳、零陵、会稽、丹阳、豫章郡,指向相对具体。概言之,秦汉时期,"江南"还没有成为一个专有名词,指代范围也非常广泛。[①]在秦汉文献中,将"江南"作为"南方"的表述是比较普遍的。秦汉时期亦有"江

---

① 刘士林:《江南与江南文化的界定及当代形态》,《江苏社会科学》,2009 年第 5 期,第 230 页。

东"之说,即"芜湖南京一线以东为江东地区",但"江南的概念大于江东,说江南可以概江东"。①

当今学术界对"江南"的界定在明清时期的研究中较为明确,而秦汉时期仍众说歧出,见仁见智。黄今言的《秦汉江南经济述略》是关乎秦汉"江南"研究的重要成果,在学界影响很大,他认为"江南"通常是泛指岭南以北、长江流域及其以南的广大地区。它包括会稽、丹阳、豫章、长沙、桂阳、零陵、武陵等郡,还有沿长江南岸的巴蜀之地也在其列,也就是汉代扬、荆二州的大部分和益州的一部分地区。② 其观点影响很大,但也有一些批评的声音。官士刚对黄今言的"江南"范围持怀疑态度,认为其对"江南"的界定有所扩大,官士刚认为自秦汉以来人们对"江南"存在一个约定俗成且相对固定的范围:"这个范围就是古代所谓的荆州、扬州的长江以南地区,大致相当于今天的湖南、江西、浙江、福建和上海全省(市)和湖北、江苏、安徽三省南部的部分地区。"③吴宏岐考证《史记·货殖列传》中的"江南",认为"江南"有广狭二义:狭义指长江以南、岭南以北,广义泛指淮河以南地区。④ 周振鹤认为,从秦至汉对"江南"的认识是变化的:一方面,在秦汉时期,江南主要指的是今长江中游以南的地区,即今湖北南部和湖南全部;另一方面,"汉代人视江南已比先秦及秦人为宽泛,包括豫章郡、丹阳郡,甚至会稽郡北部,亦即今江西及安徽、江苏南部"。⑤

综上而言,秦汉文献中的"江南",其范围从秦到汉都存在一定的伸缩性,因此,现代学者的诸多说法都有一定的依据,尤其是吴宏岐、周振鹤二君的观点相对较为相近。采纳诸君考证,综合古今文献的广狭义,立足具体的学理研究,关于秦汉时期"江南"的研究范围基本界定在:长江中下游地区及以南、以北较广地区,北及淮河以南大部分地区,南及南岭以北,西达今长江中游以南的地区,即今湖北南部和湖南全部的广大区域,东至大海。

---

① 周振鹤:《随无涯之旅》,生活·读书·新知三联书店,2007年,第310-311页。
② 黄今言:《秦汉江南经济绪说》,中国经济史论坛,2004年3月24日。
③ 官士刚:《秦汉六朝江南经济略论》,《聊城大学学报(社会科学版)》,2005年第4期,第51-52页。
④ 贺宏岐:《释〈史记·货殖列传〉中所谓的"江南"》,《中国历史地理论丛》,1997年第4期,第188页。
⑤ 周振鹤:《随无涯之旅》,生活·读书·新知三联书店,2007年,第311页。

四、秦汉时期江南地区游具设计及美学研究

所谓游具,即旅游用具,包括外出游历时所需的代步工具、生活器具、文化用具等。巫仁恕先生指出,游具大致上可分为五大类:衣履冠饰、装备配件、饮食器皿、文房器具、交通工具等。[①] 秦汉时期,社会上层的帝王贵族们对于游具的要求曾经有备极奢华的倾向。南京博物院藏明人《胡笳十八拍》画卷,其以汉代蔡琰万里颠沛流离的经历为题材,在 18 幅画中,有 10 幅都描绘有行旅生活中应用"步障",以及所谓"行幕"、"行帐"、"行幄"等奢华游具的场面。这些"行幕"、"行帐"、"行幄"等大约都是出游中可以随处移动、随时张设的帐篷或遮阳物。[②] 而在江南地区实际出游生活中,人们自然不会普遍使用这类用物,一般人大多只携带最必要的随身游具。

(一)衣履冠饰

出行旅游时,最基本的物品便是衣履类,蔽体御寒原是服装的首要功能,但是自从人类服装文明走出了实用目的以后,服装的社会功能等就复杂了,尤其是在中国古代,服装是阶级的标志,是身份地位的象征。至秦汉时期,已经确立了完整的服装服饰制度。服装作为君王施政的重要制度之一,规定非常严格。依据身份地位的高低和穿着场合的不同,有着诸多规定,从天子至庶人都有相应的质料、制式、色彩、纹样、配饰等规定。因此,出游的人们根据不同的地位,穿着不同的服饰。

从汉代出土的画像砖和画像石中的出行图来看,秦汉时期最流行的常服是深衣。《礼记·深衣》中记载:"故可以为文,可以为武,可以摈相,可以治军旅,完且弗费,善衣之次也。"大量考证证明,秦汉时期不分男女老幼尊卑,人们在日常生活中都穿着它,包括燕居休闲、游历出行。

---

① 巫仁恕:《品味奢华:晚明的消费社会与士大夫》,中华书局,2008 年,第 196 页。
② 王子今:《中国古代行旅生活》,商务印书馆,1996 年,第 119 页。

秦汉时期长衣虽为很多人燕居休闲外出游历的常服,但在封建等级制度下,处于社会最底层的农民、手工业者等百姓阶层,其服饰自然不及官绅、士大夫等。表现在服饰的材料、颜色上,平民百姓的服饰所用布料多为布帛,且颜色朴素,穷苦的农民则服麻布。表现在形制上,为了方便劳作,平民尤其是农民,一般上衣较窄,衣长及膝,腰系绦带,裤脚卷起或扎裹腿。江南地区多水,这种装束尤其常见,在汉代画像石、砖中也有反映。这样的装扮简易实用,便于出行。

另外值得一提的服饰是冕服,冕服为帝王群臣参加重大仪式典礼时的穿着,与相应的冕冠、舄等组成一套完整的服饰。冕服绵延传承久远,历代的皇帝在沿袭古制的前提之下,只是对其稍做改制或者补充。对冕服款式、纹饰、色彩等做严格的外在规范和要求,其内在深层的意义是对当时社会伦理的规定与维护,各种冠服制度在肯定拥有者的权力的同时,更多的也是对包括其在内的世人礼节法制的约束。由此,其社会意义实在是远远超过了服饰本身的价值。在秦皇、汉武巡视、祭拜等出游的过程中,这种服饰的社会功用体现得淋漓尽致。

首服与衣服相辅相成,交相辉映,在重视服饰礼仪文明的古代,首服也是服饰重要的组成部分。所谓首服便是用于饰首的服装,古代首服分为冠类、帽类和巾类(主要有头巾和帻)等三类。出行在外,免不了风吹日晒,首服自然是必不可少的。从汉代画像砖中可以看到,大多数出行人物都有戴用首服的情况。其中,巾类是出行中最普遍的首服。头巾是裹头用的布帕,其主要作用是束发、保暖和防护等。在东汉之前,头巾属平民专用,并且是区别官庶的一大标识。头巾的形状大多为方形,长宽由布帛本身的幅度所定,使用时将发髻裹住,在头后或者额前系结。至东汉时期,一些文人雅士不拘礼法,觉得戴冠是累赘,扎巾最轻便,于是头巾便由普通的庶民之物,转而成为上流社会的时髦服饰,连身居要职的达官贵人也模仿起这种装扮。[①] 傅玄的《傅子》就记载:"汉末王公,多委王服,以幅巾为雅。"

综合而言,秦汉时期,从王公贵族到平民百姓,人们在游历出行的途中,还没有出现现代意义上的户外旅行服装,受制于社会总体的发展水平,一衣多用是比较普遍的社会现象。

---

① 高春明:《中国古代的平民服装》,商务印书馆国际有限公司,1997年,第31-33页。

戴巾的汉代妇女　　　　　　　　　戴帻的汉代男子

　　古人旅行大多为徒步,因此有使用绑腿布的习俗。《诗经》中有"邪幅在下"的行旅装束,汉代学者郑玄解释说:"邪幅,如今行縢也。"邪幅是古代缠裹足背至膝的布,所以也称为"在下"。汉代刘熙的《释名·释衣服》释其作用为逼束腿脚,"可以跳腾轻便也"。从记载可见,行縢在汉代的行旅生活中,已经成为一项重要的旅行用具,而之后的相关记载也是屡有呈现。宋越州山阴(今浙江绍兴)人陆游《夜话赠华师》诗:"犹能遍参在,为我买行縢。"清江苏阳湖(今江苏常州)人赵翼《亿生乞假南归》诗:"自是名流怜臭味,相思何日办行縢?"这些诗句都说明行縢长期在行旅生活中的使用情况。也是由于行縢应用得如此普遍,以致后来被用来指代行旅活动本身了。① 我们现在看到的研究、注释中国服饰的资料中,均将这些邪幅与行縢视作同一种胫服的不同称谓,但也有学者认为上述认同有误。② 在此我们就不过多深究。邪幅或者说行縢在江南地区的行旅生活中尤其受到欢迎,这里地形复杂:一方面,江南丘陵野草丛生,荆棘遍布;另一方面,江南地区水网密集,沟壑纵横。因而无论是舟行风寒侵骨,还是跋山荆棘刺身,行縢都不可或缺。顾炎武,明末清初苏州府昆山(今江苏昆山)人,在其《日知录》卷二八中说道:"今之村民往往行縢而不袜者,古人之遗制也。"清人王士禛《池北偶谈》云:"刘吏部公体仁诗,往往有

---

① 王子今:《中国古代行旅生活》,商务印书馆,1996年,第116页。
② 赵树根:《邪幅、行縢考辨》,《齐鲁艺苑》,2000年第4期,第77页。

风味,尝有寄友人绝句云:'西湖小阁多晴月,好友同舟半是僧。寄语江南老桑苎,秋山紫蕨忆行滕。'"从陆游、顾炎武到赵翼等人的诗句中可见,江南地区的日常生活及行旅生活中,使用这种绑腿布,由来已久。这种现象在 20 世纪六七十年代的江南等地区还较常见。行旅生活中,行滕除了保暖、防护胫部的基本功能外,常作远途游历的人还会通过行滕缠紧胫部,固定住胫肌,使行动更加敏捷便利,胫肌不至于过度摆动及充血,以增加耐劳力。在现今的户外旅游用品店里,绷带的功能、形式与其比较相近。

清光绪年间的味潜斋石印

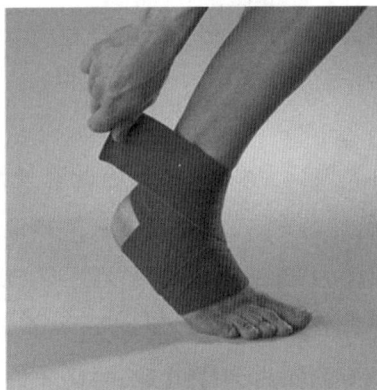

现代绷带

俗话说,"千里之行,始于足下"。"足下"之鞋,才能更好地成就"千里之行"。鞋是人们为了保护脚部免受有棱、带刺的硬物伤害以及御寒防冻和便于行走而穿用的兼有装饰功能、卫生功能的足装。在以步行为主的古代,出游中鞋的作用举足轻重。秦汉时期江南地区人们出行所使用的鞋主要有屐和屩(蹻)。

屐,制作材料主要是木料,因此有"木屐"之称。木屐的历史可追溯到四五千年前,浙江宁波就出土过两件残存的属于良渚文化遗物的木屐。木屐主要有两类,即有齿木屐和平底木屐。其中有齿木屐较为常见,又称为有齿之履,一般由三部分组成:一是底板,就是现在所说的鞋底部分,上面穿有小孔,用来穿绳;二是绳带,称为"系";三是屐齿,装在木板下方,约 6—8 厘米高。固定方法大体为铁钉固定或木榫连接。齿被安装在鞋履底部,前后各一,呈直竖状。西汉元帝时黄门令史游作《急就篇》,唐颜师古注《急就篇》云:"屐者,以木为之,而施两齿,可以践泥。"据东汉末年刘熙所著《释名·释衣服》记载:"屦,搉也。为两足搉,以践泥也。"鞋底设齿,为的是行走方便。一方面,鞋底的高度有所增加,木屐的践泥践水功能加强,在温暖多雨、多泥泞的南方地区很是适用;另一方面,江南地区山丘较多,路面多崎岖不平,有了双齿,行走时就会显得更加稳当便捷,甚至在经常长满青苔的山道上行走也不易滑跌。屐齿一般采用木料,和一般的麻底之履相比较,木齿更经得起磨损,木齿坏了还可以更换;木屐底部设有凹槽,屐绳穿孔后可嵌入槽内,穿绳不易磨断,可以提升屐绳的持久性,所以特别适合外出旅行。唐以前多为旅游用鞋,宋以后则多为阴雨天外出游历或办事所着。屐的沿用时间久远,当今人们对此也并不陌生,一些地区甚至仍有沿用。另外,还有一种木屐是由整块木料凿成的,形式类似拖鞋。

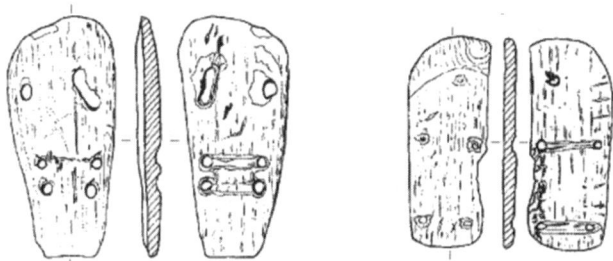

屐板[1]

汉、三国时期江南地区相关实物的出土,使得人们有幸一睹详尽。扬州高邮神居山(或称天山)1 号汉墓出土了三件木屐,现藏于南京博物院,其墓主推定为西汉第一代广陵王刘胥。其中一件出自墓坑填土中,为右脚无齿木屐,屐板制作比较粗糙,正反两面均未刨平,屐面呈抹角长方形,前端较宽,偏左侧有一圆孔,后端稍窄,两侧各有一个圆孔。屐板长 24.2 厘米,宽 7.0 厘米,厚 1.2 厘米。[2]

---

[1]　王志高、贾维勇:《南京颜料坊出土东晋、南朝木屐考——兼论中国古代早期木屐的阶段性特点》,《文物》,2012 年第 3 期,第 53 页。

[2]　王志高、贾维勇:《南京颜料坊出土东晋、南朝木屐考——兼论中国古代早期木屐的阶段性特点》,《文物》,2012 年第 3 期,第 53 页。

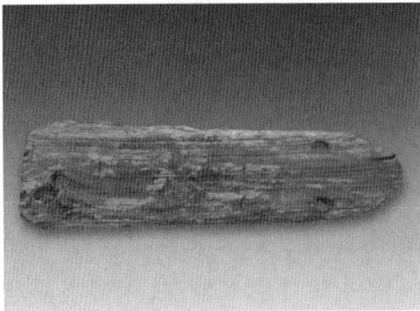
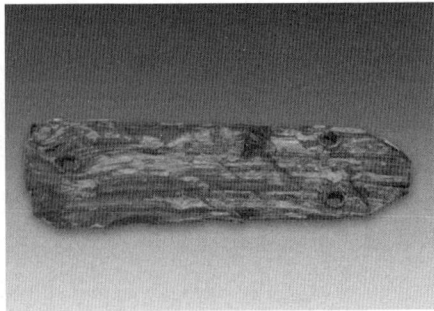

神居山 1 号汉墓出土无齿木屐正面　　　　　　神居山 1 号汉墓出土无齿木屐底面

　　高邮神居山 1 号汉墓另两件木屐出自西厢北边"中府第五内户"内,虽分属左、右脚,但大小、式样并不完全相同。屐板底面皆有较矮的前、后两齿,屐板与屐齿系整木凿制而成,齿底均有磨损痕迹。其中,右脚屐的屐板呈三角斜抹的长方形,屐面平整,顶端左侧有一圆孔,偏后端两侧各有一个圆孔。后齿比前齿稍高。屐板长 24.4 厘米、宽 9.0 厘米、厚 1.0—1.8 厘米、齿高 1.0—1.4 厘米。左脚屐的屐板略呈抹角长方形,顶端右侧有相邻的两个圆孔,偏后端两侧各有一个圆孔。屐板长 27.4 厘米,宽 10.2 厘米,厚 2.0 厘米,齿高 2.0 厘米。[①] 木屐虽属左右脚,但大小、式样并不完全相同。无齿木屐推测为筑墓工人劳作时使用,有齿木屐尚未有所考证所属。

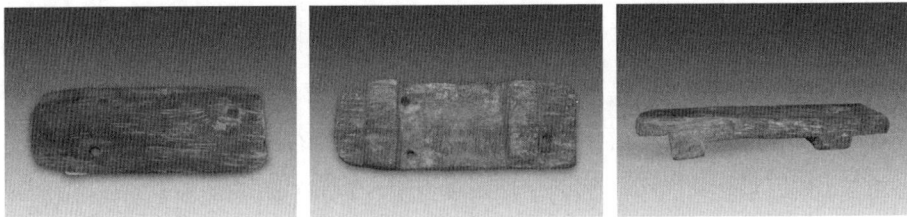

神居山 1 号汉墓出土两齿木屐的正面、底面、侧面(右脚屐)

---

　　① 王志高、贾维勇:《南京颜料坊出土东晋、南朝木屐考——兼论中国古代早期木屐的阶段性特点》,《文物》,2012 年第 3 期,第 53 页(注:图中相关木屐图片亦出自此文)。

神居山 1 号汉墓出土两齿木屐的正面、底面、侧面（左脚屐）

在南京木屐巷附近的仓巷工地曾出土两只汉代至六朝时的木屐，一只长 20.0 厘米，宽 6.6 厘米，有二齿（跟），齿高 3.6 厘米，前后呈方形，不分左右脚。另一只长 17.0 厘米，宽 6.3 厘米，也有二齿（跟），齿高 2.3 厘米，前后圆形，从形状上看，应为左脚所用。二木屐均为金丝楠木做成，面上均有四个孔，便于系绳子。就此出土木屐的所属时期，我们特意请教了南京市博物馆研究员、现南京师范大学历史系教授王志高老师，得知上述木屐所属时期未有更详尽的考古资料佐证，我们在此呈现，意在拓展对比视野。

南京木屐巷附近出土的木屐	古代穿木屐的士人
（摘自《收藏快报》）	（摘自《芥子园画传》）

1984 年，安徽马鞍山汉末三国时期东吴的左大司马、右军师朱然墓的随葬品中发现有一双髹漆木屐。根据《晋书》，古代木屐头部的形制，男女是有区别的。男子木屐是方头，寓意男子性格方刚，英勇不屈。女子木屐是圆头，取女子品性圆柔温顺之义。东晋时志怪小说《搜神记》中描写中国古代木屐云："昔作屐，妇人圆头，男子方头，盖作意欲别男女也。"据此，这双圆头木屐当是朱然女

眷的随葬品。汉应劭《风俗通》中记载,汉人嫁女,在妆奁之中,要有漆画屐,并以五彩丝为系。此朱然女眷木屐,绊虽已朽,髹漆犹在,屐板面上不见彩画,但见有密密麻麻的很多小坑坑,形若图案,显然,是其上原来有镶嵌物的镶嵌漆画屐。①

木屐与吴越文化的关系更密切。扬州高邮汉墓距离南京 180 公里左右,长江江畔的马鞍山市朱然墓在南京市西南约 80 公里,这就为木屐源于吴越文化圈的观点增添了一个考古学证据。诗人李白就曾唱:"吴风谢安屐,白足傲履袜",明确说穿着木屐是吴人风俗。南宋中期诗人、浙江龙泉人叶绍翁在《游园不值》诗中也提道:"应怜屐齿印苍苔,小扣柴扉久不开。春色满园关不住,一枝红杏出墙来。"这也印证了吴越之地木屐缘古至今,源远流长。无独有偶,形制相同的木屐,在江西南昌、湖北鄂城的三国古墓中接连出土。根据当代学者李学、周振鹤、吴宏岐等的研究,先秦时代,淮水流域及长江下游,南至南海,东南及于台湾,以及长江流域以南的湖北南部和湖南全部均属当时"江南",上述木屐都发现在这个大的江南文化圈里。

秦汉时期,尤其是在汉代,男女都以穿着木屐为尚。木屐不仅为外出游历的必备游具,燕居休闲亦为所好。与出游用鞋不同的是,生活中的木屐更注重鞋子的装饰性,且其受外部环境影响不大。因此,面料选择更多,也就出现了各种不同面料的屐,如帛屐,以布帛代替绳系。汉朝刘熙的《释名·释衣服》记载:"帛屐,以帛作之,如屩者,不曰帛屩者,屩不可践泥也,屐可以践泥也。此亦可以步泥而浣之,故谓之屐也。"皮屐,以皮革为之,或削木而成,外裹皮革,《文献通考·四裔考》记载:"足履革屐,耳悬金珰。"玉屐,以玉为之。漆屐,在木质的屐上以漆髹之。在东汉首都洛阳还流行着一种习俗:新娘出嫁,嫁妆之中木屐是必备之物《后汉书·逸民传》载:戴良五女并贤,"每有求姻,辄便许嫁,疏裳布被、竹笥木屐以遣之"。《后汉书·五行志》亦有记载:"延熹中,京师长者皆着木屐。妇女始嫁至,作漆画屐,五彩为系。"五代、两宋以降,女子缠足之风日兴,着木屐者也就日少了。男子着屐,宋元时仍不少,至明清也渐衰了。

屩(juē),也叫"屫"或是"蹻(蹺)",《释名·释衣服》云:"屩,草履也。……

---

① 郭伯南:《漫话木屐》,《民俗研究》,1990 年第 4 期,第 79-82 页。

出行着之,屩屩轻便,因以为名也。"《说文》曰:"屩,屐也。"然而,二者不完全相同。据《释名·释衣服》,屐与屩,有可践泥与不可践泥的区别。屩多以草为之,较轻便,因而又有芒屩之称。屩在汉时也叫"不借"。《五总志》记载:"不借,草履也,谓其所用,人人均有,不待假借,故名不借。"屩是一种以细绳编成的鞋子,质地坚韧且耐磨,非常适合于旅行。屩初始流行于南方地区,用水中或者水边生长的萍草编织而成,后来逐渐被其他植物所替代。在秦汉时期,屩不仅在出游中,在日常生活中也十分盛行,且不分阶层贵贱、男女老幼。草鞋既利水,又透气,它轻便、柔软、防滑,还十分廉价,因此深受人们喜爱。《文物隋唐史》记载:"唐代吴郡驾船人都是南方装束,带大笠子,着宽袖衫和草鞋。"此为草鞋盛于南方之一例证。外出游历,尤其是炎炎夏日,穿上草鞋,清爽凉快,软硬适中,步履敏捷,两脚生风。因而,屩是秦汉时期出游生活中最为普及的旅游用鞋,尤其在江南地区,水草丰茂,草类植物甚多,取材极为方便。手扶竹杖,蹑屩檐簦(脚蹬草鞋,身背斗笠),已经成为古代江南地区游历之人的经典形象。"蹑屩檐簦"也习为成语,专门用来指代远行、跋涉。竹杖芒鞋、斗笠蓑衣在文人的意象中,不仅成为适宜自然界风雨出行的快意游具,也成为他们无惧仕途起伏、淡定人生旅途风雨的借力工具。两汉以后,由于经济的发展,布鞋、革履等中高档鞋子开始在上层阶级中流行开来,草鞋便沦为穷人的标志。脱离清苦生活,入身仕宦,也逐渐由成语"离蔬释跷"来形容。

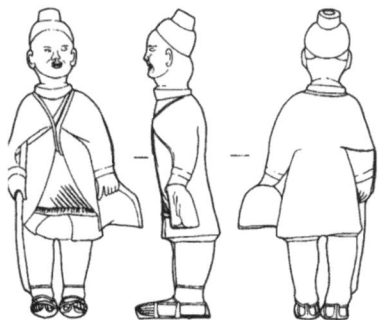

穿屩的汉代男子

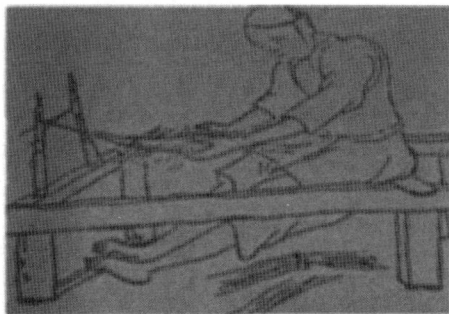

清代刊本插图《打草鞋图》

前文所提及与冕服组成一套完整服饰的"舄"也是游历所着鞋类的一种,是履中最尊贵的,一般是君王、后妃及公卿百官穿用的,主要是在祭祀和朝会上穿着,通常以葛布或皮革等为面料。舄底有两层,上层以布为底,下层则用木材做成一个托底。这种设计是出于实用的目的。当时的祭祀形式复杂,仪式繁缛,行礼者需要长时间站立,舄底采用木料可以避免弄湿鞋底,对于祭坛设在郊外的"郊祭"及边近郊游来说,更为合适。《释名·释衣服》中也有相关的记载:"舄,腊也,行礼久立地或泥湿,故复其下使干腊也。"由于秦汉时期,等级制度及服饰等级严格,因此舄的颜色不同,也就意味着所配的冠服不同,同时也标志着服饰等级的区分。比如赤舄是红色的复底鞋,标志着贵族的身份与地位,它与冕服相配,在君主的祭祀仪式及朝聘天子的仪式中由上士或下大夫以上的各级贵族服用,诸侯在自祭家庙时也可穿用。①

鞋履最初的作用只是保护足部和御寒,是出于基本的生理需求。秦汉时期,由于生产力的发展和生活的富足,人们在实用的基础上产生了审美需求。秦汉时期,男子方正阳刚的方头木屐形制、女子和畅圆润的圆头木屐形制体现了顺应天理本性,遵循自然之道的阴阳和谐之美。"屩屩轻便,因以为名"的屩,单从其命名便可见其意蕴之美,其形象化特征更使人啧啧称赞。但在阶级社会,贵族阶层会通过使用各种器具体现其阶层特有的审美,以体现出与平民阶层的地位差距,维护其统治秩序。衮服赤舄、车辇轿乘等外出物用,视觉功能更为突出,所以常用来区别阶层身份。

(二)装备配件

装备类游具的范围很广,涉及游历生活中所需各种配备物什,关乎人们游历生活的品质。从竹杖芒鞋、轻装简行的单客,到车辚马啸逶迤前行、肩担手提伺候左右的权贵,不同的游人其配件也各不相同。秦汉时期的旅游及科技不像现在这么发达,装备配件也不如现在种类繁多,但古人凭借当时的智慧还是创造了不少为旅途提供便利的游具。《左传·昭公元年》所述"具行器",就是准备行旅途中的行装器物,也说明古人很早已经开始重视行器。

江南地区多丘陵山地、溪水沟壑,因此,策杖前行至为重要。手杖,是最普及、最悠久的随身行具之一。《山海经·海外北经》中有夸父弃杖化为邓林的远

---

① 洪之渊:《〈诗〉"赤舄"解》,《温州大学学报(社会科学版)》,2007年第5期,第49页。

古神话传说,可见行旅生活中手杖应用的久远。儒家经典《礼记》谓人"五十始衰",可以扶杖;《礼记》还对不同年龄层次的老人使用扶杖的范围做了规定:"五十杖于家,六十杖于乡,七十杖于国,八十杖于朝。"由此可知,在周代百姓的日常生活中,扶杖已经相当普遍。秦汉时期,交通不便,旅行途中,跋山涉水,"任杖"履危历远,也是行旅生活中极其普遍的情形。西汉刘向的《杖铭》就写道:"历危乘险,匪杖不行,年耆力竭,匪杖不强。"手杖至为重要,甚至上升为"国器",比拟为圣贤。秦汉时期的陆贾在《新语》中论述明主必须任用圣贤的道理时说"履危者任杖不可以不固","任杖不固则颠"。而"圣贤"就是君主可以依恃的"杖"。①

杖的形式、取材不一,名字与功能也不一样。从材质上看,主要有三大类:藜杖、竹杖和木杖。藜杖的材料"藜"是一种草本植物,其茎有节,似竹,可以为杖。茎老后像树干(枝),且廉价且轻便,因而受到人们的青睐。或许是因为用藜做杖较早,藜杖比较普及,后代诗文中常用"杖藜"来泛指扶杖而行。比如杜甫的《夜归》中就写道:"白头老罢舞复歌,杖藜不睡谁能那。"如果说杜甫笔下的杖藜是普世的、实用的,那么苏轼诗中的杖藜就是唯美的、轻灵浪漫的,且看苏轼《游罗浮山一首示儿子过》:"铁桥石柱连空横,杖藜欲趁飞猱轻。"江南一带流行使用竹杖,吴越一带尤爱焦公杖,这是用江苏镇江焦山产的焦公竹制成的手杖。焦公竹无须人工加工,自然弯曲成扶手。焦公杖得名出自典故:相传汉末名士焦光隐于此山,焦光植杖于山,活而成林,故得名。同样,镇江的招隐山也盛产竹子,因其"下曲天然杖式",与焦山的竹子相似,可以供给游人当作爬山的竹杖使用。因而,江南地区的焦山焦公杖、招隐山戴公杖闻名遐迩。

种种迹象表明,秦汉时期用于旅游的手杖的设计偏重功能,相对朴白,满足旅游所需即可。从形式上看,手杖主要有鸠杖、龙凤杖、夸父杖等。鸠杖、龙凤杖等带有头饰的手杖往往制作精美,且被赋予寓意。据《后汉书·礼仪志》载:"年始七十者,授之以玉杖,餔之糜弱。八十九十,礼有加赐。玉杖长九尺,端以鸠鸟为饰。鸠者,不噎之鸟也。欲老人不噎。"这是由朝廷赐给70岁以上老人的一种鸠鸟形镶于杖头的荣誉手杖,意在祝愿老人健康长寿。汉代推行孝廉,只是庶民百姓能否获赐,未有考证,亦不在本书研究之列。龙凤杖往往是由皇

---

① 王子今:《中国古代行旅生活》,商务印书馆,1996年,第120页。

帝御赐,为古代王侯勋爵、皇亲国戚中的年长者所用,老年男人用龙头杖,老年女人用凤头杖。这种杖头上装饰有玉雕龙头、凤头形象的手杖既具有手杖的功能,又是尊贵门第、高贵出身的荣誉象征,因而相对考究得多,其装饰意味和象征意义很大。夸父杖,指杖头上雕刻有怪兽头(夸父)形象的手杖,是古代德行高超的和尚、道士用的手杖,具有威严的含义。

秦汉时期,手杖的游具功能、日用功能乃至比德功能已经被广泛重视,然而对于手杖审美的品评远远未及后世。这里不妨拾取斑竹杖一二,以飨审美意趣。斑竹杖是用湘妃竹做的。此竹老瘦坚劲,斑赤点疏,被视为斑竹杖特殊的美,古人往往把这种斑竹杖作为馈赠礼物,吟咏颂扬。梁朝建安太守到溉赠给前辈任昉斑竹杖,作《饷任新安斑竹杖因赠诗》,是目前所见咏斑竹杖最早的一篇诗作,诗云:"复有冒霜筠,寄生桂潭侧。文彩既斑烂,质性甚绸直。"唐代贾长江(贾岛)赋诗《赠梁浦秀才斑竹拄杖》:"拣得林中最细枝,结根石上长身迟。莫嫌滴沥红斑少,恰是湘妃泪尽时。"唐朝著名文学家李嘉祐的代表作品《裴侍御见赠斑竹杖》:"骚人夸竹杖,赠我意何深。万点湘妃泪,三年贾谊心。愿持终白首,谁道贵黄金。他日归愚谷,偏宜绿绮琴。"斑竹有天然趣味之美,宋代著名爱国诗人陆游《老学庵笔记》如此品评:"拄杖,斑竹为上。竹欲老瘦而坚劲,斑欲微赤而点疏。"手杖从生活中息息相关的用品,上升至如此审美意蕴,并慰藉人们的心理感受,杜甫《茅屋为秋风所破歌》中的"归来倚杖自叹息",道出了手杖使暮年人获得慰藉的心情。杨万里诗云:"阁日微阴不碍晴,杖藜小倦且须行。湖山有意留侬款,约束疏钟未要声。"这首诗表现出杖藜徐步、淡泊恬静、享受人生的生活态度和境界,而王维的"悠然策藜杖,归向桃花源"(《菩提寺禁口号又示裴迪》),更是借助藜杖,趋向禅境。

江南地区雨水充沛,外出游历时的雨具也是十分重要的。《国语·吴语》曾说到雨季行军"簦笠相望"的情景,《史记·平原君虞卿列传》写到游说之士虞卿"蹑蹻檐簦"会见赵孝成王,汉《急就篇》卷三载有:"竹器:簦、笠、簟、籧篨。"《急就篇》颜师古注:"簦、笠,皆所以御雨也。大而有把,手执以行,谓之簦。小而无把,首戴以行,谓之笠。"东汉许慎著《说文解字》解释得更简单明晰:簦,是有柄的笠;笠,是无柄的簦。可见,簦笠的区别就在于有无柄。簦是竹篾编的有盖有柄的遮阳挡雨的器具,较大而广,除了用料和不能收放,其形制和今天的伞已无多大区别。早期的伞是用树叶或草编织成的,江南地区因产棕榈,因而多用棕榈皮制作,后来出现了用油纸和竹片做的伞。用帛制成的伞出现在西周时期,由于价格昂贵,一般为贵族所用,主要为达官显贵、士大夫外出的装饰品和权势的象征。平民百姓雨季多使用笠帽或者蓑衣,更可谓"自庇一身青箬笠,相随到处绿蓑衣"(苏轼《浣溪沙·渔父》)。笠帽多用竹篾编成,上以竹叶、棕皮、笋壳等不易渗水的材料攀编结实,形制如斗,故而又称"斗笠"。在当时的江南一带,几乎每家每户都有斗笠,毛亨注《诗经·无羊》曰:"蓑所以备雨,笠所以御暑。"其实斗笠不仅挡雨,更用来避暑,可谓晴雨皆宜,游历燕居必不可少。斗笠本是平民之服,但在南北朝也为文人儒士所喜爱。青箬笠、绿蓑衣、竹杖芒鞋、诗书鱼竿,作为外出游具,满足了多少文人隐士远遁江湖的追求。唐代文学家皮日休《添鱼具诗·箬笠》云:"圆似写月魂,轻如织烟翠。浵浵向上雨,不乱窥鱼思。携来沙日微,挂处江风起。纵带二梁冠,终身不忘尔。"即便庙堂官吏也向往那种穿着蓑衣、戴着斗笠而忘情于江湖的闲适。

与斗笠相配合的雨具是蓑衣,用芒草编织而成,厚厚的像衣服一样能穿在身上,因芒草名"蓑",故称"蓑衣"。《说文》载:"蓑,草雨衣,秦谓之草。"《诗·小雅·无羊》中提到"何蓑何笠"之句,记录了周代便已经有蓑衣的情况,以后历代沿用不衰。蓑衣具有中国古代服装的重要特征和标志:上衣下裳。上衣叫"蓑衣披",顾名思义,是披在肩上的。领口是圆的,两肩伸展,前后衣片呈扇形,前开襟,可以用棕绳系牢,方便穿脱。下装是一件围腰短裙,叫"蓑衣裙",与裳基本相似。有的稍长,从腰部连接至胸部,有点像现代女性的吊带裙。衣裳分开,不相缝接。[①] 蓑衣有很多功能,御雨是其最突出的功用。蓑衣的形状是上小下大的斗篷形,呈流线型趋势,因此雨水会顺着蓑衣往下落到地上。江南地区雨水繁多,这样的设计使人体的伸展尺寸达到最大,能够最大限度实现其御雨功能,同时满足舒适性要求。因而,无论是在旅行生活,还是劳作中,蓑衣都是十分重要的雨具。同时,蓑衣本身有一定的厚度,水一般浸渍不透,而蓑衣的透气性让穿着者即使在炎热的夏天,也不会感到闷热。但是,由于蓑衣是由有机材料制成,保存十分困

---

① 邢德昭:《浅析中国原始服装的活化石——蓑衣》,《中小企业管理与科技(下旬刊)》,2012 年第 1 期,第 173 页。

难,因此目前并没有蓑衣实物出土。考察秦汉时期江南地区蓑衣形制,一种方法是从现有蓑衣形制来推想,另一种方法是利用遗存至今的汉画像石、画像砖、出土器物及绘画史料。江苏徐州地处南北交汇之处,接近秦汉时期江南地区北界江淮流域,连接吴楚,融合吴楚文化,汉韵深厚。徐州汉画像石艺术馆是陈列、收藏、研究汉画像石的专题性博物馆,其第一展室的《炎帝升仙图》最为生动:炎帝头戴斗笠,身着蓑衣,手持耒耜,引凤升天。该墓画像石均为平面剔地线雕,时代为东汉中晚期。后来,蓑衣还不断出现在很多名画之中。宋代李迪《风雨归牧图》生动活泼,描绘风雨大作途中,两牧童策牛逆风徐行,一人披蓑俯身紧拉住斗笠,另一牧童的斗笠被风吹落。这是江南乡村常见的景象,也是斗笠蓑衣代有传承的续写。蓑衣不仅遮雨效果很好,还可保暖,且结实耐穿。江浙一带雨水充沛,棕榈生长茂盛,蓑衣有制造成本低廉、制作技术简单以及穿着方式便捷等优势,因此成为古代江南地区民间长盛不衰的常规便装。随着时代的发展与科技的进步,塑料的雨衣逐渐取代了蓑衣,蓑衣的制作手艺也逐渐失传,但蓑衣所体现的实用性与艺术性的统一,以及自然的取材,都是现代设计需保留和传承的。

《炎帝升仙图》
(徐州汉画像石艺术馆藏)

　　古代雨具除了斗笠、蓑衣之外,比较常见的还有伞和盖。中国是伞的故乡,关于伞的起源,虽然有多种传说、文献和考古发现,但尚未有具说服力的科学结论。概括而言,主要有三种说法:一是从小孩取荷叶挡雨得到启发;二是鲁班受亭子启发,将斗笠加上长柄;三是鲁班之妻云氏受鲁班造亭启发。伞的原型类似于簦,只是制作材料和起始时间不同。古时的伞,最初多是用丝帛制作。据宋朝高承所著《事物纪原》载:"《六韬》曰'天雨不张盖幔',周初事也。《通俗文》曰'张帛避雨,谓之繖',盖即雨伞之用,三代已有也。"可见,第一,公元前11世纪的西周时期,中国就有了用丝帛制成的伞。第二,繖即伞。我国古代的"伞"字写成"繖"。繖、伞字通。"繖"字偏旁从"丝",也说明当时的伞用丝织品制作而成。繁体的"傘"字,中间有四个"人",其实是活动的可收束的"椤头"。汉代以前,伞面多用丝帛或鸟类的羽毛编织而成,是上流社会的专属品。纸张发明以后,便出现了纸伞。魏晋南北朝时期,涂上桐油的纸开始用于伞面制作,《河工器具图说》引《玉屑》云,"元魏之时,魏人以竹碎分并油纸造成伞,便于步行"。宋代油纸伞在百姓中普及,由于颜色以绿色为主,故名"绿油伞"。《宋史·舆服志》记:"伞,人臣通用,以青绢为之。"到了清朝,制伞业仍然是非常受欢迎的行业,尤其是在江南地区。此时,还出现了精工彩绘的花伞。

　　伞也是帝王仪仗之一,是达官显贵的装饰品和士大夫权势的象征物。文献记载比较多见。《隋书·礼仪志》载:"王、庶姓王、仪同三司已上、亲公主,雉尾扇,紫伞。皇宗及三品已上官,青伞朱里。其青伞碧里,达于士人,不禁。"《元史·舆服志》详细记录了仪仗用的各种伞和盖:"大伞,赤质,正方,四角铜螭首,涂以黄金,紫罗表,绯绢里。诸伞盖,宋以前皆平顶,今加金浮屠。紫方伞,制如大伞而表以紫罗。红方伞,制如大伞而表以绯罗。华盖,制如伞而圆顶隆起,赤质,绣杂花云龙,上施金浮屠。曲盖,制如华盖,绯沥水,绣瑞草,曲柄,上施金浮屠。导盖,制如曲盖,绯罗沥水,绣龙,硃漆,直柄。朱伞,制如导盖而无文。黄伞,制如硃伞而色黄。葆盖,金涂龙头竿,悬以璎珞,销金圆裙,六角葆盖。孔雀盖,硃漆,竿首建小盖,盖顶以孔雀毛,径尺许,下垂孔雀尾,檐下以青黄红沥水围之,上施金浮屠,盖居竿三之一,竿涂以黄金,书西天咒语,与火轮竿义同。"及至清朝,法律上更有规定:"庶民不得用罗绢凉伞,许用油纸雨伞。"(《浪迹丛谈·伞盖》)

盖是较早出现的挡雨、蔽日的外出工具,其相关文献记载早于伞。据《史记》载,"五大夫之相秦也,劳不坐乘,暑不张盖"。这里的"盖"即伞,是避暑用的。《孔子家语·致思》记载"孔子将行,雨而无盖"。这里说的"盖"就是雨伞了。唐朝李延寿编写《南史》和《北史》时,正式为伞定名,将伞和盖进行区分。较伞而言,盖更多用于车马仪仗出行。因为材质与簦笠不同,许多出土文物仍然可见盖的实物原型。如湖北江陵出土的楚车车盖,除竹木等材料外,还附有许多金属构件:盖高 2.2 米,盖顶直径约 3.0 米;有盖弓 20 根,盖弓的末端套有青铜的盖弓帽。银质的盖弓帽在其他地方也有出土。古籍《考工记》中,对制作车盖的尺寸、材料、工艺都有详细的规定。对秦汉时期伞盖的考察,主要仰仗于 1980 年 12 月出土的大型彩绘铜车马。铜车马的伞盖使得我们有幸一睹两千多年前秦时伞盖的原貌。一号铜马车(高车)的阳伞设计十分精巧,美轮美奂,技艺令人叹为观止。高车的伞盖为拱顶圆形,直径为 122.0 厘米。伞盖由伞柄支撑,伞杠有精美的错金银纹饰,典雅高贵。伞柄的下部装在伞座上,伞座的上下两端各设计了一个固定伞柄的装置。上端的装置类似我们今天用的门锁,由一个一端固定可活动的半环和一个竖销组成,半环和竖销接触的一端均设计为 45 度斜坡。只需轻轻一推,半环一端的斜坡就会插入暗槽,同时顶起竖销,之后,在重力的作用下,竖销会自然落入半环上预留好的锁槽内,伞柄便被牢牢固定在半环内,由于地球引力的作用,竖销不会跳出锁槽。下端在又大又重的十字形底座上设计了一个横向暗锁,锁闩将伞柄末端的活动装置紧紧卡住。在这两个装置的控制下,无论路途多么颠簸,伞柄都不会从伞座上逃脱。原本用竹条制作的伞弓,被青铜取代。伞弓的末端,分别安装着一枚带有倒刺的银质盖弓帽,伞布的边缘被倒刺紧紧地钩住,从而使伞布平整、牢固,不易被风张起吹落。该伞可以 360 度旋转,按着太阳的位置调校以遮挡阳光,还可以从车上拆下来,插在地上或是用手高举。铜车马伞盖的形制是模仿实实在在伞盖的形状。考古发现的车马伞盖基本上多是木质的,出土时基本腐朽,秦始皇兵马俑铜车马伞盖的出土使得我们能够清楚地看到古代御用车驾伞盖的真实面貌。秦汉时期,都城在西北,但帝王巡游、诸侯分封将伞盖形制及文化传播开来,对于江南地区的影响是可见、可考的。《史记·项羽本纪》记载:"秦始皇帝游会稽,渡浙江。梁与籍俱观。籍曰:'彼可取而代之也。'梁以此奇籍。"汉朝对旅行工具车舆也有严格的等级规定。西汉时规定,不同级别的官员使用不同颜色、质地的车盖和车轮。汉朝规定,一般大臣的车盖高不得超过一丈,只有皇帝特恩才能使用一丈高的车盖。[①]《汉书·景帝纪》载:"中元六年,诏三百石以上皂布盖,千石以上皂缯覆盖,二百石以上白布盖。"《汉书·黄霸传》载:皇帝恩准扬州刺史黄霸"官赐车盖,特高一丈,别驾主簿车,缇油屏泥于轼前,以章有德"。以上史料可见,秦汉时期,江南地区,出行游历的伞盖物品业已常见和成熟。

兵马俑马车上的盖
(秦始皇帝陵博物院藏)

错金银伞杠

综上,秦汉时期的挡雨蔽日的游具设计及审美主要呈现以下特点:第一,工艺机巧。无论是民间的蓑衣、笠簦,还是权贵们的华盖、朱轮,皆体现出高超的设计技巧,为同时代其他地区所不及。一件讲究的蓑衣大概需要 70 多道工序才能制作完成,伞则更加复杂考究。第二,鲜明的阶层特色。民间雨具大多就地取材,质朴实用;王侯将相则不仅重视其实用性,更将其作为推行礼制的工具,以至于遮阳避雨的华盖成为权贵的象征。即使是在统治阶层内部,也有着严格的等级区分,伞盖的质地、颜色、纹饰、高度等都依官衔爵位等不同森严区分,并由严格的法律规定,不得僭越。第三,对传统哲学思想的体用。秦汉时期,造车制伞也深受传统哲学天圆地方、天人合一的思想影响,尊崇人与自然和谐统一的造物规律。他们认为:车厢是方的,象征大地;车盖是圆的,象征上

---

① 谢贵安、谢盛:《中国旅游史》,武汉大学出版社,2012 年,第 75 页。

天。上天有二十八宿，车盖有二十八根盖弓，以象征之。这种思想其实早在先秦的《考工记》中已有记述，秦汉时期将这种思想继续传承和改良。第四，文化意蕴丰厚。笠、簦、繖、盖等形制的确立不仅突出功能和形式的良好结合，紧扣技术美、材质美，其色彩、纹饰的运用也体现出相当的审美水准和文化意蕴。秦汉时期"厚人伦、美教化"的时代美学，在外出游历、燕居休闲的雨具设计及审美中同样体现得淋漓尽致。

"赤日炎炎似火烧，野田禾稻半枯焦。农夫心内如汤煮，公子王孙把扇摇。"代公子王孙摇扇祛暑，文人雅士羽扇风雅，平民百姓解暑纳凉。扇子已成为人们在炎炎夏日里外出游历、燕居休闲、遮阳消暑、雅物佩饰必不可少的物品。

对于扇子最初的功能作用，众说不一。博物学家、文献学者较多地倾向于制扇求贤说。晋代崔豹《古今注·舆服》称，"五明扇，舜所作也。既受尧禅，广开视听，求贤人以自辅，故作五明扇焉。秦汉公卿士大夫皆得用之，魏晋非乘舆不得用"。虞舜制扇求贤，以彰显视听，广开政路，求贤自辅，为五明扇赋予了极高的人文价值。这也是传说中最早的仗扇。周朝制礼仪：天子八扇，诸侯六扇，大夫四扇，士二扇，以用作仪仗，不得僭越。崔豹同书记载："雉尾扇，起于殷世。高宗时有雊雉之祥，服章多用翟羽。周制以为王后夫人之车服。舆车有翣，即绢雉羽为扇翳，以障翳风尘也。汉朝乘舆服之，后以赐梁孝王。魏晋以来无常，惟诸王皆得用之。"可见雉尾扇出现在殷商时代，最初也是作为仗扇而用。同书还出现了一种模仿雉尾制成的长柄障扇："障扇，长扇也，汉世多豪侠，象雉尾扇而制长扇也。"这些记述说明扇曾作为仪仗或乘舆装饰而用。江苏徐州出土的画像石对汉代上层人士或富有阶层使用长柄扇的情形有较多的表现。

扇子从仪仗装饰，到扇动生风的"良友"，及至成为文人墨客的"怀袖雅物"，有一个渐进的过程。不唯文字史料，许多图像资料也提供了丰富的佐证。历代出土的器物、绘画为我们呈现了千姿百态的扇子形貌和丰富多彩的扇文化。成都百花潭中学出土的战国金银错铜壶上的奴隶，手执长柄扇，为饮酒的主人扇风取凉。为迄今发现最早的扇子图像。目前所见最早的扇子实物是江西靖安县李洲坳东周墓葬出土的便面（竹扇）。其扇面用精细的竹篾编成，扇柄长37.0

厘米。此器保存完好,是目前我国考古发现的最早、最完整的扇类实物。[①] 专家们称其为"中华第一扇"。湖北江陵马山楚墓出土的战国"便面"是一种短柄的竹扇,长40.8厘米,形状近梯形。扇柄在扇子一侧,扇子因而形成一扇单扇门的形状。扇字从羽、从户由此可见。相关文字图像资料证明,先秦时期,传统扇子已经有了比较好的发展和运用。至秦汉时期,传统扇子的发展已经比较完备。

战国金银错铜壶　　　　　　　　　铜壶上的奴隶执长柄扇临摹图像
（四川博物院藏）

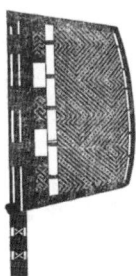

江西靖安县李洲坳东周　　　　　　湖北江陵马山楚墓
墓葬出土竹扇　　　　　　　　　出土的扇子
（江西省博物馆藏）　　　　　　　（湖北省博物馆藏）

秦汉时期,中国传统扇子渐渐形成六大系统。第一是便面系统,其形若直立之旗,一边为手柄,一边为扇面,扇面为长方形、半圆形等。有帝王掌扇和生活用扇。竹制,后发展为绢面竹边。第二是团扇系统,首见于西汉。其形手柄

———————————————

① 江西省文物考古研究所:《江西靖安县李洲坳东周墓葬》,《考古》,2008年第7期,第16页。

居中,初若满月,后有椭圆、葫芦诸状。多为绢面。第三是麈尾扇系统,偶见于汉朝。手柄居中,扇面多为平底之椭圆形或长条形,以麈尾(即麋鹿尾)制成,盛行于魏晋时期,多为文人雅士之"怀袖雅物",挥之以谈玄论道,张扬老庄。第四是羽扇系统,约始于汉末。手柄居中或居半侧,扇面为圆或半圆,或呈丫形。第五是折扇系统,初见于汉末。因常佩于腰间,故初称"要扇"(要,通腰)。扇面为绢或纸,以竹篾为骨,两侧夹以小竹板,可收可撒。第六是葵扇系统,今知见于晋朝(见《晋书·谢安传》)。其物以蒲葵叶稍事加工制成,俗称"芭蕉扇"。平民百姓所用居多。[①]

秦汉时期,江南地区出游时所使用的扇子目前有多处出土发现和文字史料。湖南长沙马王堆汉墓出土了两柄扇子,都是比较典型的外出用具:一是障面,即长柄大竹扇;一是便面,即小竹扇。长柄大竹扇柄长176.0厘米、扇面宽45.0厘米,以细竹篾编成,扇面边缘包素绢。扇柄裹黄绢,柄的上部劈成两半夹住扇面,并用锦条捆牢。大扇又称"障扇",用于仪仗中遮阳挡风、避沙,多由奴婢撑执。小竹扇柄长52.0厘米,扇面宽22.0厘米。内侧缘用细竹竿做骨,延伸缘骨并用竹篾编成管状的柄,再裹以锦条。小竹扇用来扇风取凉,若出行时遇到熟人不想打招呼,也可用扇遮挡面部,所以又称为"便面"。

马王堆汉墓出土的长柄大竹扇
(湖南省博物馆藏)

马王堆汉墓出土的小竹扇
(湖南省博物馆藏)

江南地区的羽扇制作历史悠久,汉末魏晋时,羽扇盛行于江东地区。先秦时期,羽扇多用于仪卫。汉末三国时期,诸葛亮以羽扇指挥三军。晋顾荣挥羽

---

① 华夫:《扇、便面、团扇、羽扇、宫扇及其他》,《济南职业学院学报》,2007年第5期,第81-82页。

扇攻陈敏,文定三军,于是羽扇在吴地盛行。晋傅玄云"摇鸢鸟翼者,吴楚也",嵇含云"执鹤翼,楚之士也"(历史上吴地曾经归属于楚)。许多记载显示,其物"莫盛产于东南,至于今独擅于湖(湖州)"①。晋陆机《羽扇赋》更是从鹤羽的美质、羽扇制作的巧夺天工以及"芬尘郁烈、鸣弦泠泠"的功效,铺叙出羽扇"体妙自然"的独特魅力,可谓其执手也安,其应物也诚,其招风也利,其播气也平。晋张载《羽扇赋》进一步发挥想象,将羽扇的审美进一步升华为:停之如栖鹄,挥之如惊鸿。晋傅咸《羽扇赋》则曰:"昔吴人直截鸟翼而摇之,风不减方圆二扇,而功无加,然中国莫有生意者。灭吴之后,翕然贵之,无人不用。"晋一统吴国后,羽扇不仅远播京洛地区,还流行于各地。唐朝崇尚道教,玄门羽流遍及海内,羽扇更成为旅居必备之物。随着唐诗宋词的辉煌,相关羽扇的溢美之词不断涌现。李白、杜甫、白居易、苏轼、陆游、杨万里等文人墨客更是挥毫泼墨,大加颂扬。陆游诗云,"羽扇挥浮云,月挂牛斗间"(《夜泊龙庙回望建康有感》);晁补之吟诵"想东山谢守,纶巾羽扇,高歌下、青天半"(《水龙吟·寄留守无愧父》)。江南汇集了许多文人骚客,吴地又盛产羽扇,二者相遇,必定碰撞出智慧的火花。

中国古代有"武不离剑,文不离扇"说。扇子的文化意味吸引着文人士子,他们的参与赋予了扇文化更深刻的文化意义。扇面与书画的结缘积淀了深厚的文化,并成为中华文化的重要组成部分。扇子与书画结缘始于何时,没有明确的文献记载。目前最早可考史料见诸唐张彦远《历代名画记》的记载:汉末三国时杨修为曹操画扇,误点为蝇。《晋书·王羲之传》有王羲之为老妇写扇的记载:"又尝在蕺山见一老姥,持六角竹扇卖之。羲之书其扇,各为五字。姥初有愠色。因谓姥曰:但言是王右军书,以求百钱邪。姥如其言,人竞买之。他日,姥又持扇来,羲之笑而不答。"《历代名画记》记载"桓温尝请(王献之)画扇,误落笔,因就成乌驳牛,极妙绝。又书《驳牛赋》于扇上,此扇义熙中犹在",可谓当前可知的第一个书画合璧的扇面。② 两宋时期是中国扇面艺术的第一个高峰时期;明清时期,文人画家纷纷参与扇面绘画艺术创作,涌现一大批书画名家和精

---

①　出自清代张燕昌的《羽扇谱》。
②　杨祥民:《中国扇面书画艺术的历史演变》,《书画世界》,2007 年第 4 期,第 84 页。

心之作,沈周、文徵明、唐寅的扇面艺术峻极一时,文人扇面书画蔚为壮观,扇面书法艺术再呈兴盛,并成为中国文化的一部分。手中持有或者收藏由名人题字或绘画的精美折扇不仅高雅,甚至也是身份的象征。对此,今天许多博物馆多有收藏,多为明清折扇扇面。折扇收放有秩,方便携带,扇面与书画结缘渐为文人所重,这是个中主因。杭州的折扇,湖州的羽毛扇,括苍山的玉版扇,苏州的檀香扇等,在扇子家族中最为人称道,且历久不衰,这不仅因其精湛的工艺和雅致的审美,更源于其身后的文化底蕴。扇形、扇面、扇坠可谓无不讲究。当然,折扇、檀香扇等多为后起之秀,秦汉时期,人们外出游历和夏日常用的扇子,从史料上看,当属团扇。

团扇,短柄,以竹木为框,扇柄一般多用竹木,高档者则以兽骨角、玉石、象牙为柄。柄尾或穿丝缕,或坠流苏,多由丝、绢、绫罗等丝织品制成,形状类似明月,称为"团扇"、"纨扇"或"齐纨扇",也叫"合欢扇"。西汉班婕妤诗云:"新制齐纨素,鲜洁如霜雪。裁为合欢扇,团圆如明月。"东汉末建安时期"建安七子"徐干《圆扇赋》赞其"惟合欢之奇扇,肇伊洛之纤素。仰明月以取象,规圆体之仪度"。团扇扇面常绣有山水、花卉等秀丽景物。[①] 团扇也是维持女子矜持必不可少的工具,唐朝王建《调笑令》词曰:"团扇,团扇,美人病来遮面。"当然,团扇还可作为曼舞时的道具、郊游时戏蝶等嬉戏的工具。扇子成为人们外出游历的随身物品和装饰品,也成为相互馈赠的礼物。扬州西湖镇魏巷村山头组的汉墓出土了一把漆边纱面的汉代团扇,为出土器物中价值最高者。此前,我国出土团扇的最早时期为六朝。

秦汉时期,短柄扇的制作越来越精良。它不同于长柄扇理性的威严、工整,而是流淌出感性的亲切、潇洒。短柄小扇的扇风取凉、便面遮饰,以及装点修饰的意味,更是一种身份或地位趣味的象征,使之成为古人社会角色的道具。六宫金粉,团扇娉婷;八阵云雷,鹤翎潇洒。团扇、羽扇等短柄小扇为古代男女钟爱,不仅源于其实用功能,更源于其背后的文化意味。文人名士谈玄论道非折扇不取,诸葛之属沙场挥定非羽扇不用,平民百姓更常用的是蒲葵扇。蒲葵价廉物美,几千年皆为扇主,炎炎夏日家中小憩或乡野游冶,手持蒲扇,遮阳取凉,

---

① 班固:《汉书》,中华书局,1962年,第3223页。

扇动生风,别是一种惬意。

孔子曰:"身体发肤,受之父母,不敢毁伤,孝之始也。"对受之父母的发肤不予以损毁伤残,这是孝顺的开始。且古时剃发技术不便,以及宗教信仰和审美不同等因素,让古代不管男女皆以长发示人。镜子便是不可或缺的梳理用品和外出携带物品。铜镜在江南地区开始广泛地流行使用并用于墓葬随葬大约是从西汉早期开始,徐州出土了近百面两汉时期的铜镜可以说明这一点。汉朝也是我国古代铜镜发展史上的高峰期。江南地区出土的汉朝镜不仅数量庞大,且在装饰纹样上也有很大的发展。汉镜的装饰设计成就十分突出,它不仅注重对整体结构、尺度、比例关系的把握,还十分强调对局部构造及细部装饰的观照。[①]美学家宗白华先生曾说过:铜镜的照形使用价值本身具有双重审美意味,其精美图案是中国古代艺术之美的一种再现,人们在对镜梳妆时或将自我审视之美与铜镜之美融为一体。

梳子、假发、胭脂等女性用的日常化妆、打扮用品,它们都有专门的盒子装盛,叫作奁。奁是一物多用之器,不仅可以装化妆品,还可以用来盛装食物。秦汉时期的奁多为漆器,制作工艺更为精湛,尤其西汉的漆奁,造型新颖,作风华丽,并采用了许多新工艺。汉朝的贵妇十分注重梳妆打扮,不仅注重衣着、发饰和面部化妆,对盛放化妆用品的奁也是非常讲究。马王堆1号汉墓曾出土彩绘双层九子漆奁,器表髹以褐色漆,漆上贴有金箔,金箔上施油彩绘。盖顶、周边和上下层的外壁、口沿内,以及盖内和上层中间隔板上下两面的中心部分均以金、白、红三色油彩绘云气纹,其余部分涂红漆,色彩绚丽,纹饰华美。上层放手套、絮巾、组带、绢地"长寿绣"镜衣各一件。下层底板厚5.0厘米,凿凹槽九个,槽内放置九个小奁,内放化妆品、胭脂、丝绵粉扑、梳、篦、针衣等物,是一套十分巧妙精致的梳妆用具。其下层的凹槽设计能很好地防止车载颠簸时盒内物品的晃动,非常便于出行游冶携带使用。

---

① 杨雅君:《汉代铜镜装饰设计艺术研究》,湖北工业大学硕士学位论文,2009年,第2页。

马王堆 1 号汉墓出土的西汉彩绘双层九子漆奁
（湖南省博物馆藏）

古代男性也蓄有长发，且配有冠饰，因此也有男性用的奁。马王堆 3 号墓的墓主人为一名高级军事将领，其墓中就出土了四件盛放梳妆用具的漆奁，奁内分别装有妆具、梳具、冠等，贵族男子日常所用到的梳妆用具一应俱全。

在旅行生活中，除了盛装化妆用具的奁，还少不了用来装载与携带日常用品的物件。西汉《易林》说"千载旧室，将有困急，荷粮负橐，出门直北"，"橐"就是古代旅游生活中用来存放物品的，也就是现在的行李箱。秦汉时期的"行李箱包"主要分为两类：一是皮革、布帛等制作的袋类；二是竹木制作的箱类，也称行箱。袋类主要有"囊"和"橐"，据《诗经今注》："囊、橐，都是袋子。小的叫作橐，大的叫作囊。"战国时苏秦游历四方，"负书担橐"，秦汉游学之士则负橐从师。两汉时，囊的使用比较常见，橐相对较少。汉代画像砖《泗水取鼎图》刻画

《泗水取鼎图》

了出行时人们使用囊的情景:或挑于肩上,或负于背上,或搭于马上。当时旅行生活中,"囊"几乎是必备的便携之具。

竹编箱类在江南地区十分流行,最常用的是箧、笈、筒。箧,《说文解字》称:"箧,藏也,从匚夹声。箧,匨或从竹。"①箧从竹,多为竹编。历史文献表明箧是箱类盛具,是收藏物品的器具。箧不仅可用来携带外出时所需的衣物,也可盛装书籍。而笈则是外出旅行时主要用来装书的竹编器具。《太平御览》卷七引《风俗记》说:"笈,学士所负书箱,如冠籍箱也。"《说文》作"极",释曰:"驴上负也。"由于笈便于负携,所以古人从师访友,出外游学多负笈而行,并渐渐形成"负笈求学"之说,沿用至今。秦汉学人为求师访学,往往不远千里,跋山涉水,历经艰辛,形成秦汉时期特有的"千里负笈"的社会文化活动。《后汉书》上"负笈"求学的著名学士有:袁闳,字夏甫,汝南人,博览群书,常负笈寻师;苏章,字士成,北海人,负笈追师,不远万里;方储,字圣明,负笈到三辅,无所不览;李固,杖策驱驴,负笈追师三辅,学《五经》,积十余年。行旅和游学的关系在秦汉时期被文人学士高度重视,因而秦汉时期不仅是我国旅游史上的第一次高潮时期,也是"读万卷书,行万里路"的游学高潮时期。学士们的游学活动为汉文化的繁荣奠定了坚实的基础,对"行器"也提出了一定的要求。筒是汉代较为普遍使用的一种盛物器具,形状如同现在的长方形小箱。其多以竹篾、藤皮、苇皮编织,也兼用荆条。制作有精有粗,或髹漆,或素面,一般用绳索捆扎。讲究的筒还用夹纻胎,外髹漆彩绘,内衬绫罗为里。《礼记·曲礼》注云:"箪筒,盛饭食者,圆曰箪,方曰筒。"《说文》也有记载:"筒,盛食器也。"其实,筒不仅仅盛装食物,日常用品、衣服配饰等都可以收纳其中。湖北云梦睡虎地出土的秦朝竹筒以及湖南马王堆1号汉墓出土的48个竹筒可证明这点,马王堆这48个竹筒大小基本一致,长约48—50厘米,宽约28—30厘米,高约15—16厘米。其中盛放丝织物的有6个,食品30个,中草药及其他植物茎叶8个,模型明器4个。这些竹筒不仅方便日常家居,更方便外出游历,是秦汉时期江南地区比较常见的外出游历用具。湖南在秦汉时期属江南地区,经济、文化相对发达,其出土的筒类具有一定的代表性。

①　许慎:《说文解字》,中华书局,1963年,第268页。

马王堆 1 号汉墓出土的竹笥
（湖南省博物馆藏）

（三）饮食器皿

我国漆器制作历史久远，是世界上最早使用漆的国家。漆器、陶瓷、丝绸并列为我国传统文化的瑰宝。早在六七千年前的新石器时代，已经出现髹漆的木器、陶器。商周时出现了工艺较为先进的漆器。秦汉时期，髹漆达到繁盛。用天然漆髹于竹器和木器上，能够对器物起到很好的保护作用。漆器制作是相当繁复艰辛的，汉朝桓宽的《盐铁论》说道："一杯棬用百人之力，一屏风就万人之功。"秦汉时期，漆器多为贵族所拥有，尤其是大量轻巧美观的漆器用具。从实用的功能来看，漆器耐酸、耐热、防腐，造型轻巧、灵便，易于清洗，胎体牢固结实；从审美的功能来看，漆器纹饰生动优美，色彩鲜艳斑斓，装饰语言丰富多样。漆树资源在我国江南地区非常丰富，因此漆器在南方十分流行。扬州漆器历史悠久，在西汉时已经达到很高的水平，至明清更展现出"千文万华，纷然不可胜识"的鼎盛局面。因而，江南地区出土的秦汉时期的行旅及家居饮食用具中，除青铜器外，漆器用具相对较多。秦汉人士好尚逐车狩猎、游冶宴饮，轻盈灵巧、携带方便的漆器饮食用具颇受欢迎。

1. 酒器

我国是世界上最早发明酿酒术的国家之一，饮酒不仅是一种饮食行为，还被文人们演绎为一种文化活动。我国酒文化内涵丰富，酒为古代文人行旅生活的丰富增色不少。古人认为在户外饮酒更有趣味,因而有"郊饮"、"野饮"、"山饮"、"水饮"之说。欧阳修《采桑子》描绘出户外饮酒的妙趣:"荷花开后西湖好,载酒来时。不用旌旗。前后红幢绿盖随。画船撑入花深处,香泛金卮。烟雨微微。一片笙歌醉里归。"人生漂泊,羁旅艰险,唯有杜康解忧;远离六亲故土,孤寂思乡,浊酒一杯无计何处他乡;离别放酒肠宽,归来置酒洗尘;天寒正可煮酒祛寒。天子诸侯游猎、封禅、巡游时,更离不开设摆酒宴。酒与旅游关系密切,因此酒器也是十分重要的旅行游具之一。饮酒在古代被誉为"雅道",酒器称为"雅器",文人士大夫将以雅器饮酒获得的快乐称为"雅兴"。考古学家一般把我国古代酒器的发展历史分为五个阶段:①新石器时代至夏,流行陶质酒器;②商至西周,流行青铜酒器;③东周至秦汉,青铜酒器与漆酒器并重;④魏晋至隋唐,瓷酒器和玉酒器日益繁荣;⑤宋元以来,瓷酒器空前普及,玉酒器、金银酒器也有相当的数量,玻璃酒器至清代才有一定的发展。[①] 秦汉时期使用的漆器酒具轻巧灵便,适宜行旅生活。漆器酒具主要包括饮酒器和贮酒器,比较遗憾的是,温酒器不多见。

饮酒器

秦汉时期,青铜文化衰落,髹漆酒具逐步替代青铜酒器,但其形制则继承了青铜酒器。这个时期家居和行旅生活中常用到的漆器酒具主要分为两大类:一为饮酒器,二为贮酒器。此期出土所见主要的贮酒器为壶等,饮酒器有耳杯、樽和卮。其中耳杯最为常见,因其两耳像雀之双翼,亦称"羽觞",也可用于盛装食物。耳杯盛行于战国、秦汉至魏晋,通常为椭圆形,平底,两侧各有一个半月形的耳,有时有饼形足或高足。《汉书·班婕妤传》有:"顾左右兮和颜,酌羽觞兮销忧。"秦汉时期出土的羽觞(耳杯)形体一般都比较小巧,材质有漆、铜、金、银、玉、陶等。漆器耳杯有木胎、夹纻胎两种,耳有方形、新月形。方耳杯出现于春秋时期,圆耳杯出现于战国中期。这一时期较具代表性的漆制耳杯主要出土于湖北、湖南、安徽、江苏等秦汉时期的江南地区。1978年,云梦睡虎地 25 号墓出土秦彩绘波折纹漆耳杯。其为椭圆形、弧形壁、平底。此器木胎,挖制。外底有"宦里□"的针刻文字。1985 年,扬州邗江甘泉

---

① 于成宝:《古代酒具漫谈》,《古典文学知识》,2005 年第 6 期,第 128 页。

姚庄 101 号西汉墓出土有西汉彩绘夔龙纹漆耳杯,木胎,以褐漆作底色,用黑、灰黑、米黄三色彩绘,长 16.5 厘米,宽 11.3 厘米,高 5.3 厘米,现藏于扬州博物馆。双耳和口沿及腹部分别饰连续菱形几何纹图案,并饰以不规则弧线纹,内底中心饰一花叶纹,以细线和圈点纹为界线,于四壁呈对称分饰四组夔纹。1986 年,江陵毛家园 1 号墓出土的西汉彩绘三鱼纹漆耳杯,木胎,挖制。内底用金、红、蓝色粉绘一只凤鸟与三条游鱼,出土时图案清晰,彩粉鲜艳,后渐脱落,现藏湖北省博物馆。1975 年,江陵凤凰山 168 号墓出土的彩绘三鱼纹漆耳杯同属彩绘三鱼纹中的珍品。耳杯色彩相对明快亮丽,用色更加丰富,构图更加饱满,三鱼相对抽象,浪漫的装饰意味浓烈。马王堆汉墓出土耳杯数量巨大,有 200 多只,制作精美,器形相似,大小略有不同。其中"君幸酒"、"君幸食"两只耳杯最为有名,出土于辛追、利苍之子墓。现藏于湖南省博物馆。杯内均涂红漆,底黑漆书"君幸酒"、"君幸食"三字。这些耳杯均为馆藏精品或镇馆之宝。

江南地区河汊溪流密集,人们择水而居,生活娱乐因水而为。汉末魏晋文人尤好"曲水流觞",漆器耳杯对称的双耳如同雀之羽翼,既很好地解决了漂流时的平衡问题,防止耳杯颠覆,且能在顺"曲水"漂流时提供分流与浮力。羽觞随波而泛,美如翩翩小舟,让参与者乐在其中。"羽觞"、"耳杯"命名生动形象,富有生气。秦汉时期江南地区的漆器耳杯是秦汉漆器工艺制作的代表作之一。耳杯制作精美,器形相似,大小略有不同。耳杯口为椭圆形,器身由口部向杯底渐渐收敛,曲线圆滑流畅。杯形设计便于酒类、羹类等流质的食用,清洗起来也十分便捷。杯身较薄。装饰手法以彩绘为主,黑色、红色为主要用色,常常是在黑色漆地上绘以红色花纹。艺术效果的表现富贵适宜。云气纹、夔龙纹、鱼纹、波折纹、漩涡纹、几何纹等装饰纹饰运用较多,动植物形象的绘制使得器物富有生气和动感。当时注重装饰纹样和主题形象、背景的多样统一。设计制作实用美观,科学合理。装饰典雅端庄。器物实用而颇具审美。

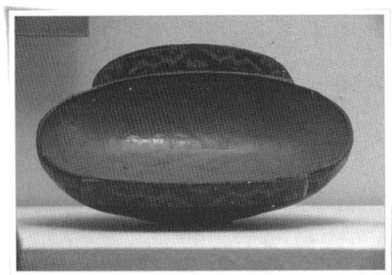

云梦睡虎地 25 号墓出土的彩绘
波折纹漆耳杯
（湖北省博物馆藏）

凤纹耳杯
（湖北省博物馆藏）

1975 年江陵凤凰山 168 号墓出土的
彩绘三鱼纹漆耳杯
（荆州博物馆藏）

西汉彩绘夔龙纹漆耳杯
（扬州博物馆藏）

江陵毛家园 1 号墓出土的彩绘三鱼纹漆耳杯
（湖北省博物馆藏）

辛追、利苍之子墓出土的西汉
"君幸食"漆耳杯
（湖南省博物馆藏）

辛追、利苍之子墓出土的西汉
"君幸酒"漆耳杯
（湖南省博物馆藏）

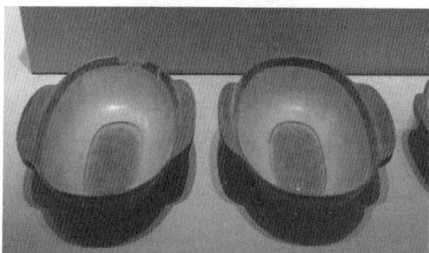

西汉漆耳杯
（南京博物院藏）

　　为了方便收纳或出行使用，秦汉时期还出现了相配套的耳杯盒或具杯盒。耳杯盒是将一套耳杯装在一个特制的漆盒中，盒盖与盒身的内腔是根据一套耳杯扣合后的外形所制，把耳杯放入盒内后就没有多少多余的空隙，套放严密，方便搬运和收纳、保存，同时又十分美观精巧。1975 年，云梦睡虎地 13 号墓出土一套素漆耳杯盒，秦，木胎，挖制，盒盖上有烙印的"亭"字，出土时盒内平放耳杯五只。西汉马王堆 1 号墓出土了一套设计精致的酒具盒：西汉云纹漆具杯盒，通高 12.2 厘米，长 19.0 厘米，宽 16.0 厘米。器物呈长方形而圆其四角，由盖和器身两部分子母扣合而成，两端各有一短把。器外黑漆地彩绘云纹、漩涡纹、几何纹等图案，线条刻画精细。上下口沿朱书"轪侯家"。具杯盒内套装耳杯七件，其中六件顺叠，一件反扣，反扣杯为重沿，两耳断面三角形,恰与六件顺叠杯相扣合,充分利用了盒内空间。其设计奇特,制作精巧,反映了汉朝漆器制作的高超水平。另外,湖北省江陵高台 33 号汉墓出土的草叶纹酒具盒"内盛圆耳杯十枚,侧竖置,其中第四枚耳杯之剖面是三角形,另五枚耳杯与之对置"①。其倒扣、扣叠的设计同样实现了上述具杯盒适宜收纳、移动的功能。类似设计在秦汉时期两湖地区亦不鲜见。对于行旅生活而言,这种设计很好地解决了在行驶过程中箱内移动的问题,为行旅生活提供了方便。耳杯具纳器、漆奁等在造型上体现了卓越的工艺美术设计思想,从实用出发,兼具审美思考。从使用、携带的方便性,放置的最大容量,再旁及装饰纹样多样统一,都有良好的设计。其设计既节省位置,又美观协调,并往往用形状或色彩加以区别所放置的不同内容,即使在现代,也称得上是一种最佳设计。②

云梦睡虎地 13 号墓出土的秦素漆耳杯盒
(湖北省博物馆藏)

　　漆制樽和卮也是秦汉时期江南地区常见的饮酒器。二者的区别是:樽的底部有三个铜蹄足,盖顶有三个铜钮;卮则平底,盖顶无钮。1978 年,云梦睡虎地 47 号墓出土了一只西汉彩绘云龙纹漆樽。高 19.0 厘米,盖径 12.5 厘米,底径 11.8 厘米。木胎,卷制。盖顶有铜钮,器底有铜箍和蹄足。盖面中心绘飞腾翻

---

① 傅举有:《中国漆器全集 3:汉》,福建美术出版社,1998 年,第 327 页。
② 田自秉:《中国工艺美术简史》,浙江美术学院出版社,1989 年,第 16 页。

辛追墓出土的西汉云纹漆具杯盒
（湖南省博物馆藏）

滚的云龙纹。现藏于湖北省博物馆。1973 年,湖北光化五座坟 3 号墓出土了一只西汉戗金龙凤纹漆卮,高 10.9 厘米,盖径 9.5 厘米,口径 8.9 厘米,木胎,卷制,通体针刻花纹,内填金粉。盖面刻奔腾的飞龙,盖内刻舞动的凤鸟,器外壁刻穿行在山峰、流云间的豹、仙鹤、玉兔、神人、飞鸟等。此卮是现知我国年代最早的戗金漆器,现藏于湖北省博物馆。秦汉时期,施行礼制。由于耳杯具有很强的使用功能,且饮用时双手方便捧持,适于表达尊敬、礼仪的目的,因此在一定程度上影响了卮的使用,因而卮的使用在汉代并没有耳杯广泛。

西汉彩绘云龙纹漆樽
（湖北省博物馆藏）

西汉戗金龙凤纹漆卮
（湖北省博物馆藏）

贮酒器

秦汉时期的贮酒器主要为漆扁壶和圆壶。这些漆扁壶、圆壶是秦汉时期仿铜扁壶的新产品。由于青铜器物的衰落,漆器酒具的数量达到鼎盛。其形制、纹饰和工艺在继承青铜器物的基础上,又有很大的创新。漆器形制典雅,高贵端庄,工艺高超,既合于实用,更具有审美。从出土的漆器来看,秦朝比较有名的两把扁壶分别是:1999 年,云梦老虎墩 12 号墓出土的一把秦代彩绘豕鸟鱼纹漆扁壶,木胎,挖制,两腹一面绘前行的猪和飞鸟,另一面绘鱼纹,现藏于湖北省博物馆;1978 年,云梦睡虎地 44 号墓另出土的一把秦代彩绘牛马鸟纹漆扁壶,壶高 22.8 厘米,腹宽 24.2 厘米,厚 7.8 厘米,木胎,挖制,两腹一面绘雄壮有力的牛,另一面绘并肩前进的奔马和飞鸟。出土的汉朝扁壶和圆壶有:1975 年,湖北江陵凤凰山 168 号墓出土的彩绘七豹纹漆扁壶,壶高48.0 厘米,腹宽 58.0 厘米,盖顶中心绘神豹一只,正、背面各绘神豹三只,背面中部神豹张牙舞爪追捕一只似獐子的动物,七豹各具姿态,是一件不可多得的西汉漆画艺术佳品,现藏于荆州博物馆;1986 年,江陵毛家园 1 号墓出土的一把西汉彩绘云凤纹漆圆壶,木胎,旋制,高 32.5 厘米,口径 11.5 厘米,腹径 22.0 厘米,现藏于湖北省博物馆。扁壶和圆壶一样都是既可做贮酒器又可以做饮酒器的器物。扁壶携带方便,造型结合了圆壶和游牧民族盛水的皮囊,因而也是秦汉时期贵族们行旅生活中经常携带的重要酒器之一。其壶身扁平,有的扁壶两侧有双耳或者四耳,以便穿绳提拿和背负携带。扁壶的出现很好地解决了圆形的器物携带于身时,因与身体的接触面积小,故不够稳定、容易来回摆动的问题,而且扁壶的口部较小,也方便贮藏、直接饮用和行动。湖南马王堆汉墓出土的云纹漆钟也是一种可贮酒和温酒的漆器。器型为鼓腹细颈,稳重厚实;旋木胎工艺,主要髹朱黑二色漆,纹饰为波折纹、云纹和鸟形图案。出土时尚有少许酒类物,出土的遣策也表明其为盛温酒的器具。

彩绘豕鸟鱼纹漆扁壶
（湖北省博物馆藏）

彩绘牛马鸟纹漆扁壶
（湖北省博物馆藏）

彩绘七豹纹漆扁壶
（荆州博物馆藏）

彩绘云凤纹漆圆壶
（湖北省博物馆藏）

云纹漆钟
（湖南省博物馆藏）

　　秦汉时期耳杯、樽、卮、扁壶、圆壶这些漆器酒具，无论从实用还是审美的角度，都达到了很高的设计水准和审美水平。宗白华先生曾经说过一句话："中国传统器物的设计，从来都不是单纯的实用，必定伴有一定的审美品位。"李泽厚先生如是说："与汉赋、画像石、壁画同样体现了这一时代精神而保存下来的，是汉朝极端精美并且可说空前绝后的各种工艺品，包括漆器、铜镜、织锦等等。所以说他们空前绝后，是因为他们在造型、纹样、技巧和意境上，都在中国历史上无与伦比，包括后来唐、宋、元、明、清的工艺也无法与之抗衡（瓷器、木家具除外）。"[①]

　　————————

　　① 李泽厚：《美的历程》，安徽文艺出版社，1994年，第83页。

2. 食具

秦汉时期出现了我国旅游史上的第一个高峰期,权贵出门远游,有专门的旅店提供食物。早在西周时期就出现了官舍,专门负责管理多种交通设施的官职,如在《周礼·秋官》中说到的"野庐氏"。到秦汉时期,为了适应政治、经济等发展的需要,驿站已经越来越完善,邮亭、传舍、亭传、官舍等也日趋增多。但一般来说,官办旅馆非官吏不得入内,且官吏入官舍还须持符传为凭。[①] 也就是说在一定范围内,官员调配迁徙及官务宦游,是有一定的行旅食宿条件的。但对于大多数行旅者而言,旅途的食宿问题是必须自行解决的。

从橐囊、青铜食具到漆器食具

相对而言,秦汉时期的旅游用具尚处在萌芽阶段,旅行者在道途中所使用的食具也没有如后世般精心设计,一般长途旅行者往往是自身携带干燥、轻便、不易腐坏的食品于橐中,以备旅途食用,经济又方便。两湖地区以米食为主,行旅者将米饭蒸熟后暴晒,即可作为干粮,称为糗。《东观汉记》记载说:元贺迁任九江太守,巡行属县,"持干糗,但就温汤而已"。《汉书·李广传》中也有说到兵士所食糒,其状如粗砂。这种干饭可以干嚼,也可以泡软吃。而《后汉书·文苑列传下》中记载"糒脯出于车軨",表明旅行时这些干粮还往往悬系在车中横木上。也有权势贵族在出门狩猎或者远足行旅时,会准备比较讲究的食物和食具。在湖北战国曾侯乙墓中就曾出土了一整套外出时狩猎或者游玩时所携带的食具。这套食具箱内装有铜鼎、铜盒、铜罐、铜勺等,箱子的容积并不大,但器物放置有序,箱上还有用于拴绳的铜扣,这些都表明这套食具是墓主人生前外出所使用的野餐用具。至汉朝,由于漆器的发展,漆器取代青铜器成为贵族行旅、燕居的主要食具类别之一。汉朝漆器的胎质主要有木胎、夹纻胎和竹胎,其中食器多为夹纻胎。因为使用夹纻胎的漆器,比其他材质的漆器更为保温、轻盈,并且在材质和加工工艺上更为简便,造型自由度也比较高,可以满足更多表面复杂的器形设计制作。漆器因其易于燃烧,不适于烹煮,因此漆器基本上是以

---

① 邓丽丽:《秦汉行旅述论》,山东师范大学硕士学位论文,2008 年,第 12-14 页。

盛食具、进食具的形态存在的。

食具漆盘

秦汉时期出土的漆器食具种类并不多,由两湖地区三大墓葬出土的漆器用具可见一斑。湖北云梦睡虎地秦墓中出土漆器主要有耳杯、奁、盒、卮、樽、壶、盂、勺、匕、笥等;湖南长沙马王堆出土漆器主要有鼎、盒、壶、钫、卮、耳杯、勺、匕、盘、匜、奁、案几、屏风等;湖北江陵凤凰山汉墓出土漆器主要有圆盒、盂、匕、方平盘、圆盘、扁壶、壶、耳杯、耳杯盒、卮、樽、圆奁、椭圆奁、匜、几、双虎头形器和 T 形器等。从汇聚两湖地区秦汉漆器的湖南省博物馆、湖北省博物馆和荆州博物馆三大馆藏来看,主要的漆器食具主要有勺、盘、盂等器皿。我们最熟悉的盛食具碗具罕见漆器类出土,漆盘出土比较多见。1986 年,江陵毛家园 1 号西汉墓出土有彩绘云凤纹漆圆盘,高 4.0 厘米,口径 46.5 厘米,木胎,斫制。外底有烙印文字和针刻符号。1992 年,湖北荆州高台 28 号西汉墓出土有彩绘凤鸟纹漆圆盘,高 6.0 厘米,口径 26.0 厘米,木胎,挖制。器内绘三只粉红色身躯、金黄色眼睛的凤鸟,穿行在十条深蓝等色的云龙纹中。漆盘色泽鲜艳,花纹绚丽。1972 年,马王堆 1 号汉墓出土有"君幸食"小漆盘,小盘口径 18.3 厘米,高 3.0 厘米,盘内主色涂红漆,中心有四组黑漆底上朱绘卷云纹。盘外髹黑漆,近底部朱书"一升半升"四字。马王堆 1 号墓共出土 20 个小漆盘,其中不少漆盘里都盛有牛排骨、雉骨、鳜鱼骨、面食和其他食物。1973 年,马王堆 3 号汉墓出土"轪侯家"黑地朱色云纹漆盘,盘高 4.0 厘米,口径 57.8 厘米,直壁平盘,旋木胎。盘内髹红、黑漆。黑漆绘云龙纹,并以旋涡纹组成龙的须角和鳞爪。口沿上为波折纹、点线纹。内、外壁为鸟头形图案,外底朱书"轪侯家"。该墓共出土此类平盘 9 件,遣策称其为"漆画平般(盘)"。这些漆盘从命名、形制和实用功能来看,皆为盛食具。它们制作工艺精湛,纹饰神奇浪漫,有着浓郁的楚地艺术特色,是汉初漆器的典范之作。所以从审美角度来看,这些漆盘又是不可多得的精美艺术品。

彩绘云凤纹漆圆盘
（湖北省博物馆藏）

彩绘凤鸟纹漆圆盘
（湖北省博物馆藏）

马王堆 1 号汉墓出土的
"君幸食"小漆盘
（湖南省博物馆藏）

马王堆 3 号汉墓出土的"轪侯家"
黑地朱色云纹漆盘
（湖南省博物馆藏）

漆器勺具

在秦汉时期两湖地区出土的食具中,漆器勺具也颇为精美,其中具有较高美学水准的有两件,一是 1975 年云梦睡虎地 9 号秦代墓藏出土的彩绘凤形漆勺,木胎,雕制。高 13.3 厘米,长 14.8 厘米,宽 10.6 厘米。勺体挖成凤身,勺柄雕成凤鸟头颈,用红、褐漆绘出凤的眼、鼻、耳及羽毛。凤尾下有"咸口"等烙印文字。此勺的精美前所未有。无独有偶,1973 年长沙马王堆 3 号汉墓出土漆绘龙纹勺,柄长 53.0 厘米,斗径 7.8 厘米。竹胎,勺斗用竹节为底,柄为长竹条,勺斗和勺柄处用竹钉接榫连接。斗内髹红漆,无纹饰,外壁及底部黑漆地上,分别绘红色几何纹和柿蒂纹。柄的花纹分为三段:靠近勺斗处为条形透雕,浮雕编辫纹,髹红漆;中部亦为透雕,浮雕编辫纹;柄端髹红漆地,浮雕龙纹,龙身髹黑漆,鳞爪髹红漆。马王堆汉墓出土的勺具仅有两件。这一时期漆器勺具的出土并不多见,此勺实属珍稀。

彩绘凤形漆勺
（湖北省博物馆藏）

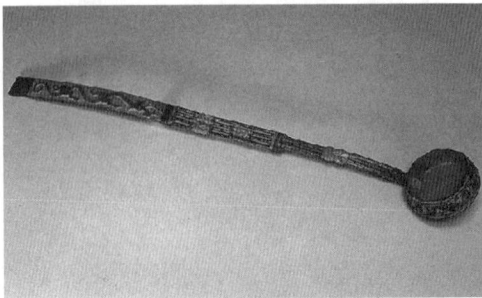

马王堆 3 号墓出土的漆绘龙纹勺
（湖南省博物馆藏）

食具漆奁

　　两湖地区出土的此时期漆奁也较多见,奁不仅有外出携带洗漱装扮的类型,也有用作外出游历、家居盛装食物类型。1972 年,马王堆 1 号汉墓出土了一件彩绘漆奁,直径 23.5 厘米,高 9.0 厘米。夹纻胎,盖呈圆形,内髹红漆,外髹黑褐色漆,用黄、灰、红三色油彩绘云气纹。漆奁扣合严密,工艺精巧,加之夹纻胎良好的保温效果,使其不仅具备很好的收纳作用,更具有很高的审美水准。漆奁出土时内盛饼状物,与遣策所记"食检(奁)一合盛稻食"吻合。辛追墓另有出土彩绘陶盒,出土时尚有小米饼。马王堆汉墓出土的饼类食品有稻食、麦食、小米食等。据此也可推测当时该地区上层社会人们的食谱,并反映出他们外出行旅生活条件的改善和燕居生活的日趋丰富。秦汉时期不仅有陶制碗、瓷制碗,还有漆器木碗,只是两湖地区并不多见,在江苏连云港出土的西汉漆碗是当今难得一见的珍品了。

马王堆 1 号汉墓出土的彩绘漆奁
（湖南省博物馆藏）

西汉马王堆辛追墓出土的彩绘陶盒
（湖南省博物馆藏）

连云港出土的西汉漆碗
（南京博物院藏）

宴饮、梳妆场景复原图
（湖北省博物馆藏）

　　在进行上述相对具象的研究的同时,另需观照的是两湖地区这些漆器饮食具的由来。云梦睡虎地秦墓漆器上有"咸市"、"许市"、"郑亭"等铭文,是秦都咸阳和河南许昌等地市亭所生产的漆器产品的标志。长沙马王堆、江陵凤凰山汉墓的漆器上多见隶书"成市草(造)"、"市府草"等烙印戳记,由此可见,它们是产自蜀郡的成都市府作坊。但这种来源并不阻碍我们对于两湖地区漆器饮食类器具的美学研究,主要原因在于:一是这些器具是经由该地区人们的选择而来的,符合他们的审美。最具说服力的是马王堆出土的500多件漆器中,有300多件书写有"轪侯家"等物主标记、用途和容量等文字的内容,都说明这些器具是经由专门的订制、过滤和筛选的。二是从出土范围而言,该类器具在两湖地区辐射范围广,说明是符合当地人们的审美习俗的。三是我们的研究更多的是撷取该地区出土的典型性饮食类漆具,并未较多涉及器物本身的历史流变和模因传承,是一种比较具象化的研究。

　　秦汉时期是中国封建社会的蓬勃发展时期,其行旅用具和生活器具在更加进步的物质文明、科学技术的基础上,在功能、造型、工艺、材料、装饰、人机、色彩等方面都取得了前所未有的成就,现代考古发掘充分证实:各类器物设计的百工之艺至汉朝已经基本完备。

　　秦汉时期,器物设计和审美最杰出的体现是漆器制作。漆器不仅体现了这个时期卓越的功能化设计思想,也体现了高度的审美情怀。拥持漆器的数量和品质甚至成为身份、财富的象征,《汉书·贡禹传》"杯案尽文画,金银饰"可为写照。秦汉时期两湖地区气候温和,生活相对富庶,外出野游为人们尤其是官宦富户所喜爱。这些兼享于游冶和燕居的漆器食具、饮具就备受关注,携带轻灵方便、功能性强、展示优美的游具成了设计和审美的必然要求。湖南马王堆汉墓、辛追墓出土的西汉云纹漆具"多子盒"——耳杯和杯盒很好地反映了这一要求。这套耳杯盒实现了子奁、母奁空间利用最大化,造型、色彩、纹饰等设计审美效果整齐统一、和谐有序且端庄典雅。这种形制的食盒直到明朝仍在沿用。耳杯"君幸食""君幸酒"(请您进食、请您用酒)的设计尤其坦荡可爱,体现了儒家文化、世俗文化以及祥瑞文化对器具设计的影响,达到了很高的整体审美效果。秦汉时期,耳杯的设计具有良好的形态之美,人们在使用的时候必须双手捧持,符合秦汉时期厚礼仪、重教化的社会功能。而文人士大夫之属外出雅聚之时,耳杯又是曲水流觞、水波泛月的雅具,杯身近乎椭圆的结构则符合我国传统文人圆润畅达、周流不滞却刚柔相济的做人原则。简洁的形态设计恰到好处地实现了其物的功能、对人的功能、对社会的功能和对环境的功能。秦彩绘凤形漆勺美轮美奂,栩栩如生,一只吉祥的凤鸟仿佛就在我们眼前濯羽戏水。设计师对功能、审美和创意的把握匠心独运。西汉彩绘云凤纹漆圆壶,圆形壶口使饮用更合口适宜,壶体从扁形到圆形使其容积更大,这些小小的设计凸显了汉人的合于实用的设计观。

从两湖地区出土的秦汉时期的漆器来看,装饰手法主要有漆绘、堆漆、针刻、镶嵌、扣器、金银文画等。戗金工艺是两汉时期在工艺技法上的创新,即很多文献中提及的"汉代锥刻金银纹漆器"。纹饰主要有云气纹、龙凤纹、几何纹、动物纹、怪兽纹、植物纹、水波纹、点纹等。色彩以厚实大气、历远持久的红黑二漆为主。造型生意灵动,又不乏端庄典雅。主题风格比较轻松活泼,兼有写实和浪漫,具有浓厚的生活情趣和审美意趣。这种文质彬彬的成器之道不仅从侧面反映了我国古代设计中的"格物致用"的思想,也凝聚成为秦汉时期器物设计雄浑、圆润、博大、灵动的时代审美属性。

除了前面提到的耳杯也可用作食具之外,食具还包括笥、箪和碗。前文提到,笥不仅仅可以存放衣物,还可以用来盛装食物。江苏扬州邗江胡场5号汉墓出土了一个双层漆笥,上层有五个小漆盒,可分别盛放不同的食物,这样的组合餐具在旅游时可以满足人们的需求。汉朝的漆器制作精良,颜色多为黑、红或紫红,图案纹饰绚丽多彩,有的甚至镶嵌金银边沿。《盐铁论》云"一文杯得铜杯十",《汉书·贡禹传》形容当时髹漆的食具"杯案尽文画,金银饰",由此可见当时漆器之昂贵,非一般平民百姓所能享用。箪是古代盛饭的圆竹器,也用作放衣服或者食物的器具。《说文》解释:"箪,笥也。从竹,单声。"《礼记·曲礼上》:"凡以弓剑、苞苴、箪笥问人者,操以受命,如使之容。"郑玄注:"箪笥,盛饭食者,圆曰箪,方曰笥。"孔颖达注:"箪圆笥方,俱是竹器,亦以苇为之。"因为取材多为竹、芦苇等植物,为江南地区常见植物,材料实惠廉价,普通箪、笥类器物多为古代江南地区平民百姓使用。随着人们经验的积累和技艺的提高,这些器具后来也慢慢变得更加精美实用,甚至华丽者非寻常人所能接触到。20世纪早中期,江南地区的寻常人家使用相对普通的这些器物还是比较习见的。从出土的秦汉时期文物来看,这些器物也多在江南地区出现,是江南地区人们外出行旅或家居常用器物,久而久之还形成了"箪食壶浆"的成语。

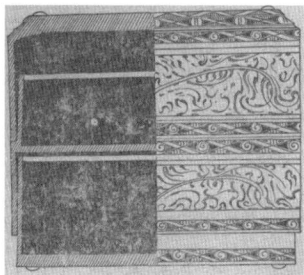

双层漆笥
江苏邗江胡场5号汉墓出土

漆笥盖打开后上层的小漆盒
江苏邗江胡场5号汉墓出土

　　秦汉时期人们外出的行旅生活中,除了上述所说漆器食具之外,也有其他材质的食具。釜是一种常见炊具,有铁制的,也有铜或陶制的,圆底而无足,必须安置在炉灶之上或是以其他物体支撑煮物。釜口圆形,可以直接用来煮、炖、煎、炒等,可视为现代所使用的锅的前身。秦汉时期,釜的使用已经相当普遍,不管是出行还是军旅,甚至是逃亡时也可负携而行。《淮南子》记载:"太王亶父处邠,狄人攻之,杖策而去。百姓携幼扶老,负釜甑,逾梁山,而国乎歧周。"《史记·项羽本纪》记载巨鹿之战前:"项羽乃悉引兵渡河,皆沉船,破釜甑,烧庐舍,持三日粮,以示士卒必死,无一还心。"可见釜乃军中必备炊器。甑,是一种蒸食用具,也一直广泛地应用于民间。在灶未发明之前,甑多与釜、鬲配合使用,将甑置于釜鬲上蒸煮,上置盆盖等覆盖器,聚纳蒸汽蒸煮食物。

西汉釜甑
(南京博物院藏)

另外,汉朝还新出现一种炊器鐎斗,三足有柄,用以煮物,汉及魏晋时盛行。《急就篇》卷三有"锻铸铅锡镫锭鐎"。《史记》记载汉代士兵用铜鐎斗昼炊饮食,夜击持行行军的故事,可知鐎斗是小型的饮器,其容量大约一斗。[①] 鐎斗除了作为饭锅用以炊煮,也可作为量器向兵卒分发粮食,或作为温热器。鐎斗又名刁斗,唐代诗人李颀的《古从军行》诗云:"白日登山望烽火,黄昏饮马傍交河。行人刁斗风沙暗,公主琵琶幽怨多。野云万里无城郭,雨雪纷纷连大漠。胡雁哀鸣夜夜飞,胡儿眼泪双双落。闻道玉门犹被遮,应将性命逐轻车。年年战骨埋荒外,空见蒲桃入汉家。"诗文以汉喻唐,借写汉武帝的开边,讽刺唐玄宗,充满反战思想。而我们从诗文中也得到印证:汉代军旅行程中刁斗的使用。我们在这里把刁斗作为游具来谈,一方面,因为军旅生活亦属行旅,在我们界定的行旅游历的研究范围之内,另一方面,更重要的是我们日常生活中许多比较先进的用品都是由军用转换为民用的,这个在现代社会中更为常见,比如:游历中资深游客必备的定位仪,其最初是服务于军事的;甚至是常见的徒步鞋,其柔软性、耐磨性、韧性、防滑性、重量等性能要求,都是源于对军人解放鞋优点的吸收接纳。类似游具,不胜枚举。

---

① 陈彦堂:《人间的烟火》,上海文艺出版社,2002年,第114页。

汉代铜鐎斗①

西汉青铜鐎斗
（徐州圣旨博物馆藏）

进食具最常见的是箸，从用细竹木棍辅助进食，到汉朝，箸开始登堂入室，成为人们进食的主要用具，筷子走过了漫长的发展历程。随着时代的发展，筷子也在慢慢进化，材质等发生了很大的变化，但是其形态特征没有多少改变。秦汉时期的筷子有木制、铜制及铁制的，四川大邑凤凰乡东汉墓曾出土的八支铜箸，长 22.7 厘米，直径 0.2—0.4 厘米，首端为六棱柱，足圆，整体为首粗足细，圆柱形，与现代的筷子外形差异不大。铜制和铁制的箸容易被氧化、锈蚀，因此，银箸渐渐较多地出现于官宦富商家庭。在明朝以前，箸大多都是圆柱体或者六棱形。明朝的箸有了明显的变化，变为首方足圆，即上部为方形，下部为圆形，几乎与今无异，解决了圆箸放置易滚动、不太方便操纵等问题。四方箸的四个平面组合结构为镶金缀银、题字刻画提供了条件，官宦富商、文人士大夫为标榜新异，往往也会为之做些设计，外出行旅时便是极好的展示机会。而江南地区平民百姓游历时则往往是去繁就简，小小竹筷足矣。

（四）文房器具

文房器具包括文房四宝和笔架、笔筒、笔盒、镇纸、诗囊、诗袋等。明朝屠隆在《文具雅编》中记述了 40 多种文房用品，足以让现代人叹为观止。文具是中国古代书写与绘画必备的工具，也是古代文人外出游历时必须携带的游具。李商隐

---

① 陈彦堂：《人间的烟火》，上海文艺出版社，2002 年，第 114 页。

《李贺小传》记载:李贺"恒从小奚奴,骑距驴,背一古破锦囊,遇有所得,即书投囊中"。后遂以"诗囊"指贮放诗稿的袋子。宋朝著名诗人梅尧臣出外漫游或访亲会友,总喜欢背一个布袋,遇新鲜之事、佳景胜地,若有感悟,便吟咏文句、诗作投入袋中,闲暇之时再从袋中取出诗句,仔细推敲,修改整理。南宋诗人翁卷诗曰"诗囊茶器每随身",映射出文人对于文房器具的喜爱。明高濂《遵生八笺》的"游具"中,仍列有诗筒和蕉形、叶形等红绿黄色彩的诗笺等文具,以备山游偶得绝句以录诗。文人墨客行旅途中对笔墨纸砚的钟爱,可谓如同今人游历中所携带照相机、摄像机等摄录工具。就秦汉之际而言,司马迁等文人于行旅途中,长思偶感,更是笔耕不辍,李斯、班氏兄弟等读书人,其游学路程中的学问答疑、读感阅历,亦需勉力勤录,秦皇汉武的足迹所至及金言玉律,更是有专人记录。所以,外出游历,合手文具乃是必备。这一点从古代画作中也可以得到印证。不少古代画作往往以书生学者负笈千里求学为题材,他们的行囊里大抵也都是文房器具之类。

秦汉时期还属文房器具启蒙阶段,种类自然不如后来那样繁多,制作工艺也不如后世精美。后来随着工艺技术水平的提高,毛笔的制作工艺也不断地改进和完善。秦有蒙恬造笔之说。湖北云梦秦墓中出土过三支竹杆毛笔,竹制笔管,笔管前端有凿孔,将笔头插在孔中,与现在毛笔制法颇为相似,比战国时期的楚国毛笔已经有很大进步。汉朝的毛笔在秦朝的基础上又有所发展,不仅开创了在笔杆上刻字、镶饰的工艺,还出现了专门论毛笔制作的著述。东汉蔡邕所著《笔赋》是我国第一部专论制笔的专著。当时官员为了奏事之便,把毛笔的尾部削尖,笔杆髹之以漆,也有刻字、镶饰的装饰工艺,插在头发里或帽子上,以备随时取用,叫"簪笔"。因此两汉的毛笔笔杆较长,有20厘米左右。《汉书·赵充国传》载:"(张安世)本持橐簪笔,事孝武帝数十年,见谓忠谨,宜全度之。"颜师古注:"簪笔者,插笔于首。"《汉书·昌邑王刘贺传》也有记载刘贺簪笔记事一说。簪笔后来成为汉及魏晋文官的一种装饰。崔豹《古今注》云:"今士大夫簪笔佩剑,言文武之道备也。"史书记载,我国著名的宣笔就发明于汉朝。之后唐宋时代,宣笔依然峻及江南,播育我国。元以后,以近邻湖州为中心的制笔业日益兴隆,我国的毛笔进入了第二个重要发展时期——湖笔时期。可见,秦汉时期不仅经济文化水平提升,也带动着相关文化用具的日趋进步。1975年,湖北江陵凤凰山出土一件汉朝毛笔,竹制笔杆,出土时笔杆插于笔套里。笔套由细竹筒制成,笔毛已经损蚀,整个笔杆、笔管制作精细,制笔技艺水平较高。另有墨、砚、木牍(无字)、削刀等文房用具出土。江苏连云港西郭宝墓中,也曾出土了一支汉代毛笔,与此并无太大差别,皆有髹漆。从汉朝出土毛笔的制笔工艺来看,汉朝人对于笔的质地、装饰等也逐渐地重视起来。王羲之《笔经》载:"汉时,诸郡⋯⋯时人咸言:兔毫无优劣,管手有巧拙。有人以绿沉漆竹管及镂管见遗,录之多年,斯亦可爱玩。讵必金宝雕琢,然后为宝也?昔人或用琉璃、象牙为笔管,丽饰则有之,然笔须轻便,重则踬矣。⋯⋯汉制天子笔,以错宝为跗。"清朝唐秉钧在《文房肆考图说》卷三《笔说》中也说:"汉制笔,雕以黄金,饰以和璧,缀以随珠,文以翡翠。管非文犀,必以象牙,极为华丽矣。"汉笔已经不仅仅是书画撰写的工具,还成为文人雅物。汉魏文人外出游历,簪笔佩剑,既有实用,兼具修饰。汉末魏晋,江南地区因其秀美的景色和相对稳定的社会环境,吸引了越来越多的文人士大夫,从南京、杭州到台州、绍兴,城市、郊野都是他们游历、定居之处,这些文人士大夫跻身市井、啸歌山林的同时,也将他们的偶得、体悟述诸笔端,流传深远。文房用具成为行旅途中簪首贴身的雅物,成就着其风清骨峻的文人气象。

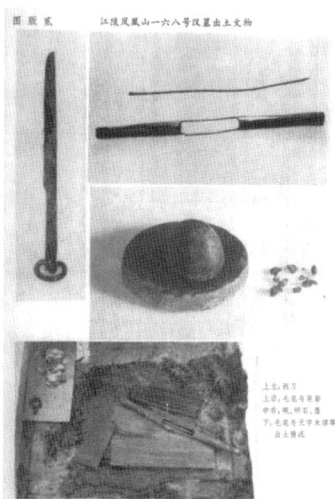

湖北江陵凤凰山 168 号汉墓出土文物(文书工具)

注:上左为削刀,上右为毛笔与笔套,中右为砚、研石、墨,下为毛笔与无字木牍等。

　　墨是古代文人书画的必备之物,在尚黑的秦朝,墨自然也是备受宠爱。秦朝的人工墨尚无固定形制,一般捏成小团或短小的圆柱,文献上称之为"墨丸"。[①] 东汉以后,才出现了模制的墨锭,可以用手执之研磨。"墨丸"在使用前,需先用水浸泡,再用研杵压住研磨后,方可应用。因此,秦汉时期的砚台多附有研子(研杵、研石)。

　　古代文人墨客传承和创造着中华文化,砚是寄附他们文人情怀、实现文化理想的实物载体。在挥斥方遒之间,对文房用具的品位追求世代延绵。秦汉时期,砚的种类主要有石砚、陶砚、铜砚、漆砚、瓦砚等。有些石砚三足,有盖,刻有花纹。陶砚有圆形、三足带盖的,有山形和龟形的。龟形砚造型极为生动:有直颈、屈颈单龟,有交颈双龟;砚盖则为龟背,刻有龟背纹。[②] 功能与造型结合得十分巧妙。在江南一带常见漆木类砚,且具有明显的地域特色。

　　1985 年,扬州邗江甘泉乡姚庄 101 号西汉墓曾出土两件汉砚。一件是彩绘木胎漆砂砚,这方漆砚是我国出土漆砚中已知年代最早的。漆砂砚平面呈凤尾形,前端是半椭圆形盝顶式砚盒,中空,后端是梯形砚池,砚面木质坚硬,上髹深黑色漆,似有极细砂粒的触感。该砚通体用红黑两色漆彩绘,纹饰华丽繁复。顶上饰有四出柿蒂形银扣。砚外侧用银箔饰虎、豹、鹿、牛、羊、龙、孔雀和高髻羽人等图案,刻画精细入微,生动描绘了羽化登仙的神奇意境。另一件是博山饰木砚。俯视呈"8"字形,砚盒作博山状,砚池较浅,为桃形,池面粗糙,木纹清晰。博山周围布列相互对称的龙、虎、熊、獐、鹿、兔等兽共十六只,两只虎的身尾相绕组成砚池边沿,正面端坐一羽人。这两砚都明显分作砚盒与砚池两部分,砚池至砚盒底成一倾斜的平面。塞紧池、盒之间的流孔,即可在池内研墨。汉朝使用的墨多是粗制的墨丸、墨块,研磨成的墨汁使用后难免有剩余,中空的砚盒可以将余墨贮入,再用时可将余墨倾出。[③] 砚台盝顶式结构可以防止墨汁干燥,砚堂倾斜的簸箕般构造有利于墨汁向墨池的方向流动,富余的墨汁回流时收纳完全。如此简洁的设计蕴含着非常科学实用的理念,反映了秦汉时期古人的创造智慧。设计无所不在,却又得体宜人,丝毫没有造作和过度设计之嫌。

---

①　王夏斐:《中国传统文房四宝》,人民美术出版社,2005 年,第 49 页。
②　王夏斐:《中国传统文房四宝》,人民美术出版社,2005 年,第 132 页。
③　李则斌:《汉砚品类的新发现》,《文物》,1988 年第 2 期,第 44 页。

两件砚盒造型规整,运用浅刻、浮雕等手法,打破了图案化的陈式,具有很强的立体感,纹饰细致精美,动物动静结合,有很强的叙事性场景,因而非常活泼生动,具有韵味,反映了两千多年前的高超手工艺。

扬州邗江甘泉乡姚庄 101 号西汉墓出土彩绘木胎漆砂砚、砚底①

相较于石砚,漆砚精致轻巧,装饰意味浓厚,制作工艺要求更高。漆砚半封闭盒状的设计于行旅中不仅便于携带,不易损坏,而且使用起来极其便捷。1984 年,安徽马鞍山汉末三国朱然墓内出土一件漆砂砚,木胎,长方盒形,分为四层,为三盘一盖,可以叠合。下为底盘,可以放置研石、颜料等,附壶门状足。上为砚盘。砚池长 27.4厘米,宽 24.0 厘米,池内涂黑漆和细砂粒,以提升摩擦糙度,池上方有一方形小水池。再上为笔架盘,内嵌两条锯齿状笔架。最上面是盖。外髹黑红漆,内髹赭红漆。② 器作长方形,整体做成封

博山饰木砚
（扬州博物馆藏）

闭盒状,显然比姚庄 101 号墓出土的半封闭状砚盒有所进步。墓主朱然为汉末吴国重臣,位高权重,一度拜为左大司马、右军师,故去后孙权为之素服举哀。这样一位人物,其砚如此讲究空间的利用率,想必是墓主生前长期行旅生活的随身物品,在其行军途中或游历路上,服务主人泼墨挥毫的需求。文人墨客对砚墨的要求很高,虽然扁壶、葫芦等容器可以携带研制好的墨汁,但其新鲜度、

---

① 扬州博物馆:《江苏邗江姚庄 101 号西汉墓》,《文物》,1988 年第 2 期,第 102 页。

② 安徽省文物考古研究所、马鞍山市文化局:《安徽马鞍山东吴朱然墓发掘简报》,《文物》,1986 年第 3 期,第 6 页。

浓淡等却难以达到适宜的要求。所以比较讲究的行旅生活中,一方宝砚是必需的。而相对石砚而言,漆砚似乎显得更有品位和美的体验。江南地区出土的几件漆砚反映了墓主生前不一般的生活追求。

(五)交通工具

"乘舆马者,不券而致千里;乘舟楫者,不游而济江海。"交通工具乃游具之一大类。秦汉时期,全国的水陆交通网络基本形成,马、牛、骡、驴等乘骑相当普及,舆马、舟楫等水陆交通工具极大发展。秦汉大一统政府的出现在促进政治、经济发展和文化交流的同时,极大地带动了交通的发展。秦始皇车同轨的举措,使秦汉时期的车辆已经有了畅行全国各处的交通基础。交通的空前发展,又促进了交通工具在前代基础上的更大发展。

1.陆地交通工具

秦汉时期,车乘的种类林林总总。据《后汉书》,有玉辂、乘舆、金根、安车、立车、耕车、戎车、猎车、輣车、青盖车、绿车、皂盖车、夫人安车、大驾、法驾、小驾、轻车、大使车、小使车、载车等。东汉《释名·释车》则记载有钩车、胡奴车、元戎车、辇车、柏车、羊(祥)车、墨车、重较、役车、軘车、容车、衣车、猎车、小车、高车、安车、骡车、羊车(各以所驾名之也)、槛车、轺车、辎车、輣车等。但在厚礼仪、重等级的秦汉时期,车骑出行有一定的社会制度,人们因身份的不同而使用不同的车。皇家御用有玉辂、乘舆、金根、安车、立车等,一般官员使用的是轺车、辎车等。不同官阶的官员所乘车辆在形制上有明显的不同,就连车盖的颜色、质地都有鲜明的阶层区别。而有些巨贾富商因为"连车骑,游诸侯,因通商贾之利",也取得了拥有"轺车百乘,牛车千辆"的社会地位,得与贵族相当。轺车是一种一马或者二马拉的无盖、无帷的轻车,也是汉画像石中常见的一种车型。《释名·释车》中说:"轺,遥也,遥远也,四向远望之车。"汉初时,轺车还是立乘,后来改为坐乘,一车可乘二人,因车四面空敞,可以随意极目远眺,饱览沿途风景。

江南地区地形以山地、丘陵和盆地为主,其陆地交通工具以车乘与辇舆为主。辇,会意,从车,两"夫"并行,拉车前进。本义指古时用人拉或推的车。《汉书·刘敬传》解释"辇":"一木枳遮车前,二人挽之,三人推之。"东汉许慎《说文》注:"辇,挽车也。"东汉《释名·释车》曰:"辇车,人所辇也。"种种资料显示,辇是一种人力车。《汉书·严助传》记载淮南王刘安谏阻武帝进军越地云:"今发兵行数千里,资衣粮,入越地,舆轿而逾岭,拖舟而入水,行数百千里,夹以深林丛竹,水道上下击石,林中多蝮蛇猛兽,夏月暑时,呕泄霍乱之病相随属也,曾未施兵接刃,死伤者必众矣。"越地即长江以南的一些地区,可见当时舆轿、舟船在江南丘陵地区出行中有着重要地位。这些交通工具虽然较之前朝发达,但相对中原、关中等地仍略显落后。秦汉时期,江南地区也有相关出土的实物。湖北江陵凤凰山 167 号汉墓中出土了西汉初年文景时期的双辕马车模型,遣策曰:轺一乘。相伴遣策记载有"骝、牡马二匹、御者一人、紫绢车盖一顶"等,均与轺车有关。另外,墓内随葬木牛模型、牛车各一。[①] 凤凰山 168 号汉墓出土有木车模型三件,当是简文记载的案车、轺车、牛车各一辆。[②] 长沙马王堆 3 号墓出土有西汉帛画《车马仪仗图》和《行乐图》。《车马仪仗图》画的是车马、仪仗出行情况,画面尚存一百多人像、几百匹马和数十辆车。《行乐图》画有骑射奔马、划船等场面。1 号墓亦有牛马车等遣策出土。

马王堆 3 号墓出土的帛画《车马仪仗图》
(湖南省博物馆藏)

---

① 吉林大学历史系考古专业赴纪南城开门办学小分队:《凤凰山一六七号汉墓遣策考释》,《文物》,1976 年第 10 期,第 38 页。

② 纪南城凤凰山一六八号汉墓发掘整理组:《湖北江陵凤凰山一六八号汉墓发掘简报》,《文物》,1975 年第 9 期,第 5 页。

马王堆 3 号墓出土的帛画《行乐图》

（湖南省博物馆藏）

斧车画像砖

（四川博物院藏）

导车画像砖

（四川博物院藏）

辎车画像砖

（四川博物院藏）

栈车画像砖

（四川博物院藏）

軿车画像砖　　　　　　　　　　　辎车画像砖
（四川博物院藏）　　　　　　　　　（四川博物院藏）

　　江南地区多山多雨,山路崎岖,路面经常泥泞湿滑,牛马车不便行走,肩舆因此成为主要的交通工具之一。《后汉书·舆服志》解释"舆":"编竹木以为舆。"为了减轻肩头的负重,这种过山用的交通工具多用中空而结实的竹子编成,所以又有"竹舆"、"编舆"、"篊(边)舆"等名称。江南地区是竹子的主要生长区,制作肩舆有悠久的历史。舆本义为车厢,也泛指车子,是从人力小车辇演变而来的。舆、轿字均从车,上古轿、桥两字相通。司马迁《史记·河渠书》有"山行即桥",桥即轿。舆最先是山行的工具,宋以后肩舆称作轿子,后来也作为平路的代步工具。《资治通鉴》记载有:"导使睿乘肩舆,具威仪。"东晋及南朝时,轿子非常盛行。统治阶级对于肩舆的使用也有着极其严格的规定,不得僭越。江南地区轿子的普及在南宋迁都临安之后。秦汉以前,牛、马等是主要交通工具,汉以后,相关肩舆的记录陆续出现。《汉书·陈馀传》记载:"上使泄公持节问之箯舆前。"箯舆即竹木做的轿子。唐代颜师古注:"箯舆者,编竹木以为舆形,如今之食舆矣。"东汉班固的《西都赋》云:"乘茵步辇,唯所息宴。"步辇即除去轮子的人力肩抬小车,同肩舆。但秦汉以降乃至隋唐北宋,牛、马、骡等仍是主要交通工具。南宋,随着社会环境的改变及世事转移,轿子的使用开始普及。宋朝史学名著《建炎以来朝野杂记》有高宗赵构体恤群臣履危江南湿滑之地,允许群臣乘辇,打破臣民不准乘轿的规定,云:"君臣一体,朕不忍使群臣奔走危地,可特许乘舆。"明清时期严格区分了官轿、民轿。秦汉时期的江南,虽然也出现前文刘安所言"舆轿而逾岭"的记录,但肩舆的使用往往仅限于皇家贵胄。

2.水路交通工具

相对于落后的陆上车乘,江南地区的水上交通工具要发达得多。江南地区水网密集,造船历史悠久,舟船制造业远远领先于关中、中原等地。秦汉时期,全国大部分造船业都集中于江南地区。长江中下游流域是当时造船业最集中的地区。从夷陵经过江陵、洞庭湖、豫章、庐江等地,至东南沿海的会稽,都有造船的记载。《汉书·地理志》记载庐江郡设有楼船官,这是目前史书所见汉朝全国范围内建置的唯一直属国家的造船机构,也说明庐江郡是汉朝国家级的造船基地。同时,吴郡(今苏州)和会稽郡(今绍兴)都是造船基地。这些地方在战国时期已经有一定的造船基础和传统。《汉书·朱买臣传》记载,汉武帝诏令朱买臣到会稽郡,"治楼船,备粮食、水战具,须诏书到,军与俱进",《汉书·严助传》记载,汉武帝"遣(严)助以节发兵会稽……发兵浮海救东瓯"。武帝任用江南人士严助、朱买臣应对江南水阻,重视水上交通,建立水上武力,客观上促进了江南地区舟船业的发展。

汉朝最著名的船是楼船。楼船一般根据船只的大小在甲板上建楼数层,通常三层,亦有更多层。楼船的一层曰庐,二层曰飞庐,三层曰雀室。每层四周都设置半人高的女墙,列战格、树幡,开弩窗、矛穴,置抛车、垒石、铁汁,坚固如城垒,既可远攻,又可近防。楼船体量庞大,作战能力强,是汉朝水上作战的主要装备。《汉书·平准书》记载:汉武帝(元鼎五年)……因南方楼船卒二十余万人击南越。楼船以其坚强的防御功能和磅礴的气势,也成为天子出行喜爱的水上游具之一。《汉书·薛广德传》记载:汉元帝初元五年,上酎祭宗庙,出便门,欲御楼船,广德当乘舆车,免冠顿首曰:"宜从桥。"诏曰:"大夫冠。"广德曰:"陛下不听臣,臣自刎,以血汗车轮,陛下不得入庙矣!""御楼船"仪仗威仪,乘坐平稳舒适,对帝王具有极强的诱惑力,是帝王贵族出行的方式之一。但因其奢华备至,往往为忠臣劝止。而秦皇汉武舳舻浩荡出行,水行江南的场景仍可见诸文字记载。《史记·秦始皇本纪》记载,三十七年(公元前210年)十月癸丑,"始皇出游。……十一月,行至云梦,望祀虞舜于九疑。浮江下,观籍柯,渡海渚,过丹阳,至钱塘。临浙江,水波恶,乃西百二十里从峡中渡。上会稽,祭大禹,望于南海,而立石刻颂秦德。还,过吴,从江乘渡"。《汉书·武帝纪》记载:"五年冬,行南巡狩,至于盛唐,望祀虞舜于九嶷。登潜天柱山,自寻阳浮江,亲射蛟江中,获

汉代的楼船①

之。舳舻千里,薄枞阳而出,作《盛唐枞阳之歌》",舳舻千里,蔚为壮观。

　　对于一般平民而言,出游使用最多的还是竹木筏子和独木舟。竹木筏是用竹子或木头编扎而成的水上交通工具,一般毛竹制的竹筏为多。竹筏,又称竹排。毛竹分布的北界是秦岭淮河一线,数量以江南地区为多,是江南地区制作水上交通工具的一种得天独厚的资源,所以江南多竹筏。《太平御览·舟部》引《东观汉记》曰:"吴汉教乘筏,从江下巴郡,盗贼解散。张堪为陪义长,公孙述遣击之。有同心士三千人,相谓曰:张君养我曹,为今日也!乃选习水者三百人,斩竹为排渡水。"又引《英雄记》曰:"曹操进军至江上,欲从赤壁渡江。无船,作竹排,使部曲乘之。从汉水来下,出大江,注浦口,未即渡。周瑜又夜密使轻船走舸百艘烧排,操乃夜走。"又另引《吴录·地理志》曰:"苍梧高要县郡下人避瘴气,乘排来停此。六月来,十月去,岁岁如此。"种种资料显示,竹筏是长江流域的重要水上交通工具,在秦汉时期已经尤为普及。同时,该书还为我们呈现了江南地区其他舟船类交通工具。如引《江表传》说:"孙权名舸为马,言飞驰如马之走陆地也。"引《吴录》说:"孙策欲渡江,船少,便求策于姑。王氏分命伐芦为梁,以佐船渡人。"

　　江南地区所用水上交通工具除却常见的竹筏外,木筏、木船也尤为常见。秦汉时期,动力推进工具风帆、桨、橹、篙,定向工具舵、梢,停泊工具碇等都已经相继发明出现。江南地区出土的一些实物和明器舟船呈现了这个时期江南地区舟船的

---

① 席龙飞:《中国造船史》,湖北教育出版社,2000年,第73页。

结构、形制等情况。新中国成立初期,长沙出土了一只西汉时期的木船模型,"船身由整木雕成,船形细长,头部较狭,尾部稍宽,中部最宽,船底呈圆弧形。船首、船尾上各接出一段长方形平板,总长1.54米。船身两侧和首尾平板上都有模拟的钉孔。两侧有较高的舷板,左右共十六只桨,为内河快速船型。尾有桨一只,用以代舵"①。

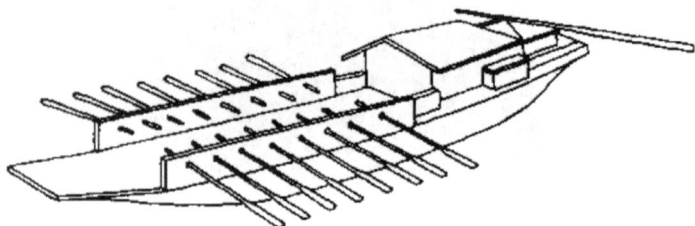

长沙西汉木船模型②

俯视

纵剖　　　　　　　　　横剖

仰视

湖北江陵凤凰山8号汉墓出土木质船模(绘图)③

---

① 席龙飞:《中国造船史》,湖北教育出版社,2000年,第76页。
② 席龙飞:《中国造船史》,湖北教育出版社,2000年,第76页。
③ 长江流域第二期文物考古工作人员训练班:《湖北江陵凤凰山西汉墓发掘简报》,《文物》,1974年第6期,第49页。

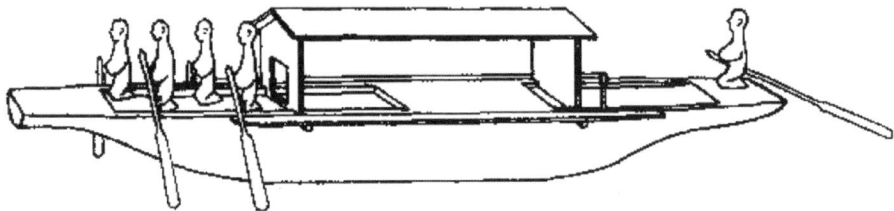

湖北江陵凤凰山 8 号西汉墓出土木船模型①

　　1973 年湖北江陵凤凰山 8 号汉墓出土一只木质船模,"船身系用一段整木雕成,全长 71 厘米,船型细长,头部较窄,尾部稍宽,中部最广,宽 10.5 厘米。底的中部齐平,平面呈梭形,两端呈流线型上翘,可以减少流水的阻力,很符合力学原理"②。该船模现陈列在荆州博物馆。另外,湖北江陵凤凰山 168 号汉墓出土木船模型一件,形制同凤凰山 8 号墓的木船。③

　　秦汉时期江南地区出土的这些船只模型虽然尺寸较小,制作的精细程度不一,但是这些模型和相关文献资料对于我们了解当时船舶的形制、构造和属具的基本特征与概貌,具有非常重要的实证意义。而汉代训解词义的《释名》释船部分,为我们了解汉代船的种类做出了很好的诠释。它比较翔实地向我们展现了两千多年前秦汉时期我国造船的成就和达到的技艺水平,并对其结构、属具使用功能等加以详解,同时,根据所载重量、行驶速度、功能、形制等将其区分为斥候艇、舸、赤马舟、艨冲、舰、轻利舰、戈船、楼船等。这些文字、实物及相关图片资料为我们再现了秦汉时期的人们,尤其是江南地区的先人们水上出行、游历的交通用具的实景,让我们得以了解那个时代的一些历史情景。

---

　　①　席龙飞:《中国造船史》,湖北教育出版社,2000 年,第 78 页。

　　②　长江流域第二期文物考古工作人员训练班:《湖北江陵凤凰山西汉墓发掘简报》,《文物》,1974 年第 6 期,第 48 页。

　　③　纪南城凤凰山一六八号汉墓发掘整理组:《湖北江陵凤凰山一六八号汉墓发掘简报》,《文物》,1975 年第 9 期,第 5 页。

五、小　结

秦汉时期是我国封建社会的蓬勃发展期,其行旅用具和生活器具在更加进步的物质文明、科学技术的基础上,在功能、造型、工艺、材料、装饰、人机、色彩等方面都取得了前所未有的成就,这些器具相较前代而言,更具思想情趣和审美意趣。同时,现代考古发掘充分证实,各类器物设计的百工之艺至汉朝已经基本完备。

(一)功能之美

早在先秦时期,墨子就曾提出功利主义的原则,极力强调产品的实用性,主张先质而后文,并以实用作为美的评价基础。墨子认为,一件物品首先必须视其效益是否满足人的需求,若是无益于此,再精巧的技艺也是拙。而儒家思想不仅强调经世致用的实用理性,同时也注重文质彬彬的中庸思想。儒家文化体现的是一种入世的思想,是实用主义的哲学。儒道文化和合成为影响汉代乃至整个后世的主流造物思想。它们共同的核心思想都是对实用的强调,汉朝造物思想和审美思想都体现了这种文化传统。

秦汉时期,器物设计和审美最杰出的体现是漆器制作。这些行旅和燕居所用漆器食具、饮具不仅体现了这个时期卓越的功能化设计思想,也体现了高度的审美情怀。秦汉时期是我国第一次游历高潮时期,时人尤其是官宦富豪好狩猎、宴饮和车骑出行,行旅生活是人们日常生活的一个重要方面。在气候温和的江南地区,外出野游尤为人们所喜爱。这样,外出行旅生活中的游具就备受关注。携带轻灵方便、功能性强、形式优美的游具成了设计和审美的必然要求。湖南马王堆汉墓辛追墓出土的西汉云纹漆具"多子盒"——耳杯和杯盒——很好地反映了这一要求。这套耳杯盒从实用及实际出发,并考虑使用的方便、容积等需求的多样统一,从而更好地在旅游途中将食具的功能最大化,通过独特的设计和独到的审美,将形状不同、大小不一的各种漆器集装在一个圆盒中。

耳杯之间叠放紧密,杯盒扣合严密,子奁、母奁造型、色彩、纹饰等设计审美效果整齐统一、和谐有序且端庄典雅。这样的设计既节省了空间,在装饰上又统一协调,还能满足旅行者携带不同食物的需求。这种形制的食盒直到明朝仍在沿用。耳杯"君幸食"、"君幸酒"的设计尤其坦荡可爱,体现了儒家文化、世俗文化以及祥瑞文化对器具设计的影响,达到了很高的整体审美效果。西汉彩绘云凤纹、牛马鸟纹漆圆壶,圆形壶口使饮用更合口适宜,壶体从扁形到圆形使其容积更大,这些小小的设计凸显了汉人的合于实用的设计观。对于实用功能的注重在同期的砚台、刁斗、肩舆、木屐、轻利舰等用具上都有着突出的体现。

(二)造型之美

秦汉时期,阴阳五行思想的影响波及各个行业领域,从抽象的宇宙系统观念,到具象的器物设计、审美层面,阴阳五行的消长流变成为当时解释、表达自然现象和社会变化的系统模式。著名思想家、政治家董仲舒甚至提出了全方位的宇宙模式:"天、地、阴、阳、水、火、木、金、土,九,与人而十者,天之数毕也。"秦汉时期,游具设计也受到这种天人合一思想的影响。小如方头、圆头以示男女性别之分的素朴木屐,大到宏伟巨制的楼船、高车,都蕴含着这种造物的思想原理。比如交通工具车舆,其设计思想就包含着对天、地、人三节的观照。东汉李尤《小车铭》诠释了制造车舆之道:"员盖象天,方舆则地。轮法阴阳,动不相离。合之嗛嗋,疏达开通。两辐障邪,尊卑是从……"秦汉时期的车舆构造精巧,工艺巧妙复杂,其形态之美不仅淋漓尽致地体现了百工之人的造物智慧,也是阴阳五行观念在造物思想方面的体现。蓑衣作为平民百姓雨天出行最寻常的物具,也集中体现了秦汉时期游具设计的形态美,其每一部分的构造都具有很强的功能设计意识。形态美的核心是着意于为人服务的功能。蓑衣的美特别体现出来的就是其着衣效果:高肩束结,阔氅披挂,全凭人体结构做自然的线性轮廓与体格面积的外延,衣者身形被陡然放大,远见刚猛而细察内敛(外形方阔直而略呈弧曲,体面细致而呈竖线茸密),潇洒脱俗与精致飘逸共存。[1] 秦汉时期,耳杯的设计也具有良好的形态之美。耳杯又名羽觞、羽

---

① 王琥:《设计史鉴:中国传统设计审美研究(审美篇)》,江苏美术出版社,2010年,第81-82页。

杯。耳杯外形椭圆,浅腹,平底,两侧有半月形双耳,有时也有饼形足或高足。因其形状像爵,两侧有耳,就像鸟的双翼,故名"羽觞"。人们在使用的时候必须双手捧持,符合秦汉时期厚礼仪、重教化的社会功能。而文人士大夫之属外出雅聚之时,耳杯又是曲水流觞、水波泛月的雅具,其双耳如同鸟类的双翼平衡着漂流中的耳杯。杯身近乎椭圆的结构则符合中国人圆润畅达、周流不滞却又刚柔相济的做人原则。这样简洁的形态设计恰到好处地实现了其物的功能、对人的功能、对社会的功能和对环境的功能。事实上,秦汉时期江南地区许多游具的设计形态都良好地实现了这些功能和审美原则,而这种设计形态不增不减,如同春雨润物,细而无声,没有一丝过度设计的无病呻吟、矫揉造作。这点对于今天的设计当有很好的观照、借鉴意义。

(三)装饰之美

秦汉时期,阴阳五行学说和天人合一的思想同时也投射在器物的装饰上,表现人、思想、自然的统一,表达社会象征意义或者祈福、纳吉等观念,成为传统器物设计美学显著的装饰审美意识。装饰手法主要有纹饰、文字和配饰等,以彩绘工艺成就最高。器物的纹饰大多采用彩绘手法,彩绘纹饰主要有云气纹、动物纹、人物纹、植物纹和几何纹等。这些彩绘纹饰线条清晰而流畅,充满生命力。云气纹是飘动的,动物纹是飞翔奔驰的,一切都在动中。秦汉时期江南地区出土的游具中,漆器食具、饮具也常常以彩绘为主,以红色和黑色为主,有时还有多彩,显得更加华美。秦朝的彩绘纹饰以变形夔凤、夔龙等吉祥鸟兽为主,形象略显粗犷,构图较为疏朗。汉朝则以云气纹为主,间有禽兽、几何等纹样搭配,图案色彩明快,纹饰流畅细致,并出现故事叙述题材和生活场景的描述,类似二桃杀三士、泗水捞鼎、鬼谷子下山等故事题材和牛耕、对弈、庭院等生活场景。神仙、忠臣等也成为描摹的题材对象。这时的彩绘在一个天地交融、分而不离的宇宙观下,将今生现实的礼仪规范与想象中来世的奇思浪漫相交融,想象与写实、抽象与具象共同表达出琳琅满目的审美世界。秦汉时期,尤其是汉朝,是我国吉祥文化发达的时期。吉祥文字成为人们喜爱的装饰手法之一,汉朝的器物常见的有"延年益寿"、"长宜子孙"、"长乐未央"等吉祥文字装饰。对于不同材料的搭配装饰,在秦汉时期江南地区的游具设计上也屡有创新。例如南京博物院藏西汉嵌宝石银伞柄饰,翠绿的宝石镶嵌在银质的伞柄上,突破了单一素材的束缚,使伞柄顿时生动活泼许多。江南地区出土的秦汉时期的漆器,许多器身粘贴极薄的金银片纹样,有的则镶嵌玳瑁、玛瑙、云母等物,都是为了实现配饰美。2007年,扬州西湖镇出土了几个金髹漆奁,漆奁上包着一层完整的金箔[①],显示着女主人生活的品位。这种金髹漆奁无论外出行旅生活,还是燕居休闲,都具有极好的收纳功能和审美品位,显示着对于生活不一般的考究和多样化的要求。《汉书·贡禹传》"杯案尽文画,金银饰"是对这一时期漆器等器物的真实描绘。

西汉嵌宝石银伞柄饰
（南京博物院藏）

扬州西湖镇出土的金髹漆奁

(四)材料之美

"天人合一"、"万物并生而不悖"等哲学思想是秦汉时期人们朴素的信仰。季羡林先生解释道:天,就是大自然;人,就是人类;合,就是互相理解,结成友谊。这种哲学思想深深地渗透在秦汉时期人们的艺术设计思想之中。古代的工匠们在设计制作各种产品时,都注重顺应自然、遵从自然,将自然物性与人的巧思完美地融合在一起。因此秦汉时期的器物设计大多以自然材料为主,人们出行所使用的竹杖、木屐、笞、食具、斗笠、草鞋等都是用天然的原材料加工制成的。这些游具十分注重设计与自然的高度和谐。例如蓑衣,其主要材料是棕榈

---

① 王维、王乃驷:《西汉古墓惊现朱雀纹饰铜镜》,《扬州时报》,2007年9月17日,A7版。

树的棕皮和棕叶的纤维,是特定的自然环境和人的主观意识创造的智慧结晶,是地道的"天人合一"的巧妙之物。像竹杖、木屐等都是人们喜爱的竹、木材所制。古人不仅欣赏竹子的天然纹理、温润通灵的美感,而且认为竹品高尚,贵在有节,所以对于竹材具有一种天然的情愫。同时,他们认为木材具有其他材料无可比拟的美感:嗅觉上,木材气味清香且经久不息;触觉上,木材冬暖夏凉,手感温润;视觉上,木材花纹赏心悦目,妙趣无穷。树木植根于水土之中,吸纳日月精华,不仅具有生物的生气与灵性,而且兼具五行的德行。秦汉时期,人们对于自然材质的认识有着一定的深度,当然这种认识也是在前人认识基础上的再深化。早在春秋战国时期,《考工记》有言:"天有时,地有气,材有美,工有巧,合此四者,然后可以为良。"天时、地气、材美、工巧四者相结合,才能创造出精良的器物。这种造物思想深深地影响着秦汉时期的造物工艺。秦汉时期的游具设计就反映着自然因素与人为因素的巧妙结合,是人与自然共生的思想产物。这些游具给人一种含蓄、深沉的天然美感,仿佛是自然的有机组成部分,同时又蕴含着人们巧夺天工的巧思和智慧。

(五)色彩之美

秦汉时期,色彩方面的审美意识和相关创造色彩美的技术基本成熟。不单是器纹饰,衣冠服饰、绘画作品都有"依具设色"的传统习惯。色彩的观念已经深深地渗透到民族哲学、民俗文化和社会价值理念之中。秦崇水德,尚色黑,汉崇火德,尚色红。所以秦汉时期的权贵们参加像祭祀等重要场合,所着服饰都以黑、红为主。这个尚色传统影响到秦汉疆域的各个地方,今天可见的江南地区出土器物也多以红、黑为基色。江南地区的旅游用具中,相关漆器用具也是黑、红两色为基调,这两色结合,对比鲜明优美,色彩效果典雅,而且也包含了天地的哲学观念。江南地区出土的秦汉时期的漆器旅游用具一般是以彩绘为主,设色多为红、黑色,黑色漆做质地,红色漆绘花纹,空间饰以云气纹等,传达出极好的节奏感和动感,彼此相映成趣,虽然只用红色和黑色两个颜色,却能表现出华丽丰富的艺术效果。

对于外出游历的着装,汉代则推崇在不同的时节,穿不同的服饰来秉承天地万物的德行,并出现了"五时服色"说,即着青衣迎春,戴黄玉度夏,挂白帘接秋,披黑裘祭冬。小到个人的生活着装,大至国家的盛典仪式,都讲究颜色的配置。平民百姓的外出用具多以自然素朴的色彩为主,遵循材质本身的纹饰、色彩和性质、形制等特点,比如焦公杖、木屐和竹笥等百姓的惯常游具。这些器物的颜色本初素朴,却天然亲切,和富贵华丽的游具各有所持,各美其美。所谓道不自器,与之圆方。因势造物,独运匠心,注重内在和外在的统一,顺应事物本性,与自然相融合的设计思想是秦汉时期江南地区游具设计美学的核心思想。

(六)工艺之美

秦汉时期的器物在造型、纹样、工艺和意境方面,在我国器物发展史中具有独树一帜的地位。秦朝早期吏治清明,崇尚务实精神,工艺美术也和其他艺术一样,重实用,力求敦厚简朴,具有一种质朴的美。汉朝是我国历史上一个辉煌的时代,也是工艺美术第一次全面发展的时代。[1]

秦汉时期,漆器工艺的发展尤其令人瞩目,工艺设计思想卓越。这时漆器一般多采取彩绘、针刻、贴金银等装饰工艺手法,镶嵌、金银扣器、金银文画等工艺装饰也是江南地区的漆器中常见的工艺装饰手法。扬州汉墓出土有大量金银文画漆器,器身粘贴薄薄的金银片纹样。金银扣器是将金属箍圈在漆器口部、底部或器身,不仅强调了器物的美观,也提升了器物的牢固度,兼及审美与实用。戗金工艺是两汉时期在工艺技法上的创新,很多文献中曾提及"锥刻金银纹漆器"。单纯使用锥针刻画纹样容易导致线条起毛、破损,而在扬州出土的漆器上除了一些极细小的纹饰外,大多数"锥刻"线条流畅、毫无破损,显然当时已经研制出与现代类似的钩刀、槽刀等工具。另外,汉朝漆器"锥刻"纹样并不是单纯地刻完了事,而且还在刻纹处填金银料显纹。[2] 这些装饰工艺手法大多同时使用,单独使用比较少。秦汉时期的能工巧匠们仿佛赋予了这些漆器物品以生命的律动。前文所述扬州邗江甘泉乡姚庄101号西汉墓曾出土的彩绘木

① 田自秉:《中国工艺美术简史》,浙江美术学院出版社,1989年,第13页。
② 王浩滢、王琥:《设计史鉴:中国传统设计技术研究(技术篇)》,江苏美术出版社,2010年,第193页。

胎漆砂砚,顶上饰有四出柿蒂形银扣。砚外侧用银箔饰虎、豹、鹿、牛、羊、龙、孔雀和高髻羽人等图案,刻画精细入微,造型形象生动,构图疏密有秩,主次分明,独具匠心。我国四大名砚端砚、歙砚、洮河砚、澄泥砚中,前三者为石头雕凿,澄泥砚用泥烧制。这些砚入手沉重,携带很不方便。而漆砚多以上好木材为胎,胎质轻巧坚细,耐磨,耐用,并方便雕塑和漆艺工艺的运用。在秦汉时期,人们好游猎、郊游、车骑出行,这些实用而轻巧的漆砚成为人们的所爱,或记述出行逸兴,或记载见闻趣事,或刻录史载,是出行游历必不可少的游具。主人携带这种质轻、色美、耐用的砚台出门求学或游历考察,当别有风光。

总而言之,这个时期江南地区游具设计的工艺美学思想已经达到很高的水准,它在前人工艺美学思想的基础上,又有新的创新和提升。这些工艺之美正是那个琳琅满目的世界的具体而微的显现。

(七)人机之美

早在春秋战国时期的《考工记》在论"察车之道"时就曾谈到各种车辆的尺度与人、马的关系,里面记载道:"凡察车之道,必自载于地者始也,是故察车自轮始。凡察车之道,欲其朴属而微至。不朴属,无以为完久也;不微至,无以为戚速也。轮已崇,则人不能登也;轮已庳,则于马终古登陁也。故兵车之轮六尺有六寸,田车之轮六尺有三寸,乘车之轮六尺有六寸。六尺有六寸之轮,轵崇三尺有三寸也。加轸与轐焉,四尺也。人长八尺,登下以为节。"文中强调车轮构制与使用者之间关系的重要性。车轮要结构坚固且与地面的接触面积适中:结构坚固与否,直接决定着车子的质量;与地面的接触面积大小,则影响着车子的行驶速度。对于人、马而言,车轮过高,就需要乘坐者登踏,车轮过低,则影响马拉车的受力点。兵车、猎车、乘车适宜的高度各不相同。这些对机械、人和动物之间科学受力关系的论述相当符合人体工学及结构力学的原理,体现了其科学性、合理性。这种制车的经验文献和经验技巧势必对后世产生深刻的影响。

秦汉时期,包括江南地区在内的造车技术沐其恩泽,并在此基础上进行更有为的改进。从秦始皇兵马俑坑出土的铜马车高车、安车都反映了此时造车技术的高超,哪怕是车上的一顶可迎着太阳转动的伞盖,都充满了技术的考量,在这些造车技术中,人机工程的技术甚至今人都难以企及。

虽然历史已经远去,但对人机关系的高度重视,这种人性化的人机考量,其人文性和人性关怀值得今人学习。其和谐的人机之美定然不会随着时间的远去而消弭,而只会越来越受到重视。这种对于人机关系的关注在汉朝重要的水上交通工具——船舶——的制作上也有卓越表现。比如最晚从汉朝起,我国就有相当成熟的驶帆技术。多桅多帆是秦汉时期行船技术的一项重大进步。汉朝人已经注意到多帆之间的相互影响,要随时调节风帆的位置和角度,更要根据风的大小调节帆的面积。根据船长调节桅、帆,使船体既可以借助外力,快速推动船体前进,又可以适度利用外力,使船体受力均匀,以确保船的稳定性和安全性。① 这样看似小小的举措,省却了大量的劳力,同时又科学合理地将外力转换为机械行驶的力量,将人与物、物与物之间的关系巧妙而完美地结合起来,可谓人机之间有大美而不言的机巧。这种机巧沿用至今。在江南地区的江河湖泊中,随处散见的、灵动的片片帆影也在承续着、辉映着秦汉时期的大美。

秦汉时期上衣下裳的蓑衣也充分地体现了人机之美。遇雨出游时,若是打伞出行,存在诸多不便,更毋论大风乍作,暴雨大泄,或者风吹雨斜,撩湿身体。而这个时候蓑衣与斗笠的作用就凸显出来了,穿戴着蓑衣与斗笠,不仅解放了双手且行动便利,雨水落到蓑衣上会迅速随着蓑衣的外沿滴落而不会打湿装着者,对于出游是极大的便利,更不用细述其旷古超脱的豁达体味。苏轼“竹杖芒鞋轻胜马,一蓑烟雨任平生”的从容淡泊,勾起多少文人爱屋及乌的翩翩联想,那是否就是千古文人风雨世界中的桃源呢?

秦汉时期,江南地区许许多多的游具设计都富含这种人机之美的智慧,可将其形容为独具匠心,或者比之为巧夺天工,其大拙大巧很多为后世不能及。虽然现代社会科学技术大为进步,但人机之间的关系、物与物之间的关系也未必如此巧适。

江南地区游具的设计、审美,充分反映了我国古代人民的聪明才智与高超技艺。对秦汉时期游具设计的美学解读,希望能够增进对那个时代人们行旅生活的点滴了解,而若能为我国现代游具设计提供些许的思索和启迪,则更有意

---

① 席龙飞:《中国造船史》,湖北教育出版社,2000年,第91页。

义。秦汉时期江南地区游具设计形式的整体美,整体与局部之间的和谐美,在器物的造型、色彩以及装饰等方面的统一美,器具结构的意匠美,器物之间、器物与人之间的人机美,器物内部的空间构建、器物形式与功能的机巧美,都实现了实用功能、认知功能和审美功能的和谐融通,其并没有因注重实用,而失去浓厚的生活情趣和审美意趣,也没有因为一意审美,而丢弃实用的内在核心,所谓"文质彬彬而后君子",这里应该是"而后成器"吧。这所成之器、之道,不仅从侧面反映了我国古代设计中的"格物致用"、"格物致知"的思想,也凝聚成为秦汉时期器物设计雄浑、圆润、博大、灵动的时代审美属性。这种属性也蕴含于江南地区已经萌芽的游具设计审美思想之中。

第三章　魏晋南北朝时期江南地区游具的
设计美学研究

　　魏晋南北朝时期是我国历史上的一个重要转型时期,同时也是社会大动荡时期。在这一时期,不仅人们的社会意识、思维方式、伦理准则、信仰观念、价值体系在不断发生大的变化,而且人们的日常行为、个人习惯、风俗民情以及具体的服饰、饮食、居住及娱乐习俗都在发生着巨大变革。就旅游而言,魏晋南北朝时期"是中国旅游史上的一次飞跃"①,这一时期游人之多、游踪之广、游具之丰,可谓前无古人,后启来者。相对北方,江南地区旅游的发展尤其明显。本章认为魏晋南北朝时期,江南地区旅游发展背后有着深远的社会文化和审美文化背景;本章在描述此时人们的游历及其方式的基础上,展开对江南地区的主要游具及其审美的探讨研究。

　　关于"江南"的概念,历史学家周振鹤先生在《释江南》一文中总结说:"江南不但是一个地域概念——这一概念随着人们地理知识的扩大而变易,而且还有经济意义——代表一个先进的经济区,同时又是一个文化概念——透视出一个文化发达的范围。"②学者景遐东指出:"'江南'是中国历史文化及现实生活中一个重要的区域概念,它不仅是一个地理概念,还是一个历史概念,同时还是一个具有极其丰富内涵的文化概念。"③在我国历史发展的不同阶段,作为历史上的、地理上的、文化上的"江南"概念一直处于变动的状态。从当时的文献看,魏晋南北朝时期的"江南"在继承秦汉以来主要指称长江中下游以南地区传统的同

---

① 谢贵安、谢盛:《中国旅游史》,武汉大学出版社,2012年,第87页。
② 周振鹤:《释江南》,《中华文史论丛》,第49辑,第147页。
③ 景遐东:《江南文化传统的形成及其主要特征》,《浙江师范大学学报》,2006年第4期,第13页。

时,越来越多地代指南方诸朝廷,尤其是以建康为中心的吴越地区。例如《三国志》卷七载广陵太守陈登"以功加拜伏波将军,甚得江淮间欢心,于是有吞灭江南之志"。《晋书》云:"吴歌杂曲,并出江南。"《南齐书》载吴人丘灵鞠语云:"江南地方数千里,士子风流,皆出其中。"南朝梁文学家丘迟《与陈伯之书》云:"暮春三月,江南草长,杂花生树,群莺乱飞。"这些都是相对于北方政权而言南方朝廷或地区的。由此,此时的江南地区不仅包括了以建康为中心的周围丹阳(今属江苏)、宣城(今属安徽)、毗陵(今属江苏)、吴郡(今属江苏)、会稽(今属浙江)、余杭(今属浙江)、东阳(今属浙江)等吴中七郡地区①,也广泛地包含了今天长江以南湖北、湖南、福建、江西、广东的大部分地区。

一、魏晋南北朝时期江南地区旅游兴起的背景

魏晋南北朝时期旅游兴起的背景十分复杂,我们可以从政治、经济、思想、文化等多方面来展开探讨。本书认为,下面三个因素是其中最为主要的:第一,政治动荡造成时人寄情山水和隐逸之风的盛行;第二,哲学思潮的多元格局促进人们的思想解放和人性复归;第三,时人对大自然审美认识的进一步加深使魏晋南北朝成为旅游风习首开时期。具体到江南地区,山水众多、风景优美的地理环境也是旅游盛行的一个重要原因。②

首先,国家分裂、政治动荡和斗争残酷是上至皇室贵戚、下至文人士大夫逍遥山林、忘情旅游的政治原因,部分文人士大夫甚至选择了隐居山林、寄情江湖作为自己的终身志向。魏晋南北朝是我国历史上政治更迭频繁和社会动荡加剧的时代,先是军阀混战、三国鼎立,接着魏晋先后继立。但西晋只维持了短短三十六年的统一就在匈奴人的打击下灭亡,之后晋朝宗室南迁,定都建康,史称"东晋"。东晋以后,宋、齐、梁、陈更替统治江南地区。在北方,少数民族匈奴、

---

① 它大致包括以今太湖为中心,北临长江,东绝大海,西至皖南宣城,南及浙江宁绍金衢的长江下游一带。3 至 6 世纪,这里先后是孙吴、东晋、刘宋、南齐、萧梁和陈六个割据王朝统治的腹心区域。

② 卢善庆:《中国古代旅游美学思想的总体特色》,《上海艺术家》,1997 年第 2 期,第 24-26 页。因为风景优美,为标榜门第,"地记"盛行,见汤蓉岚文。

羯、氐、羌、鲜卑征战不休,先后建立了十六个国家。最后由鲜卑建立的北魏统一黄河流域,不久北魏分裂为东魏和西魏,之后又分别被北齐和北周取代,直到公元589年代北周而立的隋灭陈,统一全国。

总之,这一时期朝代更替频繁,战争不断。"公侯构篡夺之祸,骨肉遭枭夷之刑,群王披囚槛之困,妃主有离绝之哀。"①不仅皇室权臣有人生如寄、及时享乐的思想,一般的文人士大夫更是不敢直面残酷的政治,只得玄谈忘机、纵情山水和归隐养性。《古诗十九首·驱车上东门》云:"浩浩阴阳移,年命如朝露。人生忽如寄,寿无金石固。"东晋诗人陶潜《杂诗》云:"人生无根蒂,飘如陌上尘。"这些诗表现了时人对人生短促的悯惜和对生死无常的喟叹。东晋简文帝在游赏华林园的时候,对随从感慨"会心之处不必在远。翳然林水,便自有濠濮间想也,觉鸟兽禽鱼自来亲人"②。身处园林中,而能产生如在自然山水中那样悠然自得的想法,可谓深得我国园林的精髓,同时也表明了作为帝王的简文帝对真正的自然山水的向往之情。东晋著名的权臣,号称"江左风流丞相"的谢安在"东山再起"之前曾"优游山林六七年间,征召不至,虽弹奏相属,继以禁锢,而晏然不屑也"③。大书法家王羲之在辞官之后,与东土人士尽山水之游,又与道士许迈共修服食之术,不远千里,采觅药石。他遍游东中诸郡,走遍此地所有名山,又于沧海之中泛舟,并感叹地说:"我卒当以乐死。"④在乱世中为了保全自身,排遣幽思,不少文人甚至毅然选择归隐山林。如:竹林七贤之一的阮籍本有"济世志",但身陷"魏、晋之际,天下多故,名士少有全者"的恶劣环境,"籍由是不与世事,遂酣饮为常"⑤,与嵇康、向秀、王戎等人结为竹林之游;东晋时的陶渊明由于仕途不顺,在经历了十三年的宦海浮沉之后,毅然辞官归隐,留下了脍炙人口的《归去来兮辞》;南朝刘宋名士王微"素无宦情",羡慕奇士"龙居深藏,与蛙虾为伍"⑥;等等。

---

① 出自《晋书·齐王冏传》。
② 出自《世说新语·言语》。
③ 余嘉锡:《世说新语笺疏》,中华书局,1983年,第465页。
④ 出自《晋书·王羲之传》。
⑤ 出自《晋书·阮籍传》。
⑥ 出自《宋书·王微传》。

今哲学思潮的多元格局促进人们的思想解放和人性复归,也是魏晋南北朝时期旅游盛行的原因之一。著名的哲学家、美学家宗白华认为:"汉末魏晋六朝虽然是历史上政治最黑暗、社会最痛苦的阶段,但同时也是精神极自由开放,人类极其富有智慧力和创造力的伟大时代。"[①]这一时期,由于政局动荡,皇权飘摇,为皇权独尊的儒学地位受到动摇,道学复兴,佛教崛起,玄学风行,出现儒、道、释、玄多元并行的思想格局,儒、道、释、玄对自然山水及个体生存之快乐与自由的看法也推动了旅游之风的盛行。

魏晋南北朝时期,儒学由于其学风烦琐、谶纬迷信荒谬怪诞、三纲五常名不副实开始走向式微,"魏、晋浮荡,儒教沦歇,公卿士庶罕通经业矣"[②],但其本来就有的"父母在,不远游,游必有方"等重视人伦、提倡近游的旅游思想以及"知者乐水,仁者乐山"等山水比德说及推崇旅游的观念仍然深入人心。

相比儒学而言,玄学中的老庄思想在此时更多地影响了人们的旅游观念。玄学以经典《周易》、《老子》、《庄子》解释儒家学说,融老子、庄子之学和儒学于一体。老庄思想相较于儒学,更多地关注人个体生存的快乐和自由,因而受到更多人的追捧。一方面,老庄思想让人们体会到道法自然,天地有大美:"天地有大美而不言,四时有明法而不议,万物有成理而不说。"[③]此外,老庄思想表现了对自然之美的欣赏:"山林与,皋壤与,使我欣欣然而乐与。"[④]这直接启发和鼓励人们积极投身于大自然中,获得悠然自得的感受和精神上的满足。"庄子与惠子游于濠梁之上"和"庄子钓于濮水"两则寓言故事中所蕴含的哲理思想对当时名士喜爱自然之风也显然具有重大的启示作用。如南朝宗炳提出山水"以形媚道",意为山水以美好的形质表征"道",其核心就在于确认了自然山水存在的形式美,甚至他还提出在欣赏山水之美时需"澄怀味象",即在欣赏山水时要保持清虚淡泊的内心境界。另一方面,庄子强调不为物累的"逍遥之游",其相对于一般旅游更具有自由性和非功利性。

---

① 宗白华:《艺境》,北京大学出版社,1987年,第126页。
② 出自《陈书·儒林传》。
③ 出自《庄子·知北游》。
④ 出自《庄子·知北游》。

此时社会政治的动荡皇权的飘摇还导致了道学的复兴和佛教的崛起。佛教从西汉末、东汉初传入我国,到魏晋南北朝时期,由于政治混乱,民不聊生,加上外族入侵,生灵涂炭,人民生活痛苦。上至皇室贵戚,下至平民百姓,无不转向宗教寻求慰藉,佛教因此得到了迅猛的发展。

道教在此时形成并得到了广泛的传播。道教以道家理论为根本,吸收阴阳五行家、儒家等诸多学说,以追求长生、得道成仙为最终目的,对当时的人们也极具欺骗性和麻痹性。道教要求人们一方面去除私心杂念,澄清怀抱,做到精神上的超脱,另一方面还要采炼仙丹,寻访仙迹,达到肉体上的长生不老。道教徒为了安神固形,常常遁迹深山幽谷,从事访仙问道、采炼仙丹的活动。道家的"知足逍遥"、"独与天地精神相往来"、"游心于淡,合气于漠"、"大林丘山之善于人也,亦神者不胜"等放达逍遥、回归自然的观念以及入山修道、养生成仙的思想更是促进了归依自然、逍遥林泉等休闲审美旅游活动的兴起。

最后,对大自然审美意识的觉醒,也是此时旅游盛行的原因。中国人在原始时代对大自然是敬畏和崇拜的,认为高山是与神灵沟通的神秘所在,因此出现了封禅名山的活动和仪式。由于崇拜山水,普遍认为人应该以山水为师,于是出现了"知者乐水,仁者乐山"的比德观念,但与此同时,人们也早已感受到了大自然的美丽,如:孔子北游,有农山之叹;庄子与惠子游,有濠梁之争。至魏晋南北朝时期,由于社会、政治、思想等各方面的影响,人们对自然美的喜爱达到了更高的层次,如阮籍"登山临水,竟日不归"[1],羊祜"乐山水,每风景必造岘山,置酒言咏,终日不倦"[2]。特别东晋偏安江南后,江南风景之美更直接促成了山水之游的盛行。例如东晋著名画家顾恺之从会稽回家,人们问他会稽山川风景美不美,他说:"千岩竞秀,万壑争流,草木蒙笼其上,若云兴霞蔚。"[3]王羲之与名士谢安、孙绰等人游绍兴兰亭,留下了脍炙人口的《兰亭集序》。王献之曾往山阴(属会稽郡)旅游,回来后评论:"从山阴道上行,山川自相映发,使人应接不

---

① 出自《晋书·阮籍传》。
② 出自《晋书·羊祜传》。
③ 出自《世说新语·言语》。

暇,若秋冬之际,尤难为怀。"①江南山水之美使背乡离土的"过江"士人得到了许多心灵上的安慰。南朝时,士大夫对山水的审美更趋成熟,谢家大族的后代,名将谢玄之孙,曾任永嘉太守、临川内史等职的谢灵运喜欢遨游山水,每次出游,从者百余人,且游且咏,留下了许多描写江南永嘉、上虞、临海等地自然山水的诗文,较著名的有《游名山志》《山居赋》等,开创了中国文学史上的山水诗派。另如南朝宋末人宗炳,好山水,爱远游,每次游览山水,都乐而忘归。他曾"西陟荆巫,南登衡岳,因而结宇衡山,欲怀尚平之志"②,后来因为得病,不得已而还江陵。他感到自己既老又病,恐难再遍游名山,便将自己所游之处全都画下来,在病榻上"卧以游之"。这些事例反映了这一时期的文人士大夫在儒家比德观念松弛之际和道家归依自然思想的影响下,被动或自觉地发现了自然之美,从而萌发了强烈的旅行意识。

综上所述,魏晋南北朝时期动荡不安的政治、思想、文化社会环境使崇尚玄谈的士大夫们走上了雅好自然、寄情山水之路。自然美使他们在社会现实之外找到了一种逃避方式或者说是一种妥协方式,当他们的心灵与自然相逢的时候,不禁奏出了别具一格的旅游之曲。

二、魏晋南北朝时期江南人们的游历及特点

魏晋南北朝时期的游历大致可以分为以下几个类型:帝王巡游和逸游、文人士大夫的休闲纵游和佛教徒的传法求法之游、道教徒的养生求仙游、商人重利之游。而由于这一时期政治动荡,战争频繁,民族分裂,帝王巡游失去了浩大的排场及万里巡游的条件,更多表现为近游、宫室园囿之游和微服私游。同时,社会的动荡、战争的频繁导致地区经济的衰落,商人的商务游也受到时局的限制。相对而言,这一时期,多元的文化思潮,即玄学的流行、佛教的兴起、道学的复兴,促使思想的解放和人性的复归,文人士大夫的休闲纵游和佛教徒的西行

---

① 出自《世说新语·言语》。
② 出自《南史·隐逸传》。

求法之游、道教徒的养生求仙游是这一时期比较有特色的游历方式,特别是文人士大夫的休闲审美性旅游达到了一个很高的层次。

(一)帝王巡游和逸游

帝王出游活动主要包括为巡查国防的"巡游"以及休闲娱乐的"逸游"。受身份、地位影响,其巡游活动往往人数众多,场面宏大,秩序井然,并且受到时局(政局动荡,灾害频仍)影响呈现出"南北异趣、分途而进"[①]的特点。北朝皇帝由于具有游牧民族的血统和游牧传统,进行了多次大规模、远距离的巡游和游猎。《魏书》帝王本纪中,北魏太祖道武帝拓跋珪、世祖太武帝拓跋焘、高宗文成帝拓跋濬、显祖献文帝拓跋弘都有许多巡游和游猎的记载,往往场面宏大,人数众多。直至北魏孝文帝迁都洛阳后,才逐渐缩小了巡游的规模,减少了次数。相对于北朝的帝王由于出身于游牧民族而具有大规模巡游、纵游和游畋的雄壮特点,魏晋南朝江南地区政权的帝王旅游为世家大族的光辉所掩盖,呈现出近游、宫室园囿之游和微服私游的萎靡特点。汉末汉献帝长期被曹操挟持,曹魏自曹芳以后,大权基本旁落司马懿家族之手;南渡之后,晋朝宗室也常为世家大族王氏、谢氏、庾氏、桓氏等所把持。南朝也不例外,宋齐梁陈各朝权臣上位屡见不鲜。两晋之时,晋武帝司马炎"平吴之后,天下又安,遂怠于政术,耽于游宴"[②]。南朝皇帝虽也有少量近郊的游猎活动以及短时期的外出巡游,但多作园林宫室之游。如宋少帝刘义符在被废前一天,还"于华林园为列肆,亲自酤卖。又开渎聚土,以象破冈埭,与左右引船唱呼,以为欢乐。夕游天泉池,即龙舟而寝"[③]。齐武帝萧赜"车驾数幸琅琊城,宫人常从,早发湖北埭,鸡始鸣,故呼为鸡鸣埭"[④]。梁武帝萧衍曾"立建兴苑于秣陵建兴里",并"阅武于乐游苑"。[⑤] 太建元年七月闰九日因"甘露频降乐游

① 谢贵安、谢盛:《中国旅游史》,武汉大学出版社,2012年,第100页。
② 出自《晋书·武帝纪》。
③ 出自《南史·宋本纪上》。
④ 出自《南史·齐本纪上》。
⑤ 出自《南史·梁本纪上》《南史·梁本纪中》。

苑"，陈宣帝陈顼"舆驾幸苑采甘露，宴群臣，诏于苑龙舟山立甘露亭。"①魏晋南朝时期，江南帝王的宫室苑囿之游以及少量的外出巡游、游猎活动由于旅游主体身份、地位因素，其巡游活动往往人数众多，场面宏大，甚至为了满足个人的游兴，不惜造山填湖，大兴土木。如宋文帝刘义隆在元嘉二十三年"筑北堤，立玄武湖于乐游苑北，兴景阳山于华林园，役重人怨"②。帝王的出游也非常讲究出游的行头、骑乘工具，强调皇家排场和气势。如南朝齐废帝萧宝卷骑马出游时，喜欢穿着"织成裤褶，金薄帽，执七宝缚矟，戎服急装"，骑乘工具也颇为讲究，"马乘具用锦绣处，患为雨所湿，织杂采珠为覆蒙，备诸雕巧"③，出游时排场很大，"教黄门五六十人为骑客，又选营署无赖小人善走者为逐马鹰犬，左右数百人常以自随，奔走往来，略不暇息"④。

(二)文人士大夫的休闲纵游

文人士大夫多数深受汉文化影响，出游行为暗合佛道儒出游观念，呈现出放达恣肆、富有玄意的特征，所谓"驾言出游，日夕忘归"，形成历史上有名的"魏晋风流"，出现了旅游文化中第一个辉煌时期。极意恣游的贵族士大夫被称为"贵游子弟"。综合传世文献以及考古发现资料，文人士大夫的休闲纵游主要有以下几个方面目的：休闲、娱乐、养生、养德。

魏晋南北朝时期是人们对大自然审美意识觉醒的第一个重要时期。邱春林认为："由于游赏自然是文人脱世累、捐世俗、辞世伪的重要途径，因而自然山水与道德文章一样，都是历代文人追慕的精神家园。"⑤魏晋南北朝时期，文人士大夫出于休闲和娱乐的心态游赏自然，流连于山水之间，留下了不少轶事和诗文。此外，对于魏晋南北朝时期文人士大夫而言，旅游不只是一种普通的休闲生活方式，更是一种生命体验和文化模式，体现了他们受儒家养德、道家养生思

---

① 。出自《南史·陈本纪下》。
② 出自《南史·宋本纪中》。
③ 出自《南史·齐纪下》。
④ 出自《南史·齐纪下》。
⑤ 邱春林：《古代文人的游兴与游具设计》，《南京艺术学院学报（美术与设计版）》，2008 年第 2 期，第 105 页。

想的影响。嵇康说:"夫神仙虽不目见,然记籍所载,前史所传,较而论之,其有必矣;似特受异气,禀之自然,非积学所能致也。至于导养得理,以尽性命,上获千余岁,下可数百年,可有之耳。"①郗愔"与姊夫王羲之、高士许询,并有迈世之风;俱栖心绝谷,修黄老之术"②。谢灵运曾游览永嘉江中的孤屿山(在今浙江温州),触景生情,吟咏出《登江中孤屿》:"江南倦历览,江北旷周旋。怀新道转迥,寻异景不延。乱流趋正绝,孤屿媚中川。云日相辉映,空水共澄鲜。表灵物莫赏,蕴真谁为传?想象昆山姿,缅邈区中缘。始信安期术,得尽养生年。"其描绘了江中孤岛所见的秀媚景色,抒发了对求仙寻道的信念。

(三)佛教徒的传法求法之游

这一时代由于是我国佛教第一个流行时期,佛教徒为传法、求法而远游出行也是比较有时代特点的,带有探险考察性质。佛教传入我国,得益于来华弘法的异域僧侣,他们跨越千山万水,在旅途中经历种种艰难险阻,来华翻译佛经,传播佛法,极大地拓宽了国人的视野。僧侣来华,在魏晋南北朝时期形成高潮,其旅行线路主要有陆海两道。陆路是沿汉时开通的丝绸之路,从西北入境,经凉州至长安、洛阳,再分至全国;海路则在交趾、广州上岸,至于建康。这样,洛阳和长安就成为我国南北两大佛教的传经基地。这一时期著名的佛教旅行家首推西域龟兹人佛图澄和天竺人鸠摩罗什。佛教传入,虽受益于西域及印度等地僧人的东来传播,但中原僧徒在研习佛典时,也常常感到佛典的缺乏和佛理的不全,于是有人开始西行求法。存于史籍中的最早西行求法者是曹魏时期的朱士行。他曾于甘露五年(260年)从长安西行出关,穿过沙漠,辗转到了大乘经典集中地的于阗。晋宋之际,我国僧侣西行求法掀起了一个高潮,仅有姓名可考者就达50人③,而姓名不可考者则为数更多。在这些求法僧侣中,最典型的代表是东晋末僧人法显,他曾经陆上丝绸之路到达天竺取经,然后经海上丝绸之路回到东晋首都建康。法显还根据这次到印度求法的亲身见闻,写成《佛

---

① 出自嵇康的《养生论》。
② 出自《晋书·郗愔传》。
③ 陈尚胜:《五千年中外文化交流史:第一卷》,世界知识出版社,2002年,第134页。

国记》①。此外比较著名的还有智严、宝云、智猛、宋云、惠生等人。此后,我国僧侣西行求法者日渐增多,或为搜寻佛典,或为亲从天竺高僧受学,或为寻求名师来华,或为巡礼佛迹。

(四)道教徒的养生求仙游

道教在魏晋时期开始形成,到了南北朝时期逐渐发展壮大。道教倡导长生不老、修炼成仙之说,其旅游观重在养生求仙。晋葛洪《抱朴子·内篇·对俗》中给处于南北分裂政治动荡中的人们描绘出了一个令人心醉神迷的神仙世界:"登虚蹑景,云举霓盖,餐朝霞之沆瀣,吸玄黄之醇精,饮则玉醴金浆,食则翠芝朱英,居则瑶堂瑰室,行则逍遥太清。……掩耳而闻千里,闭目而见将来。"道教认为,人人均能成仙,成仙之路是潜心修道。一方面,要去除私心杂念,澄清怀抱,达到精神上的超越;另一方面,还要采炼仙丹,寻访仙迹,吸取天地之精华,锤炼出仙风道骨,达到肉体上的长生不老。而要做到这两方面,都离不开钟灵毓秀的大自然。只有在天地灵气之所钟的灵山胜境餐风饮露,修炼元气,再辅之以灵丹妙药,修道之人才能脱胎换骨,得道成仙。因而,道教徒的养生求仙活动在这一时期得以大规模地开展起来。许多道士纷纷选择名山作为洞天福地,试图通过在其中"仰吸天气,俯饮地泉",达到修身养性、得道成仙的目的。当时比较知名的道士葛洪、陆修静、陶弘景是其中的代表。葛洪为东晋丹阳郡句容人,在两晋之间由于平定农民起义曾被封为"伏波将军",因感叹"荣位势利,譬如寄客,既非常物,又其去不可得留也。隆隆者绝,赫赫者灭,有若春华,须臾凋落。得之不喜,失之安悲?悔吝百端,忧惧兢战,不可胜言,不足为矣"②,遂辞官游于徐、豫、荆、襄、江、广诸州之间,最终隐居于广东罗浮山,绝弃世务,锐意于松乔之道,服食养性,修习玄静。陆修静是刘宋时吴兴人。他云游八方,见闻广博,阅历丰富,是道门中"读万卷书,行万里路"的山水旅游家,晚年隐居庐山时,与释慧远、陶渊明等同游同乐,共享山

---

① 《佛国记》又被人们称为《法显传》、《历游天竺记传》等。该书以典雅的文字记述了西域到天竺、师子国的地理、宗教、文化、风俗、民情、物产以及社会制度等方面的内容,为后人研究当时南亚的历史文化提供了重要资料。

② 出自《抱朴子·外篇自叙》。

水。陶弘景，人称"山中宰相"，"性爱山水，每经涧谷，必坐卧其间，吟咏盘桓，不能已已"。[①] 他曾遍历名山，采访仙药，坚持不懈，而且游乐的兴趣、品位又高人一等，是个出类拔萃的旅游大家。

（五）商人重利之游

商人也是魏晋南北朝时期一个重要的旅游群体。学术界认为出于地域以及历史原因，魏晋南北朝时期，从事贩运贸易的商人队伍空前壮大。[②] 当时商人经营的货品也空前的丰富，应有尽有。国内商旅往来频繁自不待言，特别是魏晋南北朝时期，由于海上、陆上丝绸之路得到进一步延伸，我国商人的足迹已达西域、中亚、西亚、东亚、东南亚、南亚。相对于北朝，南朝商业更为发达。南朝"商业发展遍及大部分地区。沿江商旅往来频繁，又'宣城、毗陵、吴郡、会稽、余杭、东阳……故商贾并凑'；……当然，其中最发达的还是三吴地区，史称'贡赋商旅，皆出其地'"[③]。由于当时政治上南北对峙，且"河、陇敻隔，戎夷梗路"[④]，异域文物通过传统的北方陆上交通渠道进入南方的可能性不大。而随着航海技术的发展进步，海上交通已成为六朝时期对外交往的主要途径，海上丝绸之路往往从广州起航，经过南海、印度洋，跨越阿拉伯海，到达波斯湾，商人们把丝绸、陶瓷、茶叶等商品运达国外，然后将金银器、琉璃、象牙等外国商品运回国内。史称其时"商货所资，或出交部，泛海陵波，因风远至"[⑤]，南海洋面呈现"舟舶继路，商使交属"[⑥]的繁荣局面。当时的广州已经能建造四层的楼船，高约3—4米，能够有效抵御海上的巨浪。但由于"晋、南北朝之时，沿袭旧见，尚多贱视商业，发为崇本抑末之论"[⑦]，留存下来与商人出游有关的文献记载并不多。

普通百姓的节日休闲出游也值得一提。由于现实社会生活残酷，战争和贫

---

① 李延寿：《南史》，中华书局，1975年，第1897-1898页。
② 朱和平：《魏晋南北朝长途贩运贸易试探》，《中国社会经济史研究》，1998年第3期，第12-13页。
③ 瞿安全：《关于南北朝商人的几个问题》，《中国经济史研究》，2002年第1期，第133页。
④ 出自《宋书·夷蛮传》。
⑤ 出自《宋书·夷蛮传》。
⑥ 出自《宋书·夷蛮传》。
⑦ 吕思勉：《两晋南北朝史》，上海古籍出版社，1983年，第1093页。

困威胁着每个人的生命,普通百姓日常生活为安身立命所占据,纷纷为生计而奔波,节日的休闲出游成了普通百姓寻找精神寄托的载体之一。其中,三月三日上巳节的历史记述最为有趣,是日,人们曲水流觞,临水作乐,娱心悦目。王羲之著名的《兰亭集序》、南朝梁简文帝的《三日曲水诗序》都描述了江南地区上巳节的情景。《荆楚岁时记》称"三月三日,士民并出江渚池沼间,为流杯曲水之饮",说明了社会各个阶层的参与。这些文献的记载都直接反映了当时的现实生活,具有强烈的时代气息。

总的来看,无论是帝王、文人士大夫还是佛教徒、道教徒、商人、普通百姓,这一时期人们已经认识到了地区差异、大自然之美,此时期人们对于旅游的认识已经提升到一个更高的层次,各种旅游活动也获得了空前的发展,这个时期是我国旅游史上的一次飞跃。

三、魏晋南北朝时期游具设计及美学研究

魏晋南北朝时的游具较前丰富,其中既有对历史游具的继承,也有当时的创造。本部分主要在对当时历史文献资料以及考古发现展开搜集、整理、分析的基础上着力于介绍发源于江南地区或在此地区使用较多的游具。

(一)饮食游具

游客出行,如果是短途出游的,常常自备饮食,如果长途旅行,则需要自带一些炊具食器。魏晋南北朝时期,由于商业的繁荣,旅店业也相当发达。官员出行一般住在专门的驿舍,而商人、百姓出行多住在旅店。吕思勉在谈到魏晋南北朝出行情况时,提到"逆旅大盛。往来要道逆旅遍布。偏僻之区,逆旅尚多未立"[①]。可见当时旅行的人很多,所以在交通要道上旅店很多,而在一些比较偏僻的地方则多没有旅店。一般驿舍和一些较好的旅店会为行人提供饮食,但普通的旅店一般只提供简单的住宿或炊具。《晋书》记载胡质之子胡威从洛阳

---

① 吕思勉:《两晋南北朝史》,上海古籍出版社,1983年,第1211页。

来探任荆州刺史的父亲时,独自骑驴而行,"每至客舍,躬放驴,取樵炊爨"①,可见旅人在外,免不了要随身携带饮食器具。

此时江南地区饮酒之风盛行,饮茶之风初起,人们的出行也离不开酒具、茶具。魏晋南北朝时期酒禁大开,允许民间自由酿酒,民间逐渐形成了逢年过节饮酒的习俗。如《荆楚岁时记》所载:"正月一日,是三元之日也。……饮屠苏酒。""九月九日,四民并籍野饮宴。……登山饮菊花酒。"社会上饮酒之风很盛。同时,这一时期名士也大多热爱饮酒,并借酒抒发对人生的感悟、对社会的忧思、对历史的慨叹。竹林七贤之一的山涛饮酒至八斗方醉,而刘伶自称:"天生刘伶,以酒为名,一饮一斛,五斗解酲。"②阮籍为了喝酒方便而去当步兵校尉,陶渊明以县公田悉种秫谷以酿酒。魏晋南北朝名士种种与酒有关的逸事,不胜枚举。

魏晋南北朝时期是我国酒文化的一个重要发展时期,也是我国饮茶史上一个重要发展时期。三国时,江南地区饮茶之风初起。《三国志·韦曜传》记述三国时期吴主孙皓在宴饮时对不胜酒力的韦曜"密赐茶荈以代酒"。至南北朝,饮茶对于那些终日清谈且酒量不佳的名士也颇具吸引力。例如当时以风流著称的名士王濛就十分喜好饮茶,还常邀来拜会他的人饮茶,以致"士大夫皆患之,每欲往候,必云'今日有水厄'"③。同时,道教关于茶可"轻身换骨"④、"久食羽化"⑤的说法,也增加了人们的饮茶兴趣。学术界一般认为,三国及西晋时期饮茶习俗流行于长江中下游一带,东晋至南朝时期在江南更加盛行,并开始传入中原地区。饮酒之风盛行和饮茶之风初起,也带来了一些饮食器具上的改变。

这一时期,人们出行时携带的饮食游具主要有三大类:炊煮器、饮食器、盛食器。品种丰富,如碗、杯、盘、果盘(榼)、攒盘、五盅盘、罐、炉、茶盏及盏托、鐎斗、鸡首壶、盘口壶、樽、勺、斛等;材料多样,有陶器、瓷器、铜器、金银器、青铜

---

① 出自《晋书·胡威传》。
② 出自《世说新语·任诞》。
③ 《太平御览》卷八六七引《世说新语》佚文。
④ 陆羽《茶经·七之事》引陶弘景《杂录》:"苦荼轻身换骨,昔丹丘子、黄山君服之。"
⑤ 陆羽《茶经·七之事》引壶居士《食忌》:"苦荼,久食羽化。"

器、漆木器、琉璃器等。就材料而言,青瓷日益成熟和日臻完美,由于容易清洁、晶莹如玉等特性,其使用日益广泛。漆器由于胎质轻巧、美观实用、色泽绚丽等优点,在饮食器具中依然占有一定地位。一般而言,铜器和金银器、琉璃器为权贵所使用,普通平民较多使用粗陶器以及竹木食器。它们的共同特点是轻便灵巧、携带方便、美观实用、功能多样。这里主要介绍几种最有时代特色的饮食游具。

1. 炊煮器

这类器物包括灶、鼎、鬲、甑、釜等。其中,灶既指在土地上挖成的或用土和砖垒砌成的不可移动的灶,也指可移动的单体陶灶或由铜和铁铸成的灶(炉、镦、鐎斗)。魏晋南北朝时期,人们出行时所带的炊煮器中比较富有特色的是鐎斗和与之配合使用的三足炉。

鐎斗是一种三足、有柄的炊煮器。《急就篇》卷三有"锻铸铅锡镫锭鐎",唐颜师古注:"鐎谓鐎斗,温器也,似铫而无缘。"马衡《中国金石学概要》第三章五:"鐎斗,温器也。三足有柄,所以煮物……枪又鐎斗之别名,枪即铛也。用之于军中者,则谓之刁斗。"鐎斗起于何时,尚无定论,最早见于司马迁的《史记》:古代军中没有大锅大灶,士兵一人携一鐎斗,其容量一斗左右,"昼炊饮食,夜击持行"。李欣的《古从军行》中亦有"行人刁斗风沙暗,公主琵琶幽怨多"的诗句。可见早期鐎斗是一种行军用具,每只可容一斗,除了可作为量器向兵卒分发粮食,亦可作为饭锅用以炊煮,至夜,军营里巡逻,兵卒还可敲击发出声响,相互警示,故其又有一个很贴切的俗名叫"锣锅"。《三国演义》第五十回云:"马上有带得锣锅的,也有村中掠得粮米的,便就山边拣干处埋锅造饭,割马肉烧吃。"

魏晋南北朝时期,鐎斗的使用相当盛行。据不完全统计,江南地区如江苏南京、镇江,安徽马鞍山,江西大余,浙江绍兴以及福建福州、闽侯等地的魏晋南北朝时期墓葬中至少有40多件鐎斗实物出土[①],为我们今天进一步了解此时期鐎斗提供了切实的依据。

---

① 据吴小平《铜鐎斗的器形演变及用途考》后附表统计。吴小平:《铜鐎斗的器形演变及用途考》,《考古》,2008 年第 3 期,第 87 页。

鐎斗由器身、三足、柄三部分组成。器身往往为圆口深腹,形如小盆,有利于盛放加热的食物;下附三足,足常被做成兽足的形状,使得鐎斗的整个造型就像是一只矫首挺胸的猛兽,有着一种雄浑威猛的气势,三足下凌空着地,供堆放柴火燃料加热;一侧设有长柄,供手提拿,柄首扬起,常铸成龙、虎、麒麟的兽头状。此外,有的鐎斗一侧有斜向上翘的流,与柄一头一尾遥相呼应,并有利于斗内液体食物的倒出。有的鐎斗两旁还附有方便提携的耳,或者中间穿一圆孔,方便系绳悬挂或随身携带。质地有铜、铁、陶、瓷等。

鐎斗常常和三足炉搭配成为当时社会流行的一套温煮器皿。福建福州仓山曾出土一件南齐永明七年的长柄三足铜鐎斗,出土时鐎斗位于一件陶三足炉上,说明鐎斗搁置于火炉之上,炉中放炭火即可用来温食,应该是墓主人生前所使用的一件实用器。在河南南阳东关一座晋代墓葬中的画像石上,可以看到鐎斗置于炭火上温煮的图案,而魏晋南北时期考古发掘所见铜鐎斗的外底部也多有烟炱痕,应是置于炭火上加温所留。由此可见,鐎斗和三足炉正是当时社会流行的一套温煮器皿。同样的搭配也可见于江南地区此时期墓葬。江苏句容春城元嘉十六年墓出土一件铜鐎斗和铜三足炉。鐎斗口径12.8厘米,通高9.0厘米,流长2.5厘米,柄长22.5厘米,尖唇,侈口,折沿,直腹,圜底,腹下施三蹄状足,足外撇。口部施一流,腹部有一柄,柄微翘,呈扁长条形,柄首呈梯形,柄尾部穿一孔。连盘三足炉卷沿,外侈口,弧腹,平底,腹下施三蹄状足,足与承盘相连,承盘圆唇,敞口,斜直腹,平底,圈足。腹部饰突棱四周,炉内饰凹弦纹四周,承盘底部对应炉足位置各饰一乳丁。

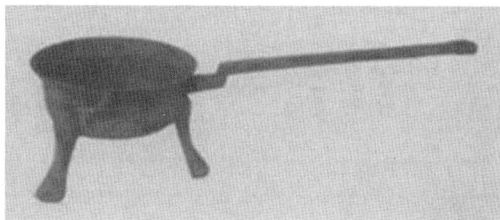

江苏句容春城元嘉十六年墓出土的铜鐎斗和铜三足炉

这一时期的鐎斗相对于创制早期(主要指两汉时期)主要用于造饭、传警,已经逐渐转变为一种功能更加多样的饮食器具。吴小平考证认为,两汉时期的铜鐎斗器形特征为大口,敞腹,推测当时的用途应是炊煮各类食物,当然也包括液体。但后来,铜鐎斗口径变小,腹也相对变浅,并出现了流,说明其用途与早期有所不同。结合我国饮茶习俗的发展过程,以及鐎斗分布范围的变化来看,认为鐎斗应和煮茶有关。① 还有的学者认为鐎斗是反映酒文化的饮酒用具,作温酒之用。另外还有温浓液食品的羹器,火锅的"雏形"等说法。王连根、王权则认为,铜鐎斗应是多功能的饮食器具。据吴小平《铜鐎斗的器形演变及用途考》后附表,这个时期江南地区出土的鐎斗口径大约为9.5—25.0厘米,高为6.1—24.0厘米,表明魏晋南北朝时期鐎斗功能应该比较多样。大口径、腹部较宽而浅的可以用以炊煮各类食物,当然也包括液体类;小口径、腹部较深的可以用于温酒、煮茶,当然也可以煮水果羹等。南昌火车站站前广场晋墓出土的鐎斗中就曾发现水果残渣,可见鐎斗至魏晋南北朝时期已经成为一种用于煮茶、温酒、做羹汤等的多功能食器。正是鐎斗的这种多元使用功能,使其在出行中得到广泛应用。

2.饮食器

魏晋南北朝时期是我国历史上酒文化发展的重要时期。出行饮酒离不开方便携带的酒具,耳杯是此时期江南地区人们日常生活及出行中使用较多的饮酒器。耳杯又称"羽觞",战国至汉已开始流行。此期人们生活、出行中常用的应为漆羽觞,因为不仅轻盈,而且精美。例如被奉为"书圣"的书法家王羲之在三月初三上巳节②和名士谢安、孙绰等四十二人聚会于会稽山阴(今浙江绍兴)兰亭,行祓禊之仪,并流觞饮酒,赋诗咏怀,由此产生了千古名帖《兰亭集序》。觞能随着河水顺流,应该是漆耳杯。南京西善桥等地出土的《竹林七贤与荣启期》大型模印拼嵌画像砖揭示了此时期耳杯的形制,此画像砖上的八位高士中,有四位身边放着耳杯:阮籍身旁放着耳杯,一手支皮褥,一手置膝上,吹指作啸状;山涛手举耳杯,拢袖欲饮;王戎身旁放着酒樽和耳杯,懒洋洋地斜靠在小几

---

① 吴小平:《铜鐎斗的器形演变及用途考》,《考古》,2008年第3期,第87页。

② 古代以农历三月上旬巳日为"上巳"。《后汉书·礼仪志上》:"是月上巳,官民皆絜于东流水上,曰洗濯祓除,去宿垢疢。"到郊外出游、沐浴,有以水洗去污垢和疾疫之意,称为"祓禊",带有原始宗教的含义,逐渐演变为春游、交友、野宴等娱乐活动。魏晋始定三月初三为"上巳",又称"三巳"、"重三",但也有仍沿用巳日者。

上手舞如意;刘伶手托耳杯,以小指蘸酒品味,一副为酒香所陶醉的模样。从图中看,此时耳杯椭圆,浅腹,两端高翘,下有圈足。传为东晋顾恺之所绘的《斫琴图》①中也可见耳杯被放在一种三足盘上,同时旁边还有鸡头壶等盛酒器。现存《斫琴图》为宋代摹本,虽然并非顾恺之真迹,但画面上的古代器物基本反映了时代特点。

《竹林七贤与荣启期》砖印模画

　　此时耳杯的形制可以在江南地区出土实物中得到证实。例如南京板桥南朝墓出土漆耳杯 1 件,内涂朱色,两端高翘,上正中近口沿处有对称小耳,假圈足。长 11.0 厘米,宽 5.2 厘米,高 5.0 厘米。② 南京童家山南朝墓出土铜耳杯 2 件③,同样有耳、假圈足。一件高 2.0 厘米,长 5.7 厘米,宽 4.2 厘米,底长 2.8 厘米,底宽 1.6 厘米。另一件高 2.0 厘米,长 5.6 厘米,宽 4.1 厘米,底长 2.7 厘米,底宽 1.5 厘米。原萧山市文物管理委员会藏有西晋青瓷托盘耳杯,盘高 8.5 厘米,口径 33.0 厘米,底径 29.0 厘米。④ 器型之大,实属少见,考古界认为应是

———————

①　现存的《斫琴图》为宋代摹本,描绘了古代文人学士制作古琴的场景。引首有"斫琴图"三字。画上钤有自北宋以来内府的藏印,说明流传有绪。《斫琴图》现藏于北京故宫博物院。

②　南京市博物馆:《南京郊区两座南朝墓》,《考古》,1983 年第 4 期,第 329 页。

③　南京博物院:《南京童家山南朝墓清理简报》,《考古》,1985 年第 1 期,第 26 页。

④　朱伯谦:《中国陶瓷全集 4:三国两晋南北朝》,上海人民美术出版社,2000 年。

殉葬中所用明器。上述考古发现说明此时耳杯材料多样，在人们生活中使用较为普遍。

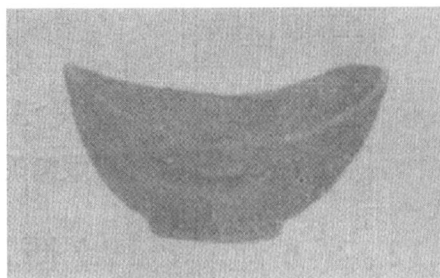

南京板桥南朝墓出土的漆耳杯

西晋青瓷托盘耳杯

耳杯还常常和勺、樽、斛、壶等成套配合使用。勺是用来取酒的，樽、斛、壶都是盛酒的酒器。《中国画像砖全集》中的侍饮画像砖①也反映了当时人们在出行饮酒中使用配套酒具的情况，画面表现侍者居左，跪状，双手捧樽盘，饮者居右，坐于榻上，右手置一樽前伸，中间有香炉并有熏烟，背景为山、草、树木。国家博物馆藏江苏宜兴周氏墓出土的西晋陶樽、盘、勺组合反映了当时酒器组合使用的做法。

侍饮画像砖

---

① 《中国画像砖全集》编辑委员会：《中国画像砖全集 3：全国其他地区》，四川美术出版社，2006 年，第 138 页。

　　茶壶、酒壶均为盛器,可以和茶盏托、五盅盘等配合使用。此时期流行一种有嘴的酒壶叫鸡头壶①,俗称"鸡头流子",一般认为从三国时期开始烧制,东晋到南朝,逐渐进入兴盛时期。其形制从盘口壶发展而来,盘口壶盘口,长颈,溜肩,圆腹,平底,有系,鸡头壶在盘口壶的肩部一面贴鸡头,另一面贴鸡尾,后鸡尾发展成握持的手柄。头尾前后对称,鸡头为流。其设计既有科学性,也有艺术性。盘口有利于酒的注入,长颈使酒香不容易溢出,圆腹用于盛酒,平底使器身整体较平稳,不易倾倒,鸡头为流,流内有孔与壶身相通,可以方便地将酒倒出,鸡尾上下分别与口沿、肩部相接,便于握持。肩部另外两侧常有桥形系或耳,

江苏宜兴周氏墓群出土的
陶樽、陶盘、陶勺
(国家博物馆藏)

可穿绳提携。鸡头和鸡尾整体又可作为器身装饰,使人感到趣味性。

　　魏晋南北朝各时期的鸡头壶各具特点。总的来说,随着时代的演进,鸡头壶的形体是从矮胖向高瘦发展。与三国、西晋鸡头壶相比,东晋鸡头壶上鸡头的口部由尖的变成圆孔形,鸡头也由紧贴壶肩而变为颈部立起。有的鸡头纯粹是装饰,为实心,有的空心,作为壶嘴。三国两晋鸡头壶一般肩部有桥形系,至东晋,除桥形系外,鸡头壶上紧贴壶肩的鸡尾变为曲柄。在装饰上,三国西晋模印连珠纹、格纹,堆贴兽首衔环,到东晋出现简单的刻画弦纹、莲瓣纹,西晋晚期出现的褐斑装饰至东晋时大为流行。

---

　　①　从已发掘的画像砖、壁画以及出土实物等资料看,鸡头壶常常和五盅盘、耳杯同时出现,其主要作用应该是盛酒。例如 1972 年,南京化纤厂出土的东晋墓中一件青瓷鸡首壶,其底部铭刻"罂主姓黄名齐之"字样,可推理"罂"在晋代所指为壶,又有晋刘伶《酒德颂》曰"先生于是方捧罂承槽",是说把罂放在酒床的流槽下以接酒,证明当时的鸡首壶是酒器,但也可能是茶酒两用的器具。如前所述,当时许多盛器既可盛茶也可盛酒。

传为东晋顾恺之所绘《斫琴图》揭示了鸡头壶在当时的使用情况。在图中，鸡头壶与耳杯配合使用，鸡头壶为东晋典型式样：盘口，短颈，溜肩，鼓腹，平底。斫琴的文人一边饮酒一边制琴，一派怡然自足之景。

《斫琴图》左半图

此时期江南地区的江苏、浙江、江西有大量鸡头壶出土，福建、广东、广西、湖南、湖北、贵州、四川、安徽、山东、河南、河北、山西等地也都有发现，可见鸡头壶的使用范围很广泛。上海博物馆藏西晋青釉刻花双系鸡首壶高7.9厘米，口径为4.8厘米，底径为6.1厘米，器形较小，圆腹，肩部贴一鸡首，小而无颈。壶肩部有系，小平底。装饰为模印连珠纹和网格纹。北京故宫博物院藏一件东晋青釉鸡头壶，高20.5厘米，口径为7.0厘米，底径为12.7厘米。壶洗口，细颈，鼓腹，平底。肩部一侧置鸡头形流，另一侧置曲柄。与流、柄呈十字交叉的肩部对称置桥形系。通体施青釉。这件青釉鸡头壶造型规整，装饰简练，釉色淡雅，釉面朴实自然，堪称东晋青釉鸡头壶的代表作。北京故宫博物院另藏有一件南朝青釉鸡头壶，高24.4厘米，口径8.8厘米，底径10.7厘米。壶细口，长颈，丰肩，直腹下敛，平底。肩部一侧堆塑鸡首流，相对一侧为一弧柄，另外两侧各饰一桥形系。器通体施青釉。该器物的设计亮点在于由鸡尾演变而来的曲柄弧度变小而长度增加，更高于壶口，壶柄与盘口的连接处设计为后来的龙首柄前身。在装饰上，肩部刻弦纹两周，并刻双层覆莲瓣纹，可见时代特色。

西晋青釉刻花双系鸡首壶
（上海博物馆藏）

东晋青釉鸡头壶
（北京故宫博物院藏）

南朝青釉鸡头壶
（北京故宫博物院藏）

东晋黑釉鸡首壶
（北京故宫博物院藏）

　　除青瓷鸡首壶外，黑釉鸡首壶也较多见，主要产于德清窑。德清窑以生产黑瓷为主，亦兼烧青瓷。德清窑从东晋开始烧造，到南朝初期结束。北京故宫博物院所藏东晋黑釉鸡首壶，高 17.0 厘米，口径 7.0 厘米，底径 9.3 厘米，黑釉鸡首壶的造型与青釉鸡首壶基本相同，釉色漆黑有光泽，器形完整，风格古朴，釉色莹润匀净，是不可多得的德清窑代表作。

晋青瓷龙柄鸡首壶
（国家博物馆藏）

青釉褐斑羊头壶
（北京故宫博物院藏）

此时盛行的鸡头壶有其特别的寓意,可能与我国自古崇鸡的文化现象有关。《韩诗外传》将鸡称为具有文、武、勇、仁、信五德的"德禽"。古人又称鸡为太阳鸟,金鸡报晓象征光明的到来,所以鸡又象征着光明和吉祥。同时,鸡同吉,反映人们对吉祥安宁生活的祈望。国家博物馆藏晋青瓷龙柄鸡首壶把手的上端饰龙首和熊纹,器型优美,已有审美和吉祥之意。从鸡头壶还派生出羊头、鹰头、虎头壶。例如北京故宫博物院藏一青釉褐斑羊头壶,流为羊头形,羊口微张,颌下一绺胡须,双目外凸,双角向后弯曲,双睛涂点褐彩,颇具神韵。羊在古代也被视为祥瑞动物,三国两晋时,青瓷中屡见羊形器,均精致可爱,为一时风尚。

此外,当时用于盛茶、水、酒的壶种类还很多。但相较而言,鸡头壶圆腹长颈、小口细流的造型更适合外出携带,在此期许多相关江南地区户外活动的场景描绘中出现最为频繁。

3. 盛食器

盘、盒都属于盛器,也是人们出行时常备的食器。这一时期,由于实用漆器日益为瓷器所取代,漆盘、漆盒主要以奢侈品、贵重物品的形象存在于上层社会和门阀士族的日常生活中。漆胎更轻薄,装饰更华丽,如1997年,南昌火车站东晋墓出土的一件彩绘宴乐图漆盘。孙机、郑岩等考证认为此盘表现的是《惠太子延四皓图》。图中四位皓首长髯的老者均为坐姿,有的弹琴,有的手中捧盘状物,似在饮食。江苏句容春城墓出土南朝宋元嘉十六年(439年)墓出土的一件银胎漆盘被定为国家一级文物。

彩绘宴乐图漆盘

　　魏晋南北朝时期,江南地区人们日常生活及出行时使用较多、较有特色的盘盒类盛食器是攒盒,即多格盒,由若干单体小盒组成,可拼合或单独使用。攒盒设计的巧思表现在不仅空间划分清晰明了,食物可以分门别类置放,而且每格可以单独取出来,连格带食物一起摆在铺席的地面上,既干净卫生,又整齐美观。江西南昌火车站东晋墓出土了漆攒盒。其单体盒有的呈扇形,有的呈1/4椭圆形,可以随意组合成不同的造型,提升了使用的趣味性。器物造型小巧精致,方便随身携带。内施红漆,外髹黑漆。盒身、盒盖有彩绘花纹,纹饰随意自如,色彩绚丽华美,极富艺术性。

(二)衣冠履饰

　　出行必备的还有衣冠履饰。衣冠履饰自古在造型、材料、色彩、装饰等方面都有严格的阶级等级之别,即使在日常宴饮游乐之时也是如此。由于此时期民族融合的历史背景,不同民族之间服饰融合是此时期突出的历史现象。以下从头衣、衣服、鞋履几个方面来看魏晋南北朝时期江南不同阶层盛行的出行着装。

1. 头衣

头衣自古有冠、冕、巾、帻之属。魏晋南北朝时期,江南地区成年贵族男子在较为正式的日常出行时所戴头衣主要为各种冠服。冠是一种加在髻上的发罩,其制较小,不能覆盖住整个头顶,仅起到约发的作用。先秦时期的礼仪规定:贵族男子在20岁时举行加冠的仪式,称为冠礼,这表示男子已成年。流传至今的成语"年方弱冠",即源于此。冠的式样至秦汉已经有很多,《宋书·礼志》云:"汉承秦制,冠有十三种。魏晋以来,不尽施用。"可见,其使用有限。北京故宫博物院所藏传为东晋顾恺之所绘的《洛神赋图》[①]中表现了头戴远游冠的陈思王曹植出行的场面。

《洛神赋图》(局部)

---

① 《洛神赋图》真迹已不传,现流传版本皆为摹本,分别藏于辽宁省博物馆、北京故宫博物院、台北故宫博物院以及美国弗利尔艺术博物馆等处,北京故宫博物院所藏为宋摹本。

《洛神赋图》中头戴远游冠的曹植(左一)

　　除了上述冠的样式,魏晋南北朝时还有漆纱笼冠,黑漆涂,细纱制,男女皆用,如前《洛神赋图》中侍从所戴。南朝皇帝也有一种白纱冠,形制不固定,或如卷荷,或有裙,或如高屋,或有长耳。传为唐阎立本绘的《历代帝王图》[①]中的南朝陈文帝、陈废帝就戴着这种白纱冠。

《历代帝王图》中头戴白纱冠的南朝陈文帝、陈废帝

　　在魏晋南北朝时期的江南地区,文人雅士在宴饮出游等非正式场合多戴巾,而不着冠。东汉刘熙《释名》云:"巾,谨也。二十成人,士冠,庶人巾。当自

――――――――――

　　① 传为阎立本所绘的《历代帝王图》实际可能仅仅是宋代摹本,又称《古帝王图》。此图绢本,设色,纵 51.3 厘米,横 531.0 厘米。现藏于美国波士顿美术馆,全卷共画有自汉至隋 13 位帝王的画像。其虽为宋代摹本,但其中帝王所服应循该时代衣冠制度。

谨修四教也。"也就是说,有资格举行加冠仪式的只有士人,庶人到 20 岁时不加冠而戴巾。这种头巾大多是一块四方形的巾帕,长度与门幅相等,均为三尺,故又被称为"幅巾"。汉魏之际,频繁的战争使社会财力日益困窘,两汉冠服制度已经很难维持,同时由于冠帽制度烦琐,而"幅巾"可以束发,不需绾发加笄,较之以往的冠帽更为方便实用。因此,"汉末王公,多委王服,以幅巾为雅,是以袁绍、崔钧之徒,虽为将帅,皆着缣巾"[①]。至魏晋南北朝时期人士,受玄学的影响,不遵礼法,视戴冠为累赘,以扎巾为轻便,流风相扇,浸成习俗,在出行的时候更是如此。江苏南京西善桥南朝大墓出土的《竹林七贤与荣启期》砖印壁画中共绘有八个士人,一人散发,三人梳髻,余四人皆扎头巾,无一人戴冠。

南京西善桥南朝大墓出土的《竹林七贤与荣启期》砖画局部(阮籍、山涛、向秀、阮咸)

---

① 出自《三国志·魏书·武帝纪》裴松之注引《傅子》。

从上述图像中可看出,魏晋南北朝时期,巾作为出行的常用头衣有多种类型、式样,可系于脑后、侧、前不同方位。南京西善桥南朝大墓《竹林七贤与荣启期》画像砖中可见多种巾的式样,有的似卷云形状,有的似发髻式样。巾多以葛布、缣帛、纱罗等自然材料制成,颜色众多,有白色、黄色、紫色等。从文献记载来看,以白色为主,取其高雅洁净之意。《太平御览》卷六七八引邓粲《晋书》:"谢万,字万石,简文辟为从事中郎,著白纶巾,鹤氅裘,版而前,帝与谈移日。"张角组织十万民众起义,史称"黄巾起义",就因为以黄巾束首为标志。晋朝陆翙《邺中记》载:"(石虎)皇后出,女骑一千为卤簿,冬月皆著紫纶巾,孰锦裤褶。"

2. 衣服

"褒衣博带"是魏晋南北朝时期典型的时代服饰风格,这一服饰特征也体现在这一时期一些典型的男女出行服饰上。

魏晋南北朝时期,江南地区男子服饰基本沿袭东汉服制,朝服、公服变化不大,百官、士人宴居及出行时以袍服(深衣)为常服。这种交领的宽袍大袖基本形制特点是衣下宽、衣袖阔、衣带广,给人以自由洒脱、超凡脱俗的感觉,是当时文人、士族所十分崇尚的服饰。这种"褒衣博带"式服饰风格由来已久[1],从传世绘画作品及出土的人物图像中,都可以看出这种情况。传为晚唐孙位所绘的《高逸图》[2]中,竹林七贤人物及他们身边所立侍者所穿宽袖衣衫无一不是褒衣博带的典型式样。

---

[1]　《淮南子·齐俗训》:"楚庄王裾衣博袍,令行乎天下。"《汉书·隽不疑传》曰:"隽不疑字曼倩,渤海人也。治《春秋》,为郡文学,进退必以礼,名闻州郡。……褒衣博带,……衣冠甚伟。"唐颜师古注:"褒,大裾也。言著褒大之衣,广博之带也。"上述记载显示,魏晋时期,褒衣博带的这种服饰风格承袭自秦汉并一直影响到南北朝,上自王公名士,下及黎庶百姓,都以宽衫大袖、褒衣博带为尚。

[2]　唐孙位《高逸图》,绢本设色,纵 45.2 厘米,横 168.7 厘米,上海博物馆藏。承名世认为系孙位《竹林七贤图》残卷。《高逸图》虽然出自唐代画家之手,但具有浓郁的魏晋风韵,能比较清晰地反映当时士人日常生活状态。

《高逸图》(局部)

(上海博物馆藏)

　　这一时期江南妇女出行,一般上身穿襦、衫、袄,下身穿裙。如晋朝傅玄《艳歌行》诗称"白素为下裾,丹霞为上襦",南朝《玉台新咏·谢朓赠王主簿》诗云"轻歌急绮带,含笑解罗襦",这些均绘声绘色地形容出了妇女着襦、衫、裙等服装时的动人身姿。由于受到北方少数民族服饰的影响,这时的襦、衫有宽松与紧身之分,袖子也有了宽大与窄狭之别,但下面裙的样式基本都属于比较宽松的,例如:南朝梁庾肩吾《南苑还看人》诗"细腰宜窄衣,长钗巧挟鬟",咏唱了窄衣纤细苗条之秀美;梁简文帝《小垂手》诗"且复小垂手,广袖拂红尘",咏叹了宽袖潇洒出尘之美。从考古所见可知,宽窄两种式样皆为当时妇女所喜爱。如南京石子岗出土的东晋女俑着长方领窄袖束腰连身裙,而南京灵山南朝梁墓出土的陶俑以及河南邓县(今邓州市)南朝画像砖上出游的贵妇均着交领宽袖连身裙。下层社会劳动妇女出行服饰较多受到北方少数民族服饰的影响,比较注重行动的方便迅捷,服装式样虽仍然以襦、衫、裙为主,但多窄袖、紧身,裙子也相对较短。

　　此时,下层百姓日常出行还流行穿裤褶,又称袴褶。《辞源》中对裤褶的解释为:"上服褶而下缚裤,不复用裳裳,故谓裤褶。"由此可见,上身所着之衣为"褶",又叫左衽袍,是一种窄宽袖、短身,前面大襟向左掩系的短上衣。下身所着之裤为"裤"。裤褶原为北方少数民族服装的一种,进入中原之后,汉人借鉴其制式并加以改制,其变化之一是上衣由左衽变为右衽,变化之二是受秦汉文化的传统,以及南方魏晋玄学盛行,士人追求自由奔放、自然飘逸的境界的影响,衣服的款式越来越趋于博大。袖子由窄细变成宽松,裤子由瘦裤腿、紧裤口转为宽大的散口裤。由于裤管宽松而博大,不便于活动,有时人们也用带子在膝盖处将裤管紧紧系缚,勿使松散,名为缚裤。这些形式上的改变使北方的裤褶服变为南式新装,后来连北朝服装也加以效仿。

从使用来看,裤褶最初主要用于军事及行旅,后也渐用于家居闲处、礼见朝会。《晋书·舆服志》云:"袴褶之制,未详所起,近世凡车驾亲戎、中外戒严服之。"《晋书·杨骏传》也记:"骏弟杨济,尝从武帝校猎北芒下,与侍中王济俱著布裤褶,骑马执角弓在辇前。"《南齐书·吕安国传》中提到的"袴褶驱使",即指一般军人。裤褶后逐渐被南朝朝廷所接受,用作常服或朝服。《宋书·礼志》中载:"校猎之官著袴褶,有带武冠者。"即是证明。裤褶还广泛用于民间,且男女皆可着之。如《太平御览》卷六九五引晋喻归《西河记》"西河无蚕桑,妇女以外国异色锦为裤褶",就是女性穿着裤褶的例子。裤褶的质料视季节而定,有绮、锦、绫、罗及皮革等。凡穿裤褶者,一般在腰间束有皮带,贵者镂以金银为饰。

3. 鞋 履

魏晋南北朝时期,远距离出行的主要方式当然是车行、乘船或骑马,近距离出行的主要方式还是徒步。徒步旅行节奏缓慢,但较之于车行和骑马自有独特的情趣,而且在登山涉岭时更能使人随心所欲,此时期文人士大夫多偏爱这种出行方式,此时江南地区人们出行所使用的鞋主要有履、屐、靴等。

吕思勉《两晋南北朝史》云:"复下为舄,单下为履,夏葛冬皮。……凡舄,惟冕服及具服著之,履则诸服皆用,惟褶服以靴。"[①]意思是说,舄是一种用来搭配冕服及具服的鞋子,一般有两层底;履是当时人们日常所穿之一层底鞋子的总称,可以和多种服装配合穿着,只有裤褶要配以靴子穿着。可见,履是当时人们生活中穿着较多的鞋,因其常服,也成为时人所吟诵的主题之一。梁宣帝专作

---

① 吕思勉:《两晋南北朝史》,上海古籍出版社,1983年,第1153页。

《咏履》诗:"双见待声宣,并飞时表异。处卑弥更妍,常安岂悲坠。"沈约也作《脚下履》诗:"丹墀上飒沓,玉殿下趋锵。逆转珠佩响,先表绣袿香。裾开临舞席,袖拂绕歌堂。所叹忘怀妾,见委入罗床。"至于咏及履之诗句更为多见,如:曹植《洛神赋》:"践远游之文履,曳雾绡之轻裾。"陆机《织女赋》:"足蹑刺绣之履。"西晋左思《吴都赋》:"出蹑珠履,动以千百。"上述诗赋详细地记载了当时丰富多样的足下之履。魏晋南北朝时期的鞋履和秦汉时期相比,有一些形式上的新变化。其一,增加了各种装饰,即在履面以刺绣进行装饰,或将金箔剪成花样,粘贴或缝缀在鞋帮上面,使鞋子显得多姿多彩。其二,不同阶层履的用色有不同规定:士卒、百工用绿、青、白色;奴婢侍从用红、青色,贵族所服往往装饰华丽,色彩丰富。其三,履头(也称鞋翘)的形式非常多样,文献记载有凤头履、五朵履、立凤履、分梢履、聚云履、翁头履等①,此外,还有用木块制成或以多层布片、皮革缝纳而成的高底的"重台履"。此时,男女出行时特别流行的是笏头履,例如江苏常州南郊戚家村南朝晚期墓画像砖中的仪卫侍女、传为顾恺之所作的《洛神赋图》中陈思王曹植及随从所穿之履、浙江余杭小横山 M12 东壁的仪卫侍女、河南邓县(今邓州市)画像砖中的出游贵妇均穿笏头履。江南地区对高头大履的喜好还影响到北朝,如《礼佛图》中的人物皆高头大履,完全改革了草原民族着靴的旧俗。

履的材质一般是丝织和麻织的,南朝梁沈约诗:"锦履并花纹,绣带同心苣。"也有皮革、草制作的履,《南齐书·高帝纪》载:"宫人著紫皮履。"江南地区的一般劳动者多穿草履。草履用产于南方的蒲草或其他植物编织而成,也称蒲履。这种以草为材料编织的鞋履比较耐磨、耐水,是劳动者出行必备的生活用具。《梁书·张孝秀传》载:"孝秀性通率,不好浮华,常冠縠皮巾,蹑蒲履,手执并榈皮麈尾,服寒食散,盛冬能卧于石。"

此外,在魏晋南朝时期,屐在江南地区颇为流行。屐是我国传统木质鞋具的总称,具有凉爽、远湿、防滑、防泥、增高、坚固耐磨、取材方便、制作简易、容易清洁等诸多优点。其主要是用"结系"方式加以固定。

---

① 崔豹《古今注》卷中"鞋子"条:至东晋,以草木织成,即有凤头之履、聚云履、五朵履。宋有重台履。梁有笏头履、分梢履、立凤履,又有五色云霞履。也可见马缟《中华古今注》卷中"鞋子"条。

在我国,木屐一向被认为始于春秋时期,现在宁波慈湖考古发掘证明其历史可追溯至良渚文化时期。东汉至西晋时期,屐不仅流行于长江流域,在中原地区的使用范围也相当广,但在南北割据后,主要流行于江南。无论是文献中出现的频率,抑或出土实物的数量、类型,东晋南朝木屐均堪称早期木屐之最。从天子、文人到百姓,日常生活及出行均流行穿屐。《南史·宋本纪》载:"(武帝)性尤简易,尝著连齿木屐。"《南齐书·虞玩之传》载:"太祖镇东府,朝野致敬,玩之犹蹑屐造席。"又同书《蔡约传》云:"高宗为录尚书辅政,百僚脱屐到席,约蹑屐不改。"贵游子弟也不例外。北齐《颜氏家训·勉学》载:"梁朝全盛之时,贵族子弟……无不驾长檐车,跟高齿屐。"除男性外,妇女也可穿木屐。至魏晋,女性穿屐更为盛行。西晋时期,男女所穿之屐在式样上有一些区别。如专用于男性的屐将屐前端做成方形,名谓"方头屐"。而妇女屐的头部则为圆弧形,名谓"圆头屐"。太康以后,妇女也可着方头之屐。《晋书·五行志》载:"初作屐者,妇人圆头,男人方头。圆者顺之义,所以别男女也。至太康初,妇人屐乃头方与男无别。"南京城南颜料坊出土的木屐,从屐板大小观察,除两件儿童用品和一件半成品外,余9件可辨性别者,方头木屐确实均属男性,圆头木屐皆属女性。安徽宣城外贸巷西晋2号墓两棺外分别出土一双木屐,一为圆头,一为方头,可见男女之别。

木屐在当时虽然甚为流行,但在一般重要场合,如访友、宴会等,均需穿履,不可穿屐,否则会被认为是仪容轻慢。《世说新语·简傲》载:"王子敬兄弟见郗公,蹑履问讯,甚修外生礼;及嘉宾死,皆著高屐,仪容轻慢。"齐明帝辅政时期,百官皆脱屐列席。其时见尊长,也以脱屐为敬。

江西南昌东吴高荣墓
出土的连齿木屐

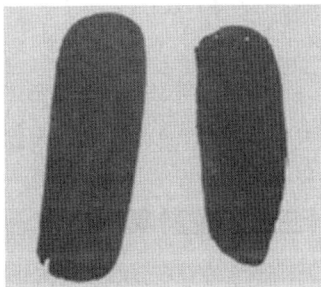

江苏句容春城宋元嘉
十六年墓出土的连齿木屐

除有齿木屐外,还有平底木屐。史籍多称为"屟",或作"屉"。《说文解字》云:"屟,履中荐也。"可见,屟是一种平底屐,且底部中空。屟腹的凿空一方面可以减轻屐体的自重,使之更加轻便,另一方面也是为了埋伏屐带需要,以避免屐带与地面直接接触摩擦。屟在南朝盛行,甚至有斫屟为业者。《南史·孝义传上》载:萧齐济阳考城人江泌"少贫,昼日斫屟为业,夜读书随月光"。当时,男女均可着屟。如释慧琳《一切经音义》卷五十九云:"今江南女妇犹着屟子,制如芒屟而卑下也。"《南齐书·高帝纪》载:丹阳尹袁粲疏放好酒,尝"步屟白杨郊野间,道遇一士大夫,便呼与酣饮"。《南史·梁武帝诸子传》又载:湘东王萧绎与庐陵王萧续长期不和,"二王书问不通。及续薨,元帝(萧绎)时为江州,闻问,入而跃,屟为之破"。南京城南颜料坊首次发现了腹底凿空的 B 型平底无齿木屐。又《晋书·宣帝纪》载:"关中多蒺藜,帝使军士二千人著软材平底木屐前行,蒺藜悉著屐,然后马步俱进。"可见,有时这种平底木屐还被应用于特殊的行军环境。

此外,魏晋南北朝时期还出现了防潮的蜡屐和便于登山的活齿屐。蜡屐是涂有蜡的木屐,着之行于泥地,不畏潮湿。《世说新语·雅量》中记载阮孚喜欢作蜡屐,"未知一生当著几量屐"[1]。活齿屐是南朝宋时名士谢灵运在前人创造的基础上,根据他登山游玩的实际情况,别出心裁,对木屐进行改革创新的成果。这种木屐的双齿是可以拆卸的,一般用来登山,上山时去掉前齿,下山时则去后齿,以保持人体重心的平衡。《南史·谢灵运传》:"寻山陟岭,必造幽峻,岩嶂千重,莫不备尽。登蹑常著木屐,上山则去前齿,下山去其后齿。""凡著屐遇崎岖之地,抑或去之。"唐朝诗人李白七言古诗《梦游天姥吟留别》云:"脚著谢公屐,身登青云梯。"诗中所叙的正是这种可脱卸的齿屐。因为谢灵运首创,后人遂将这种便于登山的活齿木屐称为谢公屐。此后,经历代文人辗转推演,又被称为"寻山屐"、"登山屐"、"谢屐"、"山屐"。

(三)交通游具

魏晋南北朝时期,士大夫拘于体制,多以徒行为耻。如《南史·颜协传》谓

---

① 亦见《晋书·阮孚传》。

其家虽贫素,而修饰边幅,非车马未尝出游,或特以国讳之时行之而已。然贫贱者及恭俭者,抑或步行。而车、舆辇、舟船等出行工具在前一时期的基础上有了进一步改进和完善,并在人们的旅行生活中发挥着越来越大的作用。

1. 车

魏晋南北朝时期,牛、马等家畜作为动力的畜力车成为旅行的主要交通游具。马车延续汉朝使用制度,牛车意外成为流行交通工具,成为这一时期交通游具发展演变的重要特征。

马车在这一时期帝王贵族巡游出行中的地位仍然重要,并因驾马数量及装饰等的不同有不同称呼。魏晋南北朝时期,帝王权贵公务出行按照规定都必须乘坐马车,例如晋时天子法车依汉制有五辂之制,即玉、金、象、革、木五辂,都是驾马,其中玉辂驾六黑马,余四辂皆驾四马。《洛神赋图》中陈思王所乘车驾四马,建大麾,其麾色黑,可能即是天子法车中用以赐藩国和田猎的木辂车。天子出游有专门的猎车、游车。《晋书·舆服志》载:“猎车,驾四马,天子校猎所乘也。重辋漫轮,缪龙绕之。”“游车,九乘,驾四,先驱之乘是也。”游车是天子出行时的先驱之车。各级官吏在出行时,多乘安车、轺车。安车是坐乘的车,在秦汉时期已经普及,天子公卿均可乘之,魏晋南北朝时期的安车与秦汉安车相比只是装饰、驾马的数量不同。轺车为四面敞露的轻便马车。《释名·释车》云:“轺车,轺,遥也,远也;四向远望之车也。”轺车在汉朝就是使用相当广泛的一种车辆,在魏晋南北朝时期仍很常用,只是其形式与用途都有较大的变化。汉魏时期,轺车以驾马为主,到南朝时期以驾牛为主。在汉朝,轺车为中下级官员所使用,而魏晋以后,高级官员亦使用轺车,所以西晋傅玄所撰《傅子》中讲:“汉世贱轺车,而今贵之。”到东晋南朝时,三公亦乘轺车。《世说新语·伤逝》载:“王濬冲为尚书令,著公服,乘轺车,经黄公酒垆下过,顾谓后车客:‘吾昔与嵇叔夜、阮嗣宗共酣饮于此垆,竹林之游,亦预其末。自嵇生夭、阮公亡以来,便为时所羁绁。今日视此虽近,邈若山河。’”权臣贵族在狩猎出行的时候,也往往选择马车,《世说新语·规箴》载:“桓南郡(玄)好猎,每田狩,车骑甚盛,五六十里中,旌旗蔽隰。骋良马,驰击若飞。”此外,此时期上层贵族妇女出行所乘辎车①、軿车②也驾马。辎车、軿车均是带帷幔的篷车,形制相似,一般辎车和軿车可并称"辎軿"。在汉朝已出现,此时继续沿用辎车、軿车。

《洛神赋图》宋摹本局部

值得注意的是,相比马车,这一时期得到更加普遍使用的是牛车。牛车自古就有,相对马车而言,牛车的负重更大但速度较慢,最初多用于载物。三国以后追求舒适成为时尚,牛车因为行车的稳定性,地位大为提升。到两晋,驾乘牛车更成为当时社会的流行风气。西晋皇帝大驾卤簿中的御辎车、御四望车、御衣车、御书车、御药车等皆驾牛,而公卿大臣在日常也多乘坐牛车出行。《晋书·惠帝纪》载:"己亥,弦等奉帝还洛阳,帝乘牛车,行宫藉草,公卿跋涉。"这是惠帝在群臣簇拥下乘牛车的证明。又《晋书·孝愍帝纪》载:"鼎遂挟帝乘牛车,自宛越武关……迭于长安……"可见,当时王侯长途出行亦多用牛车。南北割据后的东晋南朝时期,牛车仍然是人们出行时的主要代步工具。东晋时,皇家专用的衣车、书车、辎车、药车、画轮车等都用牛来拉。《资治通鉴·晋简文帝咸安元年》云:"帝著白帢单衣,步下西堂,乘犊车出神虎门。"南朝时期,牛车更为盛行。《南史·梁武帝纪》云:"齐明性猜忌,帝(梁武帝)避时嫌,解遣部曲,常乘折角小牛车。"《宋书·刘怀慎传》和《宗悫传》又提到宋孝武帝好牛车:"乘画轮车,幸江夏王义恭弟。"牛车也是权贵、士族出行的重要交通工具。南朝梁规定,"二千石四品已上及列侯,皆给辎车,驾牛"③。《晋书·王导传》载身为东

---

① 辎车的车门设在车舆后面,车辕较长,直伸到车舆后边,以供乘者上下时蹬踏之用。它是一种适于长途旅行乘坐的车,既可载行李,夜间又可卧息车中。

② 軿车方形车舆,四面施以帷幔,呈"四面屏蔽"状。车盖硕大,且四边稍稍上卷,呈盔帽形顶。车门改在前面,舆内仅容一人,御者坐在车舆前的轼板上。

③ 出自《隋书》卷十《礼仪志五》。

晋辅政大臣的王导恐妻辱妾,在紧急出行时仍乘牛车,为争取速度,不得不用所执麈尾助御者驱赶驾车之牛。《晋书·石崇传》记载,以豪奢著称的石崇与王恺出游,"争入洛城,崇牛迅若飞禽,恺绝不能及",可见石崇与王恺坐的都是牛车。当时士族还以牛车的快慢作为炫耀之资,《南齐书·陈显达传》载:"家既豪富,诸子与王敬则诸儿并精车牛、丽服饰。当世快牛称张世子青、王三郎乌、吕文显折角、江县云白鼻。"可见东晋南朝使用牛车之盛。

在江南地区魏晋南朝的墓葬里,经常发现作为明器的陶牛车。从中可以看出,牛车的结构与马车大抵是相似的。它由车厢、车辕、两轮三部分组成。车厢呈长方形,四面设蔽,上覆车篷,而且前有掩,后有梢,有的两面开窗,有的前开窗后开户。有的车厢内还设凭几供坐着倚靠。车篷是由细竹编织的席篷,从车内往外看之,则晶莹透光。车篷多覆以车布衣,起障泥和挡雨的作用。车双辕,辕间横置一衡。帝王权贵至下层百姓所乘牛车有差别的只是在于车子构件的质地(金、银、铜等)、轮毂色彩(朱、黑)、有无油幢、车盖的大小和用料(布、缯等)、车篷的形状用料以及驾车的牛数量而已。例如,按是否有车盖车篷,可大致分为通幰牛车、偏幰牛车、敞篷牛车三大类。

南京市栖霞区东杨坊南朝墓出土的陶牛车明器

通幰牛车

《说文新附》中说:"幰,车幔也。"《晋书·舆服志》云:"通幰车,驾牛,犹如今犊车制,但举其幰通覆车上也。"可见,通幰牛车就是在车顶自前至后覆盖一顶大帷子,最大的车幔前面有伞架支撑,能为牛遮雨雪。其档次在三种款式中最高。从魏晋南北朝时期江南地区考古发现的画像石、画像砖、壁画、陶塑车辆中,可以发现一系列这种车子,大多为全封闭或半封闭式的车厢,左右两边开窗,后面开门或前后以帷幔遮蔽,驭者在外驾驶,而乘坐者在厢内或坐或卧,加之牛车较马车走起来要平稳,故乘坐的舒适度明显提升,这对于不拘礼教、讲求个人舒适的贵族来讲,确实比马车更为适宜。例如 2006 年,南京市雨花台区南朝墓发现的《贵族女子出行图》画像砖中所见牛车,一牛双轮,长方体车厢,卷棚顶。车厢前部另接一平顶凉篷。凉篷之下悬挂一条布幔,随风飘动。车厢后部开门,门上挂帘。应为通幰牛车。

《贵族女子出行图》画像砖

偏幰牛车

偏幰牛车的帷子,仅仅遮住车篷。东晋陶渊明《归去来兮辞》中叙述自己归隐后悠然自适的旅游生活:"或命巾车,或棹孤舟。既窈窕以寻壑,亦崎岖而经丘。木欣欣以向荣,泉涓涓而始流。"此处的"巾车"指牛拉的、有帷幕的车子,由于此时平民乘车不得通幰,陶渊明所乘的也应是偏幰牛车。较为具体的图像资料在 1958 年河南邓县(今邓州市)学庄出土的南朝牛车画像砖中可见。图中一牛驾车,车上有卷篷,前又挑出一方棚,用带束于辕上,车旁紧随着一个戴小冠、着袴褶的车夫,一手握缰,一手执鞭。牛为白色,车棚为红色,车夫衣饰为浅黄绿色。河南邓县虽不属江南地区,然同属南朝地域范围,且在其中的《战马》画像砖的上方有墨书铭文三行,虽已模糊不清,但仍能认出"部曲在路日久……家在吴郡"等语。吴郡是指江苏苏州地区,画像砖中所绘也应大多为江南地区常见事物。

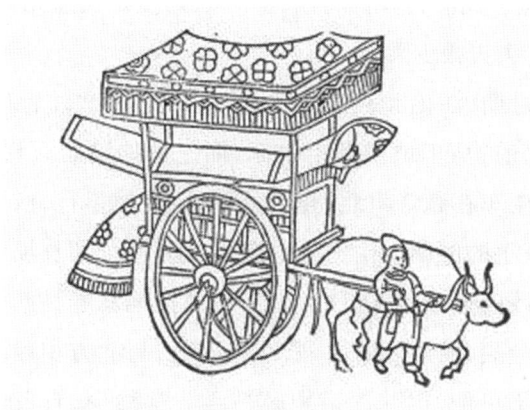

魏晋南北朝时期的偏幰牛车

河南邓县(今邓州市)学庄出土的牛车画像砖

(国家博物馆藏)

敞篷牛车

通幰牛车和偏幰牛车在帷幔底下还有车棚,棚一般有檐,早期檐浅,后期棚檐已变得很深,称为"长檐车"[1]。敞篷牛车是一种立棚但不施幰的牛车,为一般

---

[1]　北齐颜之推《颜氏家训·勉学》中云:"梁朝全盛之时,贵游子弟,多无学术,……无不熏衣剃面,傅粉施朱,驾长檐车,跟高齿屐。"卢文弨补注:"檐谓辕也,辕长则坐者安。"王利器《集解》认为:"卢说非是。檐谓车盖之前檐,犹屋檐之有檐也。"唐代段成式《戏高侍御七首》:"玳牛独驾长檐车。"可见至唐时犹有长檐车。

官吏或地主所乘坐。民间百姓出行所用牛车,则多是无篷无盖的"柴车",也称"露车"①,官吏、士大夫极少乘坐。

魏晋南北朝时期,江南地区出行盛行牛车是非常独特的现象。如前所述,魏晋南北朝之前,马车地位高于牛车,而之后的隋唐五代,乘坐牛车的风俗也逐渐衰落。牛车在魏晋南北朝时期江南地区的盛行,应当有多方面的原因。其一,是经济上的原因。由于整个魏晋南北朝时期长期动乱,经济萧条,这一时期的江南政府很难有充足的财力,大规模地蓄养马匹。同时由于当时大多数时候南北分裂,民族矛盾激烈,冲突不断,与北方和西北少数民族发展边境贸易也变得不可能,因此江南地区马匹非常稀少,原来作为主要耕作动力的牛自然承担了交通运输的重任。其二,与当时的社会风尚密切相关。六朝时,贵族士大夫崇尚清谈,标榜清高,远避政治斗争的漩涡,对酒当歌,任性放纵,享乐主义生活风行。《颜氏家训·涉务》记载,南朝富贵世家大族子弟"迂诞浮华,不涉世务","褒衣博带,大冠高履,出则车舆,入则扶持",养得"肤脆骨柔,不堪行步"。因此,由于牛车较安稳保险,对于养尊处优、恬淡轻闲的士族阶层更为合适。其三,江南特殊的气候和地理环境也是牛车普及的一个重要原因。由于江南湿润多雨,江南人民利用这种特殊的气候特点,大大发展了水利灌溉系统。南朝时期南方水田的发展,使江南地区形成了河网密集、地势坑洼、土地破碎的地理特点,这种地理特点不适合马匹的驰骋,而本来就用于水田耕作的牛则能在这种地形上行走自如。此外,沈从文认为这种现象和社会上层对于老庄思想的推崇也有一定关系,因为传说老子是乘青牛出函谷关的。②

除了马车、牛车外,当时江南畜力出行工具还有驴车、骡车、羊车等。驴车和骡车是从西域传过来的,主要在北方使用,因驴、骡的价格较马低,又适用于羊肠小道和山地运输,所以传入后在民间使用较多,除骑乘外,还经常驮物运输。骑驴、骡者多为一般百姓或低级官吏,一定品阶的官员就不能再骑驴。在魏晋南北朝时期江南地区的贵族中,还曾经流行过坐羊车出行。《通

---

① 《资治通鉴》卷五十九灵帝中平六年八月庚午条胡三省注说:"露车者,上无巾盖,四旁无帷裳,盖民家以载物耳。"

② 沈从文:《花花朵朵 坛坛罐罐——沈从文谈艺术与文物》,江苏美术出版社,2002年,第69页。

典·礼典》载："晋制,羊车一名辇车,上如辂,伏兔箱,漆画轮。"西晋晋武帝有
"羊车选妃"故事。

此外,当时江南地区还流行一种被称作"鹿车"的独轮车。据《世说新语》等
文献记载,刘伶出游时,常乘一鹿车,携一壶酒,使人荷锸而随之,要求"死便埋
我"。所谓"鹿车",即独轮车,可以分为人力或畜力推行前进的,其车型也按动
力条件的不同而各异。根据四川成都羊子山出土的汉墓画像石,可以看出独轮
车最迟在汉朝已经出现。独轮车结构简单,方便实用,尤其是在蜿蜒崎岖的小
路上,更能显示出它的优点,为士人、隐士及民间百姓所喜爱。但目前,此时期
江南地区独轮车实物及图像资料尚缺乏,有待发现。

2. 辇舆

辇是帝王权贵出行的主要交通游具之一,出现的时间很早,原为一种用人
力牵挽的车辆,其下有轮。《说文解字》云:"辇,挽车也。"也有驾果下马的,亦被
称为小马车。《汉书·霍光传》颜师古注引张晏曰:"皇太后所驾游宫中辇车也。
汉厩有果下马,高三尺,以驾辇。"至魏晋时期帝王小出乘之,东晋过江后,失其
制度。至南朝,乘辇的制度在不同时期略有不同,有的下有车轮,如齐时"辇车,
如犊车,竹篷。厢外凿镂金薄,碧纱衣,织成苉,锦衣。厢里及仰顶隐膝后户,金
涂镂面,玳瑁帖,金涂松精,登仙花组,绿四缘,四望纱萌子,上下前后眉,镂鲽。
辕枕长角龙,白牙兰,玳瑁金涂校饰。漆郚尘板在兰前,金银花兽玃天龙狮子镂
面,榆花细指子摩尼炎,金龙虎。扶辕,银口带,龙板头。龙辕轭上,金凤凰铃璑
银口带,星后梢,玳瑁帖,金涂香沓,银星花兽幔竿杖,金涂龙牵,纵横长笘,背花
香柒兆床副。又制卧辇,校饰如坐辇,不甚服用"①,梁时"复制副辇,加笨,如犊
车,通幰朱络,谓之篷辇"②。也有除去车轮,使用人力来担抬,形制同舆,亦有以
人鞔之者,谓之"步辇",亦曰"步輓车"。熊忠《古今韵会举要·七遇》注明:"后
世称辇曰步辇,谓人荷而行,不驾马。"这种情况在南朝北朝同时发生。其中,江
南地区可见资料如《资治通鉴·陈临海王光大元年》:"(斛律金)事齐贵宠,三世

---

① 出自《南齐书·舆服志》。
② 出自《通典》卷六六《嘉礼十一》。

无比。自肃宗以来,礼敬尤重,每朝见,常听乘步挽车至阶。"同书《晋安帝隆安五年》:"纂醉,乘步辇车,将超等游禁中。"《晋书·桓玄传》称东晋权臣桓玄曾造大辇:"(玄)更造大辇容三十人坐,以二百人舁(于)之。"胡三省注:"步挽车,不用牛马,令人步挽之。"

　　舆,本义为车厢,亦可引申为车辆,是指没有车轮、以人力挑或抬的运输工具,宋以后多称为"轿"。因使用人力,故较乘车安全、平稳,上殿、入室、上山皆较方便,所以首先为有地位的人和老弱妇残出行所用。舆的形制在春秋战国时已较完备,但其得到广泛应用并普及到民间,则是在东晋南朝时期。此时,由于统治阶层偏安江左,较多地接受了吴越文化,而吴越之地多丘陵山川,乘舆外出在江南颇为流行,南渡的中原士族也逐渐接受了这种交通工具。史书记载东晋时期王氏子弟到别人家去玩,就乘坐舆。王恭尝在微雪时,乘高舆,被鹤氅裘,被孟昶惊为天人。[①] 王献之亦曾乘肩舆直入别人园中,却不理睬主人。[②]

　　魏晋南北朝时期,舆因高度及材质等区分出现了不同的称呼。如以舆的高度可以分为腰舆、肩舆等。腰舆指高仅及腰的便舆。《南史·张宝积传》云:"乘腰舆诣颖胄,举动自若。"肩舆是指用肩挑的舆,因其与肩平齐,故称为肩舆或平肩舆。肩舆盛行于晋六朝。如《南齐书·垣崇祖传》载:"崇祖著白纱帽,肩舆上城。"《世说新语·简傲》载:"谢中郎是王蓝田女婿。尝著白纶巾,肩舆径至扬州听事见王。"从文献上看,这一时期肩舆的基本形制应该是以长竿抬取椅子以

阎立本《步辇图》所呈现的腰舆

坐人,并且上无覆盖的帷幔。肩舆从魏晋兴起后,经唐宋直至清,都是自上而下常用的出行工具,只不过改称"轿子"了。

---

① 出自《世说新语·企羡》。
② 出自《世说新语·简傲》。

民国时期的肩舆

因材料不同,舆有版舆、食舆之别。"版"同"板",指木制的舆。晋朝潘岳写有《闲居赋》,提到"太夫人乃御版舆升轻轩",李善注:"版舆……一名步舆。周迁《舆服杂事记》曰:'步舆,方四尺,素木为之,以皮为襻箓之,自天子至庶人通得乘之。'"又如《梁书·韦叡传》:"叡素羸,每战未尝骑马,以板舆自载,督励众军。"食舆,即竹舆,又称编舆、篼舆。《汉书·严助传》有"舆轿而隃领",颜师古注引臣瓒曰:"今竹舆车也,江表作竹舆以行是也。"

结构较复杂、注重华丽装饰的有为帝王权贵所专用的卧舆、舆车(八扛舆)、小舆等。齐废帝东昏侯萧宝卷"拜潘氏为贵妃,乘卧舆,帝骑马从后,著织成裤褶,金薄帽,执七宝缚矟"。卧舆应是人可以在其中坐、卧的舆。《南齐书·舆服志》载:"又制卧辇,校饰如坐辇,不甚服用。"这里的"卧辇"可能即是"卧舆"。还有"舆车,形如辎车,漆画,金校饰,锦衣。两厢后户隐膝牙兰,皆玳瑁帖,刀格,镂面花钉。幰竿戎校栋梁。下施八枙,金涂沓,兆床副。人举之"。这里的"舆车"可能即如汉朝的八扛舆,是由八个人抬的高等肩舆,只有皇亲王公才能乘坐。传为东晋顾恺之所画的《女史箴图·班姬辞辇图》中,汉成帝与班婕妤同乘的一架肩舆即八扛舆。此舆底座呈长方形,顶盖如同四面起坡的房顶形式,轿身围以帷幔;轿前开有小门,供乘者出入;轿杆捆绑在底部边框上。轿上笼罩网幛,夏日可避蚊虫,轿前置轵,乘者倚轵而坐,轿夫为前六人后二人。南朝齐时还制小舆,形如辎车,帝王小行幸则乘之。齐废帝萧宝卷出游,"每游走,潘氏乘小舆,宫人皆露裈,着绿丝屩,帝自戎服骑马从后"[①]。南朝梁时小舆类此。

唐摹本《女史箴图·班姬辞辇图》
(英国大英博物馆藏)

自帝王至普通百姓都可乘坐的有步舆。梁时"制步舆,方四尺,上施隐膝,人舆上殿。天子至下贱,通得乘之"[②]。其结构更为简单,主要为下层士人、百姓所用的有篮舆。晋、宋之际的隐士陶潜外出时,乘坐门生及儿子抬的篮舆。《宋书·隐逸传·陶潜》云:"江州刺史王弘欲识之,不能致也。潜尝往庐山,弘令潜故人庞通之赍酒具于半道栗里要之。潜有脚疾,使一门生二儿舆篮舆,既至,欣然便共饮酌,俄顷弘至,亦无忤也。"而《晋书·孝友传·孙晷》亦提到:"富春车道既少,动经江川,父难于风波,每行乘篮舆,晷躬自扶持。"可见,篮舆大概是登山或道险不可车行时,常用的一种比较轻便的舆。北宋李公麟《白莲社图卷》[③]第一段表现了陶潜的故事,图中所示篮舆为一竹篮状舆,上用绳子绑缚,穿一个扁担,两人各挑一头,非常简单方便。

---

① 出自《南史·齐本纪下》。
② 出自《通典》卷六六。
③ 北宋李公麟此图用白描手法绘制东晋高僧慧远在庐山虎溪东林寺结盟白莲社的故事。因为寺内种白莲,故称"莲社"。慧远当时重要的佛教领袖之一,参加莲社的有陶潜、谢灵运、宗炳、陆修静、周续之、刘程之、张野等,都是当时的名流。

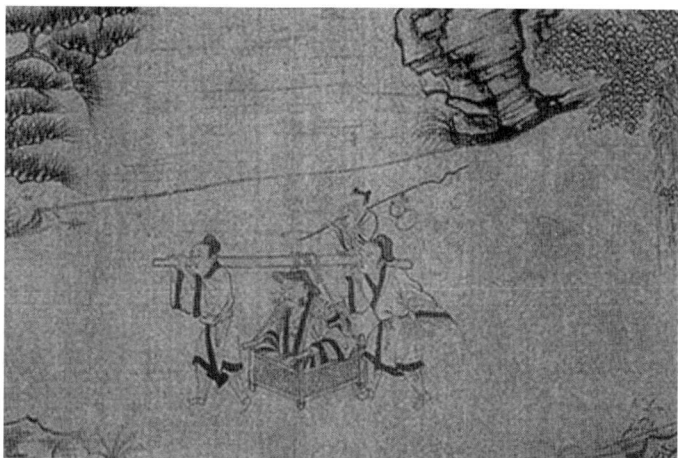

《白莲社图卷》第一段

从文献及图像资料看,辇、舆都靠人或畜扛、载而行,供人乘坐,类似后来通称为"轿子"的交通工具。就其结构而言,这类交通工具是安装在两根杠上可移动的床、椅、兜(兠)或睡椅,有篷或者无篷,大致由底座、顶盖、抬杠几部分组成。底座一般为床、椅、兜(兠)或睡椅,顶盖有屋顶式、伞盖式等,抬杠有2—8人不等。根据乘坐者身份等级的不同,在具体形制、装饰上有差别。

3.舟船

舟船是自古以来江南地区主要的出行工具。这一时期,南北政权对立,因江南地区特殊的河汊密布、河道纵横的地理环境,南方政权对于舟船的重视程度超过了统一时期的中央政权,造船业以及水路交通都有较大发展,与海外交往也日益增多。

这一时期,江南造船能力有很大发展。三国时期吴主孙权曾制造大船,"名之为长安,亦曰大舶,载坐直之士三千人,与群臣泛舟江津"[①]。西晋时,载物万斛的大船在南方并不稀见。出于战争需要,当时还修造了大批楼船。东晋末卢循等率水军沿长江而下,将士十余万人,"舳舻且千里,楼船百余只"[②]。"别有八

---

① 出自《水经注》卷三五《江水三》。
② 出自《建康实录》卷一一"宋高祖武皇帝"。

艒舰九枚。起四层,高十二丈"①。刘裕为与之抗衡,也大造船舰,"皆大舰重楼。高者十余丈"。南朝后期,楼船的高度又有所增加,陆纳所造的青龙舰、白虎舰"皆衣以牛皮,并高十五丈,选其中尤勇健者乘之"②。造船业的兴盛使江南地区政府的海外交往也日益频繁。三国时,吴主孙权曾"遣将军卫温、诸葛直将甲士万人浮海求夷洲及亶洲"③,并派遣宣化从事朱应、中郎康泰到林邑(今越南中南部)、扶南(今柬埔寨)等南海诸国。魏晋南北朝时期,不再有这种大规模的航海远征,更多的是海外诸国前来朝贡或进行商业贸易。传世南朝梁《职贡图》中所记载来朝各国使臣的肖像,就是当时海外交往及贸易的见证。

吕思勉提到:"海道往来,当时亦颇便利。……造船之技颇精。……故但见兵舰制作之精,然以此推之民间运载之船,亦可想见矣。"④文献虽多记兵舰制作之精,然由此也可推知当时江南地区运输与出行之舟船亦不在少数。由于江南地区河道纵横的特殊地理环境,士族文人常常乘舟出行。东晋王徽之在山阴,忽然想起好友戴逵,当时戴逵在剡,遂乘坐小舟去看他,"乘兴而行,兴尽而返"⑤。《世说新语·排调》记载顾恺之请假乘船回乡,路上遇到大风,幸好未出意外,于是写信给殷仲堪说"行人安稳,布飏无恙",后遂以"布帆无恙"为旅途平安之典。东晋陶渊明在《归去来兮辞》中叙述自己归隐后悠然自适的旅游生活:"或命巾车,或棹孤舟。既窈窕以寻壑,亦崎岖而经丘。木欣欣以向荣,泉涓涓而始流。"可见,在东晋时期,江南地区士大夫乘舟出行是比较多的。相对于帝王权贵,普通官吏、士人、百姓出行小舟也相对是比较简朴的,例如《世说新语·德行》还记载了周镇漏船的故事:"周镇罢临川郡还都,未及上,住泊青溪渚。王丞相往看之。时夏月,暴雨卒至,舫至狭小,而又大漏,殆无复坐处。王曰:'胡威之清,何以过此!'即启用为吴兴郡。"此处的"舫"也是一种小船。

相对而言,帝王公卿所乘坐的船只装修得十分华丽。在皇宫苑林,有许多供皇帝及后妃使用的船只。据《晋宫阁记》记载:"天渊池中有紫宫舟、升进船、

---

① 出自《宋书·武帝纪》,下条引文同。
② 出自《南史·王僧辩传》。
③ 出自《三国志·吴书·吴主传》。
④ 吕思勉:《两晋南北朝史》,上海古籍出版社,1983 年,第 1216 页。
⑤ 出自《世说新语·任诞》。

曜阳舟、飞龙舟、射猎舟,灵芝池有鸣鹤舟、指南舟,舍利池有云母舟、无极舟,都
亭池有华润舟、常安舟。"①皇帝出巡时乘坐龙舟,龙舟是船上画着龙或做成龙的
形状的船。为防止诸王及大臣所乘船只与龙舟相似,南朝宋孝武帝时曾特别规
定:"平乘舫皆平两头作露平形,不得拟像龙舟,悉不得朱油。"②皇帝乘船出游时
的随行仪仗船只亦十分壮观,其规模与出行时的大驾卤簿相比,有过之而无不
及,"宋孝武度六合,龙舟翔凤以下,三千四十五艘,舟航之盛,三代二京无比"③。
南朝时,亦有一些新制舟船,"是时天渊池新制舽渔舟,形阔而短,高祖(即梁武
帝萧衍)暇日,常泛此舟"④。此时龙舟形制今不存,但从顾恺之《洛神赋图》中陈
思王曹植所乘楼船可见一斑。此楼船高大宽敞,雄伟奢华,舟上楼阁巍峨,舟身
精雕细镂,彩绘金饰,气象非凡,可游可居。公卿所乘坐的船只也装修得十分华
丽,南朝梁羊侃"于两艒起三间通梁水阁,饰以珠玉,加以锦绩,盛设帷屏,陈列
女乐,乘潮解缆,临波置酒,缘塘水傍,观者填咽"⑤。

《洛神赋图》(局部)

(四)装备配件

　　除了上述几大类游具外,从画像砖、画像石、壁画及当时的卷轴画等图像资
料可见,此时比较盛行的其他游具包括随行用具、坐具、玩具。随行用具包括

---

①　出自《太平御览》卷七六八,《叙舟中》引。
②　出自《宋书》卷一八,《礼志五》。
③　《初学记》卷二五,"舟第十一"引陶季直《京邦记》。
④　出自《梁书》卷五〇,《陆云公传》。
⑤　出自《梁书》卷三九,《羊侃传》。

扇、麈尾、如意等手持物件,坐具包括凭几、蒲团、胡床、榻、茵褥、隐囊等;玩具包括乐器如琴、笛、琵琶、箫、筝、笙等。这些都是当时人们用来彰显身份品位、出行使用以及增加游兴的游具。

1. 随行用具(手持用具)

魏晋南北朝时期,江南地区的画像石、砖以及壁画、绘画等图像中,常常可见男性墓主手持麈尾或如意,女性墓主手持团扇,男女侍从手持障扇伴随身份显赫的墓主出行的形象。可见,扇子、麈尾、如意等是当时人们出行时较多携带的随行用具。

魏晋南北朝时期,人们日常出行时主要携带的还是短柄的团扇和羽扇。团扇尚圆,但不一定是正圆形的,形制主要有方、圆、椭圆、六角、八角等。其以竹木为骨架,以绫、罗、绢、纱等丝织品为面成,符合中国人追求团圆吉祥的心理,使人们手执之时,感觉轻巧灵便。羽扇泛指一切用羽毛制作的短柄扇,其法为将羽毛展成扇面,首端削尖,用绳子与扇柄缠缚牢固使用。魏晋南北朝时期,头戴纶巾、手执羽扇是显示指挥千军万马胜若闲庭信步之大将风度的时尚装束。《晋书·顾荣传》云:"荣麾以羽扇,其众溃散。"羽扇也为帝王权贵日常所持之爱物。《宋书·明恭王皇后传》载:"元徽五年五月五日,太后(即王皇后)赐帝玉柄毛扇,帝嫌其毛柄不华,因此欲加鸩害。"《世说新语·言语》载:"庾稚恭(翼)为荆州,以毛扇上武帝,武帝疑是故物。"

魏晋咏扇诗文通过对扇子的材质以及形状的描绘,彰显了此时期扇子的形制美和形态美,如傅咸《团扇赋》云:"郎劲节以立质,象日月之定形。"这是说团扇的形制之美。潘尼《扇赋》:"至若羽扇,靡雕靡刻。方圆不应于规矩,制裁不由于绳墨。"闵鸿在《羽扇赋》中称:"惟羽扇之攸兴,乃鸣鸿之嘉容。……运轻翮以容与,激清风于自然。"这是说羽扇的形态之美。可见此时的文人在继承两汉描摹扇子注重申发儒家思想内涵的基础上,开始关注扇子自身的美感价值。此时,扇子制作工艺相当精巧。晋许询《咏竹扇》云:"良工眇芳林,妙思触物骋。篾疑秋蝉翼,圆取望舒影。"此诗所描绘的团扇面上编织的竹篾薄如蝉翼,特别具有一种工艺美感。南朝梁江淹作《扇上彩画赋》,其中记载了制团扇的材料、工艺和扇画技法:"临淄之稚女,宋郑之妙工。织素丽于日月,传画明于彩虹。洛阳之技极,江南之巧穷。故饰以赤野之玉,文以紫山之金。……粉则南阳之铅泽,墨则上党之松心。……玉琴兮珠徽,素女兮锦衣。促织兮始鸣,秋蛾兮初飞。识桂茎兮就罢,知兰叶之行衰。"可见,当时达官显贵、文人仕女所用之团扇是何等精工,做扇之材料是多么考究,也充分显示了当时流行的画扇之风。[①] 下层劳动人民出行时携带的扇子则主要是一些价格低廉、耐用的葵扇、蒲扇、蕉扇和麦秆扇等。

魏晋南北朝时期,江南地区扇子在出行中的使用有画像砖、壁画等图像资料为证。南京市雨花台区南朝画像砖墓[②]出土的《贵族男女出行图》中,随行侍女也手执团扇。除南方地区外,北方也有多处类似团扇图像的发现。[③] 下层劳动人民所喜爱的蕉扇可见之于顾恺之的《斫琴图》,图中一名士策杖而行,身后一男侍手持蕉扇紧跟其后。

《贵族男女出行图》画像砖

（南京雨花台区南朝墓出土）

---

① 根据当时的史料,汉魏时,扇子已成为题诗作画的载体,谢赫《古画品录》、张彦远《历代名画记》均记载了汉魏时杨修,东晋王羲之父子,南朝宋顾景秀,南齐蘧道愍、章继伯、萧贲等人画扇的故事,从中可见在魏晋南北朝时期,已有文人以书画装饰扇面,并且题材多样,有人马,有山水,而且画家对该题材的把握已经到了相当成熟的地步,可以说此时已开启了书、画同扇子融为一体,令人赏心悦目的扇面书画艺术。

② 祁海宁、陈大海:《南京市雨花台区南朝画像砖墓》,《考古》,2008 年第 6 期,第 43-50 页。

③ 例如 1983 年,宁夏固原发现的北周李贤夫妇合葬墓墓室南壁西端残剩的《侍女团扇图》中,侍女面目清晰,表情端庄,眉目细弯,双侧发髻,大耳垂肩,双目前视,身着高领衣,双手持一把团扇靠于左肩,仿佛仍在侍奉豪门女主人。

《斫琴图》(局部)

　　麈尾是此时期特别具有时代特色的一种随行器具。《说文》曰:"麈,麚属。从鹿,主声。"宋朝高似孙在《纬略》中进一步解释说:"麚之大者曰麈。"也就是说,大的麋鹿①才可称为麈。这种被称为麈的麋鹿并非普通的鹿:"鹿之大者曰麈,群鹿随之,皆看麈所往,随麈尾所转为准。"可见,麈是麋鹿的指挥者,引导鹿群行动之方向。麈尾就是一种用麈的尾毛制成的手持之物。麈尾究竟源于何时,古代文献中并无明确记载。关于麈尾比较可靠的文献记载,最早出现在东汉时期。《北堂书钞》卷一三四引李尤《麈尾铭》:"拟成德柄,言为训辞。鉴彼逸傲,念兹在兹。"可见在东汉时期,麈尾已经为文人使用,象征至高无上之道德,持之以发言遣词,具有教化之功用。在此时,麈尾代表传统道德规范和伦理思想,流行的范围还比较小。又据唐初《艺文类聚》卷六九所引陆机的《羽扇赋》,麈尾起源或可上溯至战国:"昔楚襄王会于章台之上,山西与河右诸侯在焉。大

---

　　① 麈是古代鹿的一种,目前学界已无争议,但有人认为是古代的驼鹿,田悦阳在《石景山出土的魏晋墓葬墓主之身份》(《北京文博》2000 年第 2 期)说:"现代动物学家认为,麈实为驼鹿,尾毛较长。"《辞源》《现代汉语大词典》等皆持此观点。而范子烨则不同意该观点,他在《说麈尾——六朝的名流雅器》(《中国文化》2001 年第 17、18 期)中认为,麈在古代应该是指麋鹿,而非驼鹿。本书倾向于麈为麋鹿的说法,因为目前看来,关于麈最早与最明确的解释就是《说文》的解释,《说文》谓麈为麚属,故而本书赞成该观点。另根据《中国动物图谱》,驼鹿的特点是"头大而长,颈短,躯体粗大,四肢长。……尾巴短"。而麋鹿的特点是"头似马,身似驴,蹄似牛,角似鹿。……尾生有长束毛,尾端超过后肢的踝关节……毛色灰棕……尾末端束毛黑褐色。夏毛稀疏,呈红棕色"。那么,驼鹿尾制作麈尾为不可能,麈尾应为用麋鹿之尾制成。

夫宋玉、唐勒侍,皆操白鹤之羽以为扇。诸侯掩麈尾而笑。"可见,早期麈尾除了作为宣示道德教化的工具之外,其另一原始功能应与扇子类似,为诸侯所持,即用于"拂秽清暑"(晋王导《麈尾铭》)、"拂静麈暑"(陈徐陵《麈尾铭》),这可能是麈尾最原始的实际功能。

魏晋南北朝时期,麈尾盛行大江南北,成为贵族士大夫显示学识、身份、地位、权力的风雅道具之一。云南昭通东晋霍承嗣墓[①]、甘肃酒泉丁家闸5号北凉墓、嘉峪关西晋壁画墓4号墓[②]都发现了墓主人手持麈尾、凭几而坐的形象。在江南地区,当时清谈盛行,清谈家更是口不离玄言,手不离麈尾,著名清代学者赵翼《廿二史札记》卷八"清谈用麈尾"条中指出:"六朝人清谈,必用麈尾。……亦有不必谈而亦用之者。……盖初以谈玄用之,相习成俗,遂为名流雅器,虽不谈亦常执持耳。"在当时,清谈又叫作"麈谈",而"玉柄麈尾"、"挥麈谈玄"、"奋掷麈尾"等则成了魏晋风流的典型形象。持麈尾而谈的人主要可分为三类:当世士林名流、道教人士、僧侣。士林名流以东晋王衍、王导、孙盛以及南陈张讥等人为代表。道教名流以东晋葛洪、南朝陶弘景等为代表。僧侣名流以名僧康法畅等为代表。麈尾并非人人皆可持,清谈中常分为主、客方,主方竖义,也就是提出观点,客方针对这一观点进行论辩。麈尾多由竖义的主方把持,在清谈中双方争辩激烈,若主方不及客方,会将自己的麈尾转赠对方,以示叹服。因此,手执麈尾有"领袖群伦"含义,对于魏晋南北朝时期名士来说,更具有非同一般的意义。例如《高逸图》中所绘阮籍便手执麈尾。七贤以嵇康、阮籍为首,可见阮籍手执麈尾也隐喻有竹林清谈领袖之意。

魏晋南北朝时期麈尾的实物资料目前在国内尚未有出土,但历代流传的图像资料中可以看到此时期麈尾的形制。例如在初唐画家阎立本的《历代帝王图》中,吴主孙权所持麈尾[③]呈尖桃形。孙权在历史上以聪明多智、善用计谋而著称,曹操曾感叹:"生子当如孙仲谋!"孙权于公元229年称帝,建立了东吴政权,在位二十四年。阎立本以其手执麈尾,体现孙权的足智多谋、踌躇满志。

---

① 云南省文物工作队:《云南省昭通后海子东晋壁画墓清理简报》,《文物》,1963年第12期,第2页。

② 甘肃省文物队、甘肃省博物馆、嘉峪关文物管理所:《嘉峪关壁画墓发掘报告》,文物出版社,1985年,图版五六。

③ 徐邦达:《中国绘画史图录》上册,上海人民美术出版社,1984年,第221页。

《高逸图》中手执麈尾的阮籍

在传世绘画中,画家还表现了魏晋南北朝时期的另外一种麈尾形制:蒲扇形。其形状如树叶,下部靠柄处常为平直状,上圆下平,夹着麈尾毛。其所谓"圆上天形,平下地势"(徐陵《麈尾铭》)的独特形制,显然与"天圆地方"之古代中国人的宇宙观相符,《高逸图》中可以看到这种类型的麈尾,画中阮籍手执麈尾即为蒲扇形。

《历代帝王图》中手执麈尾的吴主孙权

国内尚无麈尾实物资料的出土,但幸而在日本奈良正仓院保存了两柄麈尾实物:一为漆柄麈尾,一为柿柄麈尾。其中漆柄麈尾已毫毛尽失,仅存木质黑漆骨子。柿柄麈尾,"挟板左右及上方尚有毫毛残存,毛为黄褐色,但头梢部呈暗红色;残毛既长又密,颇给人以'靡靡丝垂,绵绵缕细'(徐陵《麈尾铭》)、'豪际起风流'(梁宣帝《咏麈尾》)之感"[①]。可见,麈尾结构简单,主要由麈尾和麈尾柄组成。这柄麈尾总长 61.0 厘米,柄长 23.0 厘米,挟木长 38.0 厘米,用黑柿木作柄和夹板,夹板中间为麈尾毛。夹板前端以象牙雕龙头,中部由象牙透雕饰花,左右有二道象牙界线。放置这件麈尾的黑漆匣长 84.5 厘米,宽 50.5 厘米,高 6.8 厘米,匣刻凹槽,形似乒乓球拍,可开可合。柿柄麈

---

① 王勇:《日本正仓院麈尾考》,《东南文化》,1992 年第 Z1 期,第 207 页。

尾因长毫脱落,目前不知原来模样,但从其黑漆匣的半椭圆形制来看,应为蒲扇形麈尾。[①] 东晋许询有《墨麈尾铭》与《白麈尾铭》,可见当时麈尾从颜色上可分为白色和黑色两种。麈尾柄的制作在当时颇为考究,造柄材料的不同催生了风采各异的麈尾。晋人多用犀牛角装饰麈尾,不仅取其珍奇、豪贵,也有谈锋犀利、所向披靡的寓意。到了六朝时,麈尾柄所用的材质更加昂贵。柄有楠木、檀木、竹、木、玉制的,工艺有雕、漆、镶嵌的,镶嵌的材料有象牙、玳瑁等,显示出贵族用具的风貌。《晋书·王衍传》记载,大清谈家王衍常用的是白玉柄麈尾,他的手和玉柄同样白皙温润,有一种病态美,历来为名士所称道。《陈书·张讥传》记载,陈后主造了一个玉柄麈尾,认为当时配拿它的只有清谈家张讥,就把它赐给了张讥。这类玉柄麈尾当是将毛夹在玉柄中的麈尾。大名士王濛病重时,在灯下转动麈尾看来看去,长叹不已。王濛死后,另一大名士刘惔把犀麈尾纳入其棺中,这应该是用犀牛角柄夹毛的麈尾。麈尾毛很稀少,且主要产于北方[②],因此魏晋南北朝时期真正原装的麈尾应该不多,大多是以一些此类动物的毛夹在柄中做成,有时用别的东西代替。如《陈书·张讥传》:"后主尝幸钟山开善寺,召从臣坐于寺西南松林下,敕召讥竖义。时索麈尾未至,后主敕取松枝,手以属讥,曰:'可代麈尾。'"可见在无麈尾时,也可用别的形似之物象征性地替代。

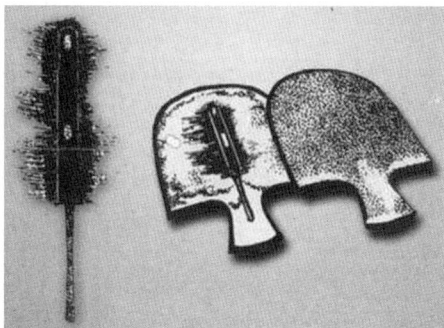

日本正仓院所藏麈尾及麈尾盒

---

① 关于这柄麈尾,白化文在《麈尾与魏晋名士清谈》一文中推断其为唐代之物,贺昌群则在《麈尾考》一文中推定其为南北朝的遗品。两种说法虽无确切证据,但为我们了解魏晋玄风以及麈尾结构形制提供了依据。

② 先秦古籍《逸周书·王会解》载:"西面者正北方,稷慎大麈。"晋人孔晁注释说:"稷慎,肃慎也,贡麈似鹿。"

　　南北朝时,还出现了"麈尾扇",可能是麈尾和羽扇的混合体。麈尾扇相传由梁简文帝萧纲创始,他对魏晋时的麈尾进行改进、简化,在纨扇上端加麈尾毛,制成麈尾扇,还写文章赞美它,以为"既能清暑,又可拂尘"。《南史·张融传》载:"融弱冠,有名道士同郡陆修静以白鹭羽麈尾扇遗之。"可见,南朝时已有用羽毛装饰的麈尾扇。《洛神赋图》中,洛神手执之扇即是麈尾扇。从图中可以看出,麈尾扇中间部分类似团扇,可清暑,两边围以麈尾毛,又有拂尘的作用。

由于六朝时代儒、道、释三教融合,不仅深受儒家思想浸润的文人士大夫和讲学论道者以执麈尾、麈尾扇为尚,释、道中人也同样手执麈尾以及麈尾扇。道家执麈尾扇的形象在邓州南朝刘宋墓出土的《吹笙引凤》彩色画像砖上可见。此画反映的是周灵王太子晋吹笙迎凤,后游于伊洛之间,被道士浮丘公引往嵩山修炼,后在缑氏山驾白鹤升仙的故事。画中以嘴含灵芝仙草的凤为中心,右边站着的就是披发持麈尾的浮丘公,左边是捧吹长笙的王子乔,手执麈尾表现了浮丘公作为引导者的身份。

《洛神赋图》中手执麈尾扇的洛神

邓州南朝刘宋墓出土的《吹笙引凤》彩色画像砖①

---

　　①　《中国画像砖全集》编辑委员会:《中国画像砖全集2:河南画像砖》,四川美术出版社,2006年,第132页。

　　此外,魏晋南北朝时期,江南地区人们日常手持器具还有如意,作为上至帝王权贵,下至名士僧侣显示身份、地位的象征和标志物。例如将军临阵作战时手挥如意指挥决策,"睿乘素木舆,执白角如意麾军"①。如意也是名士随身携带的雅器。魏晋南北朝时期,如意为上层人士所偏爱,赋予其超越实用之外的多种用途及文化意义。

　　魏晋南北朝时期,如意的具体样式以及实际使用情况,除文献记载外,一些图像资料中也有遗存。例如在南京西善桥出土的《竹林七贤与荣启期》画像砖上,七贤之一的王戎身旁放着酒樽和酒杯,懒洋洋地斜靠在小几上手舞如意。《高逸图》中,王戎右手执如意侃侃而谈。《历代帝王图》中的陈文帝和陈宣帝也手持如意,其中的如意头均为指爪形或手掌形,柄长与一般的手臂长度相当。这种形状的如意至唐永泰公主墓、房陵公主墓壁画中仍可见。从表现如意的图像里,我们不难看到此时如意的一般执握方式,既可单手竖执、斜执或平举,又可双手斜托,还可抱于怀中半倚肩臂,左右方向似无严格规定,柄首弯曲的指爪则多朝外或朝下。如意材料多样,从前述史料可知当时如意有竹木制的、铁制的、骨角制的、金属制的等等,不一而足,可见时人对如意的喜爱。

《桥竹林七贤与荣启期》画像砖(王戎)

《高逸图》(局部)

---

　　①　出自《梁书·韦睿传》。

2. 坐具

出游在外,难免有感到疲累的时候,这个时候,如果随身携带一些坐具,可以及时休憩身心,为之后的出行有效地提供动力,同时也可适时欣赏身边的优美风景。魏晋南北朝时期,江南地区人们在出行的时候携带较多的坐具主要有榻、胡床、凭几、隐囊等。

胡床

胡床原是北方游牧民族为迁徙方便而创制的一种轻便高足坐具,又称绳床、校(交)床,是一种可以折叠的轻便坐具,造型简洁,实用方便。因其上部的两根横木间用绳条穿好,以供人坐,故亦称绳床。

学术界(如朱大渭、杨森等先生)一般认为,胡床大约在东汉时期由西域传入中原地区。《太平御览·风俗通》云:"(汉)灵帝好胡床。"《三国志》记曹操遭马超袭击时"犹坐胡床不起"。由于携带方便,当时胡床在中原颇为流行,《搜神记》记载,西晋时"贵人富室,必蓄其器"[①]。西晋末,中原地区发生大规模战乱,随着大批北方人民的南迁,胡床在江南地区也流行起来。由于胡床造型简洁,折叠易收,便于携带,日常家居、出行或行军等都有使用。《世说新语·任诞》载,王子猷求桓子野奏笛,子野便"下车,踞胡床,为作三调"。《南齐书·刘瓛传》云:"姿状纤小,儒学冠于当时。……游诣故人,唯一门生持胡床随后。"可见当时胡床受到人们青睐的程度。后来的木质交椅,今之折叠椅、凳,即由胡床发展而来。

凭几、隐囊

凭几是古人在室内外席地而坐时用于饮食、看书、倚靠的一种坐具,其形约如现在的矮板凳,可置于座前搁置食物、琴瑟、书籍等。魏晋南北朝之前,人们都是"席地而坐"的,西晋以后,虽然受到北方游牧民族影响,开始垂足而坐,床、榻等坐具逐渐增高,产生了椅类高足坐具,但总的来说此时高足坐具不是很普遍,起居方式还是以席地或席床(榻)平坐、盘坐和跪坐为主,腰部容易劳累,因此,用于凭依的凭几、隐囊等家具在这一阶段生活和出行中使用相当普遍。

---

① 干宝:《搜神记》,中华书局,1979 年,第 94 页。

凭几历史悠久,《诗经·大雅·公刘》云:"俾筵俾几,既登乃依。"意思是让人给宾客铺设好席、几,客人们登上了筵席,靠在几上。其形制较矮,类似现在北方的炕桌或小茶几。凭几出现于商周,在春秋战国时期已经普遍使用。早期的凭几多为直形凭几,也叫"挟轼"、"隐几",即"直木横施,植其两足,便为凭几"。其造型是一块直形横木(有的平直,有些中部下凹),两端各有一条腿,或直,或曲,还有栅栏形腿。魏晋南北朝时期,直形凭几在江南地区人们的生活和出行中使用。例如南京西善桥出土的《竹林七贤与荣启期》画像砖中,七贤之一的王戎身旁放着酒樽和酒杯,懒洋洋地斜靠在一直形凭几上。此类直形栅足几目前已有实物出土,如山东东阿曹植墓出土的直形栅足陶几,几面上有空洞(疑原来有玉石镶嵌),形制和前述画像砖中王戎所凭极为类似。其虽是陶制,不一定是实用器,但应该比较写实,且此几面较宽,既可用于饮食,也可用作书案和倚靠,功能应该比较多样。这种直形凭几至隋唐仍有使用,河南安阳隋代张盛墓出土了直形凭几模型,为直形凭几在隋唐的使用情况提供了实物资料。

山东东阿曹植墓出土的直形栅足陶几

　　三国时期,江南地区还出现了弧形三足凭几,或称为曲形抱腰式三足凭几。其造型为三足上设一弧形曲面为凭倚,三足外张,较多为曲足或蹄形足,使其重心落在了一个三角形支点上,十分符合力学的形体稳定原理。这种式样比较适合人体形态,且几身和人的身体有较大的接触面,倚靠时比较舒适。

1984 年 6 月,在安徽马鞍山市三国朱然墓内,发现一件弧形漆凭几,是迄今见到最早的实用弧形凭几。这种凭几在东晋南朝尤其流行,除了木制的,还有用于墓室陪葬的陶凭几,尤其在长江中下游地区出土数量较多。南京象山 7 号墓出土一件弧形陶凭几,曲面长 42.0 厘米,高 21.2 厘米,下面有三条兽蹄足支撑,足部雕出兽爪子,现陈列于南京市博物馆。另南京童家山、东杨坊、仙鹤门等多处南朝墓等均有弧形陶凭几出土。从出土情况看,几的高度大约为 40—60 厘米,在当时,人们把凭几的高度定在这一范围内不是无根据的。据史料记载,我国古代成年男子的平均身高约为 1.65—1.67 米,女子的身高约为 1.54—1.56 米,凭几的高度在这一范围内,比较适合人跪坐时凭靠,可见传统的凭几在高度的设计上已经有一些人体工程学的认识。另外几面变得狭窄,可能意味着此时期的凭几更多偏向于凭靠功能,而用于饮食和作为书案的功能趋于退化。曲面下设三蹄足的凭几始于三国而流行于晋至南北朝,是较有时代特色的生活用器。魏晋南北朝时期,人们出行时,凭几可以放在交通工具中作为倚靠物,如步辇或牛车上。例如,在东晋南朝墓中出土的牛车模型上,有的就放着三足小凭几,象征着墓主人的座位。

弧形陶凭几
（南京市博物馆藏）

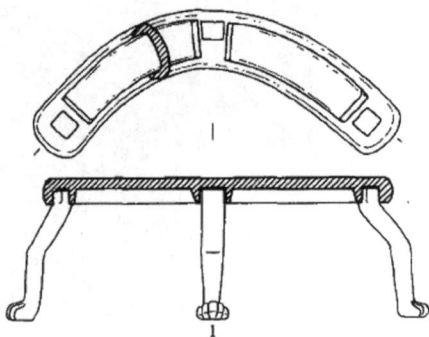

南京栖霞区东杨坊南朝墓出土的凭几

大约在六朝时期,出现了另一种更为轻巧舒适的倚靠物品——隐囊,即靠枕,一般为椭圆形,和现代居室中所使用的靠垫类似。《南史·陈后主张贵妃传》载:"时后主怠于政事,百司启奏,并因宦者蔡临儿、李善度进请,后主倚隐囊,置张贵

妃于膝上共决之。"《颜氏家训》记载,梁朝士
族子弟"坐棋子方褥,凭斑丝隐囊"成风。王
利器《颜氏家训集解》认为:隐囊大约起源于
六朝,隐为隐几之隐,其制为圆形或方形,里
面充以棉絮等细软之物,外包绫缎,柔软可
倚,可用于车、床榻,以供凭靠,即今之靠枕。
所谓"斑丝",王利器认为,应指杂色丝之织成
品。① 《高逸图》中,山涛和阮籍均倚靠着隐
囊,且隐囊上有唐代典型纹样团花。

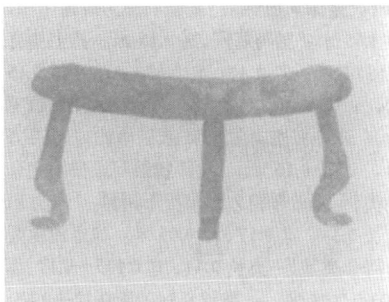

南京仙鹤门南朝墓出土的凭几

　　凭几和隐囊是适应人们坐在席子或床榻上的习惯而出现的,唐以后,古人
由席地而坐向垂足而坐发展,坐姿的改变也自然导致了坐具的变化。新式高足
家具逐渐替代了传统供席地起居用的旧坐具,凭几等逐渐退出历史舞台,隐囊
则继续在家居和出行中发挥作用。

《高逸图》中的坐垫

茵褥、茵席、褥子、蒲团

　　茵褥是铺垫于车子或榻、蒲团上的坐卧用具的合称。茵,通"裀"、"絪"。茵
和褥是同义词,因此并称"茵褥"。司马相如《美人赋》云:"裀褥重陈,角枕横

---

　　① 沈从文则认为:斑丝当非锦绣,必指另外一种丝绸,而又是当时流行的材料,唯有斑缬近似,即在碧
色罗帛上扎染玳瑁斑。敦煌曾出现过一些晋代实物,花斑和南方晋代缥青瓷器上的褐斑还十分相近。斑丝
是否染缬,因为当时西北毛织物还有"斑罽",而西南夷传上又曾提及西南出"阑干斑布",一时还难有定论。

施。"茵与席也可并称茵席,《韩非子·十过》有"四壁垩墀,茵席雕文"。茵席雕文,即装饰着美丽花纹的席子。上古时代的茵通常专指车中所用的垫子。例如《诗·秦风·小戎》:"文茵畅毂,驾我骐馵。"褥也是统称,用毡毯之类,皆可称为席或裀,也可称为褥。茵席一般用竹、藤、苇(葭)、草、丝麻等材料编成,褥则是以棉、毛、兽皮等加工而成。

茵席作为一种人工创造的最早的坐具,其形成是与中华民族传统"席地而坐"的生活起居方式相辅相成的。古代人民日常生活以席地坐卧为主,因此茵席成为人们生活起居的必需品,并逐渐成为礼仪的象征。围绕着席的摆放和坐礼,有一套严格的规矩。至汉朝,虽然出现了床和榻等专业坐卧用具,但茵席却以可卷可舒、随用随设、轻巧灵便等特点而继续得到使用。它既可以与床榻、椅凳等配套使用,又可以单独使用,深为人们所喜爱。至魏晋亦如是。《世说新语·德行》云:"王恭从会稽还,王大看之。见其坐六尺簟,因语恭:'卿东来,故应有此物,可以一领及我。'恭无言。大去后,即举所坐者送之。既无余席,便坐荐上。"此处的"簟",即指用竹编织的比较精细而花纹美丽的席,"荐"则是指用稻草、禾秆、麦秸编织成的较粗陋的席,一般垫在簟的下面。《释名》曰:"荐,所以自荐籍也。"这种席通常只用于卧,是等级较低的席。江南地区植被丰富,是以竹、藤、苇、草、丝麻等材料编成的茵席的主要产地。在浙江余杭小横山 M12 墓室东壁直棂窗两侧发现的画像砖上,有一侍女发髻高耸,上身穿紧身衣,一手前伸,托举一上有提梁的瓶状物,一只手臂横置于腰间,夹持一圆筒状物,似为茵席。

褥子主要以棉、毛、兽皮等加工而成,当时流行一种棋子方褥。北齐颜之推在《颜氏家训·勉学》中,批评梁朝贵族子弟不学无术、浮华空疏、讲究享受时说到当时几种时髦事物:"驾长檐车,跟高齿屐,坐棋子方褥,凭斑丝隐囊。"其中,棋子方褥即是当时士族出行携带的流行器具。从其名称看可以有两种理解:其一,该褥子应为方形,装饰纹样为一种棋格纹,材料可能为锦绣或毛织物。沈从文认为,棋子纹为秦汉以来流行的杯纹或连续方胜纹;张晓霞则认为,棋子格纹、龟甲纹等框格纹都是西方向东方传播的纹饰。[1] 其二,褥子为方形,平时可

① 张晓霞:《从"棋子方褥"看北朝织物框格纹的西来之源》,《南京艺术学院学报(美术与设计版)》,2013 年第 3 期,第 74 页。

以折合起来,材质可能为锦绣或毛织物。《高逸图》中,竹林七贤均直接坐在方褥上,虽材料无法认清,但阮籍所坐方褥比较明显有毛织物之感,但其上面花纹则为柿蒂纹等。从使用情况看,棋子方褥应该可以在榻上、车上、座椅上使用。

《高逸图》(局部)

蒲团是以蒲草编结而成之圆形扁平坐具,较厚,为僧人坐禅及跪拜时所用。唐诗"吴僧诵经罢,败衲倚蒲团"说明了蒲团与佛教的渊源。其材料简单、自然、环保,供随处休憩之用。因其轻便易得、易于携带,逐渐为世人出行所喜用。南京西善桥出土的《竹林七贤与荣启期》画像砖以及《斫琴图》上,均可以比较清晰地看到主人公坐于蒲团之上。

南京西善桥出土的《竹林七贤
与荣启期》画像砖(局部,嵇康)

《斫琴图》(局部)

3. 玩具

魏晋南北朝时期作为我国旅游史上休闲旅游开创新时代的历史时期,人们在外出游玩时也不忘娱乐。音乐能使人们忘却现实的忧虑,而使身心在大自然中得到真正的放松,在人们的生活中占有重要地位。所以乐器也是人们在出游时不能缺少的游具之一。

魏晋南北朝时期,士大夫多擅音乐,所以在出行时也不忘带上乐器自娱以及娱人。例如竹林七贤中,嵇康"博综伎艺,于丝竹特妙",且常"弹琴咏诗,自足于怀",他在《赠秀才入军》诗中如此描述:"息徒兰圃,秣马华山。流磻平皋,垂纶长川。目送归鸿,手挥五弦。俯仰自得,游心太玄。"从中可见一种流连自然、忘情于音乐中、悠然自得的名士风范。《晋书·张翰传》还载有这样一件趣事:"会稽贺循赴命入洛,经吴阊门,于船中弹琴。翰初不识,乃就循言谈,便大相钦悦。问循,知其入洛,翰曰:'吾亦有事北京。'便同载即去,而不告家人。"又如桓伊为东晋将领,曾与谢玄等率兵在淝水大破前秦军,稳定了东晋的偏安局面。《晋书》记载,桓伊"善音乐,尽一时之妙,为江左第一"。有一次,王徽之被召往京师,所乘之船在青溪停泊,恰巧桓伊从岸上过。王徽之从未见过桓伊,只知道他笛子吹得好,当他知道岸上之人为桓伊时,便派人对他说:"闻君善吹笛,试为我一奏。"此时桓伊已经显贵,当他听说舟中之人是王徽之,便下车坐在胡床上,连吹三曲。这个故事说明桓伊为人之豁达,同时也可见这一时期,出行时随身携带乐器以自娱及娱人的行为很常见。也有因为好音乐而蓄养携带家伎出行的,例如东晋著名宰相谢安善清谈,精行书,好音乐,喜宴游,有雅量,曾多次携伎往东山游乐。《晋书·谢安传》载:"安虽放情丘壑,然每游赏,必以妓女从。"妓指歌妓,泛指能歌善舞兼擅乐器的女艺人。《世说新语·识鉴》亦记载:"谢公在东山畜妓,简文曰:'安石必出。既与人同乐,亦不得不与人同忧。'"

由于魏晋南北朝时期,中外交流持续进行,江南地区乐器品种大大增加。当时上至皇帝、权臣,下至名士、百姓,很多人都懂音律,善于弹奏各种乐器。魏晋南北朝时期,江南地区人们出行中比较多见的演奏乐器有琴、筝、琵琶、笛、箫、笙等。其中,琴、筝、琵琶为弹拨类乐器,笛、箫、笙为吹奏类乐器。魏晋南北朝时期的石刻、壁画以及墓俑保存了许多吹奏乐器的形象,如南京西善桥南朝大墓出土的《竹林七贤与荣启期》画像砖中,有嵇康弹琴以及阮咸弹阮的形象。

南京西善桥砖印模画中,嵇康在弹琴,阮咸在弹阮

魏晋南北朝时期,江南乐器制作都非常注重材料。从当时丰富的乐器赋①中可以看出,例如:"乃从容以旁眺,睹美材于山阳"(闵鸿《琴赋》);"尔乃采桐竹,觊朱密。摘长松之流肥,咸昆仑之所出"(夏侯湛《笙赋》);"别有泗滨之梓,耸干孤峙,负阴拂日,停雪栖霜。嵌岌崟嶅,玄岭相望"(萧纲《筝赋》);"贞筠翠节,冒霜停雪"(傅縡《笛赋》)。乐器的制作过程和工艺也极为考究。萧纲《筝赋》描述了丝弦的制作过程:春桑已舒,……佳人采掇,动容生态。(春天采桑)里闾既返,伏食蚕饯。(养蚕)五色之眠虽乱,八熟之绪方治。(缫丝)制弦拟月,设柱方时。(制弦设柱)该赋从采桑到制丝弦,过程叙述得如此详细,如此美好,意在渲染筝器制作的艰难和制作者的郑重其事,以及筝的质量之高,价值之贵重。当时的乐器制作非常强调装饰。嵇康《琴赋》云:"乃斫孙枝,准量所任。至人摅思,制为雅琴。乃使离子督墨,匠石奋斤。夔、襄荐法,般、倕骋神。镂会褒厮,朗密调均。华绘雕琢,布藻垂文。错以犀象,籍以翠绿。弦以园客之丝,徽以锺山之玉。爰有龙凤之象,古人之形。"这里是说琴身雕满花纹,镶嵌了象牙、翡翠等名贵的宝玉。顾恺之《筝赋》写道:"其器也,则端方修直,天隆地平。华文素质,烂蔚波成。……良工加妙,轻缛畔彬。玄漆缄响,庆云被身。"在他的描

---

① 魏晋南北朝时期出现较多乐器赋,例如晋嵇康、闵鸿、傅玄、成公绥、陈陆瑜的《琴赋》,魏阮旰,晋傅玄、顾恺之、贾彬、陈窈(陶融妻)、梁简文帝萧纲及陈顾野王等的《筝赋》,晋潘岳、夏侯淳、王廙,陈顾野王等人的《笙赋》,陈傅縡的《笛赋》,晋成公绥的《琵琶赋》。

述中,筝身面板是天穹一样的弧形,底板像大地一样平直,木材素雅的底色透露出美丽的腾波状木纹。优秀的工匠再做进一步加工,使它轻巧亮丽、光彩夺目。筝体涂有黑色油漆,使共鸣器音响效果得到控制,筝身还装饰着祥云花纹。此时还偶见将金、银和玟瑶作为乐器的装饰。当然,乐器赋很多有所夸张,并非实指,多描写名士贵族所用之乐器,民间出行中所用恐怕要简陋得多,但说明了当时社会对乐器的重视、当时乐器设计、制作所达到的较高水平与成就。

此外,魏晋南北朝时期,乐器的形制、内理设计依然体现出汉以来儒家"天人合一"及教化思想的影响。桓谭认为,古琴的制作"上观法于天,下取法于地,近取诸身,远取诸物,于是始削桐为琴,绳丝为弦,以通神明之德,合天地之和焉"①。"远取诸物",是指琴的制作符合自然之数。琴的部件多用自然界的事物来命名,如岳山、龙池、凤沼、雁足、天柱、地柱等。在一张琴上有山有水,有天有地,有鸟有兽,我们能够看到整个宇宙,感受到胸襟的博大和意境的阔大。古琴形制立意深远,筝被作为一种"仁智之器"来看待。晋傅玄《筝赋》中写道:"设之则四象存,鼓之则王音发,体合法度,节究哀乐,此乃仁智之器也。"此外,儒家的祖师爷孔子认为音乐可以对社会产生教化作用,历代儒家思想家也都认为"《诗》《书》序其志,《礼》《乐》纯其美"。当然,魏晋南北朝时期大部分乐器赋也通过对音乐美的集中摹状和对审美体验的描写,强调音乐具有"导养神气,宣和情志"的审美作用,说明这个时代对音乐作用的认识上升到了一个新的高度。这是对儒家乐教思想的挑战,是魏晋以来玄学兴起、个性解放思想意识在乐舞赋上的反映,也是对儒道合流的认同。

四、小　结

魏晋南北朝时期是我国封建社会迅速发展时期,这一时期,中外交流进一步发展,南北进一步融合,政治的动荡造成士人寄情山水和隐逸之风的盛行,儒道释大行其道而又趋向合流,为隋唐盛世奠定了基础。这一时期的旅游之风带

---

① 桓谭:《新论》,上海人民出版社,1977年,第37页。

来了行旅用具的丰富,各种游具在材料、造型、功能、工艺、装饰等方面有了新的突破。本部分通过对魏晋南北朝时期江南地区游具设计美学的探讨,揭示出魏晋南北朝时期行旅用具的设计理念、设计实践和美学特色。

(一)游具设计的实用性、多功能性

工艺造物首先要满足人类生活的实际需要,实用是其最基本和最直接的目的。传统工匠在不断对某种器物的重复制作中,对器物的本质不断进行思考,运用简朴的制作技巧反复生产大量的实用之物,制作出的物品必然经历了千锤百炼的推敲,自然而然地成为最简化的实用之物。从历史来看,在我国古代,器物艺术的实用功能是非常重要的。从《老子》的"有器之用",到《易经》的"备物致用",都在强调器物的实用性。先秦时期的墨子也提出过实用功能第一位的观点。《韩非子·外储说左上》有一篇关于墨子的记载:墨子用三年时间制成一只能飞的木鸢高翔长空,弟子交口称赞。墨子沉思后感到这是无用之巧,说:"吾不如为车輗者巧也。用咫尺之木,不费一朝之事而引三十石之任,致远力多,久于岁数。今我为鸢,三年成,飞一日而败。"从中可看出对于工艺造物,墨子首先强调的是其实际功能性,即造物活动要能满足人类生活的某一实际需要,因而在他看来,为木鸢不若为车輗之巧。这种对器物设计实用性的追求也深刻地影响到此后各个时期的器物设计。

对器具实用性的追求在魏晋南北朝时期的许多游具设计中都有体现,例如饮食器具中的榼、攒盘。榼和攒盘在当时的人们生活中主要用来盛放水果、糕点之类的食物。从考古发掘实物"吴氏榼"可以看出,榼设计的巧思表现在榼内空间划分清晰明了,食物可以分门别类置放在每格内,既干净卫生,又整齐美观。攒盘和榼类似,不同的是攒盘中的格是活动的,可以灵活摆放组合。榼和攒盘使出行者可以有丰富的饮食,而行李又不至于过分沉重。又如谢公屐,是由山水诗鼻祖谢灵运所发明创造的登山木屐,可谓是当今登山远游鞋之鼻祖。他把当时固定的连齿屐改为活动齿,上山去前齿,下山去后齿,这样就便于上下山行走。李白有诗云:"脚著谢公屐,身登青云梯。"还有这一时期主要作为行军行旅之用的胡床,其传入中原地区后被迅速接纳,其根本就在于它满足了当时江南地区对高足坐具的需求。尤其这种坐具形制灵活，工艺简单，轻便可折叠，携带方便，占地小，实用性很强，这些因素都是胡床作为行旅用具能得到迅速传播的原因。类似的实用性设计在魏晋南北朝时期的游具中比比皆是，例如，盏托的设计有利于固定茶盏，并防止茶水烫手，而当时流行的斑丝隐囊，内装棉花或其他软物，可倚靠，又轻便，很好地代替了原来的凭几，同时更为舒适。

对器具实用性的追求还体现在游具的多功能性上。例如此时期饮食游具中的盘口壶、鸡首壶，兼具茶具、酒具、饮水具的多重功能，既体现了时代饮酒风尚，又开启了茶文化的先声。而盛行于此时的炊煮器鐎斗造型变化多样，口有敞口、侈口，器身有弧腹、曲腹，柄有龙首柄类、扁平直柄、扁平曲柄等，足的形制有圆形兽蹄足、瘦蹄足、锥状足、竹节状足，早期无流，后期口沿多附凹槽状流。不同时期造型的变化既反映了使用者对鐎斗造型艺术性的追求和时代审美风尚的变化，也代表了鐎斗不同时期功能的侧重。此时期鐎斗既可用来煮饭，也可用来加热羹汤、粥之类的流食，同时很可能也用以温酒或煮茶，是当时人们广为使用的一种多功能温食炊具。作为交通游具的楼船更是既可游又可居，还具备防御功能，实为时代设计之奇迹。

（二）游具设计的系统性

所谓游具设计的系统性是指游具的设计标准化、系列化、组合化。标准设计就是：先设计出一个产品模型，然后在上面翻出一对或一组外范；或先设计一个模子为母模，然后按照这个母模分别制作出造型、纹样、铭文相同，而大小依次递减的一套子模，然后再翻数范。系列设计就是在不改变产品造型的前提下，将其按照不同尺寸打造成一个系列。组合设计就是将产品统一功能的单元，设计成具有不同用途或不同性能的可以互换选用的模块式组件，以便更好地满足用户需要的一种设计方法。从深层次看，设计的系统性源于传统器物设计注重实用性的思想。在满足生活的基本需要之后，自然而然地出现了我们今天称之为标准设计、系列设计、组合设计的实践。

虽然在当时没有出现这些现代设计概念，但在人们的生活中已经出现了这类产品，例如汉朝的耳杯盘就是较早的标准化产品代表，而周朝青铜器中的列鼎就是我国古代器皿造型中最早的典型的系列化产品,著名的耳杯盒、多子奁等精巧实用的"组合漆器"是组合化产品典型例子。魏晋南北朝时期,江南地区游具也有类似设计。攒盒堪称这一时期组合设计的代表,将若干造型各异的单体小盒巧妙地组合在一个规整的盒内,盒的外形由器盖和器身两部分以子母口扣合而成,用以盛放食品,使空间划分清晰明了,且极为整洁美观。

除了在设计中注重标准化、系列化、组合化之外,魏晋南北朝时期的江南游具中还出现了一些仿生效果的趣味设计,一些文房用具既可以使用,又常常以动物造型作为装饰,具有生机盎然的趣味。如南京市博物馆收藏的西晋青瓷鸟钮水盂,由盖、罐合成。子母口,口沿环立四横耳,扁鼓腹,圈足。此水盂有意思的地方在于盖上装饰了一对小鸟钮,两只小鸟相对而立,两嘴相接处方便提拿,构思别致,造型优美。更多的水盂利用动物象形,在实用性、艺术性之外还增加了趣味性,如青瓷兔形水盂、蛙形水盂、狮形水注等。这些整体仿生的文房用具、生活用具,不仅具有很强的装饰性、趣味性,其一体性的设计方便携带,在旅途中也是非常实用。

(三)游具设计的科学性

游具设计的科学性是指魏晋南北朝时期,江南地区的游具设计符合人的生理特点和使用要求,同时能积极应用时代的科技发展新成果。

魏晋南北朝时期是从"席地而坐"转向"垂足而坐"的转折时期,适应起居方式的变化,相应的饮食、坐卧游具设计均有所改变。例如饮食器中的鸡头壶来源于盘口壶造型,这一时期的鸡头壶均各具特点,但总的来说,随着起居方式的改变,鸡头壶的形体是从矮胖向高瘦发展。西晋时期的鸡头壶较矮,一般高度在 10 厘米上下,至东晋南朝,高度可达到 20 厘米以上。可见,随着人们起居方式的改变,饮食游具的设计也日益符合人的使用要求。坐卧游具的设计也日益符合人的生理特点和使用要求。从凭几的发展特点来看,平面直板凭几应是早期凭几的主要形式,其延续时间最长,平面曲板凭几与凹面凭几都是平面直板凭几的进步形式。人们在长期的使用过程中慢慢发现直板的凭几与人的身体造型不太吻合,人在靠的时候直边让人感觉不舒服,因为人的身体是曲面,于是就把平面直板凭几改进成了平面曲板凭几。同时,人靠在几上的时候,胳膊要承受一定的力量,平面的凭几与胳膊的造型又不太吻合,胳膊在平面的凭几上还容易滑动,于是又出现了凹面的凭几。从出土情况看,此时凭几的高度大多为40—60厘米,凭几在这一范围内比较适合人跪坐时凭靠,可见传统的凭几在设计上已经有一些人体工程学的认识,当时人们在制造家具时就已经考虑到要根据使用者的生理特点和使用要求来进行设计。

游具设计的科学性还体现在反映时代科技新发展方面,如瓷器的使用。陶与瓷在原料、烧制温度、物理性质上有所不同。我国早在商周时期就出现了原始青瓷,它虽已基本上具备了瓷器的特征,但与后来成熟阶段的青瓷比较,还带有原始性,如气孔较大,胎料中杂质较多,釉色还不够稳定。青瓷历经春秋战国时期的发展,到东汉有了重大突破,特别是浙江越窑的青瓷烧造技术已达到成熟阶段。三国两晋南北朝后,青瓷烧制技术更加纯熟,其坚固耐用、造价低廉、耐酸耐碱、清洁卫生的实用价值,其云破天青般铸千古春色的自然之美,使之成为江南地区实用舞台上的主角,这是历史的必然。

(四)游具设计体现江南地理气候环境特点的影响

江南地区气候温和,季节分明,雨量充沛。这一地区的地理特点是山峦阻隔,河川纵横,森林密布,沼泽连绵,一边靠海,植被主要为亚热带阔叶林。我国古代的艺术设计思想深受传统"天人合一"哲学思想的影响,意为人类顺应自然,与自然和谐相处。魏晋南北朝时期的工匠们在设计制作游具的时候自然也将这种艺术设计思想融入其中,希望能制作出顺应自然、将自然物性与人的巧思完美融合在一起的产品,例如:各种各样的舟船设计即适应了江南河流众多、河汉密布的地理环境;木屐比较适宜江南多雨湿滑的地理气候环境,坚固耐用;舆以人力担抬,较乘车安全、平稳,上殿、入室、上山皆较方便,在江南之地尤为流行;独轮车也是为了配合多山的地理环境而设计的。而木屐、蒲团、茵席、团扇以及各种乐器等的制作又恰如其分地运用了江南多见的自然材料,例如:蒲团的主要材料是蒲草;茵席的主要材料是竹、苇、藤、麻等;团扇以竹子、木材做柄和框架,以丝绸为面,材料自然,使用起来轻巧方便。制作乐器的材料很多,有金属、木材、骨角、塑料、玻璃、玉石等等,而使用最多、最广的却是竹子和木头,可谓取材天然,安全无害,价廉易得。在我国南方各省,竹木遮天,品种繁杂,随处可见,王褒《洞箫赋》曰:"原夫箫干之所生兮,于江南之丘墟。"说明制箫的竹就生长在江南山中。

或许是江南秀美的自然环境影响了当地文化和人的性格,使江南游具也带上了江南文化细腻、优美、富于趣味的特色。魏晋南北朝时期,江南地区游具设计深深植根于江南自然环境,是特殊的自然环境与人的主观意识结合的产物。

(五)游具设计体现我国传统"天人合一"的礼乐文化及吉祥文化的影响

在我国传统文化的土壤和氛围中创造出来的器物,都带有传统文化的印记。魏晋南北朝时期,江南游具的形制、内理设计依然体现出汉代以来儒家"天人合一"及礼乐思想的影响。"天人合一"之概念最初见于董仲舒的《春秋繁露·阴阳义》:"天亦有喜怒之气,哀乐之心,与人相副。以类合之,天人一也。""天人合一"观念是从人与自然的总体关系来命题的,它注重万物的联系,追求宇宙的有机统一,将整个宇宙视为由天、地、人三要素组成的节奏统一、秩序井然的宏观系统,把宇宙和万物看作阴阳五行等诸种元素按一定结构形成的有机整体。礼乐制度来源于周公"制礼作乐",儒家认为,人与动物的重要区别在于人有思维能力,能够用理智控制自己的情感,而健康的情感是社会和谐、进步的保证。人的情感应该与天道一样,处在阴阳和谐的"至中"境界,但是人性不能自发企及至中之地,因此需以礼来引导人性,使之和于天道,这是儒家礼治主义的根本要旨所在。儒家礼文化和乐文化是相辅相成的,乐文化是教化之具。儒家认为纯正无邪的乐章,其声快乐而不放任,节奏感人至深,可以化民成俗,使人向善。《礼记》说"移风易俗,莫善于乐",所以圣人寓教于乐。

魏晋南北朝时期的车子以车轸之方象征地,以车盖之圆象征天,车盖的盖弓有二十八根,用以象征二十八宿。宫廷贵族们坐在车厢中,如坐在天地之间,不仅能主宰人间,而且能主宰自然界,甚至主宰宇宙,车子作为运用"天人合一"思想的设计实例,充分体现了这一时期游具设计既强调实用性,又注重精神性

173

的功能特征。同时,受到传统礼乐文化的影响,车子的造型尺度、仪仗、工艺、装饰等都体现了严格的等级秩序。又如当时的冠冕服饰:帝王有"十二章"纹样,用以"表德劝善,别尊卑也";贵族成年戴冠,平民只能带巾帻;服饰颜色也有特定的象征意味,以青、赤、白、黑、黄象征东、南、西、北、中不同的方位;等等。"天人合一"的礼乐文化还深刻地影响着魏晋南北朝时期乐器的制作。正如前文所述,当时古琴、古筝等乐器的制作均"上观法于天,下取法于地,近取诸身,远取诸物",立意深远,符合自然。

此外,魏晋南北朝时期游具的设计还体现出传统吉祥文化的影响。吉祥,按照字面的解释,就是"吉利"与"祥和"。在我国,吉祥文化产生于何时,源自哪里,似乎没有人能说清,唯一可以肯定的是,当人有了追求幸福、美好、平安的愿望时,它们便被创造出来,而且是通过各种手段和形式,遍及生活的各个方面。例如魏晋南北朝时期流行于江南的鸡头壶,其上以鸡头作为装饰(有的可以实用),实际上有特别寓意,是借鸡的五种自然天性宣扬人的文、武、勇、仁、信五种道德品性,同时鸡又象征着光明和吉祥(因为雄鸡报晓),同时"鸡同吉",反映当时人们对吉祥安宁生活的乞望。从鸡头壶后来还派生出羊头壶,羊在古代也被视为祥瑞动物。从某些角度而言,这种联想似乎有些太过笼统和模糊,但是有谁会指责这样的联想呢?如果从积极的角度看问题,透过这些吉祥符号的组成关系,可以看到的是中国人朴素、乐观、诙谐以及善于变通的生活观。

(六)游具设计体现魏晋名士的思想追求和审美意识

魏晋是一个分崩离析、战乱频繁的时代,这样的时代产生了一群思想解放、个性自由的士人。他们蔑视礼法、崇尚自然、超然物外、率真任性、风流自赏,这种风度与游具设计结合在一起,便呈现无穷的可能。魏晋南北朝时期的江南游具设计是此时期士人的思想追求和审美意识的物化反映。

此时期玄学流行,崇尚清谈,麈尾、如意成为贵族士大夫显示学识、身份、地位、权力的风雅道具。麈尾本用以"拂秽清暑",大约兼有拂尘和扇子的功用,但在六朝时期由于其材料来自被尊为群鹿之首的麈的尾毛,而被赋予特殊寓意,使手持麈尾成了当时善于清谈之名士的标志物。可见,麈尾初为谈玄者清谈之时所持,尽显谈者之风流,故而成为名流之雅器,其后即使不是在清谈场合,在日常生活中亦常用之。而如意本来只是一种民间搔痒工具,由于此时名士在清谈演说之时为烘托声势,常常借用如意比画指点,以作谈兴之具,且其名又有吉祥美好之意,很快成为象征吉祥美好以及思辨睿智的符号,不仅名士随身携带,将军临阵作战时也手挥如意指挥决策,后来还传播到佛教僧侣当中,僧侣将经文写在如意上面,以免遗忘。作为魏晋以来名士所喜爱的用具之一,麈尾和如意的制作在当时颇为考究,反映出当时名士的审美情趣。虽然麈尾和如意有多种材料、多种工艺,例如所用材质就有竹、木、玉等多种材料,而且工艺多样,有雕、漆、镶嵌,镶嵌的材料又有象牙、玳瑁等,但魏晋南北朝时期,名士最爱的还是白玉柄的麈尾和玉如意。《陈书·张讥传》记载,"时造玉柄麈尾新成,后主亲执之,曰:'当今虽复多士如林,至于堪捉此者,独张讥耳。'即手授讥"[1]。

魏晋南北朝时期,名士蔑视礼法,崇尚自然的生活,这种思想也反映在这时期的部分游具设计中。例如木屐在东晋、南朝大放异彩,固然与作为都城的建康特有的南方湿热气候与地理环境密切相关,亦是那个时代名士引领崇尚任性放诞的社会风气使然。着高齿屐、服五石散、褒衣博带等已经成为当时名士及贵族子弟标榜傲达不羁性情的时尚,其中高齿屐的特殊象征意味尤其典型。在材料上,木屐选用的是白荆、桑、柘等优质硬木;在造型上,体现了"结系"固定方式和兼顾牢实的榫卯结合;在艺术上,体现了我国传统艺术中以线为主的风格特征;在装饰上,充分利用材料的自然色泽和纹理。特别是魏晋以来,名士为求仙求道多服食五石散等含硫黄、金属元素的药物,"吃药之后,因皮肤易于磨破,穿鞋也不方便,故不穿鞋袜而穿屐"[2]。加上屐下有齿,可避免鞋底与地面接触,同时把人高高支撑起来,显得挺拔飘逸,正符合魏晋南北朝时期名士们爱美的心理,所以自晋以来,士大夫都喜欢穿屐,即使不下雨亦着之,这种风气直至南朝。总之,木屐的流行充分体现了我国传统文人士族文化的特质,那就是追求自然、含蓄、空灵、委婉、内向、高雅的文人情趣和文化意蕴。

---

① 姚思廉:《陈书》卷三三《张讥传》,中华书局,1972年,第444页。

② 鲁迅:《魏晋风度及文章与药及酒之关系》,《鲁迅全集》第三卷,人民文学出版社,1995年,第277页。

(七)游具设计反映了中外交流、南北融合

魏晋南北朝是中外交流、南北民族大融合的时代,表现在游具设计方面,就是外来游具以及北方少数民族游具设计美学对江南地区游具设计的影响。

江南人们的出行服饰在原来的基础上,吸收了不少北方少数民族服饰的特点,裁制得更加紧身适体、便于行动。少数民族久居关外寒冷干燥的环境中,衣服需紧裹身体,以抵御风沙和寒冷的侵袭。再加上少数民族主要以狩猎和畜牧业为主,骑马成为他们生产生活的核心,服饰需要灵活性。在这种生活状态下,产生了窄衣窄袖、上衣下裳的服饰特点,典型的如裤褶、裲裆等服饰,战国时期赵武灵王胡服骑射,胡服已引进,但并没有进入人们的日常生活,而从南北朝时期一直延续下来的胡服,却深为汉族人民所喜爱。魏晋南北朝时期,北方少数民族大量南迁,将北方人民的服装传入江南,成为这一时期社会上的普遍装束。裤褶便是南北朝文化融合产物中的一个典型代表,它作为北朝特有的文化事物,进入中原之后,汉族人民吸取其制式并加以改制,其上衣由左衽变为右衽,传至南朝以后,南方人又赋予它南方人自己的文化风情与精华,衣服的款式越来越趋于博大,袖子由窄细变为宽松,裤子由瘦裤腿、紧裤口转变为宽大的散口裤,名为缚裤,这种新式改革后来连北朝服装也加以效仿。同时,南方人民的服装如褒衣博带对北方也产生了一定影响,例如北魏孝文帝改革后曾下令班赐百官官服,以易胡服,形成服饰上的南北交流。东晋葛洪所撰《抱朴子·讥惑》记载:"丧乱以来,事物屡变,冠履衣服,袖袂裁制,日月改易,无复一定,乍长乍短,一广一狭,忽高忽卑,或粗或细,所饰无常,以同为快。其好事者,朝夕仿效。"这反映了南北文化的融合。又如胡床等高足坐具来自北方少数民族,伴随着此时期江南地区人们起居方式的转折变化,也逐渐得到传播应用,特别是胡床由于形制灵活,工艺简单,轻便可折叠,便于携带,无论上层帝王权贵还是下层平民百姓的日常家居、出行中都有使用。

魏晋南北朝时期,琉璃(即玻璃)食器的出现是中国文化吸取外来文化、消化外来文化的一个杰出范例。早在战国时期,我国就已经有了玻璃,但是所做的器物颜色灰暗,且杂质较多,并不见得透亮,属于铅钡玻璃。魏晋南北朝时期

我国玻璃制造技术有了进步,汉朝常见的铅钡玻璃不再出现,代之而起的是不含钡的高铅玻璃和碱玻璃,且色彩色泽丰富,晶莹剔透,造型多样,装饰风格、纹饰等具有外来特点,集中反映了这个时期中外文化的交流。

总之,魏晋南北朝是一个多元文化汇聚的时代,汉族传统文化依然保持着生机与活力,各区域文化因人口大迁移而相互影响,少数民族文化和外来文化为中国文化注入了新鲜血液,中华文明在这一时期海纳百川,吐故纳新,等待着焕然一新的隋唐时代的到来。

(八)游具设计反映了宗教影响

东汉时期,佛教传入我国,魏晋时佛教与汉族文化碰撞交汇,对当时的社会生活与艺术风格产生巨大影响。与佛教相关的装饰图案如忍冬纹、莲花纹以及佛像等纹样不仅在佛教文化的装饰中使用,还渗透到世俗生活的装饰中,运用在游具的外部装饰中,装饰技法更为丰富,除了沿用重线浅刻外,还采用浮雕、堆塑、模印贴花等多种技法。

莲花纹是我国传统的装饰纹样之一,战国时期就已经开始运用。魏晋南北朝时期,莲花纹与佛教联系在一起,成为佛教的象征。莲花寓意圣洁、高贵、美好,佛教赋予其轮回、解脱、隐世与出世的寓意,这些都造就了佛教对莲花的信仰。特别在南北朝时期,统治者重视和扶持佛教,修建了大量的寺庙和石窟,民间信佛者也剧增。莲花纹样在此时期成为游具造型和装饰的重要母型,主要表现在一些饮食游具、文房游具、随行备具上。忍冬纹的运用也很多。忍冬是一种藤蔓植物,花开时先白后黄,又称金银花。因其经冬不凋,故称为忍冬。忍冬纹出现于东汉时期,南北朝时最为流行。因为它能越冬不死,可比作人的灵魂不灭、轮回永生,具有佛教含义。此外,佛教的盛行也使佛像成为装饰的纹样之一。不少器物纹饰还表现出此时常见的佛、道混同,宗教信仰多元化杂糅的现象。

第四章　隋唐时期江南地区游具的
设计美学研究

一、隋唐时期江南的定义

隋朝处于从州制时期到道制时期的过渡阶段。隋文帝统一全国后,将州县两级行政区划制度推行天下,使得东汉末年以来一直沿用的州、郡、县三级行政区划制改为州、县两级行政区划制,但是实行的依然是州制。隋炀帝登基后,并省了一部分州,后于大业三年(607年)复改州为郡,以郡统县,恢复秦制。当时的淮南江表诸郡包括了目前所称的江南地区,但由于隋朝行政区划制度变革较大且不稳定,其区域划分并不成熟。后继的唐朝实行州、县二级制,并根据山川地形的走向将全国分为"贞观十道",增加了"道"作为新一级行政区划以便于管理郡县。

"江南"的现代意义就起源于唐朝的江南道。秦汉时,人们把当今江南这个地方叫作"江东"。比如秦末楚汉之际的项羽战败于刘邦后觉得"籍与江东子弟八千人渡江而西,今无一人还,纵江东父兄怜而王我,我何面目见之"[①]。魏晋南北朝时期,由于我国传统中有以左代东、右代西的习惯,这一地名又被雅称为"江左",在公私文书及各类著作、文学作品中出现十分频繁。这个时候偶尔也有"江南"的称呼出现,比如南齐谢朓《入朝曲》中的"江南佳丽地,金陵帝王州"。

---

① 　出自司马迁《史记·项羽本纪》。

东晋南朝时,都城建康已经成为南方的政治经济中心,此时"江南"的中心已经从秦汉时期的两湖地区转移为当今江南概念的所指地域。而从"江东"、"江左"转变为当今基本意义上的"江南",起源于唐太宗时期的贞观十道,其中所设江南道包括长江以南、南岭以北、西至今贵州、东至海的一大片地区。玄宗于开元二十一年(733 年),又将江南道从西到东依次分为黔中道、江南西道、江南东道,其中江南东道包括今闽、浙及苏南、皖南地区,覆盖了大部分现代意义上所说的江南地区,也是本书中隋唐江南地区所指。

二、隋唐时期的社会背景

隋唐时期是封建社会达到全盛的时期。隋唐至北宋时期建立完善的科举制度,迎来了文官宦游的辉煌时期。自隋文帝开皇盛世起,社会、政治、经济、文化等方面都得到了极大发展。在隋朝短暂的三十七年中,社会环境的相对稳定促进了通商贸易的往来,通畅发达的交通建设和频繁的文化交流为唐朝的繁盛奠定了一定基础。同时,其推行的一系列改革措施也促进了社会发展,如:均田制促进了农业和经济的发展;科举制广纳人才,促进了文化发展,替代了前朝遗留的察举制、九品中正制,改善了政治环境。国家还推行许多措施来削弱豪门望族的势力,扶持中小地主阶级的力量。隋炀帝下令增修京杭大运河河段以贯通南北,促进交通运输、信息往来和文化交流。这些政治、经济、文化、交通等方面的重大举措为后世的繁荣昌盛打下了基础,也奠定了旅游的社会基础。

唐朝作为我国最强盛的时代之一,曾一度打造了一个豪迈自信、积极向上、繁荣兴盛的太平盛世。在近三百年的时间跨度中,在政治、经济、文化、艺术、外交等方面都获得了巨大的成就。因为唐朝前期的政治、经济、文化等制度几乎全部承袭了隋朝,在一定程度上是隋朝的延伸,所以两个朝代经常被合并称为隋唐。唐朝还完善了从隋朝沿袭的三省六部制,并强化律法,扩大科举,加强农业和赋税制度的修订,鼓励通商交流甚至主动进行官方的外交活动,从而促使国力强盛,社会处于经济繁盛、文化开明的状态。东西方文化艺术的频繁交流往来促进了旅游文化的进步和发展,各种旅游设施也在不断地完善。《资治通鉴》卷一九三《唐纪九·贞观四年》记载:"天下大稔,流散者咸归乡里,斗米不过三四钱,终岁断死才二十九人。东至于海,南极五岭,皆户外不闭,行旅不携粮,取给于道路焉。"隋唐时期良好的时代社会环境,为旅游活动的兴盛提供了良好的外部环境和物质条件。

三、隋唐时期的旅游资源

(一)节日

节庆旅游是传统旅游的重要组成部分,体现了不同民族在不同历史时期的生活方式与文明程度。文明开放的大唐气象下的节令习俗,从之前迷信、神秘的氛围中解脱出来,具有了明显的休闲性、健身性、娱乐性和享受性等特征。唐朝节令众多,与休闲出游联系紧密的主要有上元节、上巳节、寒食节、清明节、中秋节等。寒食蹴鞠秋千、阳春拔河踏青、端午龙舟竞渡、重阳登高览胜,形成了浩浩荡荡游乐出行的大军。唐玄宗时期,上巳节有在曲江设宴的习俗,皇帝赐予群臣宴饮,参加的有皇帝、妃嫔、文武百官及其家眷,还有新科进士等人,或是民间自费的游园野宴,唐玄宗曾特许城中的士、庶、贾、僧、道等人进入曲江进行游览赏玩和宴饮娱乐。上元节在唐朝是举国上下游玩娱乐的日子,各地都以不同的方式庆祝节日,节庆活动有赏灯、猜灯谜、耍狮子、舞龙灯、踏高跷等。江南地区的节庆活动还有正月的元宵节、二月的文昌会、三月的迎蚕神、四月的浴佛节、五月的端午节、六月的荷花节等。丰富多样的民俗节庆活动促进了地区之间的交流与商旅往来,同时也促进了旅游业的日渐兴盛。出游时需要携带的工具和装备映射了早期游具的多种形态,在一定程度上带动了游具市场的兴起。

(二)名山胜水

隋唐时期,江南地区逐渐繁荣起来,适合游乐的胜景也逐渐被开发出来。西湖、太湖、镜湖、天目湖,长江、钱塘江、剡溪、兰溪,紫金山、天目山、天姥山、天台山、赤城山、雁荡山等已经成为闻名遐迩的名胜山水。在浙东地区甚至还形成了著名的"唐诗之路",即晋唐以来文人墨客往来频繁、对唐诗发展有着重大影响的一条山水人文旅游线路。唐朝诗人李白、杜甫都专程乘舟溯溪而上,饱览这里"山色四时碧,溪光十里清"的美景。据统计,在《全唐诗》收录的2200余位诗人中,有400多人游览过这条风景线。诗人们且歌且吟,将这一地区的旅游推向繁盛。李白《梦游天姥吟留别》吟诵"海客谈瀛洲,烟涛微茫信难求。越人语天姥,云霞明灭或可睹。天姥连天向天横,势拔五岳掩赤城。天台四万八千丈,对此欲倒东南倾。我欲因之梦吴越,一夜飞渡镜湖月。湖月照我影,送我至剡溪",将吴越地区名山胜水的奇绝之美收录于这瑰玮绚烂的绝世佳作之中。

唐朝诗人杜审言在晋陵郡江阴县(今江苏省江阴市)任官时,所写《大酺》诗之一云:"毗陵震泽九州通,士女欢娱万国同。伐鼓撞钟惊海上,新妆袯服照江东。"起句将毗陵、震泽、九州三个地名连接起来,不仅构成了恢宏辽阔的意境,更是将以太湖地区为核心的江南地区通达天下、包举全国的交通状况点出来。毗陵代指诗人当时任职的江阴县,江阴为晋陵郡所属,毗陵为晋陵古名。太湖古称震泽,又名笠泽、五湖,是古代滨海湖的遗迹,连接吴越腹地,其所在地逐渐成为东南交通要冲和经济文化发达的地区。其地理位置山水相依,自然风光秀美,悠久的历史和丰富的自然资源成就了发达的太湖文明。唐朝诗人在这一江南地区的核心区域游赏吟诵,自然诞生了许多千古佳作。

(三)郊区旅游景点

隋唐时期,南北经济发展趋向平衡,江南经济呈后起直上之势。江南地区经济发展的布局特征之一是依托小城镇的发展,这个时期的小城镇已经可谓星罗棋布,通过水路实现与苏州、南京、杭州等大城市的连通,连接着乡村与都市。吴越地区的古代居民形成了"水行山处,以船为车,以楫为马,往若飘忽,去则难从"的生活方式。这些地区的小城镇不仅手工业发达,居民生活殷实,有休闲旅游的风尚,而且本身就各有一河一街的水乡特色。这些郊区小城镇往往依山傍水,紧邻风景优美的自然山水景观,拥有丰富的旅游资源。江南古镇周庄、同里、甪直、乌镇等地不仅景致美好,更是人文荟萃,自然资源、人文资源得天独厚。这是江南城郊旅游相较别处的重要特色之一。

(四)城市

隋唐初期,江南地区已经出现以南京、镇江、苏州、杭州为核心的大城市群。这个时期,以运河为纽带的城市淮阴、扬州、苏州、杭州举世闻名,太湖周边的湖州、无锡、常州等地已是江南重镇。经济发达、文化昌盛的江南城市群已经呈现。

(五)寺庙

寺庙是隋唐时期最先对社会开放的旅游景点。寺庙作为佛教清净之地,环境之清幽引来无数虔诚佛教徒以及文人雅士前来祈福、修身养性,也成为当时不错的公共旅游景点。同时,寺庙也逐渐完善其餐饮住宿系统,为来往游客提供更多的便利。杜牧《江南春》云:"千里莺啼绿映红,水村山郭酒旗风。南朝四百八十寺,多少楼台烟雨中。"江南城郊旅游的盛景被生动活泼地勾勒出来。

唐朝之前,人们出外旅行都是通过地理图书来获取景点分布、地域交通、风土物产等信息,但是因其厚重繁杂不易携带,从唐朝起,用来记录旅行路线的书册开始出现,书中通过图文相辅的形式,展示了不同区域的地理特征情况,以及当地的景点古迹和沿途食宿交通情况,类似于现代人使用的旅游攻略。旅行书册的出现为出游的人提供了更多的便利和帮助,也激发了人们了解外界的热情。

四、隋唐时期的交通、馆驿

(一)隋唐时期的交通

隋唐时期道路名称有街衢、阡陌、涂、蹊、径、经途等,按照宽窄、位置、形状等有大路、小路、古道、径道、便道、山路、栈道、盘道、鸟道等之分。江南地区水系发达,有河道、江路、运道、漕路、津途、水径等水上道路。在隋唐时期,水路、陆路交通都开始新的建设与开凿,道路总体建设布局以长安和洛阳为中心,向周围方向呈发射状态。隋唐的陆路干线长达六七万里,御道、贡道(运路)、驿道(驿路)等为主要交通道路。李白《古风》"大车扬飞尘,亭午暗阡陌",杜甫《九日寄岑参》"所向泥活活,思君令人瘦",都是对驿道交通状况的描述。这个时候出行的方式主要为徒步、骑马、坐车、乘船等,有"南船北马"之说。

兴建道路始于隋炀帝巡幸时期修筑驰道,唐太宗时期开通"参天可汗道",其成为草原丝绸之路的重要组成部分,是唐代京师长安前往漠北的道路。唐玄宗时期开通大庾岭新路,沟通了江南至韶州的官路。唐德宗时开通蓝田到内乡的七百余里"新道"。隋朝时完成的运河工程贯通了南北交通。唐朝进一步发展水上交通,新的海上航线开辟,加强了东西方的文化交流和贸易往来。这个时期,江南地区对内、对外的重要港口城市有长江沿岸、运河沿岸、海洋沿岸的扬州、镇江、南京、苏州、台州、温州、宁波和杭州等。杭州、宁波等城市还以国际贸易和中转港的面目出现,具有接待各国使臣和舶商的友好交往港的作用。

(二)唐朝的馆驿业

唐朝,旅馆系统发展迅速,其经营形式主要有政府官办馆驿和商业旅馆两大类。前者虽然属于官办,受政府直接管辖,但有时也交给当地富商管理,实行官办民营的经营方式。除了为官方服务外,有些馆驿也接待一般的商旅和文人。商业旅馆的发展是唐朝旅馆业的显著特点,其不仅满足了商旅人士的需求,还充实了国家的财政收入。在人烟稀少和路途险峻的地方,还有人们自发捐助建造的义井和义堂,庇护行旅之人。很多寺院及私人宅邸也兼具旅馆的职能,也能够接待旅客。

唐朝的驿站是官办招待所(也称传舍、亭、驿馆、候馆、站赤等),承前代旧制,在水陆交通要道上大致每隔三十里设一家驿站。驿站分为陆驿、水驿、水陆兼并三种,按《通典》统计,唐玄宗时全国有驿站 1639 个,唐肃宗时有驿站 1587 个。各驿站设有驿舍,陆驿备有马、驴,水驿备有船,从事驿站工作的人员有 2 万多人,驿丁总数超过 17000 人。① 高级驿站是国宾馆,主要用于接待和安排外国使臣、尊贵客人,国都和地方都有。行旅者进入旅店休憩被称作"打火"、"打尖"、"下程",民间还将行旅歇宿称为"下处"。

除在交通要道上设置"驿"以外,唐朝政府还单独设立了用以满足旅人食宿需求的设施,称为"馆",这类"馆"有两种形式,一种设置在交通干线上的县、州、府城内,另一种设置在非交通干线之上。这些馆驿为人们的出游提供了交通和食宿便利,极大地推动了旅游业的发展。杜甫《客夜》"客睡何曾著,秋天不肯明。卷帘残月影,高枕远江声"真切地描绘了当时行旅住宿的情景。行旅途中,道路上还设有很多"亭",又名"官亭",以供行旅者休息,庾信《哀江南赋》中有:"十里五里,长亭短亭。"虽道路状态、地理位置不同,但是每五里便会设有一"短亭",十里一"长亭"。

这一时期,寺院和私人也开始为旅客提供食宿服务。投宿寺院的非寺僧旅客越来越多,这在韩愈等人的诗词中皆有反映,如韩愈《谒衡岳庙遂宿岳寺题门楼》"夜投佛寺上高阁,星月掩映云曈昽",杜甫《游龙门奉先寺》"已从招提游,更宿招提境"等。

《后汉书·儒林列传·周防》还记载有一种"逆旅"的经营方式,即不收任何报酬地服务于过往的旅客。刘长卿《早春赠别赵居士还江左时长卿下第归嵩阳旧居》:"逆旅乡梦频,春风客心碎"表明到了唐朝,仍有沿用这种方式的旅店服务。这些私人开办的旅舍、客舍、旅馆等后来都通称为"店",有杜甫《将赴成都草堂途中有作,先寄严郑公五首》"野店山桥送马蹄"。旅店大小、类别不同,有的旅店食宿一应俱全,而有的旅店则要客人自己置办食物。

江南地区的水上交通发达,水路行旅盛行,与陆路相同,水路上也设有很多供行旅人休憩的地方,如运河边设置的馆阁驿站等。隋唐时期如此丰富多样的官私寺馆驿反映了社会的发展与繁荣景象,以及此时旅游的兴盛与便利。

---

① 冉海河:《唐代旅馆业研究》,山东大学硕士学位论文,2008 年,第 14 页。

苏州市横塘古驿站

注:左为修缮前,中为修缮后,右为驿站后院。

五、隋唐时期的出游人士

由于社会阶层、经济地位、人生观、价值观、文化水平等一系列主客观因素的不同,人们出游的目的、方式和心境都是不一样的。帝王、学者、商人、使节、僧人等不同人群对于行旅生活有着不同的体验与感受,对于这些不同人群的行旅生活的深入研究有助于我们比较全面地分析研究游具的审美问题。

(一)帝王贵胄

隋文帝杨坚励精图治,厉行节俭,不提倡进行巡幸游乐,平生巡游不多,而隋炀帝杨广则喜好游赏,继位时国家日益强盛,仓满粮足,出巡游乐之事就成为他主要的消遣之一。自继位起,隋炀帝便大修位于东都洛阳的巡游常驻基地,大开巡游航路,发动数万民众开通通济渠、永济渠、江南河等河渠,贯通五大水系,动用巨额财力、大量劳动力并耗费了六年时间,修建沟通南北的大运河。隋炀帝巡游极尽奢华,负累百姓,民怨遍地。

唐朝帝王常以"观风问俗"、"巡抚民俗"、"封禅祭祀"为缘由四处巡游。唐朝帝王较大规模的巡游多属于政治巡游,其中以泰山封禅为首,也会进行娱乐休闲形式的旅游,太宗、高宗、玄宗等几乎每年都要到长安附近的名山风景区狩猎、避暑、郊游。中唐以后,帝王的游乐活动虽然名目增多,但大肆巡游不多,多以近郊为主。尤其是随着儒家正统地位的确立和儒家"无淫于游"的旅游观念的深化,唐朝皇帝的大肆巡游受到谏官和群臣们的极大阻挠,帝王大规模巡游收敛。

相对于国事繁忙、众目所瞩的帝王而言,贵族作为特权阶层,不仅有陪同帝王巡游的特权,还因拥有大量时间和金钱,其出游就显得更加自由,更富有消遣娱乐的色彩。这个时期,上层妇女们的炫耀游也是官僚贵族行旅的一部分。

《明皇幸蜀图》(局部)
(台北故宫博物院藏)

《虢国夫人游春图》(局部)

(二)文人士大夫

文人士大夫是隋唐时期出游的主体,也是给后人留下最多丰富文化遗产的群体。他们的旅游有宴游、漫游、边塞游、宦游、隐游、考察游与闲游等。隋唐思想文化的开放和文人崇尚自然的习性催生了文士求索自我、出游博物的遨游之风,魏晋南北朝时期文人隐逸不羁、放浪形骸于荒野的洒脱风气也对隋唐文人的出游产生了极大的影响,推动他们寄情山水,寻求自然之美,在"乐山"、"乐水"中把自己修成"仁者"和"知者"。

1. 壮游

唐朝文人对壮游颇为钟情,壮游意为胸怀壮志、抒发豪情的游历。虽然"壮游"一词最早出现于公元 766 年杜甫所作《壮游》诗中,但唐朝文人壮游的活动自初唐就已开始,至晚唐 300 多年间从未停止。文人们通过壮游山水抒情明

186

志,或是歌颂帝王功德,阐明修身、齐家、治国、平天下的政治理想,通过获得达官贵人的赏识进而达成入仕的目的,或是隐逸个人情感、理想于山水之间,拥持"适意为悦"的旅游观念和"岩上无心云相逐"的闲适心态。

2. 隐游

隐游是另一种文人寻求功名的方式。由于唐朝帝王认为隐士多才,同时相信起用隐逸人士做官能够赢得民意,多位君主均颁布了征召隐者的诏令,如高祖的《授逸民道士等官敕》和玄宗的《搜扬怀才隐逸等敕》等,并颁行优厚政策,增设相关科目以获取人才。因此,许多文人选择隐游以曲折入仕。当然,更有不乏真心寄托山水的放浪形骸之客。

3. 宦游

宦游是一种特点鲜明的文人出游。隋唐创立和推行科举制后,为确保政治的稳定、强化中央集权,朝廷对文官采用任期制,规定文官在某地任官满三年后再经过考核进行升级、降级或平移后转到另一个地方为官,各级官吏往往处于频繁地赴任、升任、调动、公务、出使之中。这种终身迁徙不定的制度形成了古代特有的最基本的旅游形式——文官宦游,这种制度不仅很好地防止了文官的专权和腐败,更是连接皇帝与百姓的重要纽带,有利于国家的治理和发展。因此自隋朝起,文官宦游就较为普及,到了唐朝更为流行。白居易曾用《感秋怀微之》中的"昔为烟霄侣,今作泥涂吏"来对比自己作为官吏前后潇洒自如与劳累奔波的生活方式,从"泥涂吏"三个字中便可以看出宦游的艰辛,他的很多诗中都表露出了这种内心感受,如"到官来十日,览镜生二毛。可怜趋走吏,尘土满青袍",以及《寄江南兄弟》中"分散骨肉恋,趋驰名利牵。一奔尘埃马,一泛风波船"。这些诗句足以让我们体会到宦游的艰辛以及无奈的心境,一旦踏上宦游的行旅之路,也就意味着踏上背井离乡、思乡念亲的漫漫别离长路。正所谓"宦情抖擞随尘去,乡思销磨逐日无","宦情薄似纸,乡思争于弦"。唐朝官吏绝大多数借助科举考试或权贵推荐而走入仕途,均有较高的文化造诣,因而在宦游期间创作了大量出游相关的文学作品。

文官宦游中比较凄凉的是贬谪和流放。一些文人官员往往在辗转途中寄情山水,感悟哲理,弥补失意,借此寻求安慰。如柳宗元被贬永州游览愚溪后作《八愚诗》,李白曾在放逐途中经过三峡时,作《上三峡》:"巫山夹青天,巴水流若兹。巴水或可尽,青天无到时。三朝上黄牛,三暮行太迟。三朝又三暮,不觉鬓成丝。"此诗表露了他内心无比沉痛的失望之情,与他另一次描绘三峡"两岸猿声啼不住,轻舟已过万重山"形成了鲜明的对比。韩愈也曾被唐宪宗贬任潮州刺史,在途经秦岭蓝桥河谷地蓝关时,有诗《左迁至蓝关示侄孙湘》:"本为圣朝除弊政,敢将衰朽惜残年。云横秦岭家何在?雪拥蓝关马不前。"还有"我今罪重无归望,直去长安路八千"等。这些诗句传达的也是一种凄凉、无奈的情感。

文官宦游给社会带来的还有另一种效果,他们吟诗赋词、挥毫泼墨,用自己的才华对秀丽河山予以生命的描绘,为所到之地尤其是边疆偏远等地带来不小的宣传和影响力,这种告知天下的方式为地区发展做出了不小的贡献。

4. 雅集游

雅集游,即文人士大夫相邀一起游山玩水、诗酒唱和、书画遣兴与文物品鉴。江南文人的雅集游是当时上流社会流行的一种活动,以太湖、西湖为中心的文人雅集游常常出现在这一时期的诗词歌赋之中。

5. 求学游

隋朝开始的科举政策要求寻求功名者见多识广,除了读万卷书之外,还要熟悉社会生活、了解民间疾苦。众多文人选择了万里远游这一途径,以求知、交友为目的,通过与其他文人的唱和、对比来提高自己的水平和知名度。"千里负笈"形容的就是当时的求学状态。大批学生负笈远行求学,慕名高师名宿,进学著名私塾,政府也开始修造各种讲读诗经的读舍供给求学者。"负笈尘中游,抱书雪前宿",这种历经艰险行旅求学的方式已经成为学业有成的必由之路。学者"载书自随"的方式也成为习惯,杜甫曾用"飘零仍百里"、"群书满系船"来描述这一情况。"文以载道","诗以采风",且学且行,这些求学者认为这样的行旅生活可以强健体魄,增长见识,丰富自己的内心世界,完成人生的标志性飞跃,实现建功立业和报效国家的远大理想抱负。文人、学者成为隋唐旅游者的骨干部分。游赏出行不仅是一种生活方式,更是文人生命形式的一部分。他们行旅途中所作的旅游诗赋,不仅是宝贵的文学作品,也是美好河山和游览生活的生动写照,通过诗赋展现出旅游地的精华所在,提升了地域的知名度与文化内涵。当然,他们行旅途中的游具也因此被赋予了更多的文化内涵和文人气质。

(三)宗教人员

因为李唐王朝对道教的推崇以及前代佛教兴盛的影响,宗教旅游也成为当时较为主流的出游方式之一。宗教旅游是指以朝觐、求法、传道为目的的旅游活动。唐朝对各类文化持较为开放的态度,儒释道等教义都非常盛行,宗教界的人士为了探索宗教理论和传扬佛法,纷纷漂泊他乡以求取经法,宣扬教义。隋唐僧人出外宣传佛教的主要代表事迹包括:玄奘"冒越宪章,私往天竺"的陆路游,其《大唐西域记》对于当今中亚、南亚、西亚等地的地理、文化、民俗研究有着不可估量的价值。航海旅游的代表人物是义净和"过海大师"鉴真。宗教游推动了我国佛教寺院、佛教石窟的建造,佛像的塑造以及佛教典籍的翻译与著述,使佛教对古中国世俗文化的影响更大,也为我国的国际旅游史夯实了基础。宗教信徒讲经说法,四处云游,积极投身社会,促进了宗教旅游的繁盛,冲击着儒家"无淫于游"的思想。

(四)商贾使节

古有"生意兴隆通四海,财源茂盛达三江"之说,可见商人之间的行旅往来也极为普遍与重要。隋唐时期,政治、经济、文化繁荣昌盛,加上丝绸之路的一度恢复,促进了商务旅游的壮大,很多国家也开始兴派使者,加强友好往来和交流,其中陆海丝绸之路为当时各国间经济、政治、文化的交流和发展做出了不少贡献。唐中期以后,广州的造船业兴盛,当时已经拥有很高的造船技术。造船业规模巨大,且拥有当时世界最先进的四大发明之一的指南针作为导航,因而那时官方、民间的海外旅游和国际贸易都非常发达。

（五）平民百姓

民间的庙会、集会、节日活动等大型的群体活动称为民俗游，这是不同于上流社会的几乎全民参与的大型游冶活动。白居易《正月十五日夜月》云："岁熟人心乐，朝游复夜游。春风来海上，明月在江头。灯火家家市，笙歌处处楼。无妨思帝里，不合厌杭州。"这脍炙人口的诗句将唐朝杭州元宵节百姓游乐的场景表现了出来。市井人士初春踏青、夏日观荷、秋日登高、冬日赏雪的郊游，共同构成了隋唐时期游赏的盛景。

综上所述，隋唐时期的出游是多元化的。从皇家贵族至平民百姓，出游很明显是一种较为普遍的行为。但由于交通、地域和经济情况的限制，以及民间出游情况记录的缺乏，出游的主体依旧是帝皇、官僚、文人等。由于主体的经历、出行的理由目的各不相同，相应携带的游具也各有侧重。

六、隋唐时期江南地区的游具设计与美学研究

游历出行是游览景色、放逐精神的过程，是人们日常生活行为的缩影。众多的游历者不断对游具进行创新、发明和改造，使它们能够适应旅途颠簸，且更加富有美感。旅游用具是自然环境、历史发展和时人智慧相互作用的结果，是时代审美性的重要表现。

（一）衣履冠饰

1.服饰

儒家把服饰看得很重，认为其代表着一定社会地位，孔子说："见人不可以不饰。不饰无貌，无貌不敬，不敬无礼，无礼不立。"[①]无论是居家还是出行在外，衣着

---

① 《孔子集语》引《大戴礼记·劝学》。

服饰都有着很重要的地位,尤其对于讲究衣着、浪漫放旷的隋唐人来说。

隋唐时期的手工业发展迅速,纺织业为其中最著名的手工业之一。初唐时期,农业生产恢复,手工业也迅速发展,各种艳丽华美、技艺精湛的绫罗锦缎等纺织品相继出现。然而,初唐时期的衣着还延续隋代旧制。法律限制农民不得穿红戴绿,只能穿本色麻布衣,衣服的式样也有法律规定与限制,皇亲国戚、官员及其家眷的衣着都要按照其官品、地位来限定。唐太宗禁诏敕书中提及的"所织大张锦、软锦及蟠龙、对凤、麒麟、狮子、天马、辟邪、孔雀、仙鹤、芝草之类,并宜禁断"①,一方面反映了初唐衣着的受限制,另一方面映射出当时制造技术的发达。中唐以后,达官贵人们的衣着由实用开始转向装饰,变得更加长大宽博。白居易《和梦游春诗一百韵》中记载贞元年间"时世宽妆束",反映当时因为经济、时代、社会以及制度的变化,服饰随之变化的现象。晚唐时更是"风俗奢靡,不依格令,绮罗锦绣,随所好尚","上自宫掖,下至匹庶,递相仿效,贵贱无别"②。

唐朝时,江南地区的织造业已经达到很高的水平。白居易《缭绫》诗云:"缭绫缭绫何所似?不似罗绡与纨绮。应似天台山上明月前,四十五尺瀑布泉。中有文章又奇绝,地铺白烟花簇雪。织者何人衣者谁?越溪寒女汉宫姬。去年中使宣口敕,天上取样人间织。织为云外秋雁行,染作江南春水色。"其用一系列比喻描写了缭绫的精美奇绝,以"天台山"与"越溪"相照应,点明缭绫的产地。缭绫是越地的名产,天台是越地的名山,而"瀑布悬流,千丈飞泻"又是天台山的奇景。诗人把越地的名产与越地的名山奇景联系起来,点出越地丝织工艺、染色工艺的巧夺天工。西晋五胡乱华,中原士族相随南逃,中原文明、中原政权南迁,"衣冠南渡",极大带动了江南地区织造、服饰与北方的融合发展。所以,隋唐时期江南地区的衣履服饰与北方相互渗透,尤其是出行服饰。

隋唐两朝是我国民族大融合的时期,许多外族的文化被汉人吸纳,这一点在服饰方面十分明显。隋唐时期,经济迅速发展,政治、文化环境相应宽松,对

---

① 张岂之:《中国思想学说史:(隋唐卷)》,广西师范大学出版社,2008年,第117页。
② 出自《旧唐书》卷四五《舆服志》。

外实行开放状态,因而服饰的变化也极为迅速。唐朝,服饰实行的是双轨制,逢大型祭祀礼仪只着汉人服饰,日常生活则着胡人服饰,男女均有。沈括《梦溪笔谈》中说:"中国衣冠,自北齐以来,乃全用胡服。"这形容的便是胡服对于后世服饰的影响。战国时代的赵武灵王是历史上第一个全面引进胡服的人,他当时是出于用在军事上适合骑射的目的而引进胡服的,而后其汇流为汉人传统服饰。胡人服制特征为"衿袖窄小",翻领,窄袖,对襟,锦边,腰间系有革带①相较烦琐的汉人服饰,更适合进行复杂的劳作和轻装出行。又因胡人善于骑马,其对服装的功能性更为讲究,故胡服确实是当时骑行的绝佳服装。胡服包括很多西域地区的少数民族服饰,以及一些外国服饰,如波斯、印度的服饰等。胡服服饰中较为盛行的为胡服、胡帽、回鹘装、帷帽。当时胡服的流行使得唐朝时不论帝王贵族还是庶民百姓,都对胡文化倾心。隋唐时期,社会开放,交通发达,南北交往充分密切,这种风尚自然也影响到江南地区。江南地区水田农耕,汉人服饰的宽衣大袖在水田中劳作时拖泥带水,十分不便,山水游历、节日出行等行旅生活中更是拖曳烦琐,因此隋唐时期胡人服饰在江南地区的影响很深,及至今,吴地甪直、胜浦、唯亭等水乡农妇的衣着仍延续有这种风格。后来因为安史之乱,民众对于胡服开始产生反感。

文人墨客对出行服饰比较讲究,因而出现了既彰显身份又不夸张繁复的出行服饰,如李白于金陵游玩时作诗《玩月金陵城西孙楚酒楼,达曙歌吹,日晚乘醉,着紫绮裘、乌纱巾,与酒客数人棹歌秦淮,往石头访崔四侍御》,这一标题明确地写明了他当时所着衣装,也能从其中窥探唐朝行装之一斑。由于李白本身社会地位较高,紫绮裘、乌纱巾等衣装的质料和形制都是相对华丽的。而其《下终南山过斛斯山人宿置酒》"绿竹入幽径,青萝拂行衣"所述"行衣"就显得朴实无华。可见,在不同的出行背景下,也有许多不同的选择。《南史·刘歊传》记载刘歊"性重兴乐,尤爱山水,登危履崄,必尽幽遐,人莫能及,皆叹其有济胜之具"。其弟刘訏常"戴谷皮巾,披衲衣,每游山泽,流连忘返。訏善玄言,尤精释典,与兄歊听讲钟山。因共卜筑,有终焉之志"。刘訏为出门旅行专门穿上的古朴的谷皮巾和衲衣自然不属于常服,而是为表明复归自然之意的行衣。这种装

---

① 谷莉:《浅谈隋唐服饰艺术》,《兰台世界》,2008 年第 17 期,第 72 页。

苏州甪直水乡妇女服饰（送嫁）

苏州甪直水乡
妇女服饰（出行）

扮影响着其后隋唐的仿效者。

　　唐朝还盛行女着男装，有的着男子的主服，有的则全身效仿男子的装束，唐朝男子的服饰主要有圆领窄袖袍衫、胡服等。《新唐书》载高宗尝内宴，太平公主紫衫玉带，皂罗折上巾，具纷砺七事，歌舞于帝前，帝与后笑曰"女子不可为武官，何为此装束"。盛唐之后，女服的样式开始变得越来越宽大，中唐晚期的时候更加明显，贵族们常常穿着这样的华服出席重要场合，如朝参、礼见及出嫁等，有的头发上还簪有金翠花钿。如陕西省乾县唐章怀太子墓壁画《观鸟捕蝉图》所描绘的就是隋唐时期妇女着男装的场景，梳着高髻、同心髻的年轻宫女身着圆领袍衫、小口裤、襦裙、披帛、半臂、浅履。有研究者认为，唐朝社会开放，女性自我意识强，加上女性参与社会活动或出行游历较多，为了体现曲线美和方便抛头露面，男装便自然而然地引起女性的关注。唐朝女子出行还流行一种"军装服饰"，例如公孙大娘擅长舞剑，其身着的舞剑服饰在当时很受欢迎，是一种很讲究艺术加工的精美军装服饰。"楼下公孙昔擅场，空教女子爱军装"描绘的就是当时舞蹈服饰让大众着迷而流行起来的状态。

《游骑图卷》中的唐人男子(袍衫、幞头)

唐章怀太子墓壁画《观鸟捕蝉图》

《树下美人图》
(日本热海美术馆藏)

《八达游春图》
(台北博物院藏)

2.冠履

隋唐时期人们出行时,还会佩戴席帽、帷帽等外出适用的帽子。席帽用毡制成,上面涂油来防雨,可防止路人窥探,十分流行,不论男女,帝王或庶民,都会佩戴。帷帽类似于笠,多用藤席或毡笠制成,糊裱缯帛,刷桐油以挡雨,用皂纱全幅缀于帽檐,垂下轻纱可以遮蔽风沙日晒,或障面避嫌,保持礼仪与神秘,搭配裙装,格外俏丽。此时女子也盛行骑马出行,因而出行时喜欢戴一围轻纱,从大帽边沿挂下,遮蔽面容,这也成了女子骑马的特定装束。武则天登基后,社会风气进一步开放,才慢慢减少了出行使用帷帽的情形。

在帷帽之前流行的是幂䍦,这是一种类似于斗篷的服装,一般用轻薄的纱罗制成,戴上后遮蔽全身,《旧唐书·李密传》记载李密"乃简骁勇数十人,著妇人衣,戴幂䍦,藏刀裙下,诈为妻妾",可见当时已流行戴幂䍦。后因其太长,影响一些活动而改用帷帽,只遮到颈部。帷帽之后,胡帽开始成为女子骑马和跳舞时流行戴的一种帽子,胡帽相比之前的幂䍦和帷帽是更为开放的女子服饰装束,女子出行已经不再如此严实地遮蔽面容了,胡帽上常常被装饰上一些珠玉和铃铛,白居易《柘枝妓》言其"带垂钿胯花腰重,帽转金铃雪面回"。

《树下人物图》
（日本东京国立博物馆藏）

唐泥俑妇女头上的帷帽

长途跋涉时,坚固耐穿的鞋子尤其重要。在江南地区,最具特色的"旅游鞋"就是笋鞋或笋屦,这是用竹箬(竹子皮或笋壳)编结的鞋。张籍《题李山人幽居》诗云:"画苔藤杖细,踏石笋鞋轻。"张籍另一首诗《赠太常王建藤杖笋鞋》云:"蛮藤剪为杖,楚笋结成鞋。称与诗人用,堪随礼寺斋。寻花入幽径,步日下寒阶。以此持相赠,君应惬素怀。"其也反映了笋鞋藤杖对于助兴游赏的作用,诗中"楚笋结成鞋",道出这种笋鞋是用楚地的竹子编织而成的。楚地指古楚国所辖之地,全盛时的最大辖地大致为现在的湖北、湖南、上海、江苏、浙江、山东南部、江西、贵州、广东部分地方、重庆、河南中南部、安徽南部。《战国策·楚策一》载:"楚地西有黔中、巫郡,东有夏州、海阳,南有洞庭、苍梧,北有汾陉之塞郇阳,地方五千里。"唐朝诗人王昌龄《芙蓉楼送辛渐》"寒雨连江夜入吴,平明送客楚山孤。洛阳亲友如相问,一片冰心在玉壶"也印证了此时江南部分地区仍有楚地之称。概言之,无论笋鞋为两湖地区所结,还是江浙皖南所产,作为南方地区特定的出行装束,在传统意义上的江南地区已经出现,且并不鲜见。唐朝诗人张祜《题曾氏园林》诗"斫树遗桑斧,浇花湿笋鞋"为另一例证,也反映了笋鞋在唐人的户外生活时有出现。但很多时候,笋鞋(笋屐)仍然作为文人们山居野游的意象之物,且代有传承。到了宋朝,笋鞋也很盛行,诗人们更是对笋鞋情有独钟,穿笋鞋,拽藤杖,踏青出游,成为风雅之事。宋朝诗人曾巩有"野柔川深春事来,笋鞋瞑戛青云步"的感叹。清朝诗人查慎行《栏花慢》"拟践黄山旧约,篮舆笋屐相逢",以及张坦《问津园》"笋屐荷衣入翠微,小亭把酒对蔷薇",都将笋鞋作为出行用具而诗意化。

除此之外,唐朝的人们出游时还常穿屐行走、登山,李白《梦游天姥吟留别》"脚著谢公屐,身登青云梯",李敬方《题黄山汤院》"谢屐缘危磴,戎装逗远村"等诗句都道出了唐朝文人骚客对木屐出行的热衷。之后,宋刘克庄《水龙吟》"挟书种树,举障尘扇,著游山屐",元范梈《送张炼师归武当山》"始来武当时,祇著谢公屐",明高启《云山楼阁图为朱守愚赋》"为问仙家在何处,欲穿谢屐一登临",清李调元《再游嘉定凌云寺》"老来久弃游山屐,又上凌云陟九巅",表明着屐出行的风俗文化继续延续。

(二)饮食器皿

唐朝时期,虽然食店酒肆日益兴旺,但多数人出行时还需备好食物和饮食器具。行者包中会装有笋干、茶叶、饼制干粮,甚至烹饪需要的炊具,以应对饥迫。临流煮茶、画船生烟不仅是跋山涉水的物质保障,也有为旅途助兴之意。

江南盛产名茶,龙井、毛峰、碧螺春、紫笋茶等皆出自江南,其中紫笋茶在唐诗中出现较多,著名诗文有:张文规《湖州贡焙新茶》"牡丹花笑金钿动,传奏吴兴紫笋来",郑谷《寄献湖州从叔员外》"西阁何归晚,东吴兴未穷。茶香紫笋露,洲回白苹风"等。临江烹茶、林下候汤、以茶会友也成为江南地区文人士大夫郊游的雅趣。陆龟蒙《奉和袭美茶具十咏·茶焙》"闲来松间坐,看煮松上雪",元稹《茶》"香叶,嫩芽。慕诗客,爱僧家。碾雕白玉,罗织红纱。铫煎黄蕊色,碗转曲尘花。夜后邀陪明月,晨前命对朝霞。洗尽古今人不倦,将至醉后岂堪夸",都呈现了唐朝文人闲坐松间、松枝煮雪、夜后邀陪明月、晨前命对朝霞的品茗境界。"一生为墨客,几世作茶仙",古代文人性嗜茗,饮茶自然十分讲求意境,茶文化的几大要素——风景、茶叶、茶具、泉水——缺一不可。江南地区的镇江中冷泉、无锡惠山泉、苏州虎丘剑池、杭州虎跑泉等名泉盛景成为文人茶会的好去处。江南比较有名的茶会有:公元 773 年,湖州杼山建起茶亭一座,该亭建于癸年癸月癸日,故取名"三癸亭"。茶圣陆羽、书法家颜真卿、诗僧皎然、女道士李冶等常常聚会此亭。另外有皎然开创的重九茶宴,李冶组织的苕溪诗会,贾常州、崔湖州茶山境会。白居易《夜闻贾常州、崔湖州茶山境会,想羡欢宴,因寄此诗》相关描述曰:"遥闻境会茶山夜,珠翠歌钟俱绕身。"另有钱起《与赵莒茶宴》曰:"竹下忘言对紫茶,全胜羽客醉流霞。尘心洗尽兴难尽,一树蝉声片影斜。"好景、好茶、好水,还要配有好的茶具,吕群的《竹》诗云:"谁怜翠色兼寒影,静落茶瓯与酒杯。"李群玉《答友人寄新茗》曰:"满火芳香碾麹尘,吴瓯湘水绿花新。愧君千里分滋味,寄与春风酒渴人。"吴瓯,即吴地所产饮茶或饮酒器。吴瓯、越瓯皆应为越地青瓷。浙江在历史上曾经为吴国属地,唐陆龟蒙《秘色越器》诗中的"九秋风露越窑开,夺得千峰翠色来",以及皮日休《茶中杂咏·茶瓯》"邢客与越人,皆能造兹器"皆有应答。"千峰翠色"、"云破天青"、"秋水清波"、"西湖碧波"、"重洋绿水",这些诗意的语言,表达了人们对越瓯青瓷的赞美。陆羽对越窑青瓷茶具情有独钟,认为"青则宜茶",最能衬托出茶汤色泽。我国的茶文化就兴起于唐朝,对此陆羽功不可没。陆羽全力倡导和推行的"陆氏茶",也名"文士茶"——清饮品茗法,摒弃了当时社会一贯的品饮方式、方法。其煎茶方法为:炙茶、贮茶、碾茶、罗茶、择水、烹水煎茶(一沸调盐叶,二沸时出一瓢水,环激汤心,量茶末投于汤心,待汤沸如奔涛,育华)、分茶至各茶碗,使沫饽均分。这一新的烹茶方法起初受到抵制和冷遇,但不久即受到社会各界特别是文人士大夫阶级以及品茗爱好者们的赞赏和效法。陆羽的烹茶法对水品甚是讲究。他认为煎茶以山泉水为上,江中清流水为中,井水汲取者为下。山泉水尤以乳泉漫流者为上,所以临流烹茶、取源清新自然成为文人士大夫雅集的讲究所在。在茗茶时清谈、赏花、玩月、抚琴、吟诗、赏画,别有一种清逸脱俗、高尚幽雅的意境。茶人、茶事融入幽静的山川林泉之中,体现了茶文化与自然的完美结合。

陆羽《茶经》对茶叶的起源、生长习性、鉴别方法、烘焙方法、饮用器具、饮用方法等进行了详细的记载,叙述了唐代人饮茶的习惯和特点,并对茶具尤其关注。其中,《茶经·四之器》列举了 25 件用于整个饮茶过程的器具,这些器具中,筥、夹、罗合、竹䇲、札、都篮等都是以竹子为原料制作而成的,显示出当时文人、名士品茗的追求。筥(jǔ),盛放茶叶的器皿。夹,用来夹住茶饼、在火上炙烤茶叶的工具。罗合,筛去茶叶末及储存茶叶的套件。竹䇲,煎茶时用来搅拌的工具。札,洗刷器具的工具。都篮,亦作"都蓝",木竹篮,用以盛茶具或酒具。陆羽《茶经·都篮》曰:"都篮设诸器而名之。"《茶经》记载都篮为"高一尺五寸,底宽一尺,高二寸,长二尺四寸,宽二尺"的竹编篮子,不仅方便居家茶具的收纳,更是方便外出游赏品茗提携的重要游具之一,且比较频繁地出现在之后文人士大夫们的诗文之中。宋梅尧臣《尝茶和公仪》有:"都篮携具向都堂,碾破云团北焙香。"清朱彝尊《沈上舍季友南还诗以送之凡三十四韵》则曰:"都篮茶具列,月波酒槽压。"清富察敦崇《燕京岁时记·拖床》如此描述:"明时积水潭,常有好事者联十余床,携都蓝酒具,铺氍毹其上,轰饮冰凌中以为乐。"这些文字都反映了都篮在燕居,尤其是茶会游赏时的重要用途。皮日休《茶中杂咏·茶籝》"筤筹晓携去,蓦个山桑坞。开时送紫茗,负处沾清露。歇把傍云泉,归将挂烟树。满此是生涯,黄金何足数"中所涉"茶籝"与陆羽"都篮"异名同实,都是文人士大夫们外出游赏品茗、收纳茶具的必备游具。籝,《汉书·韦贤传》所谓"遗子黄金满籝,不如一经"。颜师古注:"籝,竹器也,容四升耳。"籝起初就是箱笼一类的竹器,并不专指茶具。陆羽《茶经》释"籝":"一曰篮,一曰笼,一曰筥。以竹织之,受五升,或一斗、二斗、三斗者,茶人负以采茶也。"这里的"籝"指的是采摘茶叶时的盛放竹篮。陆龟蒙《奉和袭美茶具十咏》的"茶籝"诗写道:"金刀劈翠筠,织似波文斜。"可知,茶籝是一种竹制、编织有斜纹的茶具。之后茶籝的意思慢慢演变,不再是采摘新鲜茶叶时用的竹篮,而是作为外出游赏时背负携带全套茶具的收纳总具。这个意思在文徵明的《茶具十咏·茶籝》中得以体现:"山匠运巧心,缕筥裁雅器。"乾隆《题文徵明〈茶事图〉》中提到茶籝曰:"编竹为籝雅制精,品殊部别贮分明。"这里"茶籝"的功能已经格外分明。现今北京故宫博物院藏有紫檀、红木、漆器、竹制等不同材质的"茶籝",中国茶叶博物馆也收藏了一些"茶籝"。这些为我们提供了直观的认识。

风炉

流水囊、绿油囊

罗、合、则

碾、拂末

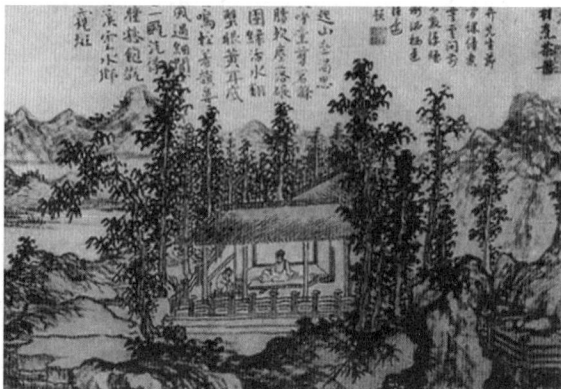

《陆羽烹茶图》局部
（台北故宫博物院藏）

琴棋书画诗酒花，柴米油盐酱醋茶。茶和酒丰富着人们的生活，唐朝诗人施肩吾以诗句"茶为涤烦子，酒为忘忧君"赞美茶、酒在人们生活中的重要位置。家宴、野宴离不开茶酒，尤其是放旷身心的野宴，人们在茶香、酒香中共同沉醉自然。我国隋唐时期就流行野宴，人们在风光秀丽的大自然或园林中宴集，有春天踏青时的宴饮，有夏日河湖赏荷的宴饮，有仲秋、重阳时登山爬高的宴饮，也有冬月数九寒天观雪的宴饮。这种野宴吸引力很大。著名的有东晋永和九年(353年)，暮春三月三日，王羲之、谢安、孙绰等人在会稽山阴(今浙江绍兴)进行的野宴。

最负盛名的野宴是曲江宴。杜甫《丽人行》"紫驼之峰出翠釜，水晶之盘行素鳞。犀箸厌饫久未下，鸾刀缕切空纷纶"描绘了曲江宴会的奢华场景。他们享用的是"紫驼"、"素鳞"等珍稀菜品，烹调饮食工具是"翠釜"、"水晶盘"、"犀角箸"和"鸾刀"等，十分讲究。隋唐时候曲江两岸云台亭榭起伏，宫殿楼阁林立，奇花异草名木遍植，这里既有四季流芳竞艳的自然景致，也有积淀深厚的人文氤氲。"三月三日天气新，长安水边多丽人。"每到春秋两分及重要节日，城里的皇室贵族、达官显贵都会携家眷来此游赏，樽壶酒浆，笙歌画船，宴乐于曲江水上。优美的环境、丰富的人文气息也吸引了大批文人雅士吟诗作画。"曲江流饮"正是"文坛聚会"很风雅的一种行乐方式。

与野宴类似的还有一种裙幄宴，是唐朝官宦家族中的青年妇女在上巳节前后进行的一种宴请活动。适逢春游最好季节,贵妇人们选择在曲江边赏春游宴,穿梭在花红柳绿中,把花裙围搭起来,如同现今所见的帐篷。妇人们在帐内进行餐饮、娱乐活动,因而这种宴饮称为裙幄宴。李贺《将进酒》诗云:"琉璃钟,琥珀浓,小槽酒滴真珠红。烹龙炮凤玉脂泣,罗帏绣幕围香风。吹龙笛,击鼍鼓;皓齿歌,细腰舞。况是青春日将暮,桃花乱落如红雨。劝君终日酩酊醉,酒不到刘伶坟上土!"诗中罗帏绣幕、琉璃钟(杯)等精美名物烘托出宴席上欢乐沉醉的气氛。唐朝壁画《鹿鸣图》展示了当时的酒具,主要有碗、杯、耳杯、盏托及酒樽、酒壶、酒盏、酒杯等器具。其中,酒樽主要用于盛酒,汉朝最为盛行,至唐初未衰。中唐以后,盛酒器开始由樽向酒注变换,但樽依然使用。隋唐人出行时也喜爱用葫芦来盛酒,人们在葫芦中间"细腰"处用绳子系好便于提携,顶端用木塞塞牢。这种盛酒装置的优点在于,葫芦大小可以自由选择,体轻质硬,便于提携,既可以用作贮酒器,也可用作斟酒器,或直接作为饮酒器。古人冬日饮酒习惯温酒,这就要用到一种叫"注子"的烫酒用具,这种用具始于晚唐:"元和初,酌酒犹用樽杓……居无何,稍用注子,其形若罃,而盖、嘴、柄皆具。"[①]隋唐时期,鹿鸣宴、会武宴等官饮之风以及民间各种饮酒之风,促进了酒具生产的繁荣,仅材质就有玉、金银、玛瑙、水晶、玻璃、象牙等等,形制、色彩等更是林林总总,如河南偃师杏园村一座唐墓出土的鹦鹉杯,用鹦鹉螺制成。

唐朝壁画《鹿鸣宴》局部

---

① 出自唐李匡义《资暇集·注子偏提》。

用鹦鹉螺制作的鹦鹉杯

这个时期,江南地区的人们也崇尚游冶。隋初画家吴(今江苏苏州)人郑法士的《游春苑图》描绘了春日民间踏青的情景。白居易《钱塘湖春行》"孤山寺北贾亭西,水面初平云脚低。几处早莺争暖树,谁家新燕啄春泥。乱花渐欲迷人眼,浅草才能没马蹄。最爱湖东行不足,绿杨阴里白沙堤"等诗文也反映了春行踏青的舒畅。单纯的行走观景未免单调,所以文人士大夫们同时还雅好游赏宴饮,民间百姓也是嗜酒者芸芸。张白《武陵春色》"武陵春色好,十二酒家楼。大醉方回首,逢人不举头",李群玉《江南》"斜雪北风何处宿,江南一路酒旗多"等都描绘了江南行旅途中酒肆胜况。李白《金陵酒肆留别》"风吹柳花满店香,吴姬压酒唤客尝"也是对当时游宴的真实反映。唐朝,江南地区的一些风雅之士多爱山林野宴,或泛舟宴饮。唐开元年间,陶潜之嫡系远孙、江南丝竹首创者陶岘甚好在游船上宴饮,陶岘乃江苏昆山人,吴越之士号其为水仙。其"自制三舟,备极坚巧。一舟自载,一舟置宾,一舟贮饮撰。有女乐一部,奏清商之曲。客有进士孟彦深、进士孟云卿、布衣焦遂,各置仆妾共载。而观有女乐一部,奏清商曲,逢奇遇兴,则穷其景物,兴尽而行"①。

(三)交通工具

隋唐时期,陆路、水运交通发达,出行方式十分多元,从牛、马等单纯的畜力,到相应的畜力车,从短距离的轿、步辇等人力交通工具,再到极尽华丽之事

---

① 李玫、袁郊:《纂异记·甘泽谣》,上海古籍出版社,1991年,第6页。

的画舫,都是常见的运输手段。江南地区水网脉络发达,在大运河的辐射下,水运日益繁荣,舟船是重要的交通工具。王湾《次北固山下》"客路青山下,行舟绿水前。潮平两岸阔,风正一帆悬"乃其踏水而行,路过江南小镇,顺应当时的心境,有感而发。

隋唐时期,水路交通段的津渡上都设有渡船以方便行旅者旅游,水路的交通工具有木船、竹船、皮船,以及战船运输物资的漕船,通商的商船,游玩的彩船、海船等等。除了人力驱动的船还有机械发动的轮船。

此时的一些图画、文字等资料对此有比较全面的反映。隋展子虔《游春图》描绘了春日桃杏争艳时人们春游的情景。水的一边,两闲人在走马,另一边,两个人在赏水,湖中三女子,乘船渡津。画面中并有溪上小桥、山中古寺等。放目远眺,青山耸峙,江流无际,花团锦簇,湖光山色,水波粼粼,一派暖意融融的春日盛景。

孟浩然诗《渡浙江问舟中人》描写了他乘舟前往新昌,流连忘返于越中山水的场景:"潮落江平未有风,扁舟共济与君同。时时引领望天末,何处青山是越中。"杜甫的《壮游》也交代其游历江南的交通工具:"剡溪蕴秀异,欲罢不能忘。归帆拂天姥,中岁贡旧乡。"

隋炀帝曾于公元 605 年、610 年和 615 年三次南下巡游江都,《隋书·炀帝纪》中记载:"庚甲,遣黄门侍郎王弘、上仪同、于士澄往江南采木,造龙舟、黄龙、赤舰、楼船等数万艘。"《资治通鉴》卷第一八〇记述:"(大业元年,即公元 605年)八月,壬寅,上(隋炀帝杨广)行幸江都,发显仁宫,王弘遣龙舟奉迎。乙巳,上御小硃航,自漕渠出洛口,御龙舟。龙舟四重,高四五十尺,长二百丈。上重有正殿、内殿、东西朝堂,中二重有百二十房,皆饰以金玉,下重内侍处之。皇后乘翔螭舟,制度差小,而装饰无异。别有浮景九艘,三重,皆水殿也。又有漾彩、硃鸟、苍离、白虎、玄武、飞羽、青凫、陵波、五楼、道场、玄坛、板翕、黄篾等数千艘,后宫、诸王、公主、百官、僧尼、道士、蕃客乘之,及载内外百司供奉之物,共用挽船士八万余人,其挽漾彩以上者九千余人,谓之殿脚,皆以锦彩为袍。又有平乘、青龙、艨艟、艖艟、八棹、艇舸等数千艘,并十二卫兵乘之,并载兵器帐幕,兵士自引,不给夫。舳舻相接二百余里,照耀川陆,骑兵翊两岸而行,旌旗蔽野。"其中,皇帝乘坐的龙舟有四层,高 8.0 米,长 76.0 米,上层有正殿、内殿以及东西朝堂,中间两层有房多达120间,挽船士8万余人,其挽漾彩以上者9000余人,青龙、艨艟、艇舸等各类舟楫数千艘,浩浩荡荡,声势浩大,可见当时出行江南,船是最主要的交通工具,以及造船工艺和技术的发达。隋朝发达的造船业和繁荣的水上交通为其后水上交通发展做出了不少贡献,如隋炀帝在大业三、四年曾两次派遣羽骑尉朱宽、海师何蛮到琉球,后又命陈棱和张镇州带兵到达琉球,进行"慰谕",促进了两者之间的经济贸易往来,发展了两者之间的航海事业。再有常俊出访赤土国,加强两国之间的交流,推动、发展两国的外交关系。

清刻明万历本《帝鉴图说》
所载隋炀帝龙舟

明代日本刻本《帝鉴图说》
所载隋萧后凤舟

隋唐时期为我国古代造船史上第二个高峰时期,这个时期拥有先进的造船技术,造船业相当发达,船体不断增大,造船数量不断增多,造船工艺越来越精湛。江南一带的造船基地主要有常州、苏州、湖州、杭州、绍兴等,这些造船基地都有造船工场,能造各种大小河船、海船、战舰。1973年6月,在江苏如皋发现了一艘唐朝木船,船身长18.0米,宽2.6米,深1.6米,共有9个船舱,船重约33—35吨,可载重20—25吨,反映了唐朝江南地区造船技术的先进性。《旧唐书·崔融传》记载:"天下诸津,舟航所聚,旁通巴、汉,前指闽、越,七泽十薮,三江五湖,控引河洛,兼包淮海。弘舸巨舰,千轴万艘,交贸往还,昧旦永日。"

画舫、花船等已是当时江南地区水上游冶一道独特的风景线。舫有小舫、雪舫、湖舫、酒舫、画舫、漕舫等。当时乘坐画舫是普通市民最奢华的出行方式。画舫意为装饰华丽的游船。有时候画舫也指仿照船的造型而搭建在水面上的建筑物,与真正的画舫十分相似,一般固定在比较开阔的岸边,也称为"不系舟"。画舫常常用木刻龙形,画上龙鳞,用金壁装饰,"画舫烟中浅,青阳日际微"①,画舫一词由此而来。白居易诗云:"江南名郡数苏杭,写在殷家三十章。君是旅人犹苦忆,我为刺史更难忘。境牵吟咏真诗国,兴入笙歌好醉乡。为念旧游终一去,扁舟直拟到沧浪。"②他任杭州刺史时,策马游白堤,乘画舫荡西湖,赏玩杭州美景。他还租用画舫畅游太湖,荡漾湖中,以诗会友,引歌妓弹唱,饮宴作乐,昼观鱼鸟,夜观星月,昼夜游乐。当时画舫出游的流行刺激了造船业的进一步发展,江南地区不少民众靠造船为生。

江南水系发达,丘陵地带盛产竹子、树木,竹筏、木筏的使用十分广泛。竹筏是用火将竹子两端烧烤至翘起,从而减小行驶时候的阻力,然后再用藤条、野麻绳等将竹子捆缚在一起。民间把竹筏、木筏当作水上运载工具的现象目前还有存在。

独木舟也是隋唐时期江南地区常见的交通工具。我国是最早制造独木舟的国家之一。江南地区的官宦、文人士大夫、学子、百姓等出远门都宁肯舍车马而登舟船,认为水上舟行是最惬意舒适的出行方式。"但当乘扁舟,酒翁仍相随。或彻三弄笛,或成数联诗。自然莹心骨,何用神仙为?"③那时京城到江南数千里,借舟行水路是最便捷的方式。杜甫《放船》"直愁骑马滑,故作泛舟回。……江流大自在,坐稳兴悠哉"对比了坐舟行旅与乘车行旅的差别。当然,坐舟行路也有危险的一面,气候对于在江海上行船的影响非常大,遇上险恶的天气对会给行船带来很严重的危害,所谓"江湖多风涛,舟楫不可保"④。

舟楫是隋唐时期江南地区主要的交通工具,轿类也慢慢成为出行的补充交通工具之一。《旧唐书·舆服志》中记载着唐肃宗时期,原"巴蜀妇人所用"的"兜笼"因其"易于担负"的特点被广泛普及,并呈现出"代于车舆"的趋势,而这种"兜笼"只是一种不同形制的轿子,一种有座无厢的竹制简易轿子,也被称为"山舆""山轿",材料有木、竹、藤等,按照抬的方式有肩舆、腰舆、攀舆三种。这种"轿"形制轻便,制作简单,具有平稳、方便、安全的特征,专门用于山路行旅。

---

① 出自刘希夷《江南曲》之二。

② 出自白居易《见殷尧藩侍御忆江南诗三十首,诗中多叙苏杭》。

③ 出自陆龟蒙《明月湾》。

④ 出自何景明《咏怀十首》其五。

在道路险峻情况下是最适宜的交通工具,只是此类交通工具非普通人家所能消费得起的。至清末,轿舆仍然是江南地区山行的主要交通工具,浙江德清人俞樾《春在堂随笔》卷四写道:"山路崎岖,舆行必以纤夫挽之。"

唐朝的四人抬亭式肩舆

唐朝时,江南地区还有另一种比较有名的交通车,当时称之为油壁车,因车壁用油涂饰而得名。南朝《苏小小歌》"妾乘油壁车,郎骑青骢马。何处结同心?西陵松柏下",以及唐朝鬼才诗人李贺的《苏小小墓》:"幽兰露,如啼眼,无物结同心,烟花不堪剪。草如茵,松如盖,风为裳,水为佩。油壁车,夕相待。冷翠烛,劳光彩。西陵下,风吹雨"都表明,至少在南齐时期,在钱塘,油壁车已经出现。李商隐《木兰诗》"紫丝何日障,油壁几时车"等诗文对此都屡有提及。到了南宋,临安的油壁车开始了新的改进,车身加长,上面设有车厢,车厢壁有车窗,窗上还有挂帘,整个车厢装饰华美,十分讲究,可供六人乘坐。明高启《雨中春望》诗云:"郡楼高望见江头,油壁行春事已休。"孔尚任《桃花扇·传歌》曰:"缠头掷锦,携手倾杯,催妆艳句,迎婚油壁。"这些文字都记录着油壁车的传承。

唐朝、五代时,南方地区贵族富户还有一种豪华的畜力轿车,这种轿车形制典雅富贵,做工考究细腻,是一种舒适度很高的陆上交通工具。现藏于扬州博物馆、1992年扬州市念四桥薛庄出土的五代白釉褐彩人物轿车反映了这个时期江南地区陆上交通工具的发展情况。轿车通长9.1厘米,通宽8.0厘米,高11.5厘米,为牛驾二轮舆车。车内安坐一高髻簪花贵妇,车前方左侧一驭者手扶牛角站立,右侧一侍官骑马佩剑,轮侧各有一只宠物小犬,车后有两扶辕侍从。轿车方舆箱,束腰弧顶高篷,篷顶贴饰宝相花,束带。舆箱上刻斜线、竖线作为装饰,牛首饰缨珞。白釉褐彩人物轿车瓷胎洁白细腻,满施青白釉,釉面有积釉,冰裂,座下露胎。人物、动物及车的显要部位以褐釉点饰。这件产品反映了制瓷工艺的高超水平。[①]

五代的白釉褐彩人物轿车
(扬州市念四桥薛庄出土,扬州博物馆藏)

江南地区崎岖的山路上,还有一种独轮的交通工具称作"鹿车",俗称"羊角车",只需一个人推行便可在崎岖山路上来去自如。《太平御览》卷七七五引汉代应劭《风俗通》曰:"鹿车,窄小裁容一鹿也。"宋陆游《送子坦赴盐官县市征》"游山尚有平生意,试为闲寻一鹿车"便记述了鹿车在江南丘陵地区的实用性。

(四)装备配件

装备配件方面游具的发展紧随交通工具。行旅路途漫长艰辛,在路途中可能遇到各种艰难险阻,装备配件类游具能够应对行旅过程的一系列麻烦。同时,出游之人还会携带一些能够陶冶情操、解思乡之情或满足心理需求的游具,

---

① 扬州市文物局:《韫玉凝晖——扬州地区博物馆藏文物精粹》,文物出版社,2015年,第31页。

不同类型的游客所携带的用具因行旅路途、行旅方式、行旅地域、行旅季节的不同而不同。富人出游往往浩浩荡荡,亲朋好友、家丁仆从相随前后,并常会带着厨师和小型厨房,甚至琴棋书画、文房四宝等一应俱备。而大部分行人则根据出游需要自行携带行李用具。比如唐朝文学家陆龟蒙,长洲(今苏州)人,有钓鱼、饮茶、作诗的嗜好。陆龟蒙常携书籍、茶灶、笔床、钓具泛舟往来于太湖散游,自称江湖散人、天随子、甫里先生。在《奉和袭美添渔具五篇》中,陆龟蒙以渔庵、钓矶、蓑衣、箬笠、背篷等为题,歌咏了与渔钓闲游息息相关的五种行李用具。

古代对于"行李"一词还有多种说法,有"使人"、"行人"、"行理"、"行旅"等之说,到了唐宋之后,"行李"一词才接近于现代我们所说的"行李"。[①] 如元稹《叙诗寄乐天书》中云:"有诗八百余首,色类相从,共成十体,凡二十卷,自笑冗乱,亦不复置之于行李。"唐人还把行李装备器具称为"行具"、"金装"等,如李白《洗脚亭》"行人歇金装"等。古人出游常携带"囊"或者"橐"等来放置日用品。这些"囊"或"橐"按材料来看,有"布囊"、"革囊";按用途来看,有"泉(钱)囊"、"衣囊"、"币囊"、"袋袜囊"、"香囊"等。"布囊"多用于盛装衣物,使用最为频繁。"革囊"用动物皮制成,多用于盛放钱财、干粮、粮食谷物,或者用于邮递。描绘唐朝明州奉化(今浙江宁波)布袋和尚(以《插秧诗》闻名)的画作中,布袋和尚边上放置的便是布囊。

布袋和尚和他边上的布囊　　　　　唐代壁画中的供养人和挎包

---

① 王子今:《中国古代行旅生活》,商务印书馆,1996 年,第 107 页。

隋唐时期,鞢鞢带(鞢刭带)不仅是作为常服通用的东西,也是一种出行时用于挂一些工具等的小带子,如刀子、砺石、契苾真、哕厥、针筒、算袋、火石袋等称为"蹀躞七事",在唐初的时候使用较为广泛,那时还有以鞢躞带上的銙的数量来显示身份高低之说。《文苑图》描绘的是王昌龄任江宁县丞时,在县衙旁的琉璃堂与李白、高适等诗友们雅集的故事,画面清楚地显示人物身上所佩戴的蹀躞带。

《文苑图》局部

漉酒巾也是人们外出游赏宴饮的惯常工具。漉酒巾最先见于南朝梁萧统《陶渊明传》中"脱巾漉酒"的故事、陶渊明嗜酒,"郡将尝候之,值其酿熟,取头上葛巾漉酒,漉毕,还复著之"。漉酒巾后指代为嗜酒,也指漉酒工具,杜甫《寄张十二山人彪三十韵》诗有"谢氏寻山屐,陶公漉酒巾"。唐卢纶《无题》诗云:"高歌犹爱思归引,醉语惟夸漉酒巾。"漉酒巾在江南相关游宴诗中也有较多出现。杭州刺史白居易《早春西湖闲游,怅然兴怀,忆与微之同赏……》:"上马复呼宾,湖边景气新。管弦三数事,骑从十余人。立换登山屐,行携漉酒巾。"陆龟蒙《漉酒巾》:"靖节高风不可攀,此巾犹坠冻醪间。偏宜雪夜山中戴,认取时情与醉颜。"汪遵《彭泽》:"鹤爱孤松云爱山,宦情微禄免相关。栽成五柳吟归去,漉酒巾边伴菊闲。"春和景明或秋高气爽时,穿上一双舒适的鞋子,带上漉酒巾,三五好友醉客酩酊,恣肆超然。

(五)文房器具

"此时独坐,僮仆静默,多思曩昔携手赋诗,步仄径,临清流也。"这是摘自王维《山中与裴秀才迪书》的文句,对于文人墨客而言,游历生活不可或缺的重要器具就是能够记录灵感的文房四宝。白居易《东归》"膝上展诗卷,竿头悬酒壶"体现了文人墨客出游时诗酒遣兴的景象。文房器具早于隋唐时就逐渐兴盛起来。隋朝是我国科举制度的起源时期,科举的兴盛促进了隋唐文人阶层的出现,于是笔床、笔架这些与笔墨情趣不可分离的文房器具大量出现。这些文房器具早超出了笔、墨、纸、砚的范畴。杜甫《题柏大兄弟山居屋壁》诗"笔架沾窗雨,书签映隙曛"中,文房器具相映成趣。

说到文房四宝,最重要的当属笔。东晋至唐的笔有"鼠须"、"鸡距"等名。王羲之《笔经》说:世传钟繇、张芝、王羲之皆用鼠须笔。鸡距形容的是短锋笔的形状,白居易有《鸡距笔赋》,就是描述笔毫坚挺的短锋笔。现在日本正仓院所藏唐笔,毛颖短促,笔头几乎成三角形,据说就是鸡距笔的一类。因为它和白居易所描写的笔形状相似。这种短而硬的笔头对唐朝书法有相当大的影响。唐时的毛笔以江南地区宣城诸葛氏所制的宣笔最有名,有"毛颖之技先天下"之说。古人将案头装置笔、墨、纸、砚、印等文具的匣子戏称为"笔墨伺候"。"笔墨伺候"多数为匣状,有的类似托盘,有的为手提式。匣状和手提式"笔墨伺候"不仅适于平时收纳,也方便出行携带。

古求学者出行常常负"笈",这是一种用来盛装书籍的竹编容器,《太平御览》卷七一一引《风俗记》:"笈,学士所负书箱,如冠籍箱也。"笈,意从竹,及声。本义为竹制的书箱,多用竹、藤编织,是江南地区常见的出行收纳用具,用以放置书籍、衣巾、药物等。《玄奘三藏像》中,玄奘身着佛家服饰,赤足芒鞋,胸前挂着念珠,腰缠小包裹,内放衣物。身负满载佛经的竹制行笈最醒目,行笈之上设有圆形伞盖,伞前垂吊一小油灯,一只飞蛾绕灯飞舞。他左手拿着经书,右手拿着拂尘赶飞虫。《玄奘三藏像》表现了玄奘星夜兼程、坚定取经、勤苦修读的情景。沈从文先生所撰《中国古代服饰研究》中录有近似于《玄奘三藏像》的《玄奘法师像》,并介绍说此图"据西安慈恩寺大雁塔下部宋代石刻"画摹。继而又云:"唐代以来,一般行脚僧衣着打扮及负荷经卷行李,都大同小异,同样画迹见于敦煌还有许多种。照宋元人刻《事林广记》中《僧祇律》记行脚僧行李种类及上路时负荷方法,比图中反映还要烦琐,且每一种应用器物在身上都有一定位置,不得稍见萦乱。每一行动,……必遵守律例制度。"①僧人所负"背篓"为搁置经卷之用,竹木为之,"是古代'负笈求学'的'笈'的本来式样"②。笈虽非特见于江南,依常例和沈从文见解,在唐朝东南佛国江南行脚僧们的行旅生活中应不鲜见。另则,作为当时非常有名的游历方式和游具,在我们的研究中似乎又不应绕开。

《玄奘三藏像》
（日本东京图立博物馆藏）

《行脚僧》

敦煌画卷中的《行脚僧》
（大英博物馆藏）

隋唐时期,随着人们游历经验的逐步积累,逐渐形成一个包括梳、扇、镜、书籍、巾布等装备配件、衣履冠饰、文房器具的较为完善的微型生活功能系统,这一系统既是对日常生活的总结,也是对旅途生活需求的阐释,是游具所具有的功能性、审美性、舒适性和娱乐性的所有意义的总和。不同社会地位、文化背景、生活习俗的人在选择游具时,会根据各自需求和物质承担能力进行调整,比如文人必然随身配备"笔墨伺候"。从间接意义上而言,游具的设计审美也成为身份地位的一种象征。

六、小　结

隋唐时期是古代中国逐渐走向鼎盛的历史时期,这个时期经济繁荣,文化

---

① 沈从文:《中国古代服饰研究》,上海书店出版社,2002 年,第 367 页。
② 沈从文:《中国古代服饰研究》,上海书店出版社,2002 年,第 429-430 页。

昌盛,社会富庶稳定,游历生活也不再如前艰辛,游冶逐渐变得更加平民化,与普通民众的生活密切相关。这一情形在外出游历使用的器具中都有所体现。但是,帝王、贵族和文人士大夫依旧是旅游主体,其中尤其以文人士大夫的出游最为活跃和最具特色。隋唐时期,江南地区随着经济的日益发达,加上优越的旅游资源环境,吸引着更多的文人骚客穿梭往来,他们在山水诗画方面为后人留下了珍贵的文化遗产,也在游具发展的历史上留下了宝贵的财富。隋唐时期,江南地区游具的设计一方面具有开放豪迈、博大清新、华丽丰满的时代同构审美风格,另一方面又具有江南地区温润秀丽、精巧考究的地域审美特色。

(一)游具的造型与装饰具有鲜明的本土区域化特征

本土化的特征在陶瓷茶具类游具方面表现得最为纯粹。隋唐时期,陶瓷业蓬勃发展,陶瓷工艺发展迅速并日臻成熟,出现了"南青北白"的区域差异化审美特征,引领后世瓷器的基本风貌。唐朝名窑遍布南北各地,江南地区的越窑青瓷胎骨较薄,施釉均匀,青翠莹润,陆龟蒙喻其千峰夺翠,孟郊更是想象无穷,赞美其为"蒙茗玉花尽,越瓯荷叶空"。隋唐时期兴盛的茶文化,以及文人临流煮茶、松间烹茶、野山茶会的别开生面的野饮方式,都推动了茶具类游具的大发展。这些郊游所用茶具工艺精湛,提携便利,造型千姿百态,装饰丰富优美。"越瓯秋水澄"、"云破天青"的青瓷茶具与野饮环境相协调,拟人化、拟物化的造型栩栩如生,能工巧匠们广泛取法于自然界中的生态元素,巧妙地将其运用到茶具器物设计上,赋予这些青瓷茶具以灵性和生命。这些器物的色彩、形态、线条、体面结构等基本都能在客观世界中找到区域性的对应元素,传达出本土化的特征,比如"荷杯"、"藤杯"等。这些以江南地区常见自然元素为设计元素的青瓷饮具,造型圆浑饱满,装饰自然柔和,既有江南地区自然清新、精致讲究的审美特色,又富有雍容大度、简洁质朴的时代气息。相较而言,唐朝江南地区的陶瓷类游具自然清新的造型手法和简洁素朴的装饰风格具有鲜明的本土化特色,不同于深受外来风格影响的北方茶具的造型和装饰特点。

（二）对意境与哲理的追求

儒释道到隋唐时期已然发展到了鼎盛状态。佛教自公元前后传入我国，到唐朝还有六百年了。在之后唐朝将近三百年的时间里，随着唐王朝政治、经济和文化的全面发展，佛教也迎来了其历史上最辉煌的时期之一。"南朝四百八十寺"的兴盛风潮犹在，江南腹地的杭州地区就有东南佛国之称。就道教而言，唐朝是第一个明确地将道教至置于佛教之上的朝代。唐朝的统治者尊老子为始祖，自称为老子后裔，特别崇奉道教。在唐朝近三百年的时间里，唐帝王以道教为"本朝家教"（或谓"皇族宗教"），始终扶植和崇奉道教，促使道教在教理、教义及斋醮仪式等方面均有较大的发展。唐朝的道教宫观不仅遍布全国，且规模日益宏大。自南朝道教宫观制度形成后，道教宫观逐渐增多，这个时期的道教宫观几乎遍及名山都邑。江南地区的青山绿水之间，触目可及之处多有道教名观。道教文化得到其后未有的发展。就儒学而论，唐朝政权基本上以儒家思想为主导，但是也渗透了道教和佛教。

隋唐时期，三足鼎立的局面达到高潮，儒释道文化理念的彼此交流空前频繁，儒释道兼习是隋唐士人及其家族的普遍趋向。儒释道的兴盛对器物设计审美理念产生了很大的影响，使得这一时期的游历出行相较前朝而言颇具浪漫色彩，游具设计审美尤其注重对意境与哲理的追求，许多游具带着独特的美感。这个时期的江南地区，尤其是"浙东唐诗之路"上，文人墨客络绎不绝，往来频仍。在这里，他们所使用的游具器物多为就近添置，不仅与此处山水环境相适应，还尤其注重追求意境与哲理，比如方便行旅使用而自由定制的文房四宝、别出心裁的酒器和茶具、清新实用的笋鞋、便于落座不伤风雅的衽席。

（三）承载了更深层次的文化意味，更加注重实用和审美相结合

隋唐时期是继春秋战国时期之后中国文化的又一个大发展的时期，文人士大夫在社会、文化的发展中扮演着重要的角色。这个时期，江南地区的社会、经济、文化几乎逐渐取得了与北方相平衡的发展。南京、镇江、无锡、苏州、杭州、

绍兴等地区人文荟萃,是江南文化发展的重地,这些地区服务于文人士大夫的游具设计审美别具一格,各有千秋,但又具有江南地区整体的文化风味。其中,南京的花笺、越地的青瓷茶具、永嘉的折叠家具等都有鲜明的个性特色,且呈现出区域特色的审美特征,归纳提炼为:①体舒神怡的实用意味;②神韵标峻的文化意蕴;③神遇山川的设计产物;④心物交感的设计精神;⑤象外之象的宗教情怀;⑥观境自在、个性独抒的特立境界;等等。这些审美特征之后演化为更加纯粹的江南地区传统游具审美文化特征,并至明朝达到顶峰。

另外值得一提的是,作为唐文化的重要组成部分,这一时期江南地区的游具设计审美也呈现出浪漫的色彩。李白《梦游天姥吟留别》的"脚著谢公屐,身登青云梯",李敬方《题黄山汤院》的"谢屐缘危磴,戎装逗远村",张志和《渔父歌》"青箬笠,绿蓑衣,斜风细雨不须归",不仅呈现了游具备物致用的实用功能,更为这些游具赋予强烈的、浪漫的审美色彩。

概言之,隋唐时期,江南地区的游具设计审美文化是诞生于特定区域、特定社会生活背景之中的,它不仅具有地域性特点,也印刻着时代的特征和历史的变迁,是对于审美文化的充实和创造。隋唐及其后的宋元时期作为江南地区游具设计与审美思想的重要发展时期,为明朝江南地区游具设计审美的精彩纷呈积蓄了雄厚实力。

第五章　宋元时期江南地区游具的
设计美学研究

一、宋元时期江南的界定

宋朝改道为路,设有江南东路、江南西路。江南东路辖一府(江宁)、七州(宣、徽、江、池、饶、信、太平)、二军(南康、广德),大致包括今南京、皖南、赣东北部分地区;江南西路则相当于今赣东北以外的江西全省。在镇江以东的苏南、上海、浙江地区设两浙路。建炎南渡之后,又分为浙西、浙东两路。浙西路包括镇江、平江、嘉兴、临安四府,常州、安吉、严州三州,江阴军也就是环太湖的苏南、浙北及上海地区,大致与唐朝浙西路基本一致。①李伯重先生解释:宋朝除把由润州析出的升州(即江宁)划到江南东路作首府外,其余因旧,易名为浙西路,辖于两浙路转运使。可见,在中晚唐与两宋的数百年中,此地区一直是一个相对一体的行政地区。入元之后,两浙路被撤销,浙西路并入江浙行省,虽不再享有作为一级行政或财政区的地位,但仍在一个大行政区辖下,并成为此行政区中最重要的部分。②总体而言,两宋时期,镇江以东的江苏南部及浙江全境被划分为两浙路,这是江南地区的核心,也是狭义的江南地区的范围。③ 从自然-生态条件相对统一的角度出发,江南地区广义一点的范围则包括苏皖南部、浙江全省乃至江西东北部。本章立意于广义的江南。

---

①　脱脱等:《宋史》卷八八《地理志四》,中华书局,1977 年,第 2173-2177、2178-2192 页。
②　李伯重:《简论"江南地区"的界定》,《中国社会经济史研究》,1991 年第 1 期,第 103 页。
③　周振鹤:《随无涯之旅》,生活·读书·新知三联书店,1996 年,第 330、331 页。

二、宋元时期的社会背景

相比大唐王朝的开放与自信,宋朝相对内敛与拘谨。有人说,宋朝是一个积贫积弱的懦弱王朝,如果单就政治与外交而论,有一定道理,而就科技、文学艺术、工艺制作或对儒家经学的继承、整理与发展而言则不然。宋朝是我国古代科学技术发展史上最为辉煌的时期。英国学者李约瑟说:"对于科技史家来说,唐代不如宋代那样有意义,这两个朝代的气氛是不同的。唐代是人文主义的,而宋代是人文兼顾科学技术两方面的。当在中国的文献中需要查找一种具体的科技史料时,往往会发现它的焦点在宋代,不管在应用科学方面或纯粹科学方面都是如此。"[①]两宋时期也是我国古代文化高度繁荣时期。北宋"崇尚文治"与南宋"寒门入仕"的政策,皆以宽松、宽容的态度对待文人士大夫,重用文臣,优待知识分子,为宋朝文人士大夫提供了一个敢于思考、敢于创造的空间,使之成为封建社会中思想文化环境最为宽松的时期。就正统的儒家文化而言,可以说这一时期已经渐入"为天地立心,为生民立命,为往圣继绝学,为万世开太平"的自觉和晚熟的佳境。朱熹综统周敦颐、张载和程颐、程颢学说并加以条贯,成为宋儒理学的集大成者。就我们所涉及的设计文化而言,这个时期完成了我国传统设计审美文化的转型,体现出与汉唐设计迥然不同的风格特征,由大唐的雍容华贵、豪放大气转向清逸隽雅、内敛严谨。设计的服务对象由权贵延伸至普通民众,关注整个社会的民生。这一设计文化的转变是政治、经济、文化、审美等因素的综合集中反映。就商业环境而言,随着唐朝坊市制度的崩溃、夜市的解禁,旅游业得到空前发展,宋朝改变了唐朝比较严格的关津盘查制度和法律,把部分百姓从固定土地上解放出来。官方对民间自由商业的限制较之前朝要少得多,放松了对空间和时间的限制。北宋中期的王安石变法进一步推动了商业的发展,社会一度出现中兴局面。孟元老的《东京梦华录》、张择端的《清明上河图》都反映了都市汴京商业发达、社会繁荣的盛景。宋王朝南迁后,

---

① 李约瑟:《中国科学技术史》,科学出版社、上海古籍出版社,1990年。

江南地区成为当时的政治、经济和文化中心。南宋推行农商并重、轻徭薄赋的政策,士、农、工、商相互渗透,多元交融,促进了经济的长足发展。吴自牧的《梦粱录》记载了南宋临安的繁华市井生活。大量南迁的民众促进了中原文化与江南文化相互融合。这些社会环境的变化增强了设计艺术的创造活力。

元实现了中华民族的大一统,民族间文化融合,经济发展,科学技术在南宋基础上继续向前发展。元朝还在辽阔的国土上,建立了严密的"站赤"(驿站)制度,有研究者指出:元朝的驿站大大小小有 1500 多处[①],不仅使邮驿通信十分有效地发挥效能,更是促进了元朝中西经济文化交流和旅游交通的畅通。元朝发达的驿传带动了交通、食宿、救护、游具等发展,廓清了旅游途中的障碍,推进了旅游的发展。元朝中外交流达到高峰,各种文化融合扩大了人们的审美视野,促进了设计文化的发展。元朝的设计文化既兼容南北,又博采外域众长,且借鉴两宋,直取汉唐,形成多元汇流、百花斗艳的设计文化景观。元朝政治中心虽然北移大都,但江南地区仍然是其经济、文化中心和旅游中心。元朝江南地区的手工业也很发达。以东南第一州的杭州为例,当时杭民借手工业以供衣食的人数很多,据《马可·波罗游记》记述:这个城市有 12 个不同的手工业行会,每一行会有 1.2 万所容纳手工工匠的房屋,每所房屋至少有 12 人,有的有 20 人和 40 人左右,这些人并不全是老板,里面有为老板们做工的短工。发达的手工业为游具的设计制作与审美都奠定了成熟的工艺基础。这个时期游具的品种较多,并在使用过程中不断改良,产生了部分具有较高审美水准的精品。吴自牧的《梦粱录》、周密的《武林旧事》、孟元老的《东京梦华录》、耐得翁的《都城纪胜》以及《马可·波罗游记》、官订的《元丰九域志》等资料均为我们研究江南地区宋元游具及审美提供了珍贵的文献支持。

三、宋元时期旅游群体和旅游形式

两宋时期适意悦意、穷耳目之胜养心养性的旅游观念风行一时。苏轼在

---

① 沈乾芳:《元代站赤研究》,云南师范大学硕士学位论文,2005 年,第 1 页。

《超然台记》中说:"凡物皆有可观,苟有可观,皆有可乐。……非必怪奇伟丽者也。餔糟啜醨,皆可以醉,果蔬草木,皆可以饱。推此类也,吾安往而不乐?"欧阳修认为,天下至美至乐有二:一为山林之乐,一为富贵之乐。要实现山林之乐"必之乎宽闲之野、寂寞之乡而后得"①。其《醉翁亭记》中"山水之乐,得之心而寓之酒也"更是山水养心养性的千古名句。宋朝已经由养德转向养性养心、适意为悦的旅游观念。

元朝旅游出现了有别于前朝的三大特色:一是远游,二是"阔游"(空间广阔),三是面向世界。② 许多汉族文人仕途无望,便寄心诗文、山水。揭露社会矛盾问题的元杂剧、体现人与自然亲和的写意山水画等应运而生。江南地区文人聚集,山水秀丽,文人退隐江湖、遁世山林者众,往往"借绘画诗文为写仇寄恨之工具"③。黄公望、吴镇、倪瓒、王蒙超迈的人生情调、深邃的宇宙情怀成为此期文人的集中折射。以吴澄"男子生而射六矢,示有志乎上下四方也,而何可以不游也?"为代表的旅游观更是将元朝的旅游意义推向深远。

《三高游赏图》

《蹴鞠图》

(一)皇帝巡游

宋元时期,皇帝封禅祭拜巡游并不如前,但也不乏偶有为之者。宋真宗自京师一路巡游,幸临曲阜,拜谒孔林,访开元寺,登泰山,饱览沿途风光。沈括

---

① 出自《有美堂记》。
② 王淑良:《中国旅游史》,旅游教育出版社,1998 年,第 312 页。
③ 俞剑华:《中国绘画史》,上海书店出版社,1984 年,第 2、3 页。

《梦溪笔谈》亦有关于宋朝帝王巡游的记载："丁晋公从车驾巡幸,礼成,有诏赐辅臣玉带。时辅陌八人,行在祇候库只有七带,……速求一带易之。有司奏唯有尚衣御带,遂以赐之。"但皇帝的巡游规模太大,消耗太多,沿途扰民,践踏庄稼,因此儒臣们要求皇帝尽量不要巡游。在此背景下,皇帝的大规模巡游活动基本上偃旗息鼓,他们转而从事宫室禁苑之游,或者避人耳目地进行微服私游。帝王们在"无淫于游"观念的制约下,巡游受到很大限制。

(二)文人旅游

古代的各个时期都有得意、失意和无意功名的文人,醉心山野,于自然山水中怡情悦性,这些人构成了旅游的主力群体。这个时期,文人士大夫对旅游的热情催生了大量散文、游记、游集等文字记述,传达了游具设计制作与审美思想,也成为古典文学宝库中独放异彩的珍品,是人们研究古人游历和旅游用具最宝贵的资料。

两宋的游记承唐朝之传统,在表达文人士大夫对山水游赏的怡悦心情的基础上,有所发展和光大。宋朝的王安石、苏轼、陆游、范成大和沈括等著名文人都是独具一格的旅游家。宋元时期出现了许多著名的游记,如宋朝(记物)苏轼的《石钟山记》、柳开的《游天平山记》、范成大的《峨眉山行记》、王质的《游东林山水记》,元朝麻革的《游龙山记》等。此时总结游记的著作开始出现。宋末,陈仁玉编写了我国第一部游记文学集《游志》,把我国两千多年来的游记汇成一书,并得出结论,认为出游山川实是人性之所需。元朝陶宗仪继其后又编成《游志续编》,收录了中唐以后的游记。[①]

元朝的文人士大夫也纵情山水,虞集曾登小孤山,"观其雄特险壮,浩然兴怀",抒发自己登高兴怀的审美情绪,代表了那些旷逸之士和积怨感怀的旅游者"廓然"而乐的心情。元朝文人赵孟頫创作的春游词《蝶恋花·侬是江南游冶子》,通过描写江南游子的心境,寄托自己的情感,抒发内心的"黍离之悲",春游情事中饶有流动自然之美。"乌帽青鞋"又是山野之人的服饰,"行乐东风里"的"游冶子"已经将游历作为释怀廓胸的方式。

---

① 谢贵安、谢盛:《中国旅游史》,武汉大学出版社,2012 年,第 211 页。

宋元时期,文官宦游的盛行丰富和发展了旅游花样与审美文化,促进了对旅游价值功能的进一步认识,承认旅游具有个人审美和人性调适的功能,文人旅游从养德功能转化为养性功能,旅途中的释怀廓胸使安居与远游之间形成了一种美学意义上的张力。宋元时期,我国传统旅游出现了稳健内敛的特殊形态,形成了别具一格的旅游美学形态。具有文化眼光的文官们的宦游活动还促进了山水审美意识的发展,如《东京梦华录》跋文云:"宗少文好山水,爱远游,既因老疾,发'卧游'之论。后来凡深居一室,驰神八遐者,辄祖其语,作《梦游》、《卧游》以写志……"

(三)求学、赶考游士游

我国古代的士人在青少年时代为求学和求仕,在路上奔波,人们常称其为游士。宋朝时,随着科举制度的完善,游士越来越多,成为旅途中最常见到的一种路上人和旅游群体。在江南地区,南宋政府除在临安开设太学、武学和宗学外,还兴办了律学、算学、书学、医学和画学等专科学校。因此,临安成为当时的文化教育中心。

(四)百姓节会庆游

宋元时期,平日里几乎只有士大夫与贵族阶层能够从事休闲旅游活动,百姓忙于生计,没有经济及时间条件游玩,只能在节日休息时游玩。元旦到寺院中求神拜佛,祈求新年吉祥如意,俗称"烧香"或"岁忏"。《梦粱录》载:临安市民在这一天,"不论贫富,游玩琳宫梵宇,竟日不绝"[①]。农历正月十五元宵节也是百姓借以游玩的好日子。宋时,临安灯会规模宏大、景观奇丽,所谓"巷陌爪札,欢门挂灯,南自龙山,北至北新桥,四十里灯光不绝"[②]。清明祭祖踏青游玩,端午龙舟竞发,中秋团圆赏月,节日是百姓难得休闲游赏的辰光。中秋赏月当然也盛行于宋朝,宋词对之多有描绘,苏东坡《水调歌头》词云:"明月几时有?把酒问青天。不知天上宫阙,今夕是何年。"

---

① 出自《梦粱录》卷一"正月"。
② 《西湖老人繁胜录》"街市点灯"条,《南宋古迹考(外四种)》,浙江人民出版社,1983年,第99页。

《踏歌图》局部

（五）僧侣道士游

随着佛教的儒学化和世俗化,赵宋一代出现了僧侣、禅师与士大夫相互交游、酬唱的局面,如大慧宗杲之与张九成、佛印了元之与苏轼、大觉怀琏之与王安石、黄龙祖心之与黄庭坚等。士大夫参禅者更多,从上层官僚如王安石、富弼,到理学家如周敦颐、二程、朱熹、陆九渊,无不热衷于参禅或出入于佛老。文人墨客也常投宿寺庙道观,交游僧道。同时,佛教旅游极其兴盛。以南宋杭城为例,据《梦粱录》卷一五"城内外寺院"统计,城内外寺院庵舍有近500所之多,于"诸录官下僧庵,及白衣社会道场奉佛,不可胜记"。很多寺院都建有精美的寺园,僧侣可自由游方各地寺庙,或参见高僧,究悟佛理。如"熙宁七年,嘉兴僧道亲,号通照大师,为秀州副僧正。因游温州雁荡山,自大龙湫回,欲至瑞鹿院"[①]。元行宣政院的设立对江南佛教的发展起到了推动作用,其主要职责就是保证寺院僧众的利益。到元朝后期,江南僧寺经济实力更加丰厚,更修建了数十所寺庙。[②] 至今飞来峰、吴山宝成寺等处仍留有一批蒙藏技法特色的摩崖石刻佛像。

道家崇尚自然山水,无论"澄怀观道"、"含道映物",还是"明志修道",都是借助于山川大地以求悟得宇宙自然的"道法天地"本质。因而,历代修道之人多是长

---

① 沈括:《梦溪笔谈》,重庆出版社,2007年,第279页。
② 金普森、陈剩勇:《浙江通史·元代卷》,浙江人民出版社,2005年,第327-337页。

期游历和卧居于山水之间,启发灵性,获取道学真谛。宋朝李公麟《龙眠山庄图》反映了一位手持羽扇的道长正在风景绝美的山水之间向道士及俗家弟子讲解道家理论的场景。《陈抟上山寻访高道》描绘的就是"陈抟老祖"当年科考落榜后,对功名心灰意冷,弃家出走,上山寻访高道的情景。在这一时期,佛、道皆盛行于江南。还是以临安为例,吴自牧《梦粱录》说:"杭城事圣之虔,他郡所无也","释老之教遍天下,而杭郡为甚"。① 可见,僧侣群体也是宋元时期行旅途中的一个重要群体。

《龙眠山庄图》局部

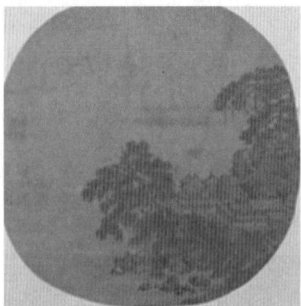

《岩关古寺》局部

《秉烛夜游图》局部

① 出自《梦粱录》卷二"三月(佑圣真君诞辰附)"、卷一五"城内外诸宫观"。

（六）商人贾游

宋元时期,商业和商务旅行都得到了长足的发展。之前历朝一直奉行"重农抑商"的政策,士、农、工、商的社会阶层中,商人为末等公民,受到社会的歧视。而到了宋朝"士、农、工、商,皆为百姓之本业"[①]已是社会的共识,商人的社会地位得到前所未有的提高。宋朝,商品经济获得了大发展,比其他任何经济生产方式都更依赖于交通运输的发展,同时也大大促进了商业旅游的发展。

在"工商亦为本业"思潮的影响下,传统的"贵义贱利"的价值观念在社会上日趋淡薄,市民们趋利逐末,士商渗透、官商融合及官商联姻蔚然成风,且这股经商之风在江南地区远较其他地区为盛。在临安城中流行着这样一句俚语:"欲得官,杀人放火受招安;欲得富,赶着行在卖酒醋。"[②]这是临安经商之风盛行的写照。宋元时期是中国民间手工业的又一个兴盛时期,独立手工业者的数量较前代增多。这个时期的漆器、绢扇、牙梳、油伞、毡毯等货物外销至东南亚、南亚、西亚,远至非洲及其他地区。2007年打捞的"南海一号"沉船,是南宋海外旅行的一个缩影。

《清明上河图》局部

---

① 郭学信、张素英:《宋代商品经济发展特征及原因析论》,《聊城大学学报(社会科学版)》,2006年第5期,第54页。

② 庄绰:《鸡肋编》,中华书局,1983年,第67页。

商人们为了保护自己的财产和经商的安全,必须和有权势的官绅相联系、相依成靠。在主要的交通线上,经常往来的行商与沿途的地方官吏、旅店主人、行会头目等都有密切联系,这是商人的一种特殊交际关系。从这一点来讲,经商的贾客是旅游群体中最懂上层审美与游具实用设计的一个群体了。

《商旅图》(敦煌莫高窟 296 窟壁画)

四、宋元时期江南地区的游具设计与审美

宋元时期,江南地区的游具在唐朝的基础上继续发展,文化、科技的大发展成为器物设计、制作的创新动力。这个时期,江南地区的游具设计与审美的亮色很多。

(一)衣履冠饰

1. 头巾、笠帽

宋元时期,人们有着巾的习俗,且"士农工商、诸行百户,衣巾装着,皆

有等差"①。沈括《梦溪笔谈》载："本朝幞头有直脚、局脚、交脚、朝天、顺风，凡
五等。"其中，只有直脚幞头不分贵贱，皆可通服。宋朝文士群体中还曾一度流
行"东坡巾"，相传为苏东坡所创。王圻《三才图会》有："东坡巾有四墙，墙外有
重墙，比内墙少杀，前后左右各以角相向，著之则有角介在两眉间，以东坡所服，
故名。"明朝李士达的《西园雅集图》所绘苏东坡即戴东坡巾（又名乌角巾）。该
巾为方顶重檐的帽，有四墙，墙外有重墙，比内墙稍窄小。前后左右各以角相
向，戴之则有角，介在两眉间。棱角分明，造型大方雅致，因他在士林中声望甚
高，所以引得众人效仿，以附庸风雅，成为文人士大夫雅会、出游的必备首服。
周密《齐东野语》卷二〇《隐语》"人人皆戴子瞻帽，君实新来转一官。门状
送还王介甫，潞公身上不曾寒"的诙谐调趣，也间接反映了子瞻帽在文人中
的风靡。在南方乡间，至今还留存着一种类似竹笠的"子瞻帽"。这是他被
贬谪到广东的惠州、海南的儋州时，根据当地的"竹笠"所做的改动，因而又
出现了另一种"东坡帽"。这种"东坡帽"样式与当地的斗笠基本相似，不同
的是比一般的竹笠大点，在笠沿周边加上了一圈几寸长的黑布或蓝布，以
防止阳光直射到人的脸庞。在盛产竹子的江南地区，这种款式新颖、切合
实用的竹笠"东坡帽"很快流行开来，成为人们劳作或游赏的重要用具。

《西园雅集图》中的东坡巾

（苏州博物馆藏）

---

① 吴自牧：《梦粱录》，浙江人民出版社，1980 年，第 193 页。

东坡立像上的东坡帽

2. 鹤氅

鹤氅原是用鹤羽等鸟类羽毛做成的贵重裘衣,魏晋即有。《晋书·谢万传》云:"(谢万)著白纶巾,鹤氅裘。"《晋书·王恭传》载:"(王)恭美姿仪,人多爱悦,或目之云:'濯濯如春月柳。'尝被鹤氅裘,涉雪而行。孟昶窥见之,叹曰:此真神仙中人也!"鹤氅宽袖舒爽,传说中为神仙、道士的服装,所以又叫"神仙道士衣",道教中也称为"羽衣"。后世人常常把宽敞制式的衣服称为鹤氅或大氅,也就是斗篷、披风之类的御寒长外衣。历代绘画中,文人士子也往往是风流披鹤氅、遗世独立之的形象。唐朝诗人权德舆《和兵部李尚书东亭诗》云:"风流披鹤氅,操割佩龙泉。"显然,这仙鹤羽毛做的鹤氅是风流名士才穿得的。唐朝浙江仙居诗人项斯有君子之风,性澄澈淡远,极喜白鹤,情钟鹤氅。有"养龙于浅水,寄鹤在高枝"、"鹤睡松枝定,萤归葛叶睡"诗句传颂。《唐才子传》言其"戴薛花冠,披鹤氅,就松阴,枕白石,饮清泉,长吟细酌,凡如此三十余年"。

鹤氅文化的积淀,在盛行士的风格的两宋时代可谓厚积薄发。宋朝,文人士大夫风骨最盛,重要思想家几乎都有"出入释老"的经历,因而执羽披氅、藜杖芒鞋的外在形象也成为这些文人士大夫所追逐的目标。苏轼《雪诗八首》之二云:"闲来披氅学王恭,姑射群仙邂逅逢。"陆游《八月九日晚赋》云:"薄晚悠然下草堂,纶巾鹤氅弄秋光。"沈端节《念奴娇·嫩凉清晓》云:"藜杖棕鞋,纶巾鹤氅,宾主俱遗俗。倚阑舒啸,一樽花下相属。"这些文句都道出了文人士大夫及山野之人对于这种服饰的喜好。北宋隐逸诗人林逋更是将这种文化传达得淋漓尽致。他性情淡泊,爱梅如痴,唯以读书种梅为乐,是中国历史上的著名隐士,有"梅妻鹤子"之说。其诗名句如"疏影横斜水清浅,暗香浮动月黄昏"奇丽清美,绝俗风节宛然若溢其间。与他交往颇深的杭州高僧智圆认为他是一个"苟孟才华鹤氅衣"式的人物。对于这种脱俗衣着,南宋赵珙所著《蒙鞑备录》有:"又有大袖如中国鹤氅,宽长曳地。"

对于鹤氅的追逐,至元一代,继续绵延。元朝名流杨维桢披的也是"鹤氅"。《明史》记载:杨维桢或戴华阳巾,披羽衣坐船屋上,吹铁笛,作《梅花弄》,或呼侍儿歌《白雪》之辞,自倚凤琶和之。宾客皆蹁跹起舞,以为神仙中人。杨维桢是江南著名的风流才子,曾任天台县令。在天台期间,他游遍天台山水,披鹤氅,饮清泉,凤笙逐鹤声,游走在松荫白石道上,何尝不是又一个"萧萧肃肃,爽朗清举"、岩岩若孤松之独立的隐逸之士? 鹤氅、文士、出游、归隐就这样连缀成篇,将游具具象,让形象清朗。是鹤氅成就形象,还是形象恩举鹤氅? 形式与内容互为补偿。

对于鹤氅归隐出游赋予的寓意,已是了了清晰。后世清孔尚任《桃花扇·归山》有:"家僮开了竹箱,把我买下的箬笠、芒鞋、萝绦、鹤氅,替俺换了。"王季思等注:"藤萝做的绦,鹤羽做的袍,都是道士的服装。"虽是戏文说词,却是源自生活。上述文人士大夫大多活跃于江南地区,这些珍贵的文字将他们"藜杖棕鞋,纶巾鹤氅"的形象塑造得恍若仙人,如在云端,犹在眼前。藜杖、箬笠、芒鞋、萝绦、鹤氅,那个时代的游具,风物闲美。

3. 凉衫、盖头

宋时有凉衫、紫衫、白衫、毛衫、葛衫等衫类。其中凉衫多披在外面,外出时常穿,后来为士大夫所尚。凉衫不特男子或士大夫所服,女子乘骡乘马时也披凉衫。[1]官员出行均流行着凉衫,如"宣、政间惟乘马,披凉衫,将盖头背系冠子

---

① 周锡保:《中国古代服饰史》,中国戏剧出版社,1984年,第263页。

上"①。南宋承袭北宋习制,江南地区人们出游时亦流行披凉衫。南宋文人周辉《清波杂志》卷二载:"士大夫于马上披凉衫,妇女步通衢,以方幅紫罗障蔽半身,俗谓之盖头。盖唐帷帽之制也。"这段文字也记载了临安地区妇女出游时的一种首服——盖头。妇女出门时,盖头既可遮风蔽日,也可覆盖面容②。实际上,此处的盖头既是头巾,亦为披巾。北宋时期,盖头就已经相当普遍。《朱子语类》中有贤相李沆的一件趣闻逸事:"李文靖重厚沉默,尝寓京师,亦少出入。一日,忽有一轿至,下轿,乃一盖头妇人,不见其面,然仪度甚美。"③可见,这种盖头颇为常见。南宋初年,临安等江南地区的居民尚承北宋以俭朴为主的良习。宋金议和之后,社会安定,经济富庶,市场繁荣,讲究吃穿、贪图安逸的奢靡之风弥漫。加之江南地区丝织业、手工业发达,人们的服饰也逐破陈规。《梦粱录》卷一八"民俗"载:"自淳祐年来,衣冠更易,有一等晚年后生,不体旧规,裹奇巾异服,三五为群,斗美夸丽,殊令人厌见,非复旧时淳朴矣。"杭城繁华,商品经济十分活跃,市民阶层得到空前的壮大,形成了独特的市井文化和意识形态。在服饰上,人们更加重视美观、便利、多元、时尚,敢在一定程度上打破传统壁垒森严的礼制束缚,而回归于服饰本身对日常生活以及审美表达的满足。元朝在保持民族服饰审美的同

《清明上河图》局部

① 出自《东京梦华录》卷七"驾回仪卫"。
② 出自《武林旧事》卷二 "元夕"。
③ 出自《朱子语类》卷一二九。

时,继承了宋朝服饰的审美思想,融合形成自己的服饰新特色。

(二)装备配件

1. 手杖

手杖本为羸弱者戳地借力的扶老工具,后慢慢在文人士大夫中流行。"悠然策藜杖,归向桃花源",藜杖相随万里,且显豁达出尘。在宋元时期,托物言情,抒发心声,扶杖策藜,成为表现士的风骨的一种方式。苏东坡《定风波》的"莫听穿林打叶声,何妨吟啸且徐行。竹杖芒鞋轻胜马,谁怕? 一蓑烟雨任平生",塑造了典型的文人士大夫放旷远逸的形象。明朝文人陈继儒《岩栖幽事》曰:"琴令人寂,茶令人爽,竹令人冷,月令人孤,棋令人闲,杖令人轻,水令人空,雪令人旷……"其将杖与琴、棋、竹、茶、雪、月这些文人意象联系起来,使之成为文人士大夫眼中重要的风物。因而,"遇佳山水处,或高僧野人之庐,竹树蒙茸,草花映带,幅巾杖履,相对夷然。至于风光淡淡,水月空清,铁笛一声,素鸥欲舞。斯也避喧谢客之一策也"。逃离世俗的喧嚣,幅巾杖履与嘉山秀水夷然相对,心有灵犀。"幅巾杖履意幽闲,时过芝山一扣关。风度萧疏苏学士,襟怀旷达白香山"成为文人士大夫追求的一种理想境界。南宋画家李唐《策杖探梅图》也描绘了一文士策杖江南赏梅的情景,南宋诗僧、国清寺禅师志南《绝句》"古木阴中系短篷,杖藜扶我过桥东。沾衣欲湿杏花雨,吹面不寒杨柳风"更将江南杨柳风、杏花雨里,悠然扶杖过桥、修行卓著的高僧形象烘托了出来。

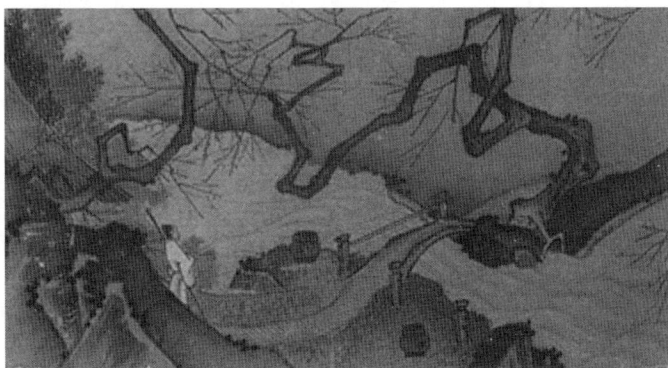

《策杖探梅图》中的手杖

江南文士爱杖,不仅有着丰厚的文化基础,也有着得天独厚的自然资源。浙江天台红藤杖最为有名,天台华顶山上的万年藤做成的手杖最为名贵,称为华顶杖或红藤杖。《天台县志》记载:万年藤"出华顶,可为杖"。陈继儒《岩栖幽事》也曾记载过江南文士喜好用苍老虬曲的天台藤做手杖。天台红藤杖与灵寿杖齐名,此杖色如血染,坚胜精铁,是历代名士竞相罗致的名杖。唐朝著名诗僧齐己有诗:"禅家何物赠分襟,只有天台杖一寻。"天台山野之中,藤蔓遍地,当地僧民常去山上取藤做杖,国清寺亦常采集藤杖供应香客。南宋周密在《癸辛杂识》续集上说:"天台藤,可斫为杖,然有数种。有含春藤、石南藤、清风藤者,婆藤、天寿根藤。"晚清学者王廷鼎专门为红藤杖作文:"红藤杖,产浙之天台山,奇峰绝壁,寿藤蟠结,多千百年物。有藤苍健而文理坚韧,土人择其奇挺者制为杖,剥去其皮,色如枣红或黄如蜡脂,或赭如栗壳,陆离相间,形殊朴茂。一杖需数十金,专为崇林禅师所采,长至八尺外者价尤昂。盖藤性善纠,长则必曲。土人先将细藤缚竹竿以辅之,待其长成后制杖,往往皆其祖父所缚者。"[①]

2.交椅

仇英作品《临宋人画册》中有北宋皇帝出行时携带的休息工具,如交椅、牙床、小案、坐床等。南宋皇帝出行改坐平辇(一种形如朱龙椅加二长竿的坐具),皇太后、皇后、嫔妃等出行时普遍改坐红色椅子了。陆游《老学庵笔记》载:"徐敦立言:往时士大夫家,坐椅子、杌子,则人皆讥笑其无法度。"其中交椅的功能很多,可折叠,易搬运,有风度,长途跋涉携带便利,行军打仗、打猎出游,都可以使用,因此也有"行椅"、"猎椅"的称谓。当位高权重者外出游历时,会有侍从扛着交椅跟从,当主人劳累时就歇息。交椅因此成为南宋达官贵人的常用游具。虽然太师椅在文献中屡有出现,但是出行所用的折叠太师椅比较罕见,比较知名的画卷如宋佚名《春游晚归图》、南宋萧照《中兴瑞应图》可以见到。《春游晚归图》描绘了南宋官员出游时随从仆人一路肩扛太师椅的场景,《水阁纳凉图》中有一位文人坐在带荷叶托首的交椅上。

---

① 王寒:《天台红藤杖》,《台州晚报》,2009年5月29日,人文·台州版(第四版)。

《春游晚归图》中的折叠太师椅

《蕉阴击球图》中的交椅

《中兴瑞应图》中的交椅（图绘）

3. 折叠扇

折叠扇的发明当在南北朝时期，但此后在本土使用不多。白文贵《蕉窗话扇》中称："折叠扇通称折扇，古名聚头扇，又有称为聚骨扇者，始于北宋，其滥觞则远在南齐。"宋朝不断有折叠扇从境外进入我国，激起了上层社会的消费兴趣，使折叠扇成为上层社会的流行之物。苏辙《杨主簿日本扇》一诗比较有考证价值，诗云："扇从日本来，风非日本风。风非扇中出，问风本何从。风亦不自知，当复问太空。空若是风穴，既自与物同。同物岂空性，是物非风宗。但执日本扇，风来自无穷。"宋人制扇多蒸竹为骨，夹以绫罗，也有富豪之家以象牙为扇骨，以玉为坠者。文人雅士还在折扇上题诗词，手持此物成为当时生活中高雅的象征。南宋时,折扇的生产、使用已经比较普遍,都城临安还出现了专门制作折扇的店铺。折扇真正成为文人手中的爱物则是明永乐年间了。明中后期,吴门画派的兴起带动了扇面书画的兴起。在折扇生产地江南地区,文人云集,名士荟萃,他们的风流才情付诸折扇,逍遥于市井郊野,所营造出的折扇文化氛围氤氲成独特的审美意境。万里江山归一握的风流倜傥,引众人效仿。

4.地经(古代交通导游地图)

明荷葵《尧山堂外纪》卷五七载:"(西)湖南有白塔桥,印卖朝京路经,士大夫往临安者必买以披阅。有人题一绝云:'白塔桥边卖地经,长亭短驿甚分明。如何只说临安路,不教中原有几程?'""朝京路经",当时也称"朝京路程图",这个"地经"可以说就是南宋的交通导游图,图的中心是京都临安。通向临安的道路和里程,以及可以歇脚的凉亭、旅店的位置,都标得清清楚楚。按图索骥,在南宋区域内旅行甚是方便。地经这个新鲜的事物一时流行,应该可以算作我国最早的导游图。

南宋时期有名的地图之一是我国古代留存至今最早、最详细、最完整的城市平面图《平江图》碑,现存于苏州文庙。该图运用我国古代传统的平面与立面相结合的画法,将苏州城里山丘、城墙、名塔、河水等景物形象地呈现出来。这幅留存的地图不仅是古代城市规划研究的宝贵样本,也是研究南宋时期江南水乡城市旅游的指南。

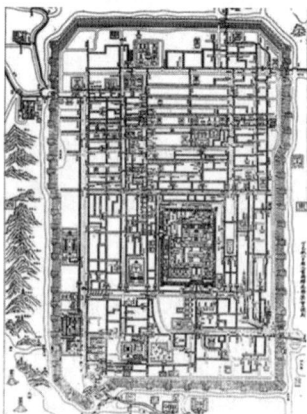

南宋《平江图》

5.指南针

北宋末年,地理学家、浙江湖州人朱彧所著《萍洲可谈》中记载有海上识别方向的"舟师",夜观星辰,昼看太阳,阴雨天就看指南针。这是世界航海史上使用指南针的最早记载。

北宋曾公亮、丁度在《武经总要》中记载有制作和使用指南鱼的方法:"用薄铁叶剪裁,长二寸,阔五分,首尾锐如鱼型,置炭火中烧之,候通赤,以铁钤钤鱼首出火,以尾正对子位,蘸水盆中,没尾数分则止,以密器收之。用时,置水碗于无风处平放,鱼在水面,令浮,其首常向午也。"南宋陈元靓在《事林广记》中记述了指南鱼和指南龟两种指南工具,它们可以说是"水针(水罗盘)"和"旱针(旱罗盘)"的先驱。从指南鱼再加以改进就产生了更先进的指南——仪器指南针。指南针发明后很快就应用于航海,成了海上全天候的导航工具。元朝时,指南针已经成为海上最重要的指航仪器。之后还出现了罗盘导航,其成为航行的重要依据。指南工具的发明开创了航海史、旅行史的新纪元。

元代陈元靓设计的指南鱼　　　　木刻指南龟　　　　张仙人俑与旱罗盘

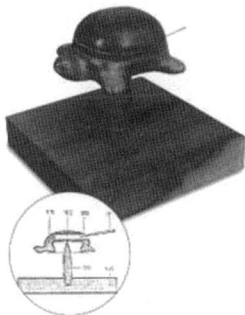

(三)文房用具

宋人在翰墨之余不仅以艺术的眼光对待文房用具,还爱对其赏玩品评,各类品鉴文字大量涌现,确立了文房清玩的雅俗标准。一些文人对文房用具的设计制作投入了前所未有的热情,沉迷其中的名家不乏其人。苏轼曰:"士方志于其所欲得,虽小物,有弃躯忘亲而驰者。"苏东坡在海南为官时,就自己试制新墨,经过多次实验,终于成功地发明了一种优质的新墨。墨工潘谷与苏轼交好,得到其亲自指点。宋朝文人对文房用具设计制作的热情开启了"文房清玩"的时代,深刻影响着后世文人对造物的感情向度和审美取向。

南宋时,随着政治统治中心南移,文化中心也随之南移,南方的手工业愈加发达。以笔为例:隋唐至宋朝,均以南方安徽宣城所产毛笔最佳;南宋理宗时,徽州知府以汪伯立笔、澄心堂纸、奚廷珪墨和羊头岭旧坑砚作为新安四宝进献朝廷,可见新安地区文房用具的兴盛;南宋小朝廷偏安杭州,杭州、宣州之间的湖州文房用具发展迅猛,湖笔技甲天下。湖笔与徽墨、宣纸、端砚并称为"文房四宝",成为中华民族传统手工精湛技艺的典范,不仅是中华文明悠久灿烂的重要象征,也是世界文化发展的重要推动力。与文人文房生活同样密切相关的笔筒也多产于江南,嘉定和南京的竹刻笔筒最负盛名。文人工艺美术品的发展不仅根系于南方发达的经济和文化,也在于文人工艺美术品形成了一个彼此交流、相互切磋共进的良性循环。概言之,这些文房用具的分布除了受自然地理因素影响,还与一定的经济、社会、文化等人文内容相关,并反映着我国古代经济、文化重心的变化。这种变化也反映出文人集团的趣味由庙堂逐步转向日常生活。无论儒家读书千卷、行路万里的壮游,还是道家携琴寄鹤、诗画山水以独善其身的逍遥游,笔墨纸砚都相随行程。

(四)交通工具

《马可·波罗游记》中记述:"湖中还有大量的供游览的游船或画舫,这些船长约15至20步,可坐10人、15人或20人。船底宽阔平坦,所以航行时不至于左右摇晃。所有喜欢泛舟行乐的人,或是携带自己的家眷,或是呼朋唤友,雇一条画舫,荡漾水面。画舫中,舒适的桌椅和宴会所必需的各种东西一应俱全……这些船舱内油彩艳丽,并绘有无数的图案;船的各处也同样饰以图画,船身两侧都有圆形窗户,可随意开关,使游客坐在桌前,便能饱览全湖的风光。这样在水上的乐趣,的确胜过陆地上的任何乐趣。"[①]元朝浙江黄岩人陶宗仪继宋末陈仁玉《游志》之后,又编成《游志续编》,收录了中唐以后的游记,反映

---

① 马可·波罗著,梁生智译:《马可·波罗游记》,中国文史出版社,1998年,第205-206页。

了江南地区旅游的成熟与兴盛。

两宋时期,水陆交通网络不断完善,出游的地域不断扩大。元朝时,"蒙古大军东征西略,兵锋所至,驿站随置,道路贯通,运输不绝"①。较为发达的交通网络优化了出行的便利条件。

1. 车

宋元时期的陆上交通工具主要是牛、马等畜力车,车的配置与装饰往往体现车主人的经济或社会地位。《东京梦华录》卷三"般载杂卖"记载:"又有宅眷坐车子,与'平头车'大抵相似,但棕作盖,及前后有构栏门,垂帘。"所谓"平头车"系"两轮前出长木作辕木,梢横一木,以独牛在辕内,项负横木,人在一边,以手牵牛鼻绳驾之"。东京虽距江南遥远,但其车载交通与江南基本相同,只是江南特殊的地理环境的不同使得畜力车的使用远不如中原普遍。宋室南迁,更促进了南北技术的交流和学习,所以两宋期间车骑的形制设计、审美思想差异不大。就宋元时期车辆的进步发展情况而言,"宋时不见有何发展。指南车司里鼓之属,唐宋时虽各有以意创制者,在大体上也不异于前也"②。元朝大体亦然,白寿彝所谓元的交通工具"实质上不见得有什么进展,在陆地上的交通工具,更无可说。水上的交通工具也不过是海船的发展和舟的种类之加多而已"③。

另外,由于宋元时期江南地区商品经济的发展,江南地区的交通状况得到很大的发展。道路硬化是这一时期南方地区交通发展进步的一个特征,硬化处理后的道路适合马行和步行,如杭州道路因"皆十班街道,非泥沙比,车轮难行",故"如无水路以人力运之"。这也从一个侧面说明了南方地区客运多以舟船马匹而少用车的特点。④ 但是车辆仍然是江南地区城镇之间的主要交通工具。《梦粱录》卷二"清明节"记载:清明节祭祀先人,宫妃王子、官员士庶"俱出郊省坟,以尽思时之敬。车马往来繁盛,填塞都门"。宋朝文人高斯得《西湖竞

① 王崇焕:《中国古代交通》,商务印书馆,1996年,第27页。
② 白寿彝:《中国交通史》,上海书店出版,1984年,第157页。
③ 白寿彝:《中国交通史》,上海书店出版,1984年,第208页。
④ 张锦鹏:《南宋交通史》,上海古籍出版社,2008年,第283页。

渡游人有蹂践之厄》诗云:"杭州城西二月八,湖上处处笙歌发。行都士女出如云,骅骝塞路车联辕。龙舟竞渡数千艘,红旗绿棹纷相戛。"其反映了杭州市民乘车出行游玩的情况。

2. 舟船

江南多水,出行自然少不了水上交通工具。《梦粱录》卷一二"河舟"载:"杭州里河船只……若士庶欲往苏、湖、常、秀、江、淮等州,多雇舼船、舫船、航船、飞篷等船。"其反映了江南地区水上交通的发达和舟行游赏的便利。南宋文人耐得翁描述临安"行都左江右湖,河运通流,舟船最便"[1]。吴自牧也说:"论之杭城辐辏之地,下塘、官塘、中塘三处船只,及航船、渔舟、钓艇等船之类,每日往返,曾无虚日。缘此是行都士贵官员往来,商贾买卖骈集,公私船只泊于城北者夥矣。"[2]临安船的品种甚多,但从其主要的活动范围来讲,可分为海船、江河船、湖船三大类。吴自牧《梦粱录》描述:"杭州左江右湖,最为奇特,湖中大小船只不下数百舫。……皆精巧创造,雕栏画棋,行如平地。各有其名,曰百花、十样锦,七宝、戗金、金狮子……更有贾秋壑府车船,船棚上无人撑驾,但用车轮脚踏而行,其速如飞。"[3]只是这种"贾秋壑府车船"过于简单,只能用于小水,不能用于长距离航行,应用也就难以普及。江南的舫船为大型客船,载重量为二三百石。宋人洪迈《容斋四笔》"南舟北帐"篇曰:"南人不信北方有千人之帐,北人不信南人有万斛之舟。"舫船在宋朝颇为常见,如南宋文学家刘过《次张昌化合溪新亭韵》曰:"燕尾溪流上下分,中余里许地翻平。林疏邑屋高低见,水涨舫船来往轻。"[4]南宋诗人叶茵《舫齐》诗曰:"居家巧作浮家样,此即人生不系舟。政恐风波起平地,直教砥柱屹中流。浪花影动重帘月,潮汛声喧万叶秋。梦里不知容膝计,翻身栩栩逐轻鸥。"[5]元朝行政中心北移,江南地区的先进造船业和造船技术向全国扩散,南北造船技术交流更加广泛。

---

① 《西湖老人繁胜录》"街市点灯"条,《南宋古迹考(外四种)》,浙江人民出版社,1983年,第90页。
② 出自《梦粱录》卷一二"河舟"。
③ 出自《梦粱录》卷一二"湖船"。
④ 出自《龙洲集》卷五。
⑤ 出自《江湖小集》卷四○。

《早秋夜泊图》

《秋江渔隐图》

3.肩舆和步辇

北宋时期,肩舆、步辇多为帝王、官员和贵族乡绅乘用。为区别等级,统治阶级对舆辇的式样装饰还有严格规定,这在文献和文学作品中屡有记述。《东京梦华录》"皇后出乘舆"记述:"皇太后、皇后出乘者,谓之'舆'。比檐子稍增广,花样皆龙,前后檐皆剪棕,仪仗与驾出相似而少,仍无驾头、警跸耳。士庶家与贵家婚嫁,亦乘檐子,只无脊上铜凤花朵,左右两军,自有假赁所在。以至从人衫帽衣服从物俱可赁,不须借。余命妇王宫士庶通乘坐车子,如檐子样制,亦可容六人,前后有小勾栏,底下轴贯两挟朱轮,前出长辕约七八尺,独牛驾之,亦可假赁。"①苏州文人叶梦得《岩下放言》载:文彦博(北宋政治家、文人)退居洛阳后,"日挟家童数辈,肩舆与宾客姻亲共游无虚时"。《宋史·舆服志二》载:"神宗优待宗室老疾不能骑者,出入听肩舆。熙宁五年,大宗正司请宗室以病肩舆者,踏引笼烛不得过两对。"在江南地区,宋朝官员富户乘坐肩舆已经常见,并有新制。他们把新式家具交椅和肩舆创造性地结合起来,用于出门旅行,更舒适轻便,既可以在通衢大道上行进,也方便在崎岖不平的山路上行走。1978年,江苏溧阳竹箦发现的北宋哲宗元祐六年(1091年)夫妻合葬墓

---

① 出自《东京梦华录》卷四"皇后出乘舆"。

中,就有随葬的肩舆模型。墓主李彬为地方富豪,平日交游应酬便乘肩舆。此肩舆模型就是一只大椅,形制完全和室内陈设之椅子相同,只是两旁各安置一根竹杠而已。

宋室南迁,南方雨水多,道路泥泞湿滑,朝廷特允官员乘轿:"中兴后,人臣无乘车之制,从祀则以马,常朝则以轿。……以道路险阻,诏许百官乘轿,王公以下通乘之。其制:正方,饰有黄黑二等,凸盖无梁,以篾席为障,左右设牖,前施帘,舁以长竿二,名曰竹轿子,亦曰竹舆。"[①]所以,轿子在南宋官员出行中已经慢慢普遍了。另则,南宋时期理学盛行,社会风尚日益文弱,文化形态日趋静态,一改唐朝豪迈奔放、积极进取的时代特质。人们贪图安逸享乐,争相乘轿(肩舆)旅行。柳诒徵指出:"宋室南渡,仕宦皆乘舆,无复骑马者。……居处行动,皆求安适,人之文弱,盖缘于此矣。"[②]南宋诗人杨万里《再入城宿张氏庄早起进退格》诗"山轿已十里,谯门才四更",描写了当时轿子盛行的情况。南宋乘轿风气也与金朝将北宋的马搜刮殆尽有关,这在《靖康纪闻》等史料中多有记载。

南宋时期,江南地区轿子的品种甚多,从其功用和外表形式来看,主要有花檐子、藤轿、竹轿等。花檐子又称"花舆",即后人俗称的花轿,因装饰了各种彩饰物而得名。藤轿、竹轿因其材质得名。竹轿又称竹舆、笋舆、竹兜等,在南宋都城临安极为常见。

肩舆和步辇的材质因地制宜,通常北方用木制,南方则多用竹制。宋朝,江南地区盛行一种小竹舆,十分轻便。张炜《游洞霄栖真洞》诗"笋舆摇兀到山前,就宿栖真古洞天。即描述了此竹舆的轻巧便捷,也反映了临安近郊游赏的舒爽适宜,可见优质的游具对旅游者体舒神怡的妙处。在江南地区和四川、重庆等地的一些名山大岭中,仍可见这些类似肩舆(四川、重庆称为滑竿)的游具,由舆夫帮助体弱的老人和妇女儿童登山爬坡。

---

① 出自《宋史》卷一五〇《舆服志二》。
② 柳诒徵:《中国文化史》下,中国大百科全书出版社,1988年,第495页。

《清明上河图》中的轿子

(五)其他类游具

1.住宿的临时帐篷(庐)

说起移动帐篷,除了蒙古包外,相关野外临时帐篷(庐)的最早记录当是苏东坡的"结庐"了。在公元1077年秋,苏东坡到任徐州还不到半年,徐州城遭遇百年不遇的黄河决口。当洪水抵达城下时,他奋不顾身,于风雨泥泞中"以身帅之","亲荷,结庐城上",与民众一道抢救城池。"黄花白酒无人问,日暮归来洗靴袜"就是当时真实的写照。结庐就是搭建临时帐篷,也是游具系列帐篷原初的记载了。

许是因为积累了徐州户外结庐的经验,苏东坡出任颍州太守期间,设计过一个可拆迁活动的亭子,无论"春朝花郊,秋夕月场",皆可择胜移就,故名"择胜亭"。其《择胜亭铭》文详细记述了这个亭子的来龙去脉、设计结构以及便利实用性。亭铭曰:"维古颍城,因颍为隍。倚舟于门,美哉洋洋。……可侑我客,可流我觞。我欲即之,为馆为堂。近水而构,夏潦所襄。远水而筑,邈焉相望。乃作斯亭,筵楹栾梁。凿枘交设,合散靡常。赤油仰承,青幄四张。我所欲往,一夫可将。与水升降,除地布床。……岂独临水?无适不臧。春朝花郊,秋夕月场。无胫而趋,无翼而翔。敝又改为,其费易偿。榜曰择胜,名实允当。"这个择

239

胜亭"无胫而趋,无翼而翔",移动灵活,拆卸、安装方便自如。在临时使用的时候,就利用榫卯交错将梁、檐、柱等分散的构件搭攒在一起。顶上再覆以红色油布,以仰承风霜雨雪;四周张挂青色幄帷,垂放时可以挡风遮日,悬挂后则豁然开阔,所有风景一览无余。此亭由榫卯交错搭攒,不需要较大空间,油布、青幄等材料轻盈,折叠方便,收纳后,一个普通的男仆就能搬移,可谓户外旅游帐篷的滥觞。

回望江南地区相关帐篷类户外游具的情况,北宋沈括在《梦溪忘怀录》中也有"观雪庵"的设计记载:"庵长九尺,阔八尺,高六尺。以轻木为格,纸糊之,三面,如枕屏风。上以一格覆之。面前施夹幔。中间可容小坐床四具,不妨设火及炊具。随处移行。背风展之,迥地即就雪中卓之。比之毡帐,轻而门阔,不碍瞻眺。施之别用皆可,不独观雪也。"对比择胜亭、观雪庵,科学家的聪慧、文学家的浪漫,各显巧妙,皆有天趣。

这种游赏时可随意拆卸携带的"帐篷",不仅为文人士大夫钟爱,就是贵为皇帝的南宋理宗也是称赏不已。明朝陈耀文所撰《天中记》即录有一趣事:"宋理宗时,禁苑渐颓。赏荷池宴,但张盖、设屏扆于烈日中。董宋臣默会意,不日而成一亭于池傍。再宴,上大喜。未几冬月,赏梅园又有一亭。上意不乐,谕宋臣曰:'前造荷亭,朕不为较。今复有此,半年之间劳民动众如此。'宋臣曰:'此梅亭即前之荷亭也。'上问其故,对曰:'此乃拆卸折叠之亭。'上愈称赏之。"史料证实这是个临时组装、用后随即拆卸、可以四处移动的活动亭子,以供观荷赏梅等游赏之用。

江南地区虽有雨雪风寒,却不及北国凛冽难耐。在那柳絮飞雪、斜风细雨中,有不同气象、不同季节之晴西湖、雨西湖、雪西湖的江南景致,于这精妙绝伦的户外庵亭中赏之,也算是秀色可餐了。

2. 游山具

科学家、旅行家沈括的《梦溪笔谈》家喻户晓,他还著有另一本书,篇幅不长,很少有人知道,这本书叫《梦溪忘怀录》,它使人看到一位博学多才的科学家有趣而独特的旅行方式[1]。然已失传,实在可惜。据传,《梦溪忘怀录》描写如何

---

① 马洪路:《人在江湖:古代行路文化》,江苏古籍出版社,2002年,第88页。

把远行的马车弄得舒适以减少旅途疲劳,如何布置安排才能使人坐在马车内也清楚地欣赏路上风景趣事,出门旅行前需要备置哪些有用的东西以减少旅途困顿。《梦溪忘怀录》提出了成熟的"游山具"概念,由分称"甲"、"乙"的两副扁担组成。甲号扁担一端挑一个软皮衣箱,另一端挑一个轻木餐具箱,内置酒壶酒杯、餐具以及糕点小菜;乙号扁担一端为竹编文具箱,另一端则是竹编琴匣,上层贮琴,下层盛放折叠棋盘、棋子罐以及茶罐、茶具。他告诉旅行者要准备一个空箱,以便存放沿途可能买到的书籍,另外,还要带些灭虫药粉(即芸草)以免书籍被虫蛀坏。最后,他建议带一双泥靴,因为有些地方泥水多,不穿靴是无法走路的。他的这些建议和旅行准备,在今天是仍然适用的。重要的是,我们知道了在宋朝就有人研究并改造旅游时用的游具了,游山具已经成为成熟的概念和出门用具。

五、小　结

宋元时期是我国历史上重要的民族冲突与融合的阶段,人们旅游的形式丰富多样、千差万别,并有着不可分割的演化关联。北宋奠都黄河之滨,南宋据江南鱼米之乡,元朝地跨亚欧,幅员辽阔。地理位置跨越大,自然资源丰富,商品经济繁荣,社会物质财富增加,这些都奠定了坚实的旅游基础。江南地区文人荟萃,游历频仍,大众旅游活动也逐渐增多。这些因素都使得涉及衣食住行的"助游兴、免劳顿"的游具也日趋丰富与讲究。这个时期手工业的发达,尤其是文人士大夫对游具设计的参与,更增加了游具的多样性和审美的丰富性。宋元时期,江南地区的游具产生并发展于这个时期的特定环境中,也相应地体现出了自己的特点,并折射出社会新动向。

第一,宋朝设计审美从宏丽丰腴的风格转向内敛清逸的风格,设计思想从外向的批判锋芒转向内向的独善涵养。晚唐后期的社会纷争,导致了人们对现实的失望;元朝异族政权的统治和仕途的无望,也让文人士大夫的心态发生着微妙的改变。江南地区的一些文士或隐逸山林,寻求精神寄托,或遁入佛道,追求超脱。在这种氛围下,过于矫饰的东西不能体现贤达士人的精神追求,实用简洁的用品方能与其持世态度相一致。文人士大夫们的审美格调直接影响到他们对游具设计的审美观点,这不仅波及一批后世的文人士大夫,也播育到世俗民众。从宋朝开始,中国人的审美从"错彩镂金"走向"雅淡神逸"的境界,设计的审美气质由开放大气逐渐变为内敛隐逸。

第二,理学思潮对两宋游具设计审美的影响显著。上层统治阶级提倡简朴,理学格法儒家的伦理道德规范,双方合流,使器物的设计呈现出质朴的总体倾向。宋景祐三年(1036年)政府就规定:"凡器用毋得表里朱漆、金漆,下毋得衬朱。"嘉泰初年(1201年)又"以风俗侈靡,诏官民营建房屋,一遵制度,务从简朴"①。理学大师朱熹在《训学斋规》中强调,"凡百器用,皆当严肃整齐顿放有常处"。虽然朝廷制度未必能够真正贯彻,但"百器"的耐用质朴和民众生活有序、节俭的要求,却体现出在宋儒勤奋、节俭、朴素思想的倡导下,力戒铺张浮饰已经为主流社会所认同,这也成为江南地区的游具设计审美性发展倾向。

第三,两宋时期统治集团提倡文德治国,社会教育重心下移,那些"学而优则仕"的文士成为新一代官僚和知识精英阶层,他们的人格修养、审美倾向和社会意识都会影响到设计文化的面貌,推动设计文化向典雅质朴的内敛性格方向发展,并渗透到设计文化的各个领域。文人士大夫的审美文化成为器物设计审美的主流,引领社会生活审美情趣的普遍高雅化。"出水芙蓉,雅淡神逸"的审美意境、空灵自然的艺术韵味便成为宋朝设计造型文化意识的核心。宋朝文人群体间接或直接参与设计的热情明显要高于前朝,宋朝士阶层的出行旅游及官员三年一换任职地的宦游为游具设计文化注入了新的活力。他们对文房陈设和把玩器物设计与审美的关注,也开启了古代文人的器物赏玩和设计之风,这种始于宋、盛于明清的文人参与是缔造传统游具设计审美的重要力量。

第四,宋元工艺设计受商品经济影响,设计类型更加丰富多样,促进了游具设计审美多元化的发展。这个时期,商品经济取得了前所未有的发展,宫廷手工业、民间手工业都很发达,器物百类应有尽有。随着人们出行的频率增加,人数增多,部分日常实用品逐渐被改造为或衍生出更多类型的旅游用具,以方便游者奔赴游地,登临山水。

---

① 出自《宋史》卷一五三《舆服志五》。

第五,宋元时期科学技术的发展为设计艺术提供了物质和工艺的保障,工艺设计思想被赋予了更多的创新性思想,科技审美日益丰富。宋朝的科学技术成就突出,宋人发明了如指南针、择胜亭、观雪庵、旅游地图类地经等先进神奇的游具。科技的创新不仅产生着新品,也改变着人们的生活方式,包括游历方式和游具设计审美。

第六,元朝在国内民族关系的剧烈冲突中完成了我国传统设计文化的转型。江南地区虽远离政治中心,但一些读书人仕途无望,把自己的注意力转向了文化和经济方面的建设,江南地区的民众又素有从事工商业经营活动的经验和习俗,在这种情况下,江南地区取得了经济与文化方面的相对繁荣,保持了经济上和文化上的中心地位,在文化领域中更是创造了前所未有的成就。元人的设计审美文化没有完全延续两宋清逸俊雅而严谨含蓄的文脉,而是在唐宋之间寻找一种新的文化意象,使传统设计审美从宋朝的文弱与内敛中脱离出来,以北方游牧民族特有的粗犷豁达与自信豪迈之情,博采众长,借鉴两宋,直取汉唐,对塞外与关内、中原与江南、宫廷与民间的设计审美文化进行融合创新,大胆开拓,形成设计审美多元汇流、庄典大方、磅礴大气的景象和审美风格,显现出昂扬向上、开拓进取的时代风貌,迸发出豪迈奔放的浪漫主义色彩。只是这一清新的审美气息没有来得及完全展开、积淀与上升。

宋元时期,设计的服务对象由权贵延伸至普通民众,关注整个社会的民生。这一设计文化的转变是政治、经济、文化、审美等综合因素的集中反映,尤其与士阶层的崛起及其带动的社会文化的转型关系密切。文化的转型带来整个社会价值取向与审美倾向的转变,宋元时期设计审美文化的发展在这一错综复杂的背景下,沉淀出平淡自如、条达舒畅的风格倾向,更倾向于世俗和实用。这个时期,江南地区的游具设计审美看似朴素无华、自在随意,实则细小处都倾注了良苦用心。这也是士大夫文化与新兴的市民文化融合的结果,以及江南地区长期积淀的区域文化浸润的结果。宋元时期是江南地区游具设计审美的重要发展时期,这个时期游具设计审美思想的广度和深度都得到了积极拓展。

第六章　明朝江南地区游具的设计美学研究

一、明朝江南的界定

"江南"是一个变动的概念。从先秦、秦汉时期至今，"江南"的概念有一个从较为宽泛到相对收缩的过程，经历了由大到小、由西到东、由北向南的伸缩过程。这个渐变的过程直到明清时期才相对固定。明清之前"江南"并没有相对明确的概念，且众说歧出。上古时期的"江"虽然专指长江，但也有指称淮河、浙江(今名钱塘江)、汉水等诸多河流的用法。这些河流之南也称为"江南"，就使得江南的定义更为宽泛。于是也就出现了广义、狭义的不同。先秦、秦汉时期的文献和后人的研究主要有广义、狭义两种。广义来看，江南北起江淮地区，南至岭南以北，西缘四川盆地以东，东至大海。狭义上的江南主要指长江中下游地区北部缘江地区及以南大部分地区，南及岭南以北，西达今长江中游以南的地区，即今湖北南部和湖南全部的广大区域，东至大海。魏晋南北朝时期，孙吴盘踞江东，永嘉晋室南迁，南朝偏安江左，"江南"的概念在之前长江中下游以南地区的基础上，越来越多地指向以建康为中心的吴越地区，但尚未形成稳定的概念。随着北方士族的大量南迁，文化、经济中心也随着南移，这样，江南又出现了经济、文化意义上的不同内涵，所以至唐朝，江南已非单纯的地理概念、行政区划概念了。这些概念、内涵的基本明确基本上是在明朝时期。

清华大学历史系教授、博士生导师李伯重先生专门著文《简论"江南地区"的界定》展开对"江南"概念的研究。李伯重先生从以下两个标准界定"江南地区"的范围:第一,这个地区必须具有地理上的完整性,必须是一个自然-生态条件相对统一的地域,也就是说,在其外部应有天然屏障将它与毗邻地区分隔开来,而在其内部,不仅应有大体相同的自然-生态条件,而且最好还属于同一水系,使其内各地相互发生紧密联系。第二,这个地区在人们心目中应当是一个特定的概念,也就是长期的历史发展所导致的该地区内部经济联系的紧密与经济水平的接近,使此地区被人们视为一个与其毗邻地区有显著差异的特定地区。① 在这两个标准下,出现了关于江南地区的"八府一州"说。所谓"八府一州",是指明清时期的苏州、松江、常州、镇江、应天(江宁)、杭州、嘉兴、湖州八府及从苏州府辖区划出来的太仓州。八府一州东临大海,北濒长江,南面是杭州湾和钱塘江,西面则是皖浙山地的边缘。这个地域范围与凌介禧对太湖水系"其南以浙江(钱塘江)为界,北以扬子江为界,西南天目绵亘广宣诸山为界,东界大海"的论述几乎完全一致。

上海交通大学媒体与设计学院刘士林教授的文章《江南与江南文化的界定及当代形态》对明清时期江南的界定是:借鉴区域经济学的"核心区"概念,将"八府一州"看作是江南地区的核心区,而其他同样有浓郁江南特色的城市则可视为其"外延"部分或"漂移"现象。这些城市包含今天的扬州、南通、黄山、宁波、绍兴等地。②

复旦大学中国历史地理研究所教授、博士生导师周振鹤先生在他的《释江南》文中认为,明清时期的江南主要是指苏州、松江、常州、嘉兴、湖州五府,再加上镇江府和杭州府、扬州府,含南京等地,之后略有变动,但从经济地位、文化意义等方面来说,这些地区仍被视为江南地区。③ 若从行政意义上来看,明洪武初年建都应天府(今南京),设立(南)直隶,管辖直接隶属于京师南京的地区,以应天府、苏州府、凤阳府等十四个府级单位为直隶,范围相当于今江苏、安徽、上海。清初,南直隶改称江南省,隶属两江总督署。两江指江南省(今江苏、安徽两省及上海市)和江西省,是清王朝的财赋重地,也是人文荟萃之区。

---

① 李伯重:《简论"江南地区"的界定》,《中国社会经济史研究》,1991年第1期,第101页。

② 刘士林:《江南与江南文化的界定及当代形态》,《江苏社会科学》,2009年第5期,第229-230页。

③ 周振鹤:《随无涯之旅》,生活·读书·新知三联书店,2007年,第315-317页。

这时的江南省不仅包括部分江南地区,还包括了大片的江北地区(淮北、苏北)。江南省因被认为其制过大,又因其经济繁荣,文化昌盛,一省赋税便占全国1/3,为削弱地方势力,有效掌控这些地区,故于清顺治十八年(公元1661年),分江南为江苏、安徽两省。明清时期,行政意义上的江南与经济文化意义上的江南不完全重合。地理上的江南,若从字面来理解,即指长江以南,也就是整个长江中下游流域地区。这大概包括洞庭湖水系、鄱阳湖水系和太湖水系三个部分。狭义的江南指长江下游南岸地区,主要分为平原地带和丘陵地带。

行政、经济、地理、文化等意义上的江南不尽相同,而本书主要是从文化的视野出发,更多关注的是文化、历史意义上的江南,纵然如此,仍然很难明确界定出江南的阈限。在此,我们采纳的是国内较多相关知名学者的研究成果,即被广为认可的"江南"的界定:浙江、上海全境,安徽南部地区,江苏南部,也包含缘江的扬州、南通等地,因为这些地方在文化、历史意义上以及生活习俗、人们长期的心理归属方面,都与江南地区有着不可分割的联系。周振鹤先生《释江南》文中这样解释:江南一词的含义虽有所转移,但不管怎样变化,照理总应指长江以南地区,可事实上并不尽然。……自唐朝以后,位于江北的扬州始终被当成江南来看待。唐杜牧《寄扬州韩绰判官》有"青山隐隐水迢迢,秋尽江南草未凋",诗中所指"江南"即扬州。直到清初,扬州还是属于江南的范畴。扬州、南通等地,长久以来在行政意义上也同缘江以南的南京、镇江等地同属治所。所以从文化、历史和行政意义上而言,明清扬州作为"江南"的概念已经深深地烙印在人们的心目之中。即使当今,人们对扬州的文化认同也多划入江南文化之中。

二、明朝社会背景

明朝前期国力强盛,开创了洪武之治、永乐盛世、仁宣之治和弘治中兴等盛世,国力达到全盛,疆域远迈汉唐,国名远播西洋,科技、经济、文化的发展都走在世界的前列。

明朝中后期,社会"天崩地坼",封建统治进退维谷,由传统社会向近代社会过渡的社会转型势在必行。在这破旧立新的艰难蜕变过程中,无论是在政治、经济领域还是在思想、文化领域,新旧思想观念与价值理念尖锐对立、激烈碰撞,封建统治内忧外患。资本主义的萌芽、商品经济的繁盛引起了经济基础内部结构性的变化,作为社会上层建筑的政治制度和思想文化受到极大的震动并发生着急剧的变化,政治策略相应调整,各种思想交汇碰撞,文化现象异彩纷呈,为艺术设计提供了喷涌的灵感和多样的思路。明朝中叶开始,民间手工业生产的规模逐渐超过官营。

明朝末期,也是我国社会从先进到落后的转折时期。表面兴盛的封建统治掩盖不了其老迈与腐朽,它面临着我国社会由传统向近代的转型。而16世纪初到17世纪中叶,也恰是西欧国家由封建时代进入资本主义时代的转型阶段,放眼我国历史与世界历史发展的时代背景和发展潮流,二者都在经历着一个转折,即由封建社会向近代社会的转型,把握这一转型的契机是近代科学与科学思想的确立。西方近代资本主义与近代科学和科学思想相迎合,近代科学成为西方资本主义发展的重要驱动力;明清之际,我国近代科学与科学思想也已崭露头角,资本主义的萌芽、"崇实黜虚"的实学思潮的推动让明清之际的一些有识之士甚至把科学知识与地位殊异、独为一尊的四书五经一起列为教育内容,宋应星、李时珍、朱载堉、徐光启、李之藻、梅文鼎等士人开我国近代科技之先河,显示出对科技教育的重视。

三、明朝江南地区的旅游背景

明朝是我国旅游史上的又一高潮时期,江南地区的文人旅游和平民旅游成为这一时期的两大旅游类型,江南地区成为人们旅游的集胜地。此际的文人旅游不同以往、不同于众的是对旅游用具的体悟,他们或躬身参与游具的设计,或亲自撰写游具设计的具体方法、审美体悟,表现出对器物设计及审美的极大热情。这种现象的背后,一方面是文人自我标榜以显示与众不同的独特审美,另一方面也反映了封建社会末期文人及社会风气的转变,从重道轻器的传统文人观到崇实黜虚的实学思潮的变化。这一变化不仅体现在游具的审美设计方面,也体现在家具、园林、陶器、漆器等多个设计审美领域,并成为文人社会活动思潮。江南地区作为文人相对集中的地方,这一现象尤为明显。而这一现象的产生与江南地区得天独厚的自然环境、相对殷实的物质基础和崇尚游历的民风民俗等有着必然的关联。

(一)得天独厚的自然环境

江南地区气候温和,风景宜人,适宜人们开展旅游活动。就时令而言,从"草长莺飞二月天,拂堤杨柳醉春烟"的春,到"梅子金黄杏子肥,麦花雪白菜花稀"的夏,从"青山隐隐水迢迢,秋尽江南草未凋"的秋,到"十月江南天气好,可怜冬景似春华"的冬。春夏秋冬,四时皆入景。从景观资源来看,江南地区的山水不乏千岩竞秀、万壑争流的清丽奇绝之景。无论是"山从天目成群出,水傍太湖分港流。行遍江南清丽地,人生只合住湖州"的浙北,还是"烟柳画桥,风帘翠幕"。自古繁华的三吴都会钱塘,或是龙盘虎踞、六朝金粉的古都南京等地,都能勾起人们"驾言出游,日夕忘归"的心念。

(二)相对殷实的物质基础

江南地区自然条件相对优越,政局比较稳定,战乱较少,对于人口的迁徙具有很大的吸引力。魏晋南北朝时期,由于北方战乱,人口大量南迁,带来了充裕的劳动力,以及先进的生产技术、生产工具和优良的农作物品种,促进了江南地区经济的开发。这是我国历史上第一次大规模的人口南迁。从隋唐时期至宋朝,我国南方的农业、手工业、商业得到了快速发展,随着政治中心的南迁,到南宋时,我国经济重心南移也终于完成。从此,江南地区成为政治、经济中心。之后,政治中心虽屡有变迁,但南方地区作为经济中心的地位,从南宋至明清,都没有改变,及至今日,江南地区依然是我国经济、文化发展的中心。与此同时,南方特别是长江下游的东南地区逐渐成为政府财政收入的主要来源区。唐中期,韩愈说"赋出天下而江南居十九",说明随着全国经济中心的慢慢南移,江南的富庶已初肇其端。只是这里的江南主要是指江淮以南、南岭以北的整个东南地区。[①] 到明中期,经济名臣、大学士丘濬进一步说:"以今观之,浙东西又居江南十九,而苏、松、常、嘉、湖五府又居两浙十九也。"这五府是江南的核心地区,如果再加上其周边的镇江、杭州和广德、宣州诸府,江南地区的赋税所占比例更大。明嘉靖时,礼部尚书顾鼎臣也说:"苏、松、常、镇、嘉、湖、杭七府,财赋甲天下。"从具体数字来看,洪武二十六年(1393年),应天、苏州、松江、常州、镇江、徽州、宁国、池州、太平、广德等直隶十州府土地占全国的6%,而税粮占全国的23%。其中,苏州、松江土地占十府州的27%,税粮占十府州的59%。弘治十五年(1502年),十府州土地占全国的7%,税粮占全国的17%,其中,苏州、松江土地占十府州的41%,税粮占十府州的66%以上。万历六年(1578年),十府州土地占全国的5%,税粮占全国的17%。其中,苏州、松江土地占十府州的34%,税粮占十府州的66%以上。数据显示:明朝赋税首推南直隶十府州,南直隶十府州之中,又以苏州、松江二府为最。[②] 江南地区赋税的缴纳比重反映了其经济中心的地位,当然,也侧面反映了江南地区赋税之重。从旅游的角度而言,江南人家殷实的物质基础,是探访青山秀水、置办适宜旅游用具、追求更加美好的行旅生活的物质基础和保障。

(三)崇尚游历的民风民俗

江南地区自然环境适宜,经济殷实,文化厚重,行旅文化积淀深厚。南朝殷芸小说中所说的"腰缠十万贯,骑鹤下扬州",不仅是他乡之人的行旅夙愿,江南地区本乡之人也多为之流连。明人张岱在其《陶庵梦忆》卷五"扬州清明"中如此描述:"扬州清明日,城中男女毕出,家家展墓。虽家有数墓,日必展之。故轻车骏马,箫鼓画船,转折再三,不辞往复。监门小户亦携肴核纸钱,走至墓所。祭毕,则席地饮胙。自钞关南门、古渡桥、天宁寺、平山堂一带,靓妆藻野,袨服缛川。……是日,四方流离及徽商西贾、曲中名妓,一切好

---

① 周振鹤:《随无涯之旅》,生活·读书·新知三联书店,2007年,第313页。
② 林金树:《试论明代苏松二府的重赋问题》,中国社会科学院历史研究所明史研究室:《明史研究论丛(第一辑)》,江苏人民出版社,1982年,第102页。

事之徒,无不咸集。长塘丰草,走马放鹰;高阜平冈,斗鸡蹴鞠;茂林清樾,劈阮弹筝。浪子相扑,童稚纸鸢,老僧因果,瞽者说书,立者林林,蹲者蛰蛰。日暮霞生,车马纷沓。宦门淑秀,车幕尽开,婢媵倦归,山花斜插。臻臻簇簇,夺门而入。余所见者,惟西湖春、秦淮夏、虎丘秋,差足比拟。"那么虎丘中秋的人们游历又是何等盛景呢?明人李流芳《游虎丘小记》可向我们展示一二:"虎丘,中秋游者尤盛。士女倾城而往,笙歌笑语,填山沸林,终夜不绝。遂使丘壑化为酒场,秽杂可恨。"而明朝江南地区南隅重镇的绍兴等地亦不输苏州、扬州。据《会稽志》卷一三载:"三月五日,俗传禹生之日,禹庙游人最盛,无分贫富贵贱,倾城俱出。士民皆乘画舫,丹垩鲜明,酒樽餐具甚盛,宾主列坐,前设歌舞。小民尤相矜尚,虽非富饶,亦终岁储蓄以为下湖之行。春欲近数日,游者甚众。千秋观前一曲亭,亦竞渡,不减西园,至立夏止。惟丐者乃以是日出,亦鲜衣鼓笛相娱,非此类则以为耻。……五月六月,观荷花,亦乘画舫,多集于梅山本觉寺。"①仅仅就钱塘一地,明人即有"虎跑泉试新茶、湖心亭采莼、满家苍赏桂花、西溪道中玩雪。"等四季之享。② 江南地区大量翔实的文字记载,向人们呈现了从扬州、苏州、杭州到绍兴等地"都人士女"聚游与"乡野匹夫"齐会的游历景象。江南地区人们对旅游的崇尚为江南地区旅游的发达、游具的创造奠定了良好的社会基础,而在此基础上诞生的文人行旅群体更是为江南地区的文化、游具美学平添了一抹美丽的景致。晚明,士大夫的旅游风气与庶民文化互相激荡。

(四)多样的旅游群体和旅游形式

我国古代旅游,自秦汉时期秦皇汉武等帝王将相的出游高潮,经魏晋南北朝时期贵族旅游的繁荣,历隋唐宋元文官宦游、文人漫游的演绎,至有明一代,旅游不再是王公贵族、地主豪绅和士大夫的专利,农、工、商也汇入游历的群体。这个时期的旅游群体和旅游形式主要有:帝王巡游、国外航海游、商人

① 《影印文渊阁四库全书》第486册,台湾商务印书馆,1984年,第276页。
② 《影印文渊阁四库全书》第871册,台湾商务印书馆,1984年,高濂著,王大淳、李继明等整理:《遵生作笺》,人民卫生出版社,2007年,第89、129、155、181页。

贾游、庶民百姓节日时令游、僧侣云游、文人漫游(包括文官宦游)等。

1. 帝王巡游

明朝初期,太祖朱元璋、太宗朱棣躬耕政治,征战疆场,虽行旅多地,仍属创业性军旅。明宣宗则是将巩固国防、体察国情和近郊小行、边塞巡游相结合,实用和怡情兼而有之。明英宗土木堡之战被俘的影响,以及程朱理学的逐步深入和普及,限制了其后帝王的自由出行。虽有武宗罔顾于此,频频出游,但武宗之后,明朝帝王的巡游盛况便难觅踪迹了。

2. 国外航海游

明朝永乐、宣德年间,掀起了第一次大规模的海上行旅浪潮。短短的二十多年,郑和、王景弘组织庞大的船队七下西洋。郑和下西洋,史料上有明确记载的有四次,每次人数在 2.7 万人以上。船队云帆蔽日,浩浩荡荡。百年后,西方哥伦布、达·伽马、麦哲伦航海的人数也才分别为 90—150 人、170 多人、265 人。从航海人数可以看出郑和航海的实力,同时,郑和船队已经将航海罗盘、计程仪、测深仪等航海仪器广泛运用,把航海天文定位与导航罗盘的应用结合起来,提高了测定船位和航向的精确度。这些航海工具和技术代表了当时世界航海技术的最先进水平。郑和七下西洋,怀柔远夷,宣扬国威,远播文化,在古代旅游史上具有重要的意义。

3. 商人贾游

明朝洪武年间,为防海盗侵扰,我国实施海禁,严禁中外贸易。永乐年间,伴随郑和下西洋,海禁一度取消。嘉靖年间,由于倭寇的猖獗,政府实施严格的海禁,严禁一切海外贸易。之后虽有"隆庆开关",打开了海外贸易的新局面,但纵观有明一代,其长期的海禁政策还是阻碍了海外贸易的发展。正当西方开始竞技海洋的时候,明朝却退出了海上竞技。其贸易也主要停留在国内,尤其是经济发达的江南地区。当时,商业大都会以江南的城市最多,有南京、扬州、瓜洲、苏州、松江、杭州与嘉兴等。由于商品贸易的发展,明朝形成的徽州商帮、苏州洞庭商帮等成为当时名冠一时的江南帮会组织。徽州商人黄汴还撰写了一部《一统路程图记》,介绍当时的大小商路,并特地标有一些沿途景观。这些商人因为商贾贸易,成为当时的游历大军。他们在游历途中,访山问水,带动了水陆交通的发展,促进了明朝行旅的繁荣。

4.庶民百姓节日时令游

这部分的旅游群体主要包括城市市民和乡村居民。明朝中后期,城市得到极大的发展,其中,江南地区市镇的发展尤其具有特色。苏杭城市群的发展模式可谓众星拱月式,在中心城市周边环绕着众多新型工商业市镇,形成了江南地区纲举目张的城市发展体系,这些市镇新兴的市民阶层和城市景观构成了晚明旅游的一大特色。明朝,乡村居民也是旅游的参与者。但由于交通的不便、经济的差异,相比城市市民来说,乡村居民出游的数量和出游的机会相对较少。当时,江南地区农村经济相对发达,交通较为便利,吴越之地作为东南佛国,佛庙寺院分布众多,佛事比较频繁,佛教信徒众多,"天下名山僧占多",这些庙宇又多分布在名山胜水景观之中,朝圣礼佛为乡村居民游历平添了一些机会。这也是江南地区旅游的特色之一。山水庙宇、自然人文的得天独厚,再加上节日时令,可以说江南地区城市市民和乡村居民出游的机会相对要更多一些。一些游记、文献也向我们呈现了这一盛况。张瀚在《松窗梦语》中描绘清明、霜降两节令人们游湖赏乐的情形时写道:"阖城士女,尽出西郊,逐队寻芳,纵苇荡桨,歌声满道,箫鼓声闻。游人笑傲于春风秋月中,乐而忘返,四顾青山,徘徊烟水,真如移入画图,信极乐世界也。"萧士玮《南归日录》记载武陵(杭州)端午竞渡:"武陵重竞渡。是日画舫凫飞,游人蚁集。……楼船箫鼓,院落歌吹,大约如昔人所云。"张岱《陶庵梦忆》"金山竞渡"记载杭州、南京、无锡、扬州、镇江等江南地区端午竞渡:"看西湖竞渡十二三次,己巳竞渡于秦淮,辛未竞渡于无锡,壬午竞渡于瓜州,于金山寺。西湖竞渡,以看竞渡之人胜,无锡亦如之,秦淮有灯船无龙船,龙船无瓜州比,而看龙船亦无金山寺比。"谭元春《再游乌龙潭记》记载南京七夕雅集:"潭宜澄,林映潭者宜静,筏宜稳,亭阁宜朗,七夕宜星河,七夕之客宜幽适而无累。然造物者岂以予为此拘拘者乎!"高攀龙《武林游记》记录杭州中秋泛月:"是日十五,杭人竞相泛月,而阴蒙作雨,余亦促归。"彼时的元旦、元宵、立春、清明、端午、中秋、重阳等节日时令都成了老百姓暂且放下手中生计,休闲游历的美好借口,朝圣礼佛也成为众多信徒且朝拜且行旅的好由头。

5.僧侣云游

明朝,江南地区的范畴和今天已经基本接近。吴越地区成为江南的核心区域,无论在经济、文化和交通等方面都具有极其重要的地位。汉末乱世,名僧支谦奔吴,安世高避乱江南,吴越地区的佛教逐步兴起,南朝时达到了我国佛教史上的最高峰。杜牧"南朝四百八十寺"是对这一盛景的有力注释。名山胜水中掩映的佛教寺庙、佛塔经幢让自然和人文的景致完美结合,使吴越佛国盛誉远播。历唐宋元诸世,至明朝,其佛国盛名不减,吸引着本土和外来僧侣来往云游,切磋佛事,交流文化。佛教有很多节日,佛菩萨出生、出家、成道、涅槃等重要日子,在各自的信仰者中历经传承,孕育出浴佛节、盂兰盆节、腊八节等佛家重要的节日,也吸引着众信徒济人、交游等。

6.文人漫游(包括文官宦游)

文人阶层是明朝尤其是晚明旅游的主导者,明朝中后期很多新形式、新类型的游具和新观念(游道)都是由这一人群主导并随之传播开来的。因此,这一群体也是我们研究的核心对象。在这一群体中,公安三袁、冯梦祯、李日华、李流芳、王士性、王思任、徐弘祖(徐霞客)、李时珍、张岱等都是比较著名的。

(五)品位出众的文人群体

明人张岱在其《陶庵梦忆》卷七"西湖七月半"中,以看月之人为对象,将游人以五类看之:"其一,楼船箫鼓,峨冠盛筵,灯火优傒,声光相乱,名为看月而实不见月者,看之;其一,亦船亦楼,名娃闺秀,携及童娈,笑啼杂之,环坐露台,左右盼望,身在月下而实不看月者,看之;其一,亦船亦声歌,名妓闲僧,浅斟低唱,弱管轻丝,竹肉相发,亦在月下,亦看月而欲人看其看月者,看之;其一,不舟不车,不衫不帻,酒醉饭饱,呼群三五,跻入人丛,昭庆、断桥,嚣呼嘈杂,装假醉,唱无腔曲,月亦看,看月者亦看,不看月者亦看,而实无一看者,看之;其一,小船轻幌,净几暖炉,茶铛旋煮,素瓷静递,好友佳人,邀月同坐,或匿影树下,或逃嚣里湖,看月而人不见其看月之态,亦不作意看月者,看之。"张岱认为,大多数人并非看月之人,也就是并非真正懂得游历之人,故而暮鼓初起,即惶恐城门关闭,于是争相逐队赴门,委实非山水中人,只是附庸风雅的世俗之人罢了。而暮鼓闭城之际,岸上人正当逐队赶门,渐稀渐薄,顷刻散尽之时,却正是张岱等人始舣舟近岸之始。这个时候"断桥石磴始凉,席其上,呼客纵饮"。山林寂寥,同侪举杯。"此时月如镜新磨,山复整妆,湖复颒面。"此等清享舒畅,非世俗之人所能企及。此时"向之浅斟低唱者出,匿影树下者亦出,吾辈往通声气,拉与同坐。韵友来,名妓至,杯箸安,竹肉发"。及至"月色苍凉,东方将白,客方散去。吾辈纵舟,酣睡于十里荷花之中,香气拍人,清梦甚惬"。伴荷花清香,携清梦甚惬,其清其雅,非俗肠庸人所能至、能解之境。张岱,字宗子,又字石公,号陶庵,又号蝶庵居士。山阴(今浙江绍兴)人。其文、其人堪为明时文人士大夫之典型,其出游品位也代表了那个时代文人士大夫的追求。而这些文人士大夫在江南地区为数众多。据陈正祥《中国文化地理》统计,从明洪武四年到万历十四年间(1371—1586年),每科的状元、榜眼、探花和会元,凡244人,南方计215人,北方仅29人,其中南直隶66人,浙江48人,江西48人,福建31人,其余省份最多不过9人。这些文人士大夫以江南为中心,行迹远至常人所不能至,其行旅途中的所思、所悟、所记、所绘不仅引领着时代行旅的风潮,更积淀为厚实的旅游文化,其游具、游记、游道塑造了明朝文人士大夫不同凡响的品位追求。

四、明朝江南地区琳琅满目的游记、旅游文献资料

明朝是我国旅游史上的又一个高潮时期,文人士大夫群体的加入使这一现象更加蔚为壮观,并带有更高的审美取向。他们所留下的大量游历途中的游记、旅游文献成为后人宝贵的知识财富。这些游记、小品文,或浪漫唯美,或质朴感人,或娓娓道来,或激扬慷慨,山川与情趣一见而洽,充满了丰富活

泼的性灵之美。

苏州大学魏向东教授的《晚明旅游地理研究(1567—1644)——以江南地区为中心》仅晚明游记统计就有 929 篇,如若加之明朝早中期的游记小品文远逾千篇,可谓洋洋乎大观。其中:《四库全书》晚明游记统计表中,共得游记作者 13 人,游记 64 篇;《四库全书存目丛书》集部晚明游记统计表中,共得游记作者 52 人,游记 333 篇;《四库禁毁书丛刊》集部晚明游记统计表中,共得游记作者 63 人,游记 369 篇;《四库未收书辑刊》晚明游记统计表中,共得游记作者 16 人,游记 41 篇;晚明人别集游记经眼录,共得游记作者 9 人,其中王士性已见于四库全书,游记 122 篇。① 合计作者 152 人,游记共计 929 篇。在这 152 人中,籍贯在应天、苏州、松江、常州、镇江、徽州、宁国、池州、太平、广德等南直隶十州府、浙江等江南地区的为 87 人,占其中的 57％左右,而郭汝霖、王弘诲、范守己、陈勋、高弘图、文翔凤、欧大任、袁中道、周之夔、胡维霖等 10 人虽然不是江南人士,却有为官江南地区的经历,也是活动在江南地区的文人士绅,这样至少有 97 人行旅江南,约占其中的 64％。魏向东教授这本书的附录六统计了晚明相关旅游者的出发地、目的地、主要景点,在此基础上,我们经过计算,共得游记 757 篇,其中以南直隶十州府和浙江等江南地区为旅游目的地的达 368 篇,占统计数的 48.6％,有近半的行旅生活是在江南地区。可以推知,在明早期,都城尚在南京之时,相关江南的游记、游历更不在其下。

周振鹤先生将《四库全书》、《四库全书存目丛书》、《四库禁毁书丛刊》中所藏近千种明人文集进行检索,发现游记 450 篇。这些游记小品文、文献中,有袁宏道《西湖游记》、王世贞《泛太湖游洞庭两山记》、张岱《湖心亭看雪》、李流芳《游虎丘小记》等脍炙人口、流芳千古的游记小品文,也有徐弘祖《徐霞客游记》、王士性《广志绎》等卓尔不凡的游记文献、人文地理名著。这些游记文献的大量涌现反映了明朝文人游历的兴盛。与之相适应的"游唤"、"游道"、"游具"等相关文献将行旅生活点缀得多姿多彩,趣味盎然。

---

① 魏向东:《晚明旅游地理研究(1567—1644)——以江南地区为中心》,天津古籍出版社,2011年,第 479-496 页。

五、明朝时期江南文人参与设计的思潮

封建社会"重道轻器"、"道上艺下"的传统道器观延滞了设计的发展。明朝中后期,近代科技思想崭露头角,为近代社会带来了生气与活力,表现在设计方面主要有:明式家具的科学构思(明式家具是科学性和艺术性的高度统一),《天工开物》的科学历练,宣德炉和明青花等科技含量高的新品种层出不穷,文人游具的兴盛。这些器物设计的新繁荣无不显示出科技的强大力量和无穷魅力。明朝中后期抬升的科技和科技思想如同一把利斧,为明朝艺术设计发展披荆斩棘。

江南地区出现的资本主义萌芽、商品经济的繁荣、近代科技的萌发同该地区崇实黜虚、经世致用的"实学"思潮的和合,既奠定了传统器物设计繁荣的社会经济基础,又促进了思想启蒙和个性解放,而异常活跃的思想、文化、艺术则为明朝艺术设计的新繁荣提供了立意渊源和灵感所在,是设计的智力支持。许多文人士子在时代浪潮的冲击下,放弃了千百年来所持重的"重道轻器"、"坐而论道"和"学以致其道"的传统思想习气,参与到艺术设计的研习和著述中来。这些文人尤其是置身江南地区的文人,通过自己的审美情趣、所用所好、诗画墨宝或亲身参与设计实践,表现出对工艺设计的极大关注。他们的参与为艺术设计提供了思想和方法上的启发,他们深厚的文学修养和坚实的理论功底成为明朝中后期艺术设计及相关著述灿烂备至的重要前提。可以说,没有文人士子的热心参与,就没有明朝中后期艺术设计和相关著述的灿烂备至。

明朝文人士子与工艺器物制作发生着千丝万缕的联系,这一方面促进了这一时期工艺的文人化,另一方面也表明对下层社会生活的理解和对民间百姓的关注逐渐成为明朝知识分子的普遍思想。"与历代文人重道轻器、鄙薄记载百工之艺大相径庭,明代特别是晚明,品鉴器物的文人笔记层现错出,如《格古要论》、《遵生八笺》、《清秘藏》、《骨董十三说》、《长物志》等。"[①]这一时期,集中出现

---

① 长北(张燕):《中国艺术史纲》,商务印书馆,2006年,第518页。

了我国最有价值的工艺论著,这些论著大多成为其后艺术设计教育的范本。

家具方面,比如《遵生八笺》中的二宜床,《长物志》《格古要论》中的琴台、琴桌等,都是文人设计的模范。《遵生八笺》的作者高濂重视天然,提出天趣、人趣和物趣三趣说,他认为:"天趣者,神是也;人趣者,生是也;物趣者,形似是也。"《格古要论》和《博物要览》等著述也都表现出对自然天趣的艺术设计的偏爱。这种重自然意趣的审美观点导引了明式家具重造型、线条、用材、装饰等浑然一体的质朴典雅之美,而明式家具的艺术设计中所要求的"古朴"、"古雅"、"奇古"等设计要求也正是文人追求古人典雅风范的典型表现。园林方面,对造园设计和造园思想影响突出的是文震亨及其《长物志》、计成及其《园冶》等。文震亨《长物志》中"石令人古,水令人远,园林水石,最不可无。要须回环峭拔,安插得宜,一峰则太华千寻,一勺则江湖万里"的造园思想,计成《园冶》中"虽由人作,宛自天开"、"巧于因借,精在体宜"的造园意趣堪称园林设计的思想精华。文房清玩方面,明人合称为"文房四宝"的笔、墨、纸、砚,以及笔洗、墨床、镇纸等,向来为文人墨客钟爱有加。明朝中后期,商品经济的冲击和文人审美的影响使得这一时期的文房清玩琳琅满目而又别有洞天,观赏价值远远超出使用价值,甚至成为文人富豪标榜身价的重器。与此相关的著述包括《遵生八笺》等,关于陶瓷的著作有《辍耕录·窑器》等。关于漆器工艺的著作有《髹饰录》。江南民间还流传有记载民舍、家具、农业和手工业工具制作工艺的《鲁班经》。此外,《天工开物》等更是中国传统工艺论著中的奇葩。我国传统艺术设计自此进入理论和实践的总结阶段。这些著作毫无疑问包含着不少设计、审美的重要思想,而这些著作的撰写者也大多为江南地区的文人。王世襄先生将明朝家具的审美概括为十六品:简练、淳朴、厚拙、凝重、雄伟、圆浑、沉穆、浓华、文绮、妍秀、劲挺、柔婉、空灵、玲珑、典雅、清新,这些审美思想是明朝设计思想中的精华,当然更是明朝江南文人游具设计思想的精髓。这些设计思想体现在明朝不同器物的设计中,具有一定的同构性和时代审美属性。

有着"中国17世纪的工艺百科全书"美誉的《天工开物》,可谓是这一时期科技和设计发展的历史顶点。该书名源自《尚书·皋陶谟》"天工人其代之"和《易经·系辞上》"开物成务","天工开物"四个字开宗明义地道出我国传统造物设计的真正内涵和"天人合一"的哲学观,极尽天工巧思。这一为"丐大业文人,弃掷案头"、"于功名进取毫不相关"之书却恰恰反映出明朝重实践、轻空谈,重试验观察、轻烦琐考证,重实用技术、轻神仙方术的科学精神。①《天工开物》和明式家具作为我国古代造物思想与实证,为我国传统艺术设计做了完美的总结。《天工开物》作者宋应星为江西奉新人。江西即江南西道,是唐开元二十一年(733 年)以江南道分置的一个道,地缘与江浙相邻,风土教化相近,因而一定程度上也映射了这个时期江南地区甚至是明朝的传统手工艺设计思想。

"《天工开物》是我国明代一部重要的科学技术名著。这部科学技术著作,在许多方面居于世界的先进地位,一直受到国内外科学技术史研究者的重视,但是中国封建社会后期崇尚'坐而论道',鄙薄劳动生产和科学技术,致使这部著作长期失传,到 1926 年才从国外得到翻刻本,新中国成立后从私人的藏书中找到了一部初刻本。也从一个侧面反映了我国科技自明代以后开始落后的原因。"②这一点在鸦片战争之后百弊丛生、千疮满痍的晚清时代愈加凸显。科技的缺失、科技精神的缺位、人文精神的失落、清政府的积贫积弱、内外战事的频仍等内外环境的交困,阻碍着我国艺术设计的发展。

明朝器物设计是此期哲学、伦理学、文学和社会审美风尚的综合折射。明朝,传统艺术设计掇英咀华,成为我国古代艺术、工艺和传统艺术设计集大成的总结期和"掇英"期。③

六、明朝时期江南文人的游具设计及其美学研究
——以《遵生八笺》、《游具雅编》、《长物志》为研究核心

明朝文人表现出对设计极大的热情,他们不仅参与家具、园林等方面的设计,也浸淫于文房清玩、陶瓷、漆器等方面的设计,在旅游用具的设计方面也有

---

① 宋应星著、潘吉星译注:《天工开物译注》,上海古籍出版社,1992 年,第 18 页。
② 奚传绩:《设计艺术经典论著选读》,东南大学出版社,2005 年,第 42 页。
③ "掇英"和"掇英时期"的提法是王伯敏先生在其《中国绘画通史》(下册)(生活·读书·新知三联书店,2000 年,第 7-9 页)就明清之际绘画艺术的成就所作出的提法,这一提法客观公允、真实概括,得到学界的共识。笔者认为这一提法与明清之际古代传统艺术设计和教育所取得的成就具有共通性。

不俗的表现。江南地区文人聚集,明末,王阳明"知行合一"的新道学在江南地区流行,直接冲击着传统文人"道上器下"、"坐而论道"的习气。这些文人交游,会友,雅聚,游唤相邀,欢聚在青山秀水之间,衍生出不同寻常的"游道"、"游具",以示品位的塑造和身份的区别。

"游道"是文人品位塑造的理论化,精致考究的"游具"是品位塑造的具体化,道器结合是晚明文人士大夫空前的游冶情致,也是他们探索外在世界的新尝试。在他们看来,非此不能称为真正的游冶之人。所以,明末文学家张岱笔下的游人分为达官贵人、名娃闺秀、名妓闲僧、无赖子弟和风雅文士五类(《西湖七月半》)。在以张岱为代表的文人士大夫们看来,前四类游人并非真正的游人,只有那些"小船轻幌,净几暖炉,茶铛旋煮,素瓷静递"的风雅文士才是真正懂得山川之音的游人。他们之所以如此标新立异,主要是因为这个时候"大众旅游活动的普及与娱乐性冲击了士大夫的旅游文化,特别是在明以前,几乎只有士大夫与贵族阶层能够从事休闲旅游活动,但是到了晚明即使是一般庶民也可以从事旅游活动","士大夫们已不能靠法令来禁止下阶层的消费活动,于是他们致力于将休闲消费改造作为一种文化象征,将地位认定的物品——'游具'推陈出新以及将旧东西标志成'俗粗'之物,并且塑造特异的旅游品位——'游道',来区分自己与一般人在身份地位上的不同"。[①] 如此,"游具"一词便应运而生,并成为文人士大夫们身份象征和品位塑造的物化。一些文士又发展出了一套游具设计、审美的论点,"游具"一词被正式关注。高濂的《遵生八笺》、屠隆的《游具雅编》、文震亨的《长物志》三书系统地说明了游具的种类、功能和设计制作。张岱的《游山小启》和《湖心亭看雪》、李日华的《味水轩日记》等文也多有记录游具设计思想、制作方法或游赏所需之游具。

在这些游具设计、审美的相关资料中,比较有影响力的当属高濂的《遵生八笺》、屠隆的《游具雅编》和文震亨的《长物志》等,其中以《游具雅编》的影响为最,这不仅因为其首次旗帜鲜明地以"游具"来开篇命题,更是相关游具独立成文的著述。三书有许多重叠,尤其是屠隆收入《考槃余事》中的《游具雅编》与高濂《遵生八笺》中的"游具"条,几近相互覆盖。有学者考证认为《考槃余事》出自

① 巫仁恕:《品味奢华:晚明的消费社会与士大夫》,中华书局,2008年,第201-202页。

《遵生八笺》，只是有所增减取舍，比如欧贻宏《〈遵生八笺〉与〈考槃余事〉》①、魏向东《晚明游具及特征》②等。因本书研究对象为游具设计的美学，重点不在于对二书的正本清源，于研究而言，此二书包括《长物志》中相关游具的研究，还是各有特色可为汲取。

有趣的是，浩瀚书海中三部系统说明游具的种类、功能乃至制作的图书皆出自吴越之地。高濂，字深甫，号瑞南，明仁和(今杭州)人，以戏曲名于世。屠隆，明代文学家、戏曲家，字长卿，一字纬真，号赤水，浙江鄞县(今宁波市鄞州区)人，万历五年(1577年)进士，好游历。文震亨，字启美，系长洲(今苏州)人。

高濂《遵生八笺》罗列有竹冠、披云巾、道服、文履、道扇、云舄、瘿瓢、竹杖、斗笠、酒樽等29种游具，屠隆《游具雅编》列有笠、杖、鱼竿、衣匣、叠桌、药篮、备具匣、瓢、葫芦、提盒、提炉、叶笺等14种，文震亨《长物志》列有道服、坐团、篮舆、舟等12种。《长物志》、《遵生八笺》和《游具雅编》这三部书大致上将游具分为五大类：衣履冠饰、装备配件、饮食器皿、文房器具、交通工具等(见表6-1)。③

表6-1 《遵生八笺》、《游具雅编》和《长物志》中呈现的游具

出处	饮食器皿	衣履冠饰	装备配件	文房器具	交通工具
《遵生八笺》	瘿瓢、瘿杯、葫芦、提盒、提炉、酒樽	竹冠、斗笠、披云巾、道服、文履、云舄	竹杖、道扇、拂尘、坐毡、衣匣、备具匣、叠桌、药篮、五岳图、观雪庵	诗筒、葵笺、叶笺、棋盒、韵牌	轻舟、便轿
《游具雅编》	瓢、酒尊、葫芦、提炉、提盒	笠	鱼竿、衣匣、备具匣、叠桌、杖、药篮	叶笺	舟
《长物志》	瓢	道服、笠、履、巾	坐团、杖、交床、折叠床		舟、小船、篮舆

① 欧贻宏：《〈遵生八笺〉与〈考槃余事〉》，《图书馆论坛》，1998年第1期，第78-79页。
② 魏向东：《晚明游具及特征》，载《东吴文化遗产》第一辑，上海三联书店，2007年，第280页。
③ 巫仁恕：《品味奢华：晚明的消费社会与士大夫》，中华书局，2008年，第196页。

三书所列数十种游具虽为风雅文士外出游赏所用,却具朴素清华之气,并可见佛道文化对造物设计的强有力渗透。[①] 文震亨《长物志》衣饰篇言及"吾侪既不能披鹑带索,又不当缀玉垂珠,要须夏葛、冬裘,被服娴雅,居城市有儒者之风,入山林有隐逸之象",已经将文人群体自我特立,以区别于破衣敝屣之流或锦衣玉食之属。这种"儒者之风"和"清逸之象"的品位塑造、思想追求,不仅沦肌浃髓,而且还体现在文人游具的设计和审美之中。屠隆《游具雅编》尤其强调"雅"的品位,他认为"雅"的游具大致上可分为两类:一类是必需品,如遮阳用的笠、辅助登山用的杖、置饮水的葫芦、放置药膏与丹炉的药篮;另一类是娱乐用品,满足旅途精神愉悦的物具,如叶笺、渔竿。相关人士认为持有雅具的文人雅士才能神会名山胜水的意境,为此,他们不惜躬身设计制造。高濂、屠隆和文震亨三人的书中都详细陈述了这些"济胜具"的设计、功用和审美。

(一)饮食器具

这是满足旅行途中生命补给的重要器具。高、屠二人最重视的四件游具(提盒、提炉、备具匣与酒樽)中,有三件属于饮食器具的。

提盒,北京匠师习惯称提匣,泛指分层而有提梁的长方形箱盒。提盒以盛装食物为主,也有用来盛放册页或小件珍玩的。明朝人游历时多用提盒装储各种器具,并归类分层放置。提盒可以随手拎提或挑在担的一端。高濂《遵生八笺》载其所制提盒:"余所制也,高总一尺八寸,长一尺二寸,入深一尺,式如小厨,为外体也。下留空方四寸二分,以板闸住,作一小仓,内装酒杯六,酒壶一,箸子六,劝杯二。上空作六格,如方盒底,每格高一寸九分。以四格,每格装碟六枚,置果肴供酒觞。又二格,每格装四大碟,置鲑菜供馔箸。外总一门,装卸即可关锁,远宜提,甚轻便,足以供六宾之需。"[②]高濂记述了其所制游具的式样和内部空间布局,如此精心的设计不仅使其具备极高的实用

① 邱春林:《古代文人的游兴与游具设计》,《南京艺术学院学报(美术与设计版)》,2008年第2期,第106页。
② 高濂:《遵生八笺》,巴蜀书社,1992年,第360页。

价值,而且拥有极高的审美价值。提携之间的饮食之作,成为文人山游赏味逸兴的雅具。

屠隆《游具雅编》中的提盒

提盒为文人所追慕,远在明朝之前即已存续,文字记述至少可以追溯到宋朝所谓的"游山器",即郊游时用的器具。北宋文彦博有文记述:"某伏蒙昭文相公(富)以某方忝瀍洛之寄,因有嵩少之行,惠赐游山器一副,质轻而制雅,外华而中坚,匪惟便于赍持,实为林下之珍玩也,辄成拙诗。"诗曰:"上公遗我游嵩具,匜盥杯盂色色全。拂拭便须延隐逸,洁清那敢污腥膻。行赍每度云岩侧,器使当居蜡屐前。林叟溪翁皆窃玩,山厨因此识嘉筵。"诗文字里行间透露着对此游山具的喜爱。该游山器以竹为材,髹漆其中,精巧雅致,轻坚考究,以致弗敢污染腥膻,看似普通的行旅餐具却被雕琢成文人山游的林下珍玩,并赋诗歌咏,使其濡染文人的气质,载道文人出游的不同寻常,远非世俗平民所能及。这件游山器的竹材取料和娴熟精巧的设计制作,以及文彦博的欣喜珍爱,似乎也向我们传达出另一信息:此物极有可能出自江南。

无独有偶,北宋文人、科学家、政治家沈括在其《梦溪忘怀录》中也有相关记述,其中"行具二肩"条如是写道:"甲肩,左衣箧一:衣,被,枕,盥漱具,手巾,足布,药,汤,梳。右食匮一:竹为之,二鬲并底盖为四,食盘子三,每盘果子楪十。矮酒榼一,可以容数升,以备沽酒。匏一,杯三。漆筒合子贮脯修、干果、嘉蔬各数品,饼饵少许,以备饮食不时应猝。唯三食盘相重为一鬲,其余分任之。暑月,果修合皆不须携。乙肩,竹鬲二,下为柜,上为虚鬲。左鬲上层,书箱一:纸,笔,砚,剪刀,《韵略》,杂书册。柜中食碗碟各六七,箸各四,生果数物,削果刀子。右鬲上层:琴一,竹匣贮之。折迭棋局一,柜中棋子、茶二三品。蜡茶即碾熟者,盏托各三(盂瓢七等)。"这里的竹制食匮即提盒,用以装盛山游所需食物。从此处不多的描述中,也可以看出提盒制作技艺的纯熟和精良。

继北宋文彦博、沈括等文人的游山器和提盒记述之后，南宋著名文人林洪在其《山家清事》"酒具"条下也有相关描述："山径兀，以蹇驴载酒讵容毋具。旧有偏提，犹今酒鳖。长可尺五而匾容斗余，上窍出入，犹小钱大。长可五分，用塞，设两环，带以革，唯调为之。《和靖翁送李山人》故有'身上只衣粗直掇，马前长带古偏提'之句。今世又有大漆葫芦，隔以三，酒下，果中，肉上，以青丝络负之，或副以书箧，可作一担，加以雨具及琴，皆可。较之沈存中游山具差省矣，唯酒杯当依沈制。不用银器。"这段记述虽然多是介绍山游时的酒具，但所涉大漆葫芦功能与提盒无异，内盛酒水、果蔬和肉品。只是此大漆葫芦究竟是何物，尚无具体考证。辽宁省博物馆所藏绘画《山弈候约图》中，候约者策杖携童子逶迤而行，两童子荷琴囊，负葫芦，童子与葫芦对比，益显葫芦之大，绝非寻常物种。将林洪此条并与沈括游山具做一简单比较，也足见沈括游山具的知名度和影响力。

《山弈候约图》（局部）中童子所负葫芦
（辽宁省博物馆藏）

两宋时期是"士"的重要形成时期，也是我国文人画的形成期。宋朝一些具有广博文化修养的画家首次提出了文人画的理论。苏轼第一个比较全面的阐明了文人画理论，对于文人画体系形成起到了决定性的作用。这些绘画不仅强调诗情画意的结合，也将文人的游历生活搬上画面。这个时期以及其后元明时期的很多文人画都不厌其烦地表现此类题材，比如南宋佚名人士的《春游晚归图》，明朝著名文人、浙江钱塘人士戴进的《春游晚归图》等。这些图画也为我们展示了文人士大夫出行的方式及其所携游具。就提盒而言,这两幅图的描画都非常清晰,与同时期的文字记载相印证。从文字、绘画和相关遗存实物可以看出,这些匣盒的结构排列十分整齐,非常便于物品的归类和摆放平稳。

宋佚名《春游晚归图》中的提盒和酒具
（台北故宫博物院藏）

明戴进《春游晚归图》中的提盒和酒具
（台北故宫博物院藏）

　　明朝常见的提匣以二撞式和三撞式居多,也有撞式更多的。明人称一层为一撞,所谓"匣有长方、四方,二撞、三撞四式"[①],它因此又称作撞匣。北京故宫博物院所藏名品剔红山水人物二撞提匣,全身都为剔红色。每层小屉的外立墙各以花鸟山石加以装饰,若是把它们层叠起来,就正好是一幅上下呼应错落有致的完整图画。提匣的顶盖雕刻着装饰图案,主要描绘了水畔一童子荷担随船而行,担子的一端是酒,另一端即是提匣,这一场景正好与提匣的用途相呼应,就像是古时候的产品说明书一样。其功能和造型如同居家的橱柜一般,匣中有盒,盒中有匣。两层里边可再各置诸般小器,分别存置物品。图案造型精巧别致,雕刻缜密,刀法快利。漆质细腻,颜色纯正,红黑错配,端庄典雅,符合明朝文人的游历休闲生活和不同寻常的审美追求。高濂《遵生八笺》中的《起居安乐笺》和《燕闲清赏笺》都提及了与出行相关的漆器,出现了如提盒、都丞盒、拜匣或拜帖匣、文具或都丞文具等类似器具。相较宋朝的漆盒、漆箱、漆匣,明朝的制作更精致,功能更专一,欣赏性也更强。

剔红山水人物二撞提匣
(北京故宫博物院藏)

　　提炉也是明朝文人士大夫十分重视的游具之一。高濂《遵生八笺》如是描述提炉:"式如提盒,亦余制也。高一尺八寸,阔一尺,长一尺二寸,作三撞。下层一格,如方匣,内用铜造水火炉,身如匣方,坐嵌匣内。中分二孔,左孔炷火,置茶壶以供茶。右孔注汤,置一桶子小镬有盖,顿汤中煮酒。长日午余,此镬可煮粥供客。傍凿一小孔,出灰进风。其壶镬迥出炉格上太露不雅,外作如下格

---

　　① 高濂著,王大淳、李继明等整理:《遵生八笺》,人民卫生出版社,2007年,第461页。

方匣一格,但不用底以罩之,便壶镶不外见也。一虚一实共二格,上加一格,置底盖以装炭,总三格成一架,上可箭关,与提盒作一副也。"①从该书的图片中可以清晰地领会其设计和意趣。

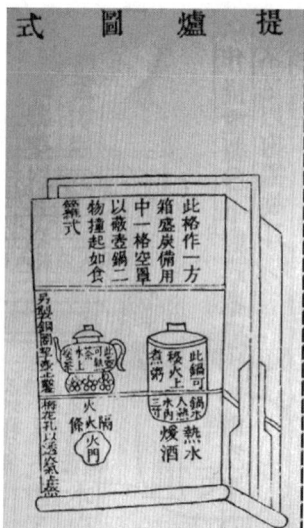

屠隆《游具雅编》中的提炉

提炉作为文人出行的重要工具,自然要讲究许多,虽然明朝以前文人也有与此功能相关的游具,但多不甚讲究,比如南宋佚名的《春游晚归图》中,童子前担所负温热器具,炉镶太露,明朝文人视其为不雅。

文人烹茶煮汤的雅具竹炉,有史料可查始于明初著名文人、画家王绂。王绂,字孟端,号友石生,别号九龙山人,元至正二十二年(1362年)生,无锡人。据《无锡金匮县志》记载,1395年春,王绂因医治眼疾,住在幽静的惠山听松庵内,常与性海禅师和诸文人学士汲惠山名泉品茗雅聚。王绂和性海禅师受古式风火炉启示,设计了一个底方顶圆的竹炉,并请来湖州竹匠,编制而成。竹炉外部以斑竹编织,内部涂坚实细泥,炉心以铜栅分离,炉口也护以铜套,形似道家的"乾坤壶"。其上圆下方,象征"天圆地方"。经过文人的参与设计和匠人的巧于因借,原本普通的炉具出落成雅致精巧的竹炉,成为其后文人出游的珍品。为此王绂画了《竹炉煮茶图》,并题诗曰:"寒斋夜不眠,沦茗坐炉边。活火煨山栗,敲冰汲涧泉。瓦铛翻白云,竹牖出青烟。一啜肺生腑,俄警骨已仙。"王绂还邀请侍读学士王达撰《竹炉记》,其后,许多文人在此图卷上留名题跋,终汇成珍贵的《竹炉图咏》,在江南文人中颇负盛名。

竹是文人心中的清雅之物,所谓宁可食无肉,不可居无竹。如若此炉非青竹而为,如泥陶之炉,定难生出如此仙道清韵。晚王绂七十余年出生的著名文人、书法家吴宽的《游惠山寺游记》也印证了竹炉和王绂等人的设计制作,记曰:"予游惠山,入听松庵,酌第二泉,煮茶竹炉,出于故王舍人孟端制,古而雅。"其

---

① 高濂:《遵生八笺》,巴蜀书社,1992年,第361页。

诗《游惠山入听松庵观竹茶炉》云："与客来尝第二泉,山僧休怪急相煎。结庵正在松风里,烹茗还从谷雨前。玉碗酒香挥且去,石床苔厚醒犹眠。百年重试筠炉火,古杓争怜更瓦全。"同时代的著名文人、茶学家,苏州人顾元庆编制的《茶谱》所曰"附王友石竹炉"也印证了王绂与竹炉的密切关系。而王绂一介文人,让他制炉估计是不现实的,作为画家,设计、出图正是长项。北京故宫博物院藏有一只竹炉,乃是清乾隆十六年(1751年),乾隆帝南巡,在无锡听松庵用竹炉煮水,心有所爱,后命工匠精心仿制并携回北京的。竹炉底部镌有乾隆御诗及跋:"竹炉匪爱鼎,良工率能造。胡独称惠山?诗禅遗古调。……乾隆辛未春,过听松庵,见明僧性海所遗竹炉,命仿制并纪以诗。御题。"

乾隆御用竹炉
(北京故宫博物院藏)

　　历史上有关竹炉的文字记载,早在唐、宋诗文里已有呈现。杜甫《观李固请司马弟山水图三首》诗曰:"简易高人意,匡床竹火炉。寒天留远客,碧海挂新图。"这里的竹炉是取暖之用的,尚不能确定烹茶与否。宋黄庭坚《次韵喜陈吉老还家二绝》诗曰:"催织青笼篛白酒,竹炉煨栗煮鸡头。"明刘崧《春夕有怀》诗"竹炉瀹茗火初残,苔榭收书露未干"等,表明宋之后竹炉的功能渐渐扩展为煮汤、烹茶、温酒等。只是这专司文人雅士烹茶定汤的竹茶炉尚待王绂等人设计制作,这无疑也启迪了文震亨、高濂和屠隆等江南文人的提炉设计。

　　文人雅聚,驾言出游,品茶论酒,写诗作画,雅具成为重要的游具。斯景斯物不仅荡漾在文人雅士的诗文之中,也频频投射在文人的画作中。重游历的明朝,荟萃文人的江南,也诞生了一系列与竹茶炉相关的名画作。其中卓绝者,除却上文王绂的《竹炉煮茶图》,尚有王问的《煮茶图》、丁云鹏《煮茶图》等。而仇英《理琴图》也将竹茶炉付诸画面。王问,江苏无锡人,明朝画家。其《煮茶图》是继王绂《竹炉煮茶图》后的又一以竹炉煮茶为题材的画。煮茶炉是竹炉,四方形,炉外用竹编成,图中主人公正聚精会神地煮茶定汤。丁云鹏,字南羽,号圣华居士,安徽休宁人,明朝画家。其《煮茶图》描绘的主人公卢仝坐榻上,双手置膝,手执团扇,目视茶炉。榻边置一煮茶竹炉,炉上茶瓶正在煮水。榻前几上有茶罐、茶壶、茶托、茶碗诸物,旁有一人正蹲地取水。榻旁有一老婢手托果盘徐徐而来。画面人物生动专注,湖石花草正美。此画以唐朝卢仝煮茶故事为题材,但所表现的已非唐代煎茶而是明朝的泡茶。王、丁二人《煮茶图》中都出现了煮茶文人和煮茶竹炉,也印证了文人对竹炉煮茶的情有独钟。

王问《煮茶图》中的竹炉

丁云鹏《煮茶图》局部
(无锡博物院藏)

仇英《理琴图》中的竹炉

　　明朝文人嗜茶如命,而相关题材的绘画也有许多,仅唐寅一人名画就有《事茗图》、《卢仝煎茶图》等,而其《品茶图》上的题跋"买得青山只种茶,峰前峰后摘春芽。烹煎已得前人法,蟹眼松风娱自嘉"更是脍炙人口,传颂千古。以茶交友是一种文人特有的文化生活,是一种别样的审美追求。择茶、择水、择具,每一环节悉心讲究,充盈着文人恬静清寂、因茶悟道、因道悟心、明心见性的茶道之心。以茶事或茶会为题材的绘画作品大量出现,这种现象在之前的唐宋等朝代并不多见,明朝此类画事描述也成为记录文人雅集活动的重要资料。

明朝文人雅集,会心茶事,对茶具自然要求甚高。竹炉作为明朝文人雅具,自然羡煞众多名士。明有所好,清有所效。清康熙年间的名士、江苏无锡人顾贞观就曾经仿制过两只竹炉,还以此在文人中大出风头,据说也羡煞不少名士。顾贞观的《重制竹炉告成志喜》和其好友纳兰性德的《题竹炉新咏卷并序》更是将竹炉的清韵雅趣在文人间涤荡绵延。顾贞观《重制竹炉告成志喜》诗云:"竹炉清韵忽依然,位置仍宜水石边。书讯有僧来谷雨,鬓丝如鹤伴茶烟。家山梦去忘为客,故国诗成感纪年。冷暖此君须自觉,无劳更试洗心泉。"其好友纳兰性德《题竹炉新咏卷并序》记曰:"惠山听松庵竹茶炉,岁久损坏。甲子秋,梁汾仿旧制复为之,置积书岩中。诸名士作诗以纪其事。是冬,余适得一卷,题曰《竹炉新咏》,则明时王舍人孟端、李相国西涯诗画并在,实听松故物也。喜以归梁汾,即名其岩居曰新咏堂。因次原韵。'炉成卷得事天然,乞与幽居置坐边。恰映芙蓉亭下月,重被斑竹岭头烟。画如董巨真高士,诗在成弘极盛年。相约过君同展看,谈交终始似山泉。'"文字记载、图画描述以及诗文吟咏,一律定格竹炉清韵:水石边、幽居处,烧松煮雪,试泉品茗;高堂下,书斋里,素琴金经,诗文画卷,文人德馨,物我浑然,两相雅宜。相较明朝煮茶竹炉与高濂等人的提炉,可见晚明这些文人对于前人雅物的继承和创新。高濂的提炉不仅同时兼得烹茶煮酒二功,并在前人的基础上委以提梁,或担或提,更显轻便。与提盒付之一肩,远游济胜,更见物外雅致。

酒樽作为文人出游的重要饮食用具,高濂如是描述:"注酒远游,古有窑器甚佳,铜提次之,近以锡造者恶甚。余意磁者负重,铜者有腥,不若蒲芦作具,内用坚漆,挟之远游,似甚轻便。山游当与已上三物,束以二架,共作一肩,彼此助我逸兴。"[1]这里"已上"通"以上","三物"是指原书中所述提炉、提盒和备具匣。书中并附有匏樽式样。一为太极樽。注曰:"太极樽以扁匏为之,一为葫芦樽,用大小二匏为之。民间将匏俗称为"瓢葫芦",以匏做樽,古法也,匏樽亦同"瓢

---

① 高濂:《遵生八笺》,巴蜀书社,1992年,第362页。

樽",指酒器。《周礼》"匏樽"注云:"取甘匏割去柢,为樽而酌之。"《诗经·大雅·公刘》载:"执豕于牢,酌之用匏。食之饮之,君之宗之。"历代文人对于匏樽似乎情有独钟,唐宋诗词对于匏樽(瓢樽)皆有牵连唱和。唐刘言史《林中独醒》诗:"晚来林沼静,独坐间瓢尊。"宋苏辙《和毛君新葺困庵船斋》:"画囊书帙堆窗案,药裹瓢樽掛壁篮。"林间独斟,庭中清享,无论野游,或是闲居,文人的生活似乎无此不以滋润,于是乎或曰:人生百年常在醉,算来三万六千场;对酒当歌,人生几何;酒是文人命,无酒不清欢。盛装佳酿的美物自然落入文人的关怀视野,适情怡兴、天真自然的匏樽成为最好的载体。文人游冶,多携匏樽,轻便清雅,返璞归真。

高濂《遵生八笺》中的太极樽

高濂《遵生八笺》中的葫芦樽

明季文人尤爱此物,更是源自匏樽有古朴自然、清雅俊逸之气,为仙道之物。这在前人认知审美的基础上又前进了一步。苏轼《病中游祖塔院》诗:"道人不惜阶前水,借与匏樽自在尝。"其将匏樽指向道家清物。其《前赤壁赋》更是说:"驾一叶之扁舟,举匏樽以相属。"这进一步呈现了此物的野逸,正暗合了文人雅士对仙风道骨的追慕。而宋朝诗人陈舜俞《骑牛歌》中的"匏樽注酒就背饮,缥囊贮书当角垂。吟或狂,醉欲倒,同醉同吟白云老"更道出了匏樽饮酒的自在闲适与放旷畅达。匏樽文化在明朝的传承流变中得到了文人的发扬光大。亲自设计、制作匏樽,收藏、鉴赏匏樽也成为文人的嗜好。明朝作为我国封建社会的集大成时期,儒道思想对文人的影响已经沦肌浃髓,这个时期的文人既有儒家修身、齐家、治国、平天下的理想抱负,又深深埋藏着道家崇尚自然、道法自然和清静无为的思想情结。出则仕,入则隐。仕的境界是"折冲樽俎间,制胜在两楹",隐的高妙为"啸歌林泉中,高蹈风尘外"。但儒道的追求都无碍有酒成仙,无酒向佛。匏樽注酒,自然释然。个中滋味,非寻常世俗之人所能寻味。

瘿杯因其取自天然,器法自然,亦为明朝文人出游钟爱之物,因而对其形制、材质非常讲究。高濂《遵生八笺》中对瘿杯的刻画是:"取木之瘿肖杯者,琢磨成杯式,惟三种为最:桃杯,莲杯,芝杯。余所藏三杯,克肖真形。其外种类甚伙且奇,要之,适用无如三者。"①瘿杯以自然造型惟妙惟肖者为佳,桃杯、莲杯、芝杯为上。从上述文字描述中,我们可以看到,明季文人对游具的要求已经远远超越其实用的功能,而上升到很高的审美层次。依此而言:一是前朝对瘿杯等游具不曾如此讲究;二是此等文人品位远非市井平民、野老百姓所能及的。当然,也正是文人这种对开物工巧和齐物思想的追求,才使得明季文人的游具设计别出心裁,从而在造物设计中独树一帜。

事实上,对于瘿杯的使用由来久矣。唐李益《与宣供奉携瘿尊归杏溪园联句》诗:"千畦抱瓮园,一酌瘿尊酒。唯有沃洲僧,时过杏溪叟。"而江南文人对于瘿杯的吟唱更是屡见不鲜。宋陆游《携瘿尊醉梅花下》诗:"瘿尊未竭狂未休,笑起题诗识吾过。"元朝著名散曲家、剧作家,庆元路(治所在今宁波市鄞州区)人张可久,其《朝天子·湖上瘿杯》曰:"瘿杯,玉醅,梦冷芦花被。风清月白总相

---

①　高濂:《遵生八笺》,巴蜀书社,1992 年,第 356 页。

宜,乐在其中矣。寿过颜回。饱似伯夷,闲如越范蠡。问谁,是非,且向西湖醉。"历代文人同醉瘿杯,却不及明季文人融于其中,又能抽离物外,以更高的角度审视瘿杯,设计、琢磨瘿杯,从而注入自己的审美情趣,提升物品的审美趣味,推动社会审美。

瘿瓢即瘿木制的瓢。明朝文人对匏樽、瘿杯和瘿瓢等天然饮具尤为喜爱,不仅高濂、屠隆等人与游具相关的书中有专门描述,文人的诗文中也多有出现。屠隆《昙花记·仇邪设谤》云:"冷凄凄百衲衣掛着瘿瓢,甘冷澹弃繁华。"李贽《读书灯》诗云:"瘿瓢倒挂三云树,肉眼频观古佛灯。"诗文中的百衲衣、古佛灯等都将瘿瓢这一自然之物与清净地、清心物勾合匹对。如此雅物,文人外出游历,自然不可少,所以高濂《遵生八笺》不吝笔底明珠对此瘿瓢描述道:"有形如芝者,有如瓠者,山人家携带用以饮泉。大不过五六寸,而小者半之,唯以水磨其中,布擦其外,光彩如漆,明亮烛人,虽水湿不变,尘污不受,庶入精妙鉴赏。"①小小一饮泉瘿瓢,亦须光彩如漆,水湿不变,尘污不受,可见主人游具之精妙,志节之高逸。明朝文人雅士制器之精,意不在此,而在乎器以载道的文人情怀。而在综合研究这些天然饮具的基础上,这些情怀更层层清晰地剥离出来。文人雅士亲手赋予游具这一适情怡兴的脉脉人情,不正是物欲横流的现代社会所缺失而现代有思想的知识分子所苦心追求的东西吗?唯此追求才能引领社会走向更善、更美的境界。

明代瘿瓢(江春波制)

---

① 高濂:《遵生八笺》,巴蜀书社,1992年,第356页。

（二）衣履冠饰

审视明季江南文人的游具,如若说满足口腹之奉的饮食器具是比较考究的,那么对于形象塑造的衣履冠饰则更当别论。高濂等人所列游具中道服、竹笠、云舄、披云巾等衣履冠饰之属远非止于身体冷暖之需。衣履冠饰讲究必与时移、必与境迁,恰如文震亨所言:"居城市有儒者之风,入山林有隐逸之象。"因而,出入山林不仅有了区别于前朝的特定的衣履冠饰,而且更被赋予了极高的文化特质,以塑造特有的文人雅士形象和文化品位,从而区别于俗士钝夫。对这种隐逸之象的塑造和向往,在高濂、屠隆、文震亨等人相关游记和游具资料中都有鲜明呈现。

屠隆《冥寥子游》记述了明朝文人崇尚的采真访道游,或曰养生游。冥寥子云:"夫游者,所以开耳目,舒神气,穷九州,览八荒,采真访道。啖云芝,逢石髓,御风骑气,冷然而飘,眇不知其何之。……携一烟霞之友与俱,各一瓢一衲,百钱自随。……行不择所之,居不择所止。其行甚缓,……行动或遇山川之间,青泉白石,水禽山鸟,可爱玩,即不及住,选沙汀磐石之上,或坐而眺焉。邂逅樵人渔夫,村氓野老,不通姓氏,不作寒暄,而约略谈田野之趣,移晷乃去,别而不关情也。大寒大暑,必投栖止焉而不行,惧寒暑之气侵人也。行必让路,津必让渡。江湖风涛,则止不渡,或半渡而风涛作,则凝神定气,委命达生。……其游以五岳四渎,洞天福地为主,而以散在九州之名山大川佐之,亦止及九州所辖,人迹所到而已。"遁入山林,寻刘、阮之故迹,追羲、农之绝轨,蹑二老之玄踪,循迹意度轩轩、披衲垂瓢的得道异人,为明季文人所心向往之,其从而在采真访道中提升自我的仙道气质,在"甚有道气"的衣履冠饰的加持下,塑造理想中的隐士风范。

就此理想得以具体物化的器物而言,高濂在其游具"斗笠"条如是说:"其制有二:一名云笠,以细藤作笠,方广二尺四寸,以皂绢蒙之,缀檐以遮风日。一名叶笠,以竹丝为之,上以椶叶细密铺盖,甚有道气。二物贵在轻便。"[①]"甚有道气"道出了明季文人对游具的审美倾向,而竹冠也凸显了道家追慕的朴素清华

---

① 　高濂:《遵生八笺》,巴蜀书社,1992年,第357页。

之气。在衣着装扮上,这一倾向更加朴白,直呼之"道服",其"不必立异,以布为佳,色白为上,如中衣四边延以缁色布亦可。次用茶褐布为袍,缘以皂布,或绢亦可。如禅衣非兜罗锦,以红褐为之。月衣之制,铺地俨如月形,穿起则如披风道服。二者用以坐禅。策蹇披雪避寒,俱不可少"①。其着装的形象效果是穿起如披风道服,其功能效果则首论用以坐禅参道,再及披雪避寒之旷达。至于披云巾,更曰:"踏雪当制臞仙云巾,或缎或毡为之。扁巾方顶,后用披肩半幅,内絮以棉,或托以毡,可避风寒,不必风领暖帽作富贵态也。"②臞仙当为朱元璋第十七子朱权,号臞仙、涵虚子、丹丘先生,世称宁献王。朱权于"靖难"之变有功,但成祖当政后却尽夺其兵权,前途无望的朱权即隐逸学道,托志冲举,悠游于天师道士之间,与四十三代天师张宇初友善,拜之为师,终成修养极高的道教学者,弘扬道教义理,耽乐清虚。其生平作品和论著多表现道教思想,与历史上的李聃、葛洪、陶弘景、孙思邈等人俱为道教名人。其道书名著《神隐》影响深远,在明朝文人中影响甚广。朱权高迈的仙风道骨风范为当世文人所景仰,其衣履冠饰、装备佩戴也成为文人争相效仿的对象。后文所涉及的"鱼竿"、小舟等将再次呈现其影响。

上有所好,下有所效。明中晚期数位皇帝参禅访道的个人喜好,也共同推动了当季文人对禅道修行的神往与效仿。表现在道的器物载体上,文人游具中衣饰冠履之属的设计与审美最为纯粹。比如:文履,"用白布作履,如世俗之鞋。用皂丝绦一条,约长一尺三四许,折中交屈之,以其屈处缀履头近底外取起,出履头一二分而为二。复缀其余绦,于履面上双交,如旧画图,分其两梢缀履口两边缘处,是为绚。于牙底相接处,用一细丝绦,周围缀于缝中,是为繶。又于履口纳足处,周围缘以皂绢,广一寸,是为纯。又于履后缀二皂带以系之,如世俗鞋带,是为綦。如黑履,则用皂布为之,而以白或蓝为绚繶纯綦是也";云舄,"以蓑草及棕为之,云头如芒鞋。或以白布为鞋,青布作高挽云头,鞋面以青布作条,左右分置,每边横过六条,以象十二月意。后用青云,口以青缘,似非尘土中着脚行用,当为山人济胜之具"。③ 单从这些衣履冠饰的命名即可窥见一斑,更

---

① 高濂:《遵生八笺》,巴蜀书社,1992年,第354页。
② 高濂:《遵生八笺》,巴蜀书社,1992年,第353页。
③ 高濂:《遵生八笺》,巴蜀书社,1992年,第355页。

遑论其十二青布作条,以象十二月意的意蕴,以及青云、青缘的用色点缀,蓑草、棕榈的材质和式如芒鞋的造型。竹笠云巾、道服云舄,与其说塑造着明季文人悠游林泉的理想形象,倒不如说更像山林画图中那些意度轩轩、心神超然的得道高人。

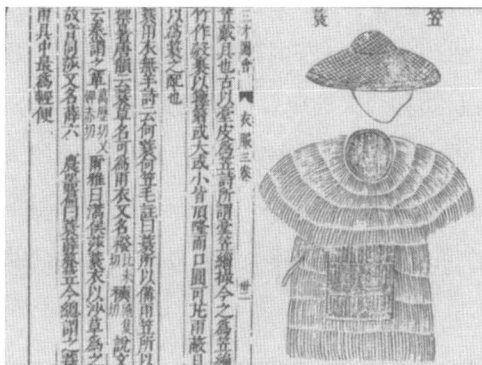

蓑笠(明《三才图会》衣服卷二)

《风雨归舟图》中的蓑衣

(三)装备配件

这类器具中,最为高濂、屠隆和文震亨等文人所重视的是备具匣,连同饮食器具类的提盒、提炉,在高濂《遵生八笺》中皆谓之"余所制也",所以备具匣的设计也是匠心独运,品位不凡。高氏曰:"备具匣,余制以轻木为之,外加皮包厚漆如拜匣,高七寸,阔八寸,长一尺四寸。中作一替,上浅下深,置小梳匣一,茶盏四,骰盆一,香炉一,香盒一,茶盒一,匙箸瓶一。上替内小砚一,墨一,笔二,小水注一,水洗一,图书小匣一,骨牌匣一,骰子枚马盒一,香炭饼盒一,途利文具匣一,内藏裁刀、锥子、挖耳、挑牙、消息,又修指甲刀、锉、发剧等件。酒牌一,诗韵牌一,文诗筒一:内藏红叶或笺以录诗。下藏梳具匣者,以便山宿。外用关锁以启闭。携之山游,似亦甚备。"①备具匣里摆放着琳琅多样的小物件,如小砚、小水注、香盒等皆是细巧之物,亦有内藏乾坤的小梳匣、图书小匣、骨牌匣、途利文具匣、梳具匣等套匣,类如今人的旅行箱以及其中的箱囊,以配备和规整各类所需小器具。每一种小器具放置的空间都有独特的设计,不仅妥善地利用空间,还适宜旅途携带和使用。要言之,明朝文人出游携带的备具匣铺陈讲究,精巧无比,清而不俗,俨然是一个功能完备的游具小体系。其完备的功能和新奇的创意直接启发了清朝多宝阁的设计灵感。

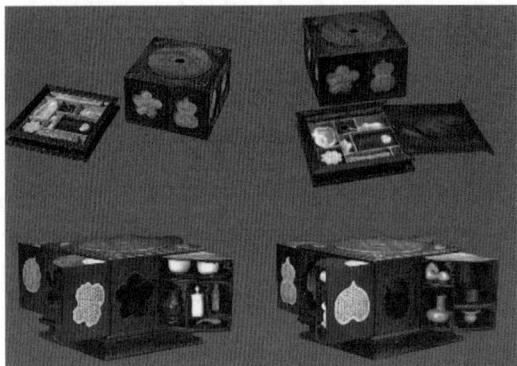

备具匣(多宝阁)

苏州吴门桥张士诚夫妇墓出土的
途利文具匣
(苏州博物馆藏)

在高濂等文人的装备配件中,衣匣也是必不可少的。高濂所携衣匣:"以皮护杉木为之,高五六寸,盖底不用板幔,惟布里皮面,软而可举,长阔如毡包式,少长一两寸。携于春时,内装棉夹便服,以备风寒骤变。夏月装以夹衣。秋与春同。冬则绵服暖帽围项等件。匣中更带搔背,竹钯,并铁如意,以便取用。"②

① 高濂:《遵生八笺》,巴蜀书社,1992年,第361、362页。
② 高濂:《遵生八笺》,巴蜀书社,1992年,第359页。

　　高濂、屠隆、文震亨等文人雅士林泉游赏,采真访道,遵生养性,风雅长物,自我珍摄,本不同于徐弘祖山河壮游或郑和浮海远游,自然重视起居安乐、吐纳导引,大备遵生之旨。所以咨访道术,采日月精华,撷春华秋实,亦为养生安乐,览胜崇丘绝壑、江山风月、雪浪云涛,必先去危图安。所以为自济或济人,葫芦药篮融入一担;为避风御寒,更见绝妙观雪庵。高濂此观雪庵"长九尺,阔八尺,高七尺,以轻木为格,纸布糊之,以障三面。上以一格覆顶面,前施帷幔,卷舒如帐。中可四坐,不妨设火餐具,随处移行,背风帐之,对雪瞻眺,比之毡帐,似更清逸。施之就花,就山水雅胜之地,无不可也,谓之行窝"①。高濂设计的这个观雪庵,三面用轻木做格扇,格扇上糊以厚纸布,这样三面御风的屏风就围合而成了,对景前瞻的一面,则施一卷舒随意的帷幔,同时,为了更好地屏蔽风雪濡湿,还不忘匹配同样制式的庵顶,拆卸灵活、携负轻便的观雪庵就此落成。就花、就山水、就林泉、风花雪月、山川胜迹、林壑之美,无不可近,类如行窝,火餐饕餮,肴香酒洌,熏熏然觥筹交错,宴酣之乐,三五之人,安然其中。观雪庵较早见之于沈括《梦溪忘怀录》,高氏的雪庵相较沈括的,稍微高大,余者类同,可见高濂此雪庵极有可能师从沈括而制。

　　把酒赏雪,燕享佳肴,品泉论茶,一应物什,杂然前陈,趺坐泥土,不是明季文人的风格。简需坐墩坐毡,雅或叠桌交床。即便坐毡,高濂等人亦是讲究"花时席地,每用鹿皮为之,人各一张,奈何毛脱不久。以蒲团、棕团坐之甚佳。余意携青毡一条,临水傍花处,展地共坐,更便卷舒携带耳"②。鹿皮虽雅,奈何脱毛;蒲团、棕团甚佳。其意仍向青毡。屠隆就此也独有见解:"有蒲团大径三尺者,席地快甚。吴中制者精妙可用。棕团亦佳。或以青毡为团,中印白梅一枝,雅称,趺坐山椒玩月,以雄黄熬蜡作蜡布团坐之,可远湿、辟虫蚁。"③屠隆认为相较蒲、棕二团,青毡的文人气息更浓,青毡中印白梅甚雅。小小坐具,也不忘诗画雅致。青毡故物,展地共坐:一则闲逸,入诗入画;一则卷舒便当,大方宜人。宋朝诗人林宗放的诗词名句"六合共知推书锦,云来重为拂青毡"赋予了青毡浪漫的文化气息,同时代内丹南宗第五代祖师白玉蟾的诗句"他年翁若回蓬岛,稳

---

① 高濂:《遵生八笺》,巴蜀书社,1992年,第306页。
② 高濂:《遵生八笺》,巴蜀书社,1992年,第359页。
③ 屠隆:《考槃余事》,金城出版社,2011年,第242页。

把青毡付阿谁"又赋予了青毡仙道之物的清气。就物华而言,青毡介于鹿皮、蒲团之间,因应了文人雅士社会物质层面的地位等次。张岱《湖心亭看雪》"到亭上,有两人铺毡对坐,一童子烧酒炉正沸"也向我们点明了坐毡的要用。

古代游人热月行旅,也常常背负质地清凉的簟子,用以席地坐卧。"簟子"本义为竹席,也指用芦苇编制的席。在春秋时期,簟一般为地位显赫的君王所用,《礼记》曰:"君以簟席,大夫以蒲席。"之后,簟子才慢慢普及开来,簟子的造型也由原来的精致华贵而变得简约起来。明王世贞的《灵洞山房记》中有:"倦扫一榻,展簟而卧。"①张岱《冷泉亭》有:"移枕簟就亭中卧月,涧流淙淙,丝竹并作。"②席还泛指蒲团、坐毡等可以平展的垫子等。张岱《闰中秋》中有:"每友携斗酒、五簋、十蔬果、红毡一床,席地鳞次坐。"③既表现出文友相会结伴出行的场景,又营造出席地享用美酒佳肴的轻松休闲的意境。但无论蒲团、毡子还是簟子,都是人与自然密切接触的工具,传达出人与自然的亲和。

《玉川煮茶图》中的坐毡

《草屋蒲团图》中的蒲团

坐毡虽然清豁,簟子固然随意,终不及桌椅雅宜。但家居桌椅毕竟携游不便,于是文人们别出心裁,巧妙设计利用折叠家具。虽然明朝之前折叠家具已然存在,但始终未及明朝文人这样笔墨热衷、游赏尤爱。明朝文人对折叠家具设计、审美的详尽文字让这些折叠桌椅床等跃然呈现,不仅有利于我们研究明

① 王世贞:《灵洞山房记》,欧明俊:《明清名家小品精华》,安徽文艺出版社,1996年,第105页。
② 张岱:《陶庵梦忆·西湖梦寻》,上海古籍出版社,1982年,第186页。
③ 张岱:《陶庵梦忆·西湖梦寻》,上海古籍出版社,1982年,第119页。

朝文人游具,对明朝家具、器物的设计审美都有很大的裨益,乃至利及当今的家具设计和审美。

高濂《遵生八笺》中这样描写出游所用叠桌:"二张,一张高一尺六寸,长三尺二寸,阔二尺四寸,作二面折脚活法,展则成桌,叠则成匣,以便携带,席地用此抬合,以供酬酢。其小几一张,同上叠式,高一尺四寸,长一尺二寸,阔八寸,以水磨楠木为之,置之坐外,列炉焚香,置瓶插花,以供清赏。"①此叠桌的设计极为高明,展则成桌,叠则成匣。外出游赏,折叠随行,不仅携带便利,还可以盛纳物什,俨然一件备具匣。到达目的地,展开折匣,释放物品,一张供清宴酬酢,另一张可就近安放,列炉焚香,置瓶插花,香烟缭绕,花香袭人,且清赏而娴雅,此等绵绵清福,绝非寻常人等可享。诚如苏轼所言:"无事此静坐,一日似两日。若活七十年,便是百四十。"高氏的叠桌固然巧妙,但终不见实物,好在北京故宫博物院有一件清乾隆御用叠桌,向我们再现了此类叠桌的实况。下一章我们会有比较细致的交代。

不仅高濂、屠隆等人的文献里出现了叠桌,文震亨《长物志》也旁及折叠二物:折叠床、交床。文震亨认为:"床以宋、元断纹小漆床为第一,次者内府所制独眠床,又次则小木出高手匠作者,亦自可用。永嘉、粤东有折叠者,舟中携置亦便。"②浙江永嘉,江南边陲,既有江南文蕴,且怀闽粤情致。永嘉山水清新秀丽,南朝谢灵运徜徉其中,留下诸如"野旷沙岸净,天高秋月明"、"池塘生春草,园柳变鸣禽"等脍炙人口的千秋佳句,细致刻画了永嘉的青山秀水。永嘉山水因谢灵运而名扬天下,谢灵运亦因永嘉山水的诗情,确立其山水诗鼻祖的地位。其后,陶弘景、孟浩然、陆游等著名诗人皆因谢氏而慕名永嘉山水,络绎而至,吟咏不绝,形成影响旷远的永嘉山水诗文化。相较其山水诗歌,谢灵运的活齿木屐"谢公屐"的盛名丝毫不逊其色。李白"脚著谢公屐,身登青云梯"的绝唱更让"谢公屐"家喻户晓,妇孺皆知。谢氏好山水,亲自制作游山具,携好友仆从,逶迤山水之中,其济胜游具必然完备。这些济胜之具的制作赖于永嘉的能工巧匠,也启发了此地的游具设计制作和审美。千百年后的今天,永嘉地

---

① 高濂:《遵生八笺》,巴蜀书社,1992年,第360页。
② 文震亨著,陈植校注:《长物志校注》,江苏科学技术出版社,1984年,第241页。

区的户外用具制作仍然发达。我们再对应文氏所及的永嘉折叠床,通常而言,民间罕用此物,官宦之家也不会为腾挪几尺空间,耗费工力,平白折腾,因而此物往往是颇有财力的文人士大夫游山所用,行旅"舟中携置亦便"。

文人士大夫山游燕享,当然甚会遵生歆养,所以交床也是有必要扛携的。宋朝《春游晚归图》中业已出现交椅,明季文人如此注重养生安乐,对此更是情有独钟。所以文震亨特此介绍,交床"即古胡床之式,两脚有嵌银、银铰钉圆木者,携以山游,或舟中用之,最便。金漆折叠者,俗不堪用"。交床即古胡床,是可以折叠的坐具,山游携带,或是舟中置用,甚是灵便。

明朝文人对叠桌、折叠床和交床等的设计与使用,明清折叠家具的传世实物及其于画册中的呈现,以及以上三书中关于这些折叠家具的文字描述,都说明在明朝文人士大夫的游历生活中,这种折叠家具广受喜爱,它们不仅轻便、易携带,更呈现出文人出游的品位,行止之中依然合于雅俗之辨。

《桐阴清梦图》中的交椅   《鲁班经》插图中的交椅

文人士大夫们的伴手之物更见风骚,如竹杖、道扇和拂尘之属,虽非必需,却又必不可少。这些文人标识、道家清物对于文人士大夫卓绝群伦的形象塑造是非常要紧的,所以竹杖"唯合竹为佳,有以之字竹、方竹、老竹编为之者,亦雅。近日以荆木如杖形者,原其上有双枝厚根处,雕为双芝,摩滑如玉,亦可人意。得有三代商嵌金银碧瑱古铜鸠鸟杖头,须用棕竹为杖。余见有全身鋈金银者,

形亦古甚,下有铜管,亦三代物也,制甚可爱,得此全副,老人受用无量。外此用万岁藤、藜藿为杖,形虽奇怪,此为老衲行具,恐非山人家扶老也,姑置不取"①。由此可见,高氏、屠氏所用竹杖,不唯山行,更为风雅。首先选材极为考究。"唯合竹为佳",合竹,亦称鸳鸯竹,合竹竹杖以并列生长在一个根茎上的连体竹截之而成,虽数万竿竹不可得其一。若无此合竹,以荆木所为,亦是因其上有双枝厚根。再者审美绝佳,须温润自然,光泽明丽。高氏认为,"雕为双芝,摩滑如玉,亦可人意";文震亨《长物志》中说,"杖须长七尺余,摩弄光泽乃佳"。其长度、造型皆有讲究。凡此种种,不得同为老衲行具,应显山人高逸。至于道扇,"其扇有二:有纸糊者,有竹编者。近日新安置扇,其竹篾如纸,编织细密,制度精佳。但不宜漆。轻便可携,何扇胜此? 纸糊如此式样亦佳,但得竹根紫檀妙柄为美。旧有鹅毛扇,即羽扇也。但无能者制度精致,今制似不堪执"②。羽扇儒雅,但毕竟不如道扇玄古简尚,何况其制似更不如古。道扇不仅制度精佳,轻便可携,但得紫檀竹根,配成妙柄,乐哉美哉。一个妙字道破天机,伴手之物实为装饰。不止道扇,再赏拂尘。高氏说:"古有红拂麈尾,红拂乃富贵家用物,毋论麈尾,似不易得。近有以天生竹边如灵芝如意形者,斫为拂柄,甚雅。其拂唯以长棕为之,不必求奇,以白尾为妙。余有万岁藤一小枝,玲珑透漏,俨肖龙形,制为拂柄,可快披拂。"③高濂、屠隆和文徵明等人山游,寻觅的就是一份恬淡娴

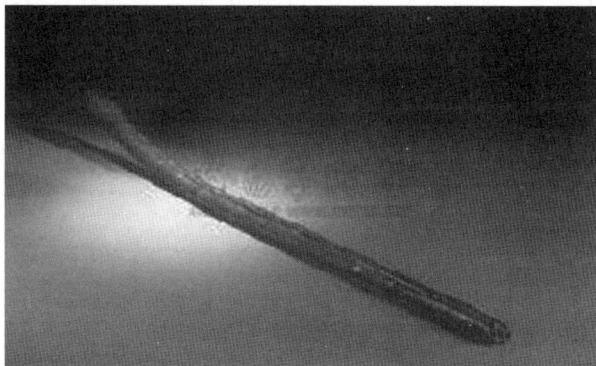

合竹鸳鸯杖

---

① 高濂:《遵生八笺》,巴蜀书社,1992 年,第 356 页。
② 高濂:《遵生八笺》,巴蜀书社,1992 年,第 354-355 页。
③ 高濂:《遵生八笺》,巴蜀书社,1992 年,第 355 页。

拂尘（江春波制）

雅、怡情逸兴的心境，以及一种林泉高致、仙风道骨的风度。拂尘拂拭的不是飞虫尘土，而是俗世尘心。道扇带来的不是宛宛清风，而是去欲清心。

明朝时，江南已经失去了南宋时期政治中心的地位，但经济地位更加突出。偏安一隅的江南文人，政治前途不大，而经济相对宽裕。这些文人不仅受过良好的教育，且家世较好，面对宦海浮沉，能够以旁观者的角度做更多理性的思考，所谓"功名利益花间露，富贵荣华瓦上霜。任你公侯与帝王，难免荒郊土内葬"。高濂认为人生活在世间，生命是有限的，由于六淫外袭，七情内扰，饮食失节，劳逸过度，加之世事烦扰，名利萦心，有限的生命必将受到损耗，因此应养生去害，培养德性，才能保持内心的安宁，恬寂清虚。屠隆说朝市喧嚣，舟车杂沓，转盼之间，悉为飞尘。王侯厮养，同掩一丘，大期既临，无一得免者。所以这些文人一致认为：命有可延之期，生有可遵之理。所以摄生尚玄，以修身、正心、立身、行己。落到实处即是：摄生有道，清修妙论，四时调摄，消烦去闷，丹境愉悦。而交游湖海、啸歌山林、咨访道术的溪山逸游，成为最好的实现方式。披蓑顶笠、执竿把钓、杖头挂带葫芦、山童药篮携从、道扇拂尘轻持，成为摄生尚玄的良好形象。去害养形，固精护气，避免对身体的损害，保持身体内精气旺盛，怡心安寿，是燕赏游冶的目的。在济胜游具的选择上，既有护卫身体的葫芦、药篮，更有赏心乐志的鱼竿琴棋、韵牌叶笺。

大凡出行，置办济胜之具头等重要。哪怕是护卫身体的葫芦、药篮，也是马虎不得："有天生一寸小葫芦，最可人意，用以缀为衣纽，又可悬于念珠，价高不甚多见,唯京师有之。若用杖头挂带盛药者,二三寸葫芦亦妙。其长腰鹭鸶葫芦,可悬药篮左畔,似不可少。"①这里无论尺寸大小、价钱殊异,悬缀适宜、巧妙可人当为要论。至于药篮,"即水火篮也。制有佳者,唯远红漆为佳。内实应验方药、膏药,以便随处济人。山童携之,亦多物外风致。近有藤丝编者不佳,以大毛竹车旋者太重"②。药篮可自济或济人,如此实用之物,也须制佳,以见物外风致。虽然鉴于当时医药水平的限制,葫芦、药篮内盛以药膏、药丸和方剂为主,但这种装备的配置,却显示了先进的旅游思想。无论施药救人,还是增长医药见识,这些文人雅士的旅游急救思想,对于行地百姓而言,都是先进的教化。

　　明朝文人游具乐志、养情、怡性、愉悦心灵,这也是文人游具的显著特征之一。山水空蒙之中,人迹罕至之处,泛舟江南孤清的河湖溪流之上,执竿把钓,自有一番"孤舟蓑笠翁,独钓寒江雪"的心灵清享。朱权所著养生学名著、道书《神隐》将这种清享进一步升华,并进行了诗意化阐释:"'一钩掣动沧浪月,钓出千秋万古心。'其乐志也。或于滩濑之间,崩湍之上,或值阴雨西风江上,红蓼滩头,或值冬寒冻云慎嶅,飞雪打头,于斯之时,披一领青蓑,戴一个箬笠,执一竿于水边,俨然如米芾之寒江独钓,比之太公、子阿不亦乐乎?"这种思想深深影响着同样的后继文人。高濂、屠隆等晚明文人对鱼竿和垂钓很有研究,他们认为:"江上一蓑,钓为乐事。钓用纶竿,竿用紫竹,纶不欲大,竿不宜长,但丝长则可钓耳。豫章有丛竹,其节长又直,为竿最佳。长七八尺,敲针作钩,所谓'一钩掣动沧浪月,钓出千秋万古心',是乐志也,意不在鱼。或于红蓼滩头,或在青林古岸,或值西风扑面,或教飞雪打头,于是披羽蓑、顶羽笠,执竿烟水,俨在米芾《寒江独钓图》中。比之严陵、渭水,不亦高哉!"③对比朱权和屠隆对于鱼竿的倾心描述,我们可以看出:一是屠隆等人对于鱼竿的设计制作别具心裁;二是晚明文人颇是醉心前贤朱权的审美心得,以致鱼钓意境的营造宛然若同。无计西风扑面、飞雪打头,无计春和细雨、夏阳烈烈,委身红蓼滩头、青林古岸,一钓竿,傍水湾,扁舟来往无牵绊。湖上一蓑,可了人间万事。会心垂钓,意不在鱼,在乎山水之间的赏心乐志。

---

①　高濂:《遵生八笺》,巴蜀书社,1992年,第357页。

②　高濂:《遵生八笺》,巴蜀书社,1992年,第357页。

③　屠隆:《考槃余事》,金城出版社,2011年,第297页。

明朝的文人依然蓄发留须,这些文人雅士追慕魏晋名士"越名教而任自然"、"审贵贱而通物情"的那种率直任诞、超然绝俗的行为风格,崇尚他们简约云澹、清俊通脱的人物形象。晚明文人面对"天崩地坼"的社会现实,仕途无望,与魏晋名士一样,向外发现了自然,向内发现了自己的深情。山水虚灵化了,个体自觉的高尚情趣丰富饱满了。他们对自身形象的塑造、观照很是重视,所以山游携具中镜子还是必要的,所谓以镜为鉴,正心修身。屠隆《考槃余事》认为:"秦陀、黑漆古、光背、质厚无纹者为上,水银古、花背者次之,俗谓面无打搅,轮转周圆,形影不改为贵。有如钱小镜,满背青绿,嵌银嵌金五岳图及片子散花,面无瘢痕,清莹如水,极可人意,价亦甚高,似不易得。携具用之,山游寺宿,亦不可少。菱花、八角方镜,悉不取也。"①秦陀,即秦图,是秦时有图形的古镜。黑漆古,即黑漆色古铜。古雅简约、小巧可人的镜子,成为文人出游时携带的游具。

晚明文人外出旅游的装备配件之属,不仅援古创新,体现了独特的设计思想和审美特征,也重视对先进科学技术的转化应用。这在现代设计中也是非常可贵的。明朝很多旅游思想和游具都具有相当的前瞻性和先进性。前文有药篮、葫芦之类自济、救人的医药救护用具和防护思想,这里还有适用于旅游的小巧的指南针,代表着对先进科技的转换应用,也是游具设计美学的拓展和应用体现。指南针本是航海、军事之用,晚明被创造性地应用于旅游。结合当时的社会背景,就其先进性和应用性而言,不亚于当今旅游途中的卫星导航或手持定位仪。明吕维祺《游牛首山记》就有相关记录:1632 年,吕维祺等文人仕宦,携游南京郊外牛首山,出南京凤凰门,经停王氏私园,园主"王生好奇,多为虚阁幽榭,曲磴连槛以迂客。鱼唼惊唼,桥断矶回,客或迷不得出。客意在牛首,欲出益急,而主人出客益缓",众人方向不辨,"众或谓是北是东,或取袖中南针,众毕观之,方知是南"。指南针在我国的运用较早,但如此笼于袖中、随意取用、方便旅游的制作使用前所未见。这也反映了明朝造物设计的先进性,以及旅游的相对发达。改造指南针并使之适用于旅途,对于明朝旅游的纵深化来说,功莫大焉。

明朝作为我国封建社会的集大成时期,既有传统封建文化思想和科学技术

---

① 屠隆:《考槃余事》,金城出版社,2011 年,第 292 页。

的沉淀,也有各种新思想、新科技的开拓,而明朝文人雅士放下"坐而论道"的尊驾,投身器物的设计和审美表达,不仅赋予了器物文人气质和文化内涵,也丰富了器物的种类。琳琅满目的游具方便了文人雅士出行时依据游历所需、游地所至而灵活配备游具,提供了更多方便和选择的机会。

(四)文房器具

"文房"一词当今最早可见于南北朝时期的文献,当时专指官府掌管文书之处。《梁书·江革传》云:"此段雍府妙选英才,文房之职,总卿昆季,可谓驭二龙于长途,骋骐骥于千里。"到唐朝时,"文房"逐渐演绎为文人的书房。唐元稹诗:"文房长遣闭,经肆未曾铺"和杜牧诗"彤弓随武库,金印逐文房"中的"文房"就指文人的书斋。

隋唐的科举制度促进了文人的大量出现,形成了文人阶层,其后文房器具林林总总。宋初翰林学士苏易简认为笔、墨、纸、砚"为学所资,不可斯须而阙",撰写了《文房四谱》,为"笔谱"二卷,"砚谱"、"纸谱"、"墨谱"各一卷,共计五卷。搜采颇为详备,资料丰富宝贵,是首倡"文房四宝"的典籍,后人提及文房四宝必谈《文房四谱》。这部书也是宋初文玩清供风尚的发端。南宋赵希鹄第一个将文房用具整理出书,其《洞天清禄集》列有古琴、古砚、古钟鼎彝器、怪石、砚屏、笔格、水滴、古翰墨笔迹、古画等物具,同时期的文房器具还有臂搁、压尺、笔插等。

明朝文房器具在宋朝的基础上,空前发达。明初曹昭的《格古要论》将文房清玩分为古琴、古墨迹、古碑法帖、金石遗产、古画、古铜、古砚、异石、古窑器、古漆器等,并从工艺、产地、考据与鉴赏等角度进行论述。文震亨《长物志》列入砚、笔、墨、纸、笔格、笔床、笔屏、笔筒、笔船、笔洗、水中丞、水注、糊斗、蜡斗、镇纸、压尺、秘阁、贝光、裁刀、剪刀、书灯、印章、文具、粉本、缂、画匣、书桌等文房用具。此外,还有香炉、香筒、沉香、如意、镜、琴、剑、架、几、茶炉、茶盏等文房清玩。高濂《遵生八笺·文房器具》有文具匣、研匣、笔格、笔床、笔屏、水注、笔洗、水中丞、研山、印色池、糊斗、图书匣、臂搁、笔觇、墨匣、笔船等文房器具。屠隆《文具雅编》列举了笔格、笔筒、笔洗、贝光、韵牌、如意、镜等43种文房器具。

根据明朝文人的相关文献,在具体研究的基础上,我们将文房器具主要分为文房用具和文房清玩两大类,研究的核心是明朝文人行旅生活中颇具文人气质的几种文房器具。

1.文房用具

高濂在《遵生八笺》中认为:"文房器具,非玩物等也。古人云:笔精墨良,人生一乐。"于文人雅士而言,精良的笔墨不可斯须而阙。外出携游也是文人雅士不同于众的显著表现。明朝文房用具较前朝更为雅致、丰富,这一方面源于明朝文人出游的热情,另一方面来自他们对游具的推崇。文人亲身参与其中的设计制作,不仅使文房用具更加精良雅致,更提升了这些文房用具的文化内涵和雅趣。这些蛰伏书房的文具在文人的精耕细作中,萌发了活泼的生命力,而他们外出行旅携带的诗筒叶笺等文房用具更是充满自然天真的设计审美情趣。

叶笺是明朝文人出游常见的文房用具。高濂《遵生八笺》中记录:"余作叶笺三种,以蜡板研肖叶纹,用剪裁成,红色者肖红叶,绿色者肖蕉叶,黄色者肖贝叶,皆取闽中罗纹长笺为之,此亦山人寄兴岑寂所为。若山游偶得绝句,书叶投空,随风飞扬,泛舟付之中流,逐水浮沉,自有许多幽趣。"[①]山游所感所思书于叶笺,或随风漫飞,或随波漂流。叶笺与山川相遇,心灵与自然融会,抒情逸兴,尽享文人山游雅趣,此幽趣非俗夫所能及。

专门用作录诗的"诗笺"出现于唐朝,这不仅与唐诗的繁荣相关,也与唐朝相当发达的造纸业有着密切的联系。唐朝,为诗人题诗吟咏的各色精美彩纸应运而生,在此基础上更衍生了精致的小张彩笺。色彩有深红、粉红、杏红、明黄、深青、浅青、深绿、浅绿、铜绿等,其中还不乏套印山水林石、飞禽走兽、瓜品果蔬等饰纹。

明朝高濂等文人的"叶笺"在诗笺的基础上更进一步。高濂《遵生八笺》介绍了制作叶脉图案的凸花印花模板,其利用传统蜡印花笺的工艺,在红、绿、黄三色笺纸上印出叶脉的纹迹,然后裁成各种叶形的叶笺,最常见者有红笺剪作的枫叶笺、绿笺裁作的蕉叶笺、黄笺裁作的贝叶笺等。例如文人比较热衷的造葵笺法乃是:五六月戒葵叶,和露摘下,捣烂取汁。用孩儿白鹿坚厚者裁段,葵

---

① 高濂:《遵生八笺》,巴蜀书社,1992年,第358页。

汁内稍投云母细粉、明矾些少,和匀,盛大盆中,用纸拖染,挂干,或用以砑花,或就素用。其色可人,且抱野人倾葵微意。另有金银印花笺、松花笺等,并认为此类种种有雅趣。文房用笺,外此数色,皆不足备。

明朝闵齐伋绘刻《西厢记》彩图第三幅
绘有的叶形彩笺
（德国科隆博物馆藏）

韩翠苹题诗叶笺图

　　诗筒是古代文人吟咏唱和书于诗笺后,置放或传递诗笺等物的用具,多以竹制,取清雅之意。白居易被认为是诗筒的首创者,所谓"诗筒始元白"(《唐音癸签》卷二九)。《唐语林》卷二引《刘宾客嘉话录》记载:"白居易长庆二年以中书舍人为杭州刺史,替严员外休复,休复有时名,居易喜为之代。时吴兴守钱徽、吴郡守李穰皆文学士,悉生平旧友,日以诗酒寄兴。官妓高玲珑、谢好好巧于应对,善歌舞。后元稹镇会稽,参其酬唱,每以筒竹盛诗来往。"白居易本人的诗文也反映了诗人吟咏唱和、诗笺往来的情况,《秋寄微之十二韵》说:"娃馆松江北,稽城浙水东。屈君为长吏,伴我作衰翁。旌旆知非远,烟云望不通。忙多对酒榼,兴少阅诗筒。"这里说明白居易的诗筒是用来储存诗歌的。白居易《醉封诗筒寄微之》"为向两州邮吏道,莫辞来去递诗筒"的诗句则说明了竹筒作为邮寄诗歌诗卷的载体的用途。他写给元稹的《与微之唱和,来去常以竹筒贮诗,陈协律美而成篇,因以此答》的答诗中介绍了诗筒传韵的方式和内容:"拣得琅玕截作筒,缄题章句写心胸。随风每喜飞如鸟,渡水常忧化作龙。粉节坚如太守信,霜筠冷称大夫容。烦君赞咏心知愧,鱼目骊珠同一封。"在白居易、元稹之后,用诗筒传递诗稿往来应和渐渐成为文人雅士间的一种习尚,"诗筒往来"也成为维系文人间友谊的纽带。宋朝文人承前习制,欧阳修《奉答子履学士见赠之作》云:"谁言颍水似潇湘,一笑相逢乐未央。岁晚君尤耐霜雪,兴阑吾欲返耕桑。铜槽旋压清樽美,玉麈闲挥白日长。豫约诗筒屡来往,两州鸡犬接封疆。"

　　诗筒置放诗笺的用途不仅见诸书房案头,对于行旅途中的文人士大夫也尤其常见。文人出游之所见所感,喜以诗文吟咏,所得草稿放入诗筒,既可防水、防揉折,且携带方便,不易亡佚。兼有诗笺往来之文人大雅之典故,有唐之后的文字史料、绘画艺术、出土实物多有反映。宋朝石介《竹书筒二首》描写诗筒:"俭朴他难比,提携力易任。绝姿古皇道,虚受圣人襟。或贮谏官草,多收女史箴。筒兮用可贵,吾不换南金。"高濂《遵生八笺》卷八"起居安乐笺"下列举出游携带的各式雅具,其中有"诗筒葵笺"。在明万历刊本《金印记》中,在文人之后的仆从的担头出现的就是一只算袋式诗筒,这也印证了诗筒是文人出游、雅集时一种重要的游具。诗囊也是文人们常常携带的游具,明李流芳《西泠桥畔醉红树》中有文句"出携囊红叶笺书之"[①],也印证了诗筒、诗囊对于文人出门而言是必不可少的游具之一。

万历刊本《金印记》插图中的　笠式诗筒

---

① 李流芳:《西泠桥畔醉红树》,欧明俊:《明清名家小品精华》,安徽文艺出版社,1996年,第473页。

明朝文人山游时,喜将即兴所得、偶感所思录入叶笺,或投入诗囊诗筒,待闲暇时慢慢整理寻味,或随手投掷空中,任其飞翔原野,漫逐碧波,追寻那份飘然物外的洒脱。除了诗筒、叶笺等为山游特制的文化用具,在高氏备具匣的上替内,还有"小砚一,墨一,笔二,小水注一,水洗一"等,满足出游时书写的需要。它们与茶具、香炉等共置于"备具匣"中,是出行必备的游具。

2. 文房清玩

明朝文人出游不仅有文房用具服务文思,亦有文房清玩相宜雅兴。《遵生八笺》《游具雅编》和《长物志》等都反映了时人对文房器物的推崇。这些文房清玩看似"于世为闲事,于身为长物",却体现了文人高雅的志趣,不仅标榜着文人特有的身份地位,也引领着社会大众良好的文化追求。高濂《遵生八笺》、李渔《闲情偶寄》、文震亨《长物志》等便是传布最广的风雅指南。在明朝这样以文人作为社会核心群体的封建社会,文人的价值取向,从某种意义上来讲,也代表着社会的价值取向,是建立社会核心价值体系的标杆。

在明朝文人的行囊中,文房清玩有琴、棋、箫、笛、韵牌等物。其中,棋篮、围棋罐子、韵牌等最为常见。高濂《遵生八笺》中说:"围棋罐子,近日永嘉以藤编为罐,制巧用坚,虽堕地触石,曾无损裂。外以藤编为篮,携此一罐,其轻便可爱,诚游具中一妙品也。"①围棋是文人高雅的游戏,黑白虚实的博弈中,也蕴含着谦谦君子的情怀。文人对于围棋的喜爱不仅表现在对弈之中,其收纳存置也是相当讲究,永嘉藤编棋罐、棋篮,制作精巧,质地牢固,即便堕地触石,依旧安然无损。将其放置于轻便可爱的藤编棋篮中,在松风竹林中对弈高坐,无觉时光烂柯,潇潇肃肃,恍若仙人,手持黑白二子,静度嘉祥时光,不虚游具妙品之赞。

韵牌也是最具有文人特色的游具之一。高氏对于自己创制的韵牌颇为得意,他说:"余刻诗韵上下二平声为纸牌式,名曰韵牌。每韵一叶,总三十叶。山游分韵,人取一叶,吟以用韵,似甚便览。近有四韵,刻已备矣。恐山游水乏,无

---

① 高濂:《遵生八笺》,巴蜀书社,1992 年,第 357 页。

暇作长篇仄韵,此余始作意也。"①为免山游水乏,特备此物,但游山玩水途中,不宜长篇仄韵,诗文小品最适,那么因地制宜、应时而为的韵牌就发挥了良好的功用。山游之人,持之分韵吟咏,传阅切磋,交流诗情友情。

明朝文人郊游生活非常充实,文化活动丰富多彩。叶笺、葵笺、诗筒、棋篮、韵牌之外,琴类也是他们旅途生活中常常随身携带的文化用具。我国传统文人之九大雅事,即琴、棋、书、画、诗、酒、花、香、茶,其在明朝文人这里得到发扬光大。琴是我国古代文化地位最崇高的乐器,文人视之为高雅的代表,亦为文人吟唱时的伴奏乐器,位列我国传统文化四艺"琴棋书画"之首,传统文人对其有着"士无故不撤琴瑟"和"左琴右书"的礼遇。琴学自古以来一直是许多文人必修的知识。俞伯牙、钟子期"高山流水遇知音"的故事讲的就是琴。琴对古人来说,不但是乐器,也是抒怀寄情之物。情寄山水,以琴寄情,琴声中的高山、流水,自然中的流水、高山,无不寄托着文人的志趣。琴,传统人文精神之化身。所谓君子听之,以平其心,心平德和。魏晋名士嵇康在其《琴赋》中称"众器之中,琴德最优",操琴,绝俗也。《琴操》中有:"昔伏羲氏之作琴,所以修身理性,返天真也。"魏晋乱世中的竹林七贤常聚在一起,对竹弹琴饮酒,以此来表白自己的高洁情操,成千古佳话。其中尤以嵇康著名,一曲《广陵散》为天下绝响。唐王维《竹里馆》"独坐幽篁里,弹琴复长啸。深林人不知,明月来相照",描绘了清泉畔,对明月,临松风,独享天籁,物我两忘,琴声引其进入超凡的幽静、空寂之境。张籍《和左司元郎中秋居十首》之一"林下无拘束,闲行放性灵。好时开药灶,高处置琴亭。更撰居山记,唯寻相鹤经。初当授衣假,无吏挽门铃",弹琴、撰文、相鹤,直指性灵,从而禁邪僻之情,存雅正之志,修身理性,返其天真。宋之问《放白鹇篇》"故人赠我绿绮琴,兼致白鹇鸟。琴是峄山桐,鸟出吴溪中。我心松石清霞里,弄此幽弦不能已",讲述了琴我相悦的内心感受。历史上,文人琴家创作了大量描写山水、隐逸内容的琴曲,如《高山流水》、《石上流泉》、《潇湘水云》、《平沙落雁》、《秋江夜泊》、《渔樵问答》等。

明朝是古琴流派的繁盛时期,其主要琴派——广陵派、浙派、虞山派、绍兴派,都集中在江南地区。琴人、琴派以江南为活动中心,共同构成了晚明琴坛的

---

① 高濂:《遵生八笺》,巴蜀书社,1992年,第358页。

繁盛气象。琴、瑟为丝,而江南丝竹最为有名。崇山峻岭之上,苍岩飞瀑与古松巨石之间,宽衣峨冠、气质飘逸的三两隐士临流抚琴。操琴者、聆听者,兴之所至,主客咸宜,物我两忘。茂林修竹之间,一位高士徐徐地逶迤于幽静的空谷之中,负琴童子携琴随同,寻仙访古,随兴而至,兴尽而归。这些画面也成为江南文人画作中的常题。在文人云集的江南,象征着君子、隐士的江南丝竹具有很高的文化品位和道德地位,论琴也成为他们的重要话题和文题。高濂在论琴时说:"故音之哀乐、邪正、刚柔、喜怒,发乎人心,而国之理乱、家之废兴、道之盛衰、俗之成败,听于音声,可先知也,岂他乐云乎?"其核心意义是:"知琴者,以雅音为正。"朱权更是演绎出臞仙琴坛十友:冰弦、玉轸、轸函、玉足、绒剅、琴荐、锦囊、琴床、琴匣、替指。锦囊、琴匣尤其方便了外出的携带和存放。

　　明朝文人携游棋篮、韵牌等文人钟情的游具,在自然山水中怡情逸兴,陶冶性灵,不同于于晨钟暮鼓中往返的市井之人。黄昏时候,渐稀渐薄的湖面柳荫之下,寂寥清净的山林古寺之中,同侪举杯,咏者低吟,韵友唱答,竹肉酣美,既有世俗之乐,且不乏文人雅兴。而从文人韵牌、棋篮的备置来看,也侧面反映了文人行旅的一些特征,比如:①旅途的时间比较长,甚乃山游水乏,仍然贪恋山水自然;②文人游具制作的前瞻性,"近有四韵,刻已备矣",不同于大众对设计亦步亦趋,文人参与游具设计之中,不仅尚雅,而且尚新,其具前瞻性的新意设计和文人审美,引领着大众的尚美潮流;③从长篇仄韵到小品短诗,也应和了明朝文学的发展特征。从游具的设计制作到小品短诗的凝练,从器至道的审美传达,都反映了这一时期对于简洁素朴的侘寂美学的探索和实践。

《野外弈棋图》局部
（故宫博物院藏）

《王质烂柯图》局部
（故宫博物院藏）

《琴士图卷》中的琴

《溪山渔隐图》中的笛

(五)交通工具

明朝前期,我国国力富强,造船业与航海业都达到古代航运史的顶峰。这一时期在交通史上最重要的事件,就是明朝大航海家郑和从1405年到1433年先后七次渡洋远航,把古代航海活动推向了顶峰。但就明朝交通整体状况而言,仍然保留着南船北马的交通方式,主要交通工具有舟船、便轿、篮舆等。就明朝江南地区的文人来说,其出行的水上交通工具(舟船)种类较多,舟船的形式、装饰和色彩等审美要素也更加丰富多彩。陆上交通工具主要有便轿、篮舆等,是江南乡镇和山岭间行旅途中的常见交通工具。

1. 舟船

江南人士虽然自古好游,但是直至明朝,旅游才成为封建士大夫、富商大贾乃至普通民众日常生活的自觉行为。普通民众的热情出游成为明朝江南地区的一大旅游特征。江南以水著称,江河湖泊相连,明朝江南水上交通工具尤其是游船类的繁盛与社会经济的繁荣密切相关。明中后期,随着商品经济的发展,商人逐渐积累财富,地位攀升,出入商场与官场之间,一些巨贾富商甚至与仕宦高层攀枝连理。晚明时期,这个群体更是凭借着丰厚的资金开始奢华商游,每每出游,驾大船,牵名马,讲排场,摆阔气,常常出现富商的豪华画舫与士人的普通画舫争奇斗胜的情景。当然,也不排除士商结伴同游的情形。在南京、苏州和杭州等江南腹地的大城市之间,江河之中画舫往来不绝,轻舟迂回其间,形成独特的江南水上游。明中后期,苏州虎丘山塘、南京秦淮河之间,画舫更是彼此往来频繁。"至淮清桥乃与清溪合,缘南城而出水关。……夏水初阔,苏、常游山船百十只,至中流,箫鼓士女阗骈,阁上舟中者彼此更相觑为景。"①杭州西湖以其独特的盛景和传奇招引各方游客,晚明邹迪光一生念念不忘的最是西湖之行:"念湖上招提率溥淖毂集,不可托息,觅湖船以居。船广可二丈,深三丈,周遭可列四十筵,上有楼,深广次之,亦可列十筵。"湖船旅游更为适宜的是"日不必张盖,雨不必被夹,远不必携被而栖,近不必腌粮而饭,朝之霞,夕之月,不必废寝兴"②。邹迪光在西湖船上居有十天之久,其间皆借船游行于各景点之间。随意而往,舒缓出游,恣情任性,毫无负重之累,当然对江南船游深深眷恋。

西湖泛舟不仅惬意,更宜随兴吟诗作乐、图画江山。讲究自适的文人士大夫更是发挥想象和创造力,亲自制作心仪的水上交通游具。晚明时期的文人袁中道曾自制家舫,此舫"前后安六桨,中列轩窗,可容十人,载米百石,书千卷",后面跟附一小舟,载仆从和游具等。他们把游玩不仅仅当作放松休闲,或是情操的陶冶,更标榜为一种高品位和极尽风雅的生活。明朝文人士大夫对舟船之属尤其讲究,这也是他们区别于普通游人的一个重要方面。高濂《遵生八笺》中这样描述所用轻舟:"用以泛湖棹溪,形如划船,长可二丈有余,头阔四尺,内容宾主六人,童仆四人。中仓四柱结顶,幔以篷簟,更用布幕走檐罩之。两旁朱栏,栏内以布绢作帐,用蔽东西日色,无日则悬钩高卷。中置桌凳。后仓以蓝布作一长幔,两边走檐,前缚中仓柱头,后缚船尾钉两圈处,以蔽童仆风日,更着茶炉,烟起惚若图画一孤航也。舟惟底平,用二画桨更佳。"③

屠隆《游具雅编》对舟船的审美要求更进一步:"别置一小船如叶,系于柳根阴处。时乎闲暇,执竿把钓,放乎中流,可谓乐志于水。或于雪霁月明,桃红柳媚之时,放舟当溜,吹箫笛以动天籁,使孤鹤乘风唳空。或扣舷而歌,饱餐风月,回舟返棹,归卧松窗,逍遥一世之情,何其乐也!"④关于这一理想境界的描述,在

①　王士性:《广志绎》,中华书局,1981年,第24页。
②　出自邹迪光《调象庵稿》卷三〇:《西湖游记》。
③　高濂:《遵生八笺》,巴蜀社,1992年,第358页。
④　屠隆:《游具雅编》,《丛书集成初编》,中华书局,1985年,第424页。

高濂的《遵生八笺》中也有涉及①,只是源出何处,无从细究。但对这一意境的共同顾念,则反映了明朝这些文人对交通旅游用具审美的共同追求,也反映了这一时期这个文人群体的审美指向。文震亨《长物志》"舟车"对此做了很好的总结,他认为:"舟之习于水也,宏舸连舳,巨舰接舻,既非素士所能办;蜻蜓蚱蜢,不堪起居;要使轩窗阑槛,俨若精舍,室陈厦饗,弥不咸宜,用之祖远饯近,以畅离情;用之登山临水,以宣幽思;用之访雪载月,以写高韵;或芳辰缀赏,或艳女采莲,或子夜清声,或中流歌舞,皆人生适宜之一端也。"②

如果说高、屠、文三人的追求还在文人的雅致情调方面,吟哦着风花雪月的故事,黄汝亨的游船"浮梅槛"则直接体现了世俗文化强有力的影响:文人雅士争奇斗艳、标榜身份,商贾富绅炫耀财富、附庸风雅。至晚明消费社会背景下旅游兴盛之时,旅游这种休闲消费愈加演化为炫耀式消费,文人士大夫为了展示自己的身份与品位,稍有资财者莫不自购特别具有视觉效果的游船画舫,并将之精致化和个性化。如明万历二十六年(1598年)进士、钱塘人黄汝亨著文《浮梅槛记》,记述了其制作一种"朱栏青幕,四披之"、名为"浮梅槛"的新式游船,其视觉效果是:"观者如堵,俱叹西湖千载以来未有,当时苏、白风流,亦想不及;乃与梅湖仙人争奇。"③创作者标新立异、风流自赏的意味溢于言表。画舫这类交通工具常成为商人夸富的展示工具,而士大夫为了展示身份也很注意交通工具。④

概言之,不管是湖上揽船,还是自制游船,明朝江南地区经常出现的游船种类包括舟、船、筏、艇等。这些游船以其功能、装饰、体积和风俗习惯等可以细分为灯船、画舫(又称花船)、酒船、江山船等,每一类游船中又可再细分若干种。

灯船

明朝时,秦淮灯彩就是以"灯船"享誉的。明末清初文学家余怀《板桥杂记》曰:"秦淮灯船之盛,天下所无。……,薄暮须臾,灯船毕集,火龙蜿蜒,光耀天

① 高濂:《遵生八笺》,巴蜀书社,1992年,第351页。
② 文震亨著,陈植校注:《长物志校注》,江苏科学技术出版社,1984年,第339页。
③ 黄汝亨:《浮梅槛记》,载陆云龙等选评、蒋金德点校:《明人小品十六家》,浙江古籍出版社,1996年,第423页。
④ 巫仁恕:《品味奢华:晚明的消费社会与士大夫》,中华书局,2008年,第198页。

地,扬槌击鼓,蹋顿波心。自聚宝门水关至通济门水关,喧阗达旦。桃叶渡口,
争渡者喧声不绝。余作《秦淮灯船曲》中有云:遥指钟山树色开,六朝芳草向琼
台。一围灯火从天降,万片珊瑚驾海来。"至清代,江南灯船依然繁盛不减,清代
袁学澜记载苏州虎丘山塘中灯船美景:"苏城六门环水,大艑小舫,蚁集鱼贯,
……其船大者容数筵,四面垂帘帷,户之绮、幕之珠、玻窗之雕绣,金碧千色。
……就中最贵者灯船。其次名'关快'。小者名'荡湖船',宽容一筵,坐五六人,
不桨不帆,截然小阁子。"①上述这些相关夜游灯船的描述,反映了当时灯船建造
的兴盛与考究。

酒船

酒船是专门为游人提供餐饮服务的船只。这种船只有两种类型:一种是为
游船或画舫专属,专门为其提供酒食;另一种是自由流动的酒船,没有特定的服
务对象,自行买卖。元代戏曲家高明《丁酉二月二日访仲仁仲远仲刚贤昆季别
后赋诗以谢》诗云:"隐君家住越江边,烟雨江村绕舜田。玉树郎君宜采服,紫
荆兄弟正青年。山云晓暗读书屋,湖水春明载酒船。何日重来伏龙下,参同
契里问神仙。"此诗反映了在春和景明的江南,湖上酒船是一道非常亮丽的
景观。

画舫

画舫往往装饰华丽,为湖面上荡漾游玩、赏景怡性常见。杭州、苏州和南
京之间,画舫彼此往来密切。明清时期,特别是明朝,秦淮两岸更是华灯灿
烂,金粉楼台,鳞次栉比,画舫凌波,桨声欸乃。画舫甚至成为秦淮河的一种
象征。明张岱描写其繁盛之景:"画船箫鼓,去去来来,周折其间。"②苏州的虎
丘山塘画船箫鼓也是终年不绝。特别是端午的龙舟竞渡时节,其规模更为庞
大:"吴门竞渡,盛于山塘。士人于四月梢,即起龙舟开演。禹船絮鼓,已陆续策
于冶芳绿水间夹。至端阳前后十余日,观者倾城,万船云集。"③这些明清时期的
画舫记录反映了这个时期画舫作为江南地区旅游交通工具的盛景。

---

① 出自袁学澜《适园丛稿》卷一"山塘画舫词序"。
② 张岱:《陶庵梦忆》,上海远东出版社,1996年,第107页。
③ 出自个中生《吴门画舫续录・纪事》。

江山船

又名花舫,亦称"江山九姓船",为明清时妓船的一种,航行于浙东钱塘江上,是特定历史时期的产物。相传陈友谅鄱阳湖兵败之后,朱元璋贬其族戚九姓入舟居,不令上岸,不与他族通婚。其始以捕鱼为业,继而饰女应客,使为妓,往来于杭、桐、严、兰、金、衢之间。江山船后来渐演变成制作精美的画舫。

明朝江南地区主流的旅游群体乃是商贾富户或经济殷实的文人士大夫们。平民百姓虽然也参与其中,但并未引领旅游的时代潮流。在旅游游具的使用方面也是如此。所以在分析明朝江南地区旅游用具的美学,尤其是大型交通用具游船的时候,呈现的自然是这一群体的审美倾向,但这并不意味着对平民游具的关注被舍弃。就游船的设计美学分析来看,主要呈现以下主要特征:其一,在材料上,船身所有用料都相当讲究,通常是"幔以篷簟,更用布幕走檐罩之。两旁朱栏,栏内以布绢作帐",可见对品质和细节的注重,同时讲究游船整体风格的相得益彰,增加了船的审美观感和实用性。明末文人魏学洢的《核舟记》体现了当时的船舱高大宽敞,旁开小窗,左右各四,共八扇,启窗而观,雕栏相望的游船设计。闭窗可见右刻"山高月小,水落石出",左刻"清风徐来,水波不兴",船上之人或欣赏书画卷轴,或倚木攀趾呼啸,文人清享俯仰自得。

其二,在结构上,江南地区作为游船使用的大型船只常常"轩窗阑槛,俨若精舍",在一般船体结构的基础之上,盖以屋舍,增加整体的层次,而不再是单一船的结构。同时,船本身为了满足游人的各种需求和游船整体的美观性需求,而有目的地、有规律地加以屋舍结构,体现了船体结构的有序性。"宏舸连舳,巨舰接舻":大船头尾相连,整齐宏伟,使人感觉到牢固与安全,具有很强的稳定性;小舟的结构非常简单,船身狭长,两舷弯曲,首尾尖削,没有其他任何叠加性的结构,但整体感十足,既更好地突出了原始制造材料的质感和美感,也展现了小舟结构本身的美。远远望去,犹如一片叶子一样,在水上轻轻荡漾。那么明朝文人出游一般游船容载宾主多少人呢?高濂《遵生八笺》"轻舟"云:"长可二丈有余,头阔四尺,内容宾客六人,僮仆四人。"①由此我们可以大致归纳出,此时文人旅游常以 6 人为上限。这一点在其他文人游具设计中也有印证,例如装饮食器具的提盒"远宜提,甚轻便,足以供六宾之需","酒杯六个,碟六枚,筷子六双"等。作为游船制造结构上的具体容量,定是与当时人们的旅游风尚相适应,倘若当时存在 6 人一起出游的风尚,那么在游船的结构设计上,必定有与人数相适应的空间大小和基础设施等要素。这样,旅途中的衣食住行娱等各项需求都能满足,且自成系统,是比较完备的"系统设计"。②

其三,在形式上,物质上的富足使人们不断追求形式上的美感,来满足赏心悦目的需求。《陶庵梦忆》中提到:"年年端午,京城士女填溢,竞看灯船。好事者集小篷船百什艇,篷上挂羊角灯如联珠。船首尾相衔,有连至十余艇者。船如烛龙火蜃,屈曲连蜷,蟠委旋折,水火激射。"③游船无论是在材料、结构还是造型上都赋予了设计以美,并进行了各个美的要素的统一,使得整个船体在形式上给人以美的感受和体会。丰富的色彩、新奇的形式、适切的船体结构、氤氲的文化氛围,这些美的对象都是人们的情感感受所能触及的。

在功能上,船上"室陈厦飨,靡不咸宜"④,除了一般的代步需求得以满足之外,人们还可以在船舱外宴饮赋诗,为远游近行的朋友践行,船的功能直接

《南都繁会图》中的游船

---

① 高濂著,王大淳、李继明等整理:《遵生八笺》,人民卫生出版社,2007 年,第 234 页。
② 陈芳:《晚明的游具设计研究——以〈考槃余事〉为例》,《装饰》,2011 年第 4 期,第 130 页。
③ 张岱:《陶庵梦忆》,上海远东出版社,1996 年,第 107 页。
④ 文震亨著,陈植校注:《长物志校注》,江苏科学技术出版社,1984 年,第 339 页。

或间接地满足了人们的物质和精神上的需要。至于小舟,其功能也几乎没有受限于其简单的材质和小巧的结构,"一构多功"的运用,无论是在经济实用性,还是方便舒适性和广泛随意性方面都有很强的适应性。小舟没有矫揉造作的装饰和华丽的气派,其材质、色彩自然素朴,全部取法自然,是自然原初美感最好的体现。其简单、轻盈的船身给人一种自由、愉悦的心灵感受。这些小船虽然远远不及大船豪华宏伟,但也同样是文人出游的常用船只。"浪花有意千里雪,桃花无言一队春。一壶酒,一竿身,快活如侬有几人。""一棹春风一叶舟,一纶茧缕一轻钩。花满渚,酒满瓯,万顷波中得自由。"这小舟承载着文人心心念念的自由。

2. 轿舆

江南地区山水相连,舟船与轿舆最为常用。肩舆可以说是轿子的前身,但通常没有顶盖及围布,有时也称为"兜舆"。明朝文人程嘉燧《游齐云观天门虎崖记》云:"与李氏表叔有事祠下,携一兜舆往。"有时也用较古典的"篮舆"称之,如程嘉燧在《余杭至临安山水记》云:"夜发抵余杭城下。明日舁篮舆过城之西门。"还有较劣等的肩舆,称作"竹舆",应是竹制品。明朝文人杨一清的《游宜兴二洞记》记:"觅肩舆不得,林间巨室庄园有竹舆一乘,质得之,令舟人舁以行。"

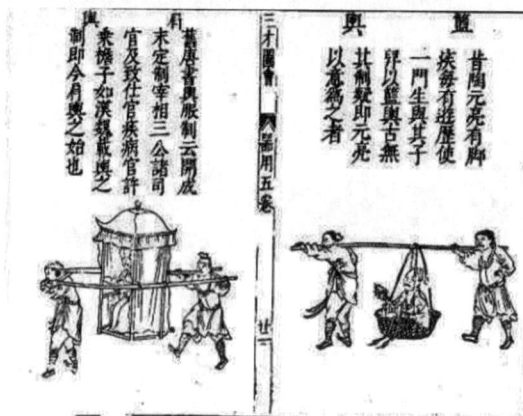

《三才图绘》中的肩舆、篮舆

《南都繁会图》中的轿舆

轿舆出现的时间很早,但用作官员士大夫的代步工具则主要在宋室南渡以后,乘轿风气遂形成趋势。朱熹《朱子语类》记载:"南渡以前,士大夫皆不甚用轿","自南渡后至今,则无人不乘轿矣"。① 明朝,轿子在风景区作为交通工具已经很是普遍。徐渭《春兴》诗之一:"见说山家兜子软,借穿峰顶晚霞堆。"陆容在《菽园杂记》中记:"南中亦有无驴马雇觅处,纵有之,山岭陡峻局促处非马驴所能行。两人肩一轿,便捷之甚。"②文震亨《长物志》"篮舆"条记载:"山行无济胜之具,则篮舆似不可少。武林所制,有坐身踏足处,俱以绳络者,上下峻坂皆平,最为适意,惟不能避风雨。有上置一架,可张小幔者,亦不雅观。"③所以雅观与否也甚是要紧。文震亨《长物志》如是说:"至如济胜之具,篮舆最便,但使制度新雅,便堪登高涉远,宁必饰以珠玉,错以金贝,被以缋罽。"④

文人士大夫不仅仅将轿子作为素日或行旅的代步工具,也把它作为身份的象征,以区别于仕宦或平民百姓。为此,轿子的制作设计是非常重要的,不仅要安适,且要别具一格。所以高濂《遵生八笺》"游具"条如是刻画便轿:"入山用之,如今市中俗云兜轿式也。但坐身凉簟两旁,用铜或铁打成桥梁,双钩下鏒凉簟两头,钩上作眼待箭;杠上用铜制二鏒下垂,作窍以受铜钩,对眼用箭钉住,如

---

①　朱熹著,黎靖德编:《朱子语类》卷一二八,华世出版社,1987年,第3067页。

②　陆容:《菽园杂记》,中华书局,1985年,第132页。

③　文震亨著,陈植校注:《长物志校注》,江苏科学技术出版社,1984年,第343页。

④　文震亨著,陈植校注:《长物志校注》,江苏科学技术出版社,1984年,第339页。

悬挂然。人坐其上,背靠杠上圈围,不唯安适,且上山下山,如履平地,以其机关常平故耳。何有前仆后仰之患? 杠子得有闽产紫荆木为之,轻细而坚,愈重愈力,他木俱不胜也。"①明朝尤其是晚明文人对轿子这种交通工具的追逐,其实也间接反映了明朝社会变动或社会结构的变化。晚明天崩地坼的社会背景中,文人士大夫以此作为对自身地位和身份的维护手段之一。

明朝江南地区轿舆成为文人士大夫普遍的交通工具,不唯诸多社会因素,也与自然环境密切相关。一则江南气候多雨,道路湿滑,马行不便且险。二则南方马匹少,价格昂贵,不如雇轿省钱省力。谢肇淛在《五杂俎》中写道:"盖乘马不唯雇马,且雇控马持机者反费于肩舆,不但劳逸之殊已也。"②这说明,当时市场上马匹比乘轿昂贵,因此人们宁愿雇人来抬轿出行。另外,江南丘陵地形也不利于乘车或骑马,这种交通方式所支撑的旅游仅仅只限于市镇或近郊。

无论是车马舟船,还是轿舆步行,主要交通工具的变化也反映了这个时期的社会风貌。晚明流行乘轿,是孱弱、阴柔、慢节奏的表现,甚至是一种人类文明的倒退,缺少大唐骑马出行所具有的恢宏、阳刚的特色。在明清时期,随着乘轿的普遍,一些人似乎走上了与畜力劳动相同的道路,不仅在人的平等上愈行愈远,也导致我国社会向歧路上斜行,离旅行的征途渐行渐远。③ 尚秉和先生也如是认为:明清乘轿现象的弊习,致使"民气之委靡,去隋唐远矣"。④ 明朝甚至还演化出官轿、民轿的区别,这种积习陈弊甚至沿袭至 20 世纪中期。无论如何,这种人凌驾于人的现象,有悖于人性与人伦,为人类文明所不容。

七、小　结

明朝尤其是中晚明时期,士大夫的旅游风气与庶民文化互相激荡。中晚明

---

① 高濂:《遵生八笺》,巴蜀书社,1992 年,第 359 页。
② 谢肇淛:《五杂俎》,上海书店出版社,2001 年,第 362 页。
③ 谢贵安、谢盛:《中国旅游史》,武汉大学出版社,2012 年,第 424 页。
④ 尚秉和:《历代社会风俗事物考》,江苏古籍出版社,2002 年,第 125 页。

以后,随着城市经济的发展,许多大城市附近的风景区也成为一般庶民聚集旅游的胜地,如苏州、杭州、南京等地附近的名胜都有"都人士女"聚游与"举国若狂"的景象。这些游客游赏山水的形式多样,游历途中所使用的游具也丰富多彩,文人士大夫别出心裁设计的游具更被赋予了不同寻常的文化意味。这些美学特征主要表现为以下几点。

(一)功能性、舒适性与享乐性

游具作为济胜之具,以免劳顿、助逸兴为主要目的。外出游赏的本意在于捐世俗、去世累、养心性,若游具不济,为物所累,则旅游失去其本真意义,所以游具的实用与否、舒适与否,乃至能否提供享乐,是其选用或制作首要考虑之因素。晚明文人屠隆、高濂等人游历时最重视的四件东西:提盒、提炉、备具匣和酒樽,最好亲手制作才肯放心。这些游具朴素清华,制作技术相当成熟,不仅精巧实用,而且具有很高的艺术价值,可谓寓审美于实用,融人工于天趣,看似随意,实则费尽心机,逍遥闲适的生命意趣物化在游具精致巧雅的设计之中。

(二)注重游具之于身心俱养的审美品位

《遵生八笺》、《游具雅编》等书初论游具多强调其实用功能,以"佳"与"不佳"等功能性词语形容之,后来则一变为以雅俗论之。这大抵是文人雅士为区分于引车卖浆者流,将休闲消费提升为文化象征、品位塑造的物化。屠隆《游具雅编》中的雅具、娱乐品如叶笺,其作用是"山游时偶得绝句,书叶投空,随风飞扬,泛舟付之水流,逐水浮沉,自多幽趣"。还有江上钓鱼用的鱼竿,并非真为钓鱼,只为"'一钩掣动沧浪月,钓出千秋万古心',是乐志也,意不在鱼"。必需品如活动的叠桌,"是为列炉焚香,或置瓶插花,以供清赏之用"[①]。执竿把钓,弄月吟风。天景、人趣、意趣,俱养心身。

---

① 屠隆:《游具雅编》,《丛书集成初编》,中华书局,1985年,第2、4、8页。

（三）别出心裁，性灵抒发

江南地区地势复杂，仅浙江一地就素有七山一水两分田之说，山水资源丰富，西南多为海拔千米以上的群山盘结，东北则河网密布，境内江河湖海相连。登山临水，造访佳迹，踏青载酒，湖头泛棹，别样的出游，特殊的环境，造就独抒性灵的游具设计。

仅就选材来说，已然颇费心思。明朝文人游具选材尚竹，竹提盒、竹茶炉最受推崇。清新竹炉、清雅提盒、清简竹笠竹杖，这些相宜道家自然素朴的审美思想，以及带有强烈文人文化特点的竹器，成为明季文人游具中的主要器具。竹，因其中空而有节，性韧而坚劲，清新而野逸，雅宜了文人理想人格的追求，被赋予虚怀亮节、坚贞不移的品德。魏晋竹林七贤悠游竹林，吟啸谈玄，使竹成为隐逸的象征。东坡"风雪凌厉，以观其操；崖石荦确，以致其节。得志，遂茂而不骄；不得志，瘁瘠而不辱。群居不倚，独立不惧"[①]和不可居无竹的绝唱使其更负志节之气。竹器"以其素有贞心雅操，而自能守之也"[②]的君子品性，被传统文人视为雅物。从竹、竹器，到竹文化、文人文化，至有明一代终臻至善。明季文人雅士燕闲游冶，凭借这些不同于众的清雅竹游具，览阅丘壑，登山陟岭，踏遍江南的山山水水。在这种富有创造性的旅游中，精雅竹器更成为文人器以载道的实物载体，借以完善个体人格培育。这些竹器的设计审美别出心裁，成为明季文人性灵抒发的载体。

（四）侘寂之美的沉淀

游具在简洁安静中融入质朴之美。道服、竹笠、云舄、披云巾等衣履冠饰朴素清寂，一瓢一衲直指清净之心，比之瞿仙"一钩掣动沧浪月，钓出千秋万古心"的侘寂之境，从器至道的追求和审美传达反映了文人对于简洁素朴的侘寂美学的追寻。

---

① 出自苏轼《墨君堂记》。
② 高濂：《遵生八笺》，巴蜀书社，1992年，第719页。

(五)地域特征

南京、苏州、杭州等地自古即是文人士大夫荟萃的地方,他们留下许多游记,使得江南形成了许多全国知名的旅游胜地,江南风景成了评价其他地区旅游胜景的一种标准。竹杖芒鞋,杖履野步,扁舟蓑衣,放浪山水,定格为江南文人士大夫放浪不羁、独抒性灵的形象;雕梁画栋舟行碧波,管弦丝竹,逶迤山间,成为江南官绅富商寻游野外的印象;孤舟蓑笠、寒江独钓的是江南村夫野老,人们总是以物化的形式固着记忆。《遵生八笺》、《游具雅编》等书所载游具也印证了其独特的地域特色。

(六)文化内涵与艺术特质

晚明,大众旅游活动普及,冲击着原本高雅的"士游"、"仙游",品位标准成了文人雅士更为关注的东西。为打造独具文化品位和审美内涵的游具,许多文人士大夫一改之前重道轻器的习气,投身设计,对于游具这种贴己实用物品的关注、设计、记述,尤其乐此不疲。道扇、拂尘无非写意一种风雅,棋篮、诗筒、葵笺、韵牌更为别样文化,鱼竿、葫芦只为追慕那份风晨月夕中似醉非醉的诗意。《遵生八笺》、《游具雅编》与《长物志》三书还都提到"舟"的形制、容量与装饰,甚至连船桨都要装点才行。理想的境界是一边行舟,一边起灶煮茶,"起烟一缕,恍若画图中一孤航也"。或如王临亨记载胡氏画舫:"几席间插芙蓉殆遍,居然画舫也。下令放舟水中央,清风徐来,暗香逆鼻,绿叶红葩,簇簇迎人,似牵游袂而不舍者。"①

(七)新技术、新思想的大胆开拓

明朝不仅是我国封建社会的集大成时期,也是我国近代科技的萌发时期,许多知识分子在这一时代浪潮中承担着继往开来的时代任务。就新技术在游具方面的应用而言,指南针即是极好的一例。这一航海所用工具于晚明时期演

---

① 巫仁恕:《品味奢华:晚明的消费社会与士大夫》,中华书局,2008年,第199页。

化为制作小巧实用的指南针的新技术,使之成为一些文人士大夫出门游历的袖中宠物和值得炫耀的新事物。药篮、软梯、照明工具等构思机巧的游具不仅是济人自济的新物品,也是新思想在游具设计应用方面的大胆尝试。观雪庵、叶笺等师法前人,中得心源,注入自己的审美情趣,援古创新,提升了游具的审美趣味和审美层次。

总之,明朝文人士大夫参与游具设计集萃的设计思想、设计方法以及积淀的文化,沉淀为明朝文人游具特有的美学特质,引领着游具设计审美文化的发展,对之后游具乃至器物的设计审美具有深远的影响。

第七章　清朝与民国时期江南地区游具的设计美学研究

一、相关问题阐释

(一)关于研究的分期问题

清朝是我国最后一个封建王朝,它因 1840 年鸦片战争的爆发而被划分为两个时期:前期是完全传统的封建社会,后期则因西方文化的侵略而进入半殖民地半封建的近代社会。本章首先研究鸦片战争之前的清朝前期游具,而鸦片战争之后的晚清游具将与民国的游具研究合并到一起。清朝前期的旅游以及游具维持着传统封建社会的形式,晚期的旅游和游具则受到西方影响,形成近代社会的旅游形式。

(二)清朝和民国时期江南的定义

从地理意义上界定,江南是指长江以南,指宜昌以东、长江中下游以南、南岭以北的广大地区。从政治角度定义,清初沿袭明制,清顺治二年(1645 年)设置有江南承宣布政使司(后改为行省),也就是江南省,范围包括现在的江苏(含上海)和安徽,省会南京也是江南的中心。顺治十八年(1661 年),将江南省拆分为江南右与江南左。1667 年,江南右改称为江苏省,江南左改称为安徽省。民国至今,这一区域的行政变化已经不大。文化意义上的江南是指被文人美化了的以南京至苏州、杭州一带为核心的地区,也包括文化漂移概念下的其他浙江全境、皖南、赣东北等地区,还包括缘江北部的扬州、南通等地区,这些地区虽然地理位置在江北,但经济、文化类同江南,长久以来其行政规划也同属江南吏治,已经是长期以来人们约定俗成的文化意义上的江南地域的组成部分了。概言之,这个时期的江南已经同当今相去不远。

二、清朝前期江南地区游具的设计美学研究

(一)清朝前期旅游方式

1.帝王巡游

清朝皇帝巡游中以康熙、乾隆最为隆重。康熙皇帝是历史上著名的游历皇帝。他亲政的时候,几乎每年都要离开京城,到全国各地巡视民情,了解民生。康熙皇帝在历史上影响最大的游历是在康熙二十三年(1684年)到康熙四十六年(1707年)的二十余年中六次巡游江南。康熙皇帝南巡江南,在江宁(今江苏南京)祭明孝陵,会稽(今浙江绍兴)拜禹陵,接见江南文人士大夫,笼络汉族望族,促进满汉的民族融合,并治水、省耕、考察吏治。康熙南巡时"不设营幄,不御屋庐"①,不扰民,不奢靡。相对而言,乾隆皇帝的巡游则要有排场得多。乾隆皇帝下江南的时间,分别为乾隆十六年(1751年)、乾隆二十二年(1757年)、乾隆二十七年(1762年)、乾隆三十年(1765年)、乾隆四十五年(1780年)、乾隆四十九年(1784年)。南下期间,其游扬州、江宁、杭州、苏州等江南名胜,考察沿途民风民情,省察河工,整顿吏治。与其祖父不同的是,乾隆的历次巡游要铺排靡费许多。

康熙、乾隆到江南巡游既是为实现笼络汉人、消解民族矛盾的特定的政治

---

① 王俊义、黄爱平:《康熙和乾隆为何皆六下江南》,《文史知识》,1985年第8期,第67页。

目的,也是出于观风察俗、体恤民情、显扬圣威的皇权使命。

2.遗民潜游

清朝前期的山水游客中,还有一批明末的爱国遗民。这些人都是明朝遗留的汉族士大夫,不能接受明朝亡国、满族统治的事实,纷纷逃离仕途,潜游山水,借以坚持民族气节,寄托亡国痛苦,比如顾炎武、魏禧等。顾炎武,江苏昆山人,原名绛,字宁人,号亭林,明亡后他改名炎武,以"人寰尚有遗民在,大节难随九鼎沦"表明其心志。从清顺治十三年(1656年)开始,他为考察我国北方山川形势,徐图复明大业,远游长达二十五年,并撰写游记《昌平山水记》。魏禧,字叔子,一字冰叔,号裕斋,又号勺庭先生,江西宁都人。明亡,隐居宁都金精山十二峰的翠微峰,与两兄弟教授学生,提倡古文,号称"宁都三魏",并为复明而出山漫游,游遍江南,结识了许多俊才秀杰。

3.文人仕宦科举旅游

清朝自顺治三年(1646年)起开科取士,至光绪三十年(1904年)文科科举考试废止的二百余年间,据有关统计录取进士26391人,举人约144480人,秀才约332000人。[①] 参与科举考试的考生不计其数。这些人往返求学、科举、仕宦,途中借道游赏,成为行旅途中的常见游客。

4.节庆民俗游

清朝前期江南的节庆旅游已发展到了相当程度。以苏州为例,端午节"男女耆稚,倾城出游,高楼邃阁,罗绮如云,山塘七里,几无驻足之地。河中画楫栉比如鱼鳞,亦无行舟之路。欢呼笑语之声,遐迩振动。……入夜,燃灯万盏,烛星吐丹,波月摇白,尤为奇观,俗称灯划龙船"[②]。又如进香:"至中秋前后,四方男妇填街涉巷,杂沓而来。佛殿几无容足之区,直至九月杪,方止。"[③]

---

① 商衍鎏:《清代科举考试述录》,杨学为等:《中国考试制度史资料选编》,黄山书社,1992年,第723页。

② 顾禄:《清嘉录》,江苏古籍出版社,1999年,第135页。

③ 出自嘉庆《朱泾志·风俗》。

旅游的兴盛促使对于游具的需求递增,如"虎丘每逢市会,有等老妪或乡间之人,操疲舟,驾朽橹,泊山浜,于灯船杂沓之际,渡人至上下塘买物或游玩乐便,每人只乞一二文,谓之摆渡船"①。

(二)清朝前期江南地区的典型游具研究

清朝前期的游具将从交通工具和旅行家具两个专题进行研究。

1.交通工具

鸦片战争之前的交通工具是典型的手工艺时代的产品,这里介绍江南的游船。

清初,江南游船作为主要的交通工具,其功能、装饰等与前朝相比并无二致。这个时候活跃在江南地区江河湖泊里的游船主要有灯船、画舫(又称花船)、酒船、江山船等。香雪道人《南窗杂志》对苏州虎丘山塘灯船的描述再现了其装饰精美、做工考究的样貌:"虎丘山塘,七里莺花,一湖风月,士女游观,画船箫鼓。舟无大小,装饰精工,窗有夹层,间以玻璃,悬设彩灯,争奇竞巧,纷纶五色,新样不同。"②这段文字反映了这个时期游船设计美学的两个特征:一是游船的制造工艺变化不大;二是游船设计材料和设计式样有所创新,"窗有夹层,间以玻璃"这个设计在舟船的运用上前所未见。

2.旅行家具

游山具

继两宋、明之后,清朝著名文人、扬州人李斗在其《扬州画舫录》中亦有关于提盒和提炉的接续描述:"江增,字兆年,号矐生。性好山水。于黄山下构卧云庵自居。制茶担以济胜,行列甚都,名曰游山具。刳柳木令扁,以绳系两头担之,谓之扁担。蒙以填漆,上书庵名。担分两头,每一头分上中下三层。前一头上层贮铜茶酒器各一。茶器围以铜,中置筒,实炭。下开风门。小颈,环口,修腹。俗名茶罐。酒器如其制,而上覆以铜,四旁开窦,实以酒插。名曰酒罐。俗

---

① 顾禄:《清嘉录》,江苏古籍出版社,1999年,第135页。
② 顾禄:《清嘉录》,江苏古籍出版社,1999年,第136页。

呼为四眼井。旁置火箸二,小夹板二,中夹卧云庵五色笺,小落手袖珍诗韵一,砚一,墨一,笔二。中层贮锡胎填漆黑光面盆,上刺庵名,浓金填掩雕漆茶盘一,手巾二,五色聚头扇七。下层为棳,贮铜酒插四,瓷酒壶一,铜火函一,铜洋罐一,宜兴砂壶一,烟合一,布袋一。捆炭作橐,置之袋中。此前一头也。后一头上层贮秘色瓷盘八。中层磁饮食台盘三十,斑竹箸一十有六,铜手炉一,填漆黑光茶匙八,果叉八,锡茶器一,取火刀石各一。截竹为筒,以闭火。下层贮铜暖锅煮骨董羹。傍列小盘四。此后一头也。外具干瓠盛酒为瓢赟。截紫竹为箫,以布捆老斑竹烟袋。并挂蒲团大小无数于扁担上。江郑堂为之作游山具记。每一出游,湖上人皆知为瞿生居士来也。"①

　　江增游山具的设计实则受到古代街头食担子的启发,加上个人的巧思,使此游山具的设计要精巧和完善许多,除了提供赏食美味的炊饮餐具、茶酒果蔬之器,还有笔墨纸砚等文房用具,"赏食"、"赏景"、"清玩"、"清欢"共付一担风流。此等奇巧游山具的设计也只有仰赖江增等文人的参与设计,这也是明清文人亲自参与器物设计的又一案例。这些文人集中民间智慧,结合自己的巧思,赋予其人文的设计,使这些器物在实现其本身实用功能的基础上,也产生了不同于众的清雅之象。

《群仙集祝图》局部
（台北故宫博物院藏）

---

① 李斗:《扬州画舫录》,中华书局,1980年,第276页。

江增所制游山具与屠隆的山游提盒是一脉相承的,应该可以说是对屠隆山游提盒的弘扬。这种饮食器具整洁实用,且富有文人的趣味巧思和文化创意。只是这种游山具始终没有大众化,主要还是囿于文人小众圈内,原因有二:一是其制作费工费钱,二是普通大众未能有如此消遣的财力和闲趣。

提匣

提匣是清朝常见的一类游具,它常常设计得很别致,细分起来不止一种,不过均是源自宋朝的所谓"游山器",即郊游时用来总装诸般雅具的橱柜式提匣。茶酒具、食具、文具、娱乐之具等,分层放置,然后合成一器,或成为一副挑担中的一端,或单独拎提,甚是方便。

清朝的提匣在明朝的基础上演化成更多的种类和制式。目前可见实物中,尤其值得一提的是清乾隆时期制作的文竹绳纹提梁文具箱和乾隆红雕漆五屉"御制诗花卉紫毫笔"匣。文竹绳纹提梁文具箱内分为四层:一层是双扇门,门上镂空菊纹,主要用来盛放书籍簿本;二层和四层为通屉,为装笔之处;三层是双匣屉,用于盛装砚印。文具箱把笔、砚、书合装一起,但又分层盛放,便于取用。提梁文具盒的装饰非常讲究,"屉盒前壁均贴刻西番莲宝相花纹,安有铜鎏金钉钮拉手。小柜两侧的底整绳纹铜鎏金箍固定,自然形成文具柜的提梁"[1]。这件文具箱的设计确实别出心裁,制作高雅。马未都先生认为这件文竹绳纹提梁文具箱应为江南一带制造。从其做工、样式及装饰手法等来看,确实是江南一带的风格,且此类游具也确实基本出自江南苏杭一带能工巧匠之手。

清乾隆红雕漆五屉"御制诗花卉紫毫笔"匣从侧面开门,内有五屉,屉上皆刻凹槽,防止毛笔滚动。笔匣做工考究,装饰精美,"笔匣底部带连体阔座,雕缠枝莲纹,四面及匣顶均雕江南山水"[2],景色怡然幽远。这也可能是一件出自江南的提匣。

---

① 马未都:《箱匣雅趣》,《东方养生》,2007 年第 4 期,第 52 页。
② 马未都:《箱匣雅趣》,《东方养生》,2007 年第 4 期,第 52 页。

文竹绳纹提梁文具箱
（北京故宫博物院藏）

"御制诗花卉紫毫笔"匣
（北京故宫博物院藏）

浙江省博物馆在 2015 年 10 月至 2016 年 5 月期间还展出了浙江籍港商曹其镛先生收藏的清中期红雕漆海水游龙纹提匣。匣子看似精妙小巧，但容量超乎想象，匣内盛放器物高贵精致，价格不菲。据言乃圆明园流失之物，未有考证。

清中期红雕添海水游龙纹提匣

叠桌

明朝屠隆《游具雅编》中有展则成桌，席地以供酬酢，叠则成匣，可以盛纳物什，并便以携带的折叠小桌，让文人士大夫们的游赏更有了一份不同于众的优雅与闲适，其文字描写非常引人好奇，无奈实物不见。北京故宫博物院所藏的清中期乾隆御用活腿文具桌让我们今日仍能有幸一睹古代叠桌的样貌。叠桌桌面为方形,由两片对称等大的面板拼合。"每条板面的四边的桌沿部分均被加宽,形成长度一致的边壁,板面连同其四围的木壁同时还构成了对等的半个匣体。两个板面的一边,在边壁的棱沿处以金属合页相连;另一边,则在两角上各安装一条桌腿,由此形成四个外角上的四条桌腿。"①这四条桌腿是由金属合页嵌接在板面之下的,每条桌腿的长度均小于板面纵长的1/2,这样对向折合的桌腿才可以安放。板面和四条桌腿的收合都是通过金属合页的翻合功能完成的。

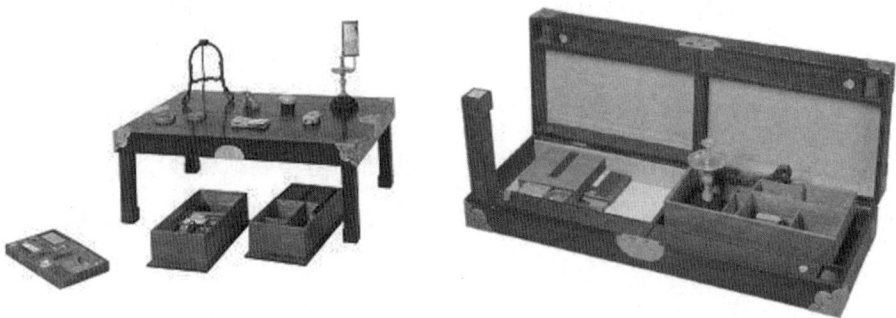

清中期乾隆御用活腿文具桌
(北京故宫博物院藏)

这张叠桌实际上是明朝屠隆、高濂等江南地区文人士大夫所制叠桌的延续,也正因为其设计的绝妙,这种类似的折叠家具才有了长久的生命。我们研究设计美学,对设计事理的研究、对场景的研究、对材料和技术的研究、对使用者的研究都是非常必要的。要站在一定的高度,打开视野,才能设计出适宜、审美且具有长久生命力的东西,古今中外无不如此。

(三)小结

通过上述对清朝前期江南地区具有代表性的游具的分析研究,可以得出:第一,游具制作沿袭了我国古代造物思想和造物传统,讲求手工制作的精巧,多采用自然材料;第二,游具追求功能之外的装饰性,通过在产品基本功能之外附

---

① 孟晖:《携得叠桌好逸游——乾隆的活腿文具桌》,《紫禁城》,2012年第1期,第103-104页。

加繁复的装饰来体现文化特征;第三,游具承载社会教化功能,游具上装饰图案的谐音、寓意等设计手法使之成为传统封建社会伦理观念的传播载体。清朝前期,江南地区游具的设计、审美也成为古代游具设计与审美的绝响。

三、清朝后期至民国新的旅游方式

伴随着旅游活动的普及和平民阶层的加入,旅游的方式和内容日趋丰富,公务旅游、会议旅游、修学旅游、科学考察旅游,乃至以旅行宣传抗日救国等新的方式和内容层出不穷。社会迈入新的时代,一方面旧的事物仍在以某种形式延续存在,另一方面新生事物不断破土而出,旅行形式和旅游用具也是如此。

(一)新萌生的一些旅游形式

1.会展和修学旅游

会展旅游是这个时期一种新的旅游形式。1929 年 6 月到 10 月间在杭州举办的西湖博览会、1934 年在嘉兴南湖烟雨楼举行的杭州旅游研究会第二次常会、1935 年在青岛举办的远东国际扶轮社年会等都安排有参观游览活动。

这个时期青年的修学旅游也成为新时代的一种旅游方式,不同于古代读书人单人匹马或三五好友结伴出行,这个时期的学校针对青年学生学业开展有群体性修学旅行。如"1930 年末,海军学校学生乘军舰从上海到广州进行 2000 海里的巡海实习。52 天的时间里巡游了定海等 7 座港口以及沿途名胜和与海军有关的要地"[①]。这是一次记入史册的"壮游",之所以称为壮游,一是因为游学队伍的雄壮,二是在说旅游群体的青壮。

---

① 贾鸿雁:《略论民国时期旅游的近代化》,《社会科学家》,2004 年第 2 期,第 86 页。

2.集团旅游

民国时期的集团旅游主要有以下几种情形。

单位组织的集团旅游

此种类型的集团旅游典型者如:1937年,京(南京)滇公路通车,行政院召集各机关、各界领袖组成180余人的京滇周览团;1933年11月26日,杭徽公路举行通车典礼,浙江省建设厅公余社组织66人的昱岭关旅行团。

旅游团体组织的集团旅游

此种类型的集团旅游典型者如:"友声旅行团自创组后曾组织了昆山徒步竞赛、南通旅行、普陀旅行、庐山旅行等多次大规模的团体旅行;无锡儿童旅行"①等,规模浩大,轰动一时。

旅行社组织的集团旅游

此种类型的集团旅游典型者如:中国旅行社多年组织的杭州游览团、富春江旅行团等。

学生组织的集团旅游

每年的春假和寒暑假是学生组织集团旅游的最佳时间,如:1931年春假,金陵女子文理学院的师生组织泰山游览活动,开女学生出门远游的先河。

这些旅游形式呈现了民国时期旅游的近代化,在这些近代化的旅游途中,使用的游具也随着社会的发展、科技的进步以及人们生活方式的改变发生了不同以往的变化,这些新式的游具是我们以下研究所重点关注的对象。

(二)清朝后期至民国江南地区的游具研究

1.晚清至民国的交通工具

晚清至民国的火车

1876年,我国第一条铁路淞沪铁路试通车。近代火车大致分为客车和货车两种,客车又分头等车厢、二等车厢以及三等车厢,有时又会有四等车厢。头等

---

① 贾鸿雁:《略论民国时期旅游的近代化》,《社会科学家》,2004年第2期,第87页。

车厢为软座,地面铺有地毯,有化妆室、卫生间等,并且也会带有卧铺车,乘客一般是达官显贵。二等车厢一般为软座,服务及设施略差,乘客主要是政府职员、公司企业的白领以及小商人等。三等车厢木质硬座,乘客比较杂。

鸦片战争之后,西方带来的火车在当时属于世界上最先进的交通工具。1814 年,英国人史蒂芬孙发明了蒸汽机车。蒸汽机车是利用蒸汽机,把燃料(一般用煤)的热能变成机械能而使机车运行的一种火车机车。蒸汽机车是第一次工业革命之后的钢铁巨人,力大无穷,吞云吐雾,充满了阳刚之美,象征着人类征服自然的技术成就。蒸汽机车庞大的身躯、铁质的骨架、有条不紊的精确运转是机器美学最好的例证。

我国早期火车

晚清至民国的自行车

清同治七年(1868 年)11 月,上海首次由欧洲运来几辆自行车,当时数量极少,寥寥不过几辆,骑行者也都是金发碧眼的洋人。而此时自行车在欧洲也是新创,仅几年后就已传入上海,可见引进速度之快。

1897 年,原来设摊修理马车、人力车、自行车的诸同生在上海南京路 604 号开办了同昌车行,这是我国第一家自行车商行。从 1897 年到 1900 年,上海已经有惠民、曹顺泰等六七家车行,到 1915 年,上海已有近 20 家自行车商店,销售自行车及零配件,修卖皆有,生意兴隆。1926 年,大兴车行开始聘请 2 名日籍技工,购入进口钢管和接头等零部件,组装制造成红马、白马牌自行车销向市场。它们是最早的国产自行车,是民族自行车工业诞生的标志。

民国时期的自行车

2. 晚清至民国的典型旅行用品

王星记纸扇

杭州王星记创始于清朝光绪元年(1875年),初名为王星斋扇庄,是典型的家庭制扇作坊,后成长为颇负盛名的制扇工场,是杭州城里的三大扇业名庄之一。品类有黑纸扇、檀香扇、绢扇、白纸扇、羽毛扇、宫团扇等。其中,黑纸扇最负盛名,乃朝廷贡扇。黑纸扇工艺考究,制作精良,有制骨、糊面、折面、砂磨等86道工序。扇骨花纹美丽,柔软有弹性。扇骨常以檀木、象牙、名贵竹木等高贵材料做成,扇面材料是浙地本土的纯桑皮纸,皮纸用高山柿漆多次涂刷;扇子的两根大边有烫花、雕刻、嵌银丝等多种装饰手法,不仅精巧实用,技艺精湛,有"雨淋不透,暴晒不翘,纸不破、色不透"的特色,而且装饰绝美,香味清雅,文质彬彬,颇有文人意味,有"杭州雅扇"之誉。理论纸扇可以取风、遮阳、遮面、避雨,是人们日常或游赏的伴手雅物,一扇清风别有雅趣。

王星记黑纸扇

3. 晚清至民国的旅游书籍

晚清社会没落,百业凋敝,旅游并不如前。至民国时期,随着社会的进步、资本主义的发展,以及人们视野的开拓、思想的进步,旅游复又热闹起来。以这个时期的旅游图书为例:"据统计,民国时期出版游记图书 596 种,其中再版清以前游记及游记集 34 种。民国时期游记图书的出版在数量上是空前的,超过了古代同类图书出版的总和。"①其中,许多旅游杂志、旅游期刊诞生、流行在江南地区,其交通备考、行旅常识、舟车时刻等内容为人们的出行带来了许多便利,这些旅游图书、杂志和图册甚至成为外出指南和出行必备。这个时期,江南地区的旅游尤其活跃。上海的都市文化、南京的首都效应、苏杭等地的山水美景,吸引着熙熙攘攘的游客。相关旅游的书籍类游具应运而生。

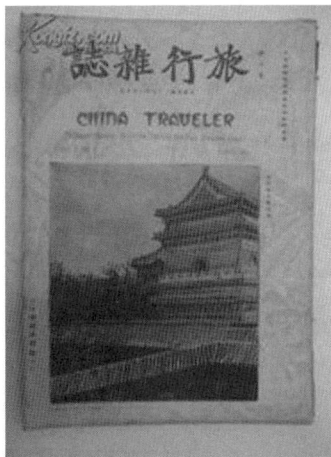

中国旅行社创办的《旅行杂志》

旅游杂志、图书

《旅行杂志》于 1927 年春季创刊,编辑室位于上海市四川路 114 号,由庄铸九负总责,主编为赵君豪(《申报》编辑),美编为张振宇,是我国第一家由中国人创办的旅行社——中国旅行

---

① 贾鸿雁:《民国时期游记图书的出版》,《广西社会科学》,2006 年第 1 期,第 106 页。

社——所创办的旅游杂志,以阐扬中国名胜、发展旅行事业为其宗旨。"中国旅行社要讯"、"国外游记"、"交通备考"、"行旅常识"、"旅行讲座"、"舟车时刻"等栏目介绍近代国内外的旅游名胜、游览的线路、旅游交通以及民俗风情等情况。《旅行杂志》是近代中国的第一本旅游杂志,因其新颖实用,自发行伊始就备受欢迎。

当时在国内出版的旅游杂志还有上海友声旅行团出版的《旅行月刊》、上海旅外岭东周报社出版的《旅外岭东周报》、上海海港检疫所旅行卫生编委会出版的《旅行卫生》、上海旅行天地社出版的《旅行天地》等。

旅游手册

苏州、杭州山水旅游资源丰富,有上海后花园之誉。上海虽然有着丰富的都市文化,但山水资源贫乏,故而市民多前往苏州、杭州游玩。"友声旅行团,从上海发往苏州,每周日 7 时 60 次班车出发,20 时 52 分 205 次班车返回,费用 9 万,午晚两餐,游览木渎镇、灵岩山、狮子林等地。"这是民国时期苏州旅行手册上面的信息。

南京作为民国时期的首都,理所当然吸引着四方游客。随着游客的增多,各种介绍南京名胜古迹、物产的旅行必备的手册,也陆续出版发行。比如民国三十五年(1946 年)11 月出版的《首都游览指南》,该书分为四章,第一章写南京之沿革及区域,第二章介绍城垣,第三章介绍山水,第四章介绍名胜古迹。

这个时期,不少江南城市都陆续出版此类图册,这里仅以苏州、南京为例,窥斑见豹。

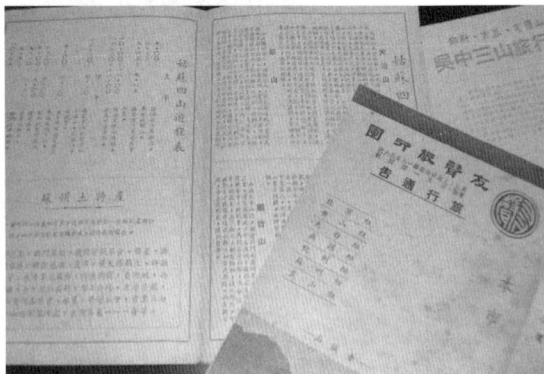

民国时期苏州旅行手册

民国时期南京旅行手册

（三）小结

通过上述对清朝后期至民国江南地区具有代表性的游具的分析研究,可以得出:第一,西方现代化的交通工具如火车、轮船、自行车传入我国后,国人开始接触西方科技和技术美学;第二,随着旅游的日益发展和普及,具有地域特色的旅游商品开始进行专业化生产和销售,比如杭州纸扇等,这些商品保留了传统手工艺特色;第三,民族旅游产业有了一定发展,出现了旅游杂志、图书、手册等印刷品,但专门针对旅游开发的其他游具类产品仍然不足。清朝后期,古代游具设计与审美没落,新型的出游方式也革新了游具设计与审美。

古代江南地区游具的设计美学研究小结

　　我国古代美学认为,"美物者贵依其本,赞事者宜本其实"(左思《三都赋序》)。这里的"本"应该是一个大的概念,它不仅指的是事物本身的规律,还应该包括其所处的本来的时代大环境和地域环境,以及这些本原的环境影响下的文化氛围和时代审美思想。这非常鲜明地体现在我国传统造物的思想中,比如君君臣臣、三纲五常等儒家等级制,以及主张尊卑森严、服从伦理影响下的一些交通工具的设计审美思想,亦如道家澄怀观道、任达性灵思想影响下,一些文人士大夫悠游山林的衣履冠饰的设计审美思想,再如佛家四摄、六度影响下的一些饮食器具的设计审美思想。这些思想并不是单一地影响着人们的生活和造物思想,而是相互交融凝练,慢慢升华的。

　　但是,在我国传统的造物思想中始终占有主导地位的是儒家的正统观念,虽然道家的学说和思想也始终影响着我国古代传统的器用制造和传承理念。自春秋战国道家思想成为显学,经汉初内用黄老、外示儒术的延伸,至唐朝对黄老思想的推崇,道家的思想成了中国人修身养性的思想支柱。纵观中国文化历史,我们可以发现:在秦汉以前,儒、墨、道三家笼罩了全部的文化思想;而到唐、宋以后,换了一家,成为儒、释、道三家,这三家又笼罩着中国文化思想。但无论如何,儒家和道家的思想学说始终左右着中国人的心境。南怀瑾先生认为:外示儒术,内用黄老,是我们的统治秘密,它们与我们国人的关系如同粮店和药店,须臾难分。我国艺术设计所显示的传统特质也正与此有着千丝万缕的关联,并在古代器用制造和传承的过程之中沦肌浃髓,成为我国古代艺术设计审美的独特气质和特色。浸润在这种时代大环境中的江南地区游具的设计美学同样呈现出如此的审美特征,换言之,游具设计与审美也一样具有社会同构性。

　　在拥有这些共性的同时,江南地区的游具设计审美也具有自己独特的个性特征。在交通不甚发达,社会交流不甚密切的古代,器物设计审美的区域性特征还是比较鲜明的,这种特征甚至今天仍有部分保留。通过对江南地区游具设计美学的分析研究,我们可以发现,这一区域器物的发展同步于我国传统器物整体的发展历史,至明朝成为集大成时期,并形成、积淀为自己独特的风格。表现在游具设计美学方面,比如江南地区传统游具尤其是文人士大夫的游赏雅具,其蕴含的美学境界包括:①体舒神怡的实用意味;②神韵标峻的文化意蕴;③神遇山川的设计产物;④心物交感的设计精神;⑤象外之象的宗教情怀;⑥观境自在、个性独抒的特立境界等。当然,其外在的表现比如:①手工制作的灵巧精致;②材料采用的自然考究;③装饰手法的独运匠心;④意匠经营的别出心裁;⑤造物形态的别出心裁。

　　论及江南地区的器物设计之美,人们总是不吝溢美之词,温润秀丽、精巧考究的地域审美特色也就这样渐入人心,也成为游具设计审美的江南印象,甚至慢慢晕染成我国传统器物造型的审美印象,内化为传统器物审美的文化基因,成为古今游具设计审美与传承的模因成分。对这种文化模因的研究和良好传承,成为当今器物设计审美的重要任务。器物发展的历史也是社会文化发展的历史,器物是社会文化发展的实物载体,映射着时代的审美特征。我国近现代社会转型发展的危机也呈现出古今器物审美文化传承发展的危机。当泛西方化的现代主义设计肆虐的时候,设计业已完成了纯粹的实用功能,实用而审美的器物设计成为事物发展的必然追求,功能优良、时尚美好的游具设计已经成为当今户外游历的无二选择。回首那些具有文化特性、人文关怀、审美气质的传统游具设计,回首传统游具设计美学,汲取其中的文化特性、人文关怀、审美气质,滋养当今游具设计,启迪实用美学,是非常重要而有意义的工作。

第二部分

江南地区当今游具设计美学研究

传统游具设计美学作为中华文化的重要组成部分,同样受到来自五四新文化运动、"文化大革命"以及改革开放后西方亚文化的强烈冲击,由此,传统游具设计的审美发生了重大的变化。现代的新式游具在社会上占据主流地位,传统游具慢慢地退出了历史舞台。现代游具设计美学中的科技美学成分、普适性成分更加突出,但其文化性、工艺性和思想性相对弱化。

就我国目前的游具而言,三个问题十分突出:第一个是传统游具没有很好传承,甚至"游具"这一简洁明快的词语更多时候都为"户外旅游用品"(相较户外运动用品等而言)所取代,传统游具设计美学也因而没落。第二个是目前我国的游具设计与制造还极不发达,大部分国内相关产业还处于代加工的阶段。户外行业中,80%的国内高端市场被国外品牌占据,国牌很难在高端市场上争得一席之地。第三个是做旅游的多用力于旅游纪念品设计审美研究,做产品设计的又对于旅游用具(游具)的研究触及不多。因此,我国的游具(户外旅游用品)的发展水平相较国外发达国家还有待提升。

过去相当长的一段时间内,由于我国经济不发达,社会所主要从事的是工、农业生产,旅游业、服务业等第三产业没有得到足够的重视,市场供需不旺,造成对旅游用具的开发研制不够;加之科技、设计的相对落后,我国户外旅游设计、研发同样受到影响。事实证明,旅游和户外旅游用品市场的发展,同样对国民经济的发展有很大的带动作用。经济向好的时候人们有旅游消费的需求;经济萧条的时候,人们也有游赏消遣的需要。美国在经济萧条时期,很多产业下滑,但旅游和户外旅游用品消费却逆势上扬,成为当时最向好的产业。

近年来,随着我国社会经济的发展,国内户外用品产业也是迅速崛起,品牌数量增速从2009年开始超越国外品牌,户外用品品牌数量已达到800多个,其中尤其以浙江、江苏和上海这些江南核心地区品牌的户外用品的生产、使用与销售最为突出。浙江的金华市、江苏的镇江市以及上海市区,在户外用品的发展中各自领跑,江南地区的游具发展一如既往走在国内前列,并逐渐实现从量到质的发展。但随着人们物质生活的丰富、文化品位的提升,功能化的发展已经远远不够,文化性、品质性、审美性的需求越来越强烈,这些人文性的需求远远不是西方暂时领先的某些技术所能满足的。源于我国丰富的传统文化积淀,传统游具尤其是文人游具的文化审美性、工艺巧思性为此提供了宝贵的思路。我们从江南地区古代游具设计美学,过渡到当今游具设计美学的研究,进而分析其中的传承与流变,都是寄希望于通过古今的对比,趋利去弊,发展国牌游具。

第八章　衣履冠饰类游具的设计美学研究

——以冲锋衣为例

在户外旅游用品市场中,冲锋衣作为重要的市场组成部分,既是户外旅游必不可少的主要服饰,也是户外运动爱好者首选的服装。综合冲锋衣在户外服饰市场的销售趋势来看,2006年是我国冲锋衣市场销售增长的重要转折点。在2006年之前,人们在远足和户外运动时一般都穿着传统的运动服装;2006年之后,随着经济全球化的深入,国外不同的户外装备产品陆续进入国内市场,冲锋衣成为人们旅游的首选。

本章依托设计美学的理论,以江南地区冲锋衣的代表类品牌和消费者的选择偏好为实证研究核心,主要分为以下三个部分:第一,冲锋衣的基本功能;第二,江南地区冲锋衣设计美学研究;第三,小结。

一、冲锋衣的基本功能

冲锋衣的核心性能是防水、防风和保暖,以及能够让穿着者在恶劣的户外环境中自由轻松地活动。其透气性和对人体的保护功能也要很好。舒适体验度和轻便的穿着感是优质冲锋衣不可或缺的两个必要条件。

除此之外,冲锋衣也需要具备以下特殊功能:其外观要能体现出足够的安全标识,以应对户外出行中遇到的不同危险情境;颜色呈现要尽量鲜艳,以便出现特殊情况时的救援和搜寻。由此,冲锋衣细节处可加入一定的安全标识,并采用特殊的配件,如荧光条、微型远程信号追踪识别器等。

二、江南地区冲锋衣的设计美学研究

接下来以哥仑步(Kolumb)为范例,分析其冲锋衣的造型设计特点,结合设计美学的内容,深入分析该品牌冲锋衣的优势和不足,以不断改进设计和开发更多优质的产品。冲锋衣造型的美学要素从以下方面进行分析,包括材料、形式、功能、技术等方面。

(一)材料美要素分析

由于户外运动所处环境的特殊性,冲锋衣的面料就成了人们购买选择时的首要关心因素。一般的户外运动包括徒步、野营、登山等,冲锋衣面料应具备防风、防雨、吸湿、透气等特性。如果是滑雪、攀岩等专业户外运动,还要考虑面料的保暖、耐磨、抗拉伸以及抗静电等特性。

冲锋衣常用的面料按功能性的不同大致可分为:防水透气型、吸湿排汗型和防风保暖型。

1.防水透气型面料

防水透气型面料可以防止恶劣的雨雪环境侵袭人的身体,包括三个部分:高密织物、涂层织物和膜层合织物。市场上大多数冲锋衣的防水透气型面料为膜层合织物,不仅优化了冲锋衣的防水功能,同时令人穿着更具舒适感。

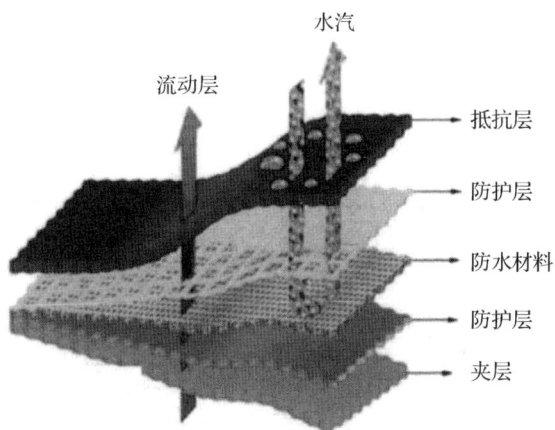

防水透气型面料结构

2.吸湿排汗型面料

水分控制适宜的材料能够让穿着者感到自由舒适,新型的吸湿排汗型面料可将皮肤表面的水汽快速导向纤维结构,以更好地调节穿着者身体的热量与湿度,保证冲锋衣的透气性和舒适度。随着技术的更新普及,这种面料的价格逐渐适宜普众。

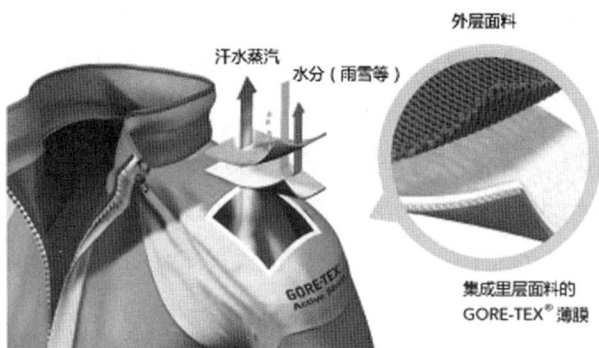

吸湿排汗型面料结构

3.防风保暖型面料

良好的防风和保暖性能是户外运动服必须具备的。防风保暖型面料中特制的纤维是仿北极熊的绒毛而生产的,有很强的保温性能,其中每根纤维都具有良好的导热性,能够形成空气绝缘保护层。其既可防止冷空气进入,又能排出湿气,使穿着者身体保持温暖和干爽,此面料的缺点是透气性能相对较差。

哥仑步冲锋衣的面料具有较强的防水透气性,通过微多孔薄膜保护层,拒绝湿热并应对不同的气候条件,使户外运动者能够得到全面的保护。

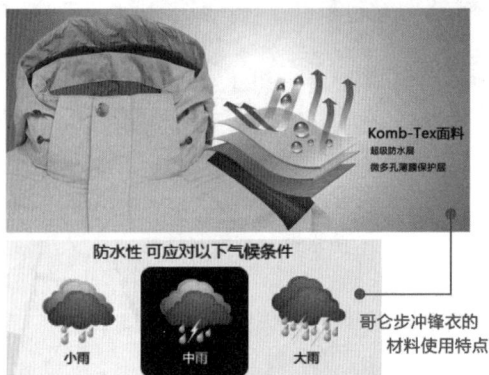

(二)形式美要素分析

形式美是指构成事物的物质材料的自然属性(包括形状、色彩、线条等)及其组合规律(整齐、节奏、韵律等)所呈现出来的审美属性。对于冲锋衣来说,其色彩、样式、造型等都是形式美的表现。这里主要以冲锋衣的色彩切入,对冲锋衣的形式美进行分析。

对冲锋衣色彩要素的分析运用了类型学的分析方法。类型学是一种归类方法的体系,类型的划分依据是其相同或相似的属性特质,这种分组归类的方法可以在各种现象之间建立明确的对比关系,进而有助于探索和论证。

我们以浙江哥仑步户外用品有限公司生产的冲锋衣为例,分析其色彩的特点。其男女装冲锋衣色彩仍以传统的单色为主,也有少数的同色系拼接色彩。女士冲锋衣主打色彩为红色、玫红色、天蓝色;男士冲锋衣主打色为黑色、蓝色、绿色,新品系列包括数款拼接色产品,男款整体色系较女款而言偏深、偏暗。

目前户外冲锋衣市场上的常见色彩基本可划分为两大类,一类是以红、黄、橙、蓝为主的高纯度冷暖色系,另一类是以黑、白、灰为主色调的无彩色系。在对消费者冲锋衣色彩选择偏好的分析中发现,多数消费者认为户外冲锋衣的色彩应该以艳丽的橙色、红色、黄色等暖色系为主,其次才是蓝色、绿色和拼接色等冷色系,最后是无彩色系的灰色、白色。从整体冲锋衣的色彩设计来说,越来越多的色彩和拼接方式使冲锋衣更具时尚风格。根据哥仑步冲锋衣的色彩特点,我们归纳出以下三种冲锋衣的拼接方式:撞色系拼接、同色系拼接和有彩色与无彩色拼接。

1.撞色系拼接

哥仑步冲锋衣的撞色系拼接的撞色色彩通常为对比较强的颜色,即多采用不同纯度和明度的色彩进行拼接搭配,男款多为蓝紫色拼接,女款多为红黄、粉蓝等色彩搭配,从而使冲锋衣的设计更加时尚活泼。

2.同色系拼接

同色系拼接是指用相同色相但是明度、纯度不同的色彩进行搭配拼接,如天蓝色和浅蓝色进行搭配,会呈现出柔和、平稳、和谐的感觉,更适合女士冲锋衣的色彩拼接设计。常见有玫红色与粉红色、深蓝色与浅蓝色等同系色彩之间的拼接。

3.有彩色与无彩色拼接

有彩色与无彩色的拼接也是冲锋衣最为常用的拼接方法之一。这种方式多应用在男士户外运动服饰中。而多数男士消费者并不喜欢选择多色和高亮色彩的户外服装,由于女性的服饰色彩多缤纷艳丽,彩色与深色的拼接能够缓和艳丽色彩的视觉冲击,也保证了某些户外服装特殊的色彩需要。常见的配色包括用各种明度、纯度的橙色、红色、蓝绿色搭配不同明度的黑、灰两色。

(三)功能美要素分析

无论是何种类型、价格、款式的冲锋衣,都应具备防风遮雨、保温御寒等基本功能。此外,还延伸出透气等其他功能。另外,面料只具有防水性是不够的,为防止雨水通过衣服表面接缝处渗入内里,在衣服接缝的地方还必须由压胶进行密封,以保证冲锋衣的密封性。

1. 防水功能

防水功能是冲锋衣必备的基本功能之一,冲锋衣的防水功能是通过面料的特性来实现的。针对不同的降雨量,防水指数也是不相同的。如果是城市间旅行、日常户外穿着的冲锋衣,其防水指数3000毫米到5000毫米就可以满足基本出行需求;如果是较为专业的户外徒步、野营穿越等活动,6000毫米到8000毫米防水指数的冲锋衣裤可以满足基本需求;如果需要前往自然条件比较恶劣且不稳定的环境中进行专业的登山、探险等户外活动,最好选择防水指数在10000毫米以上的冲锋衣裤。

以下以哥仑步冲锋衣为例,从其结构、材质等方面分析研究冲锋衣的防水功能。

第一,从冲锋衣各部分结构分析其防水性能的设计。冲锋衣帽子的材料加入了新技术的防水纤维层,能够有效防止雨雪侵害;冲锋衣的口袋拉链采用压胶设计,能够有效地防水;冲锋衣各部位的拉链均可有效地防水,如采用YKK材质的特殊拉链等。

第二,从面料的角度分析,哥伦步冲锋衣采用高端技术,在防水面料上设计高分子透气膜,使之既防水透气,又能防风保暖。不论是户外潮湿的环境还是恶劣的风雪天气,特殊的面料通过让水汽和空气进行充分交换,达到防水、透气的效果,从而实现高防水、超透气、强保暖三合一的功能。

2. 透气功能

透气功能是检验一件冲锋衣优质与否的重要标准之一。人在进行户外运动时,尤其是在大运动量的户外运动之后,身体会自然排汗,皮肤会产生大量湿气,需要将水汽通过衣物及时排出,否则会因潮湿而有不适感。特别是在潮湿恶劣的自然环境中,需要穿着一件具有良好透气性的冲锋衣才能够顺利完成户外活动。

哥仑步公司自主研发的防水透气薄膜及涂层技术,具有较好的防水、透气、防风性能,可以在防水的同时将身体的热气和汗气排出体外,让其冲锋衣穿着者的身体保持舒适、干爽。但整体而言,其透气性还是有一定局限性的,相比之下凯乐石(KAILAS)冲锋衣的面料具有较好的透气性能,其冲锋衣面料为亲水性无孔的合成材料,能够让水汽和空气进行交换,同时能够防止液态水渗透,使冲锋衣能够防水、透气。

良好的透气功能需要更多的技术开发和支持,这需要不断的探索研究,以寻找更新、更优的技术来不断提升冲锋衣的质量。

(四)技术美要素分析

以哥仑步冲锋衣的制作工艺为例,其技术包括激光切割、立体裁剪、压胶处理等。

具体来说,激光切割能够让衣物外层的切面更加平整,并且细节处不易起毛;立体裁剪的意义在于使衣服更为贴合身体,以提高冲锋衣的舒适度;内置防风裙的设计可以进一步抵御寒冷的户外天气;在冲锋衣拉链的外部覆盖防水性能的压胶层,可使之更加便捷耐用;衣物的压胶处理结合防水涂层材料的性能,可有效防止衣物渗水,给穿着者带来全方位的保护。

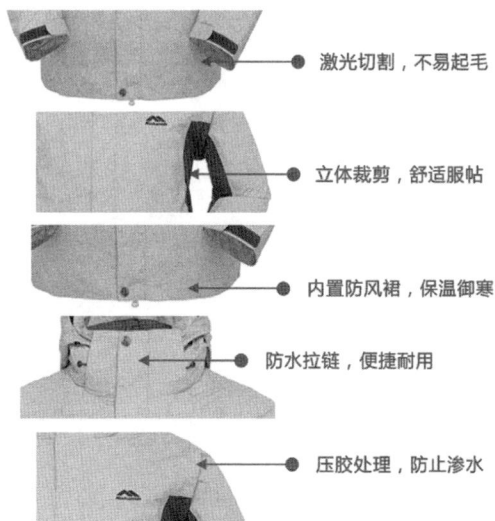

哥仑步冲锋衣的制作工艺①

_____

① 制图:周尧。

三、小　结

综合冲锋衣的设计美学而言,在冲锋衣设计研发和审美探索中应注意以下几点。第一,加强自主研发性,研发功能性强的创新型材料。第二,冲锋衣设计应当注重细节,并结合消费人群的人体结构,尽量减少不必要的配件。第三,在设计结构上,应采用科学化的拼接结构和版型,并尽量节省面料,力求环保节约的"低耗型、多用型"设计。第四,探索先进的加工工艺,减少车缝的拼接用料。第五,简洁大方,清新悦目,让人们以更舒适的状态徜徉在山水行旅之中。

总的来说,我国的户外运动服装生产厂商或企业不仅应把服装功能性融入冲锋衣的设计理念之中,还更应关注其设计审美,比如款式、功能性结构的设计,以及功能性面料的选择、色彩的搭配、形制的创新等方面。对于不同的户外运动项目,还应考虑运动和人体工学的特点以及运动所处环境等因素,注重户外服饰面料的开发与创新,以最大限度实现冲锋衣的舒适性、功能性和审美性,在保证基本品质的基础上,提升户外服装的附加值。

第九章　装备配件类游具的设计美学研究

——以户外背包为例

从原始"载物"如箩筐、草编背囊到背感舒适、材质优良、外观时尚的现代户外背包，人类的背负装载工具走过了漫长的历史，并衍生出适用于徒步、登山和攀岩等的多样品类。

一、户外背包的分类

近几年，随着户外活动的兴盛，户外背包(户外旅行、运动所用背包)的发展也相当迅速，生产状况已经颇为成熟，种类、用途都各有不同。

依据户外背包的体积划分，有装载 50 升以上的大型包、30—50 升的中型包和 30 升以下的小型包。按照户外背包的结构，可划分为支撑架位于背包内侧的内架包、在外侧的外架包和无支架的软包。按照户外背包的功能，可将其分为短途旅行包、登山包、骑行包等。本章所研究的是户外旅行和运动的常用背包——登山包。

大型户外背包　　　　　　中型户外背包　　　　　　小型户外背包

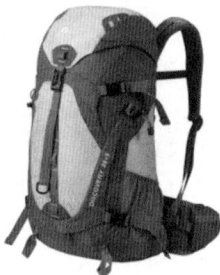

外架包　　　　　　　　　　内架包　　　　　　　　　　软包

二、户外背包的特征

我们以登山包为代表进行分析,一方面是因为户外登山包在户外出行中的使用比例较大,波及人群较广,另一方面是因为登山包的结构有较强的规律性。

登山包主要是提供给登山者携带物资装备用的背囊,其结构设计非常讲究,其设计和审美很值得研究。早期登山包背负系统的设计不甚合理,运动者在使用过程中会有很多不适。随着新兴技术的开发与应用,现今新型登山包的材质、结构、款式、色彩等得到了很大发展,已经科学、舒适、美观很多。现在,登山包不仅是登山爱好者的最佳选择,越来越多的人还喜欢选择背负登山包旅行、徒步或野外作业。

登山包主要有大登山包和小登山包两类。大登山包主要用于登山时装载较多登山物资,或长途旅行途中背负大量物品;小登山包一般用于高海拔攀登或顶峰突击或短距离旅行中的小部分物品放置。

登山考虑登山途中可能的羊肠小道等特定环境,一般包体较为瘦长。其设计非常人性化,对人体工程学的理念有良好的运用。在登山包的内部,结合人体脊椎形状,使用两条 V 字形高强度铝合金支架作为支撑,使背包重量传递平稳,力量分布尽量平均。登山包背部按照人体的自然曲线而设计,通过很自然地贴合人的背部来分散压力,减轻肩部的负重。肩膀部分及身体接触面采用透气尼龙网眼布和高弹力海绵材质,同时,背负系统可在一定范围内根据使用者的身高自动调控,有效减轻负重对背部的压力,会使使用者在背负较大重量的物品时感到相对轻松。其腰护软硬适度,弹性十足,与髋部有机连接,既防止晃动,又能够让人自如地进行运动。登山包的细节也很讲究,比如加入独有的减压扣件,使登山包的拉力更加均衡,减轻人体的负重感,从而让使用者更加舒适。其表面材质经过特殊处理,不仅防水,而且抗撕拉。在登山包设计过程中,还特别考虑需要装载的物品,加大可利用空间,满足使用者更高、更多的需求。

大登山包　小登山包

登山包

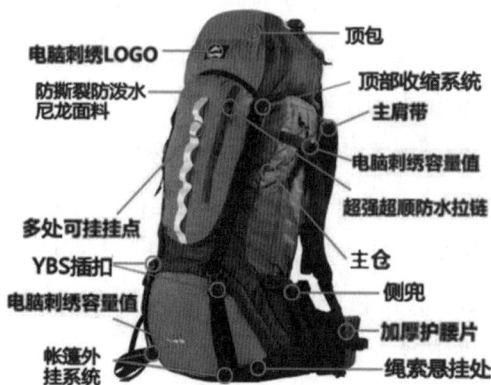

登山包的结构①

三、户外背包的设计美学研究

针对户外背包的设计美学,以浙江隆仕升服饰有限公司销售的户外登山背包为范例,我们将分别从材料、结构、功能等方面出发,进行具体的分析和研究。

(一)材料美要素分析

由于户外背包需要适应不同的使用环境,尤其是特殊的使用环境,所以户外背包的材料尤其要紧。背包整体材料的牢固和耐用性,以及特殊部件的特定要求等都要关照到。

户外背包的整个包体材料一般由三部分构成,外层采用高密度尼龙防水面料,能够防止雨水渗入包内,避免不利环境的影响使包内物品受潮,还有重量轻便、耐磨性强和防撕裂等特征。中层为海绵防震系统,能够起到减震减压的作用,避免运动中产生的外力给身体带来的撞击或不利伤害。内部防水尼龙的作用是进一步加强防潮功能。

目前,龙狮戴尔(Lonsdale)的一些高档户外背包的主体面料是杜邦考杜拉

---

① 制图:张飞娥。

(CORDURA)面料,这是一种合成的尼龙布,不仅结实、耐磨,防撕性能超出其他纤维,还可以最大限度地减轻包体的自重。概括而言,这种面料的特点是:轻盈、透气、防水并且有较强的耐磨性和抗撕裂性。龙狮戴尔户外背包的肩带使用新型双层海绵与透气网布制成,不仅柔软牢固,且透气性非常好。同时,其腰部短带的设计也能够很好地分散腰部的承载力,保持身体舒适。

龙狮戴尔专注于利用新技术加强对材料的研发,近年来研究出的新型材料中最具有代表性的是植物抗菌材质。其提取天然植物中具有抗菌作用的芳香油附在面料中,其在动态的背负过程中,通过摩擦和挤压等机械运动的方式释放出杀菌剂,以达到耐久抗菌的目的。

(二)结构美要素分析

户外背包在结构上由背负系统、装载系统和外挂系统三大部分组成,各部分密切联系,不可或缺。包身主体主要设计有三个大仓,各仓内部构造经过细致分化,方便储物;两侧弹性网袋中可放置水壶等物品,结实耐用。正面附加小部件结构,有顶部绑位、快速调节系统、底部悬挂系统、束紧外挂、拉链小袋等。反面结构则包括帽盖储物袋、加厚宽肩带、出水口、胸扣、腰部束紧系统和按摩透气背负体系等部分。另外还有包底受力带、支撑装置、通风装置和调节装置等。

龙狮戴尔户外背包在背负系统方面用功较深。背负系统是户外背包相关科技的核心,近年来对于背负系统的研究和开发越加深入,改变了支撑装置早期常见的 U 形管、双铝条,新型 N 字形可拆卸悬浮式透气背负系统使登山包能够根据使用者不同的身体曲线实现造型,其采用合金管框架支撑,选用高强度、高弹力的钛合金管定型,能够有效减轻材料重量,并使肩带部分的受力更均衡。龙狮戴尔大容积型登山包增设腰撑,使背负性能得到更大程度的提升,因此使用者有更加舒适的体验。

性能良好的户外背包不仅在重力传递、承重感受方面带给使用者舒适的体验,而且在背负系统的通风透气方面也有充分的考虑。背负系统通风装置对于背负舒适度而言十分重要,龙狮戴尔户外背包的通风装置通常采用柔软的通气材料做软垫,在双肩部设计造型软垫,腰支点处的设计为可调节的透气软垫,使背部纵向、横向形成鞍部,进而较好地解决了背带部分的通风问题。

户外背包背负系统的调整装置是在固定装置基础上发展而来,固定结构只能适应特定身高,使用起来很不方便,于是就产生了可调式背负的需求。龙狮戴尔户外背包的背负系统具有可调式的特点,分为上调式和下调式两种。上调式一般在肩带根部设阶梯进行调整,下调式则是在腰带中部安装调节装置进行调整。这两类调节方式虽然都能根据背负者形体调整背部距离,但都有一定的调适距离限制。为消除这一弊端,设计者开发了腰肩连接的无极调整方式,其完全突破了前两种调整方式的限制,背者可根据个人的需求任意调整,从而找出最佳感觉。

龙狮戴尔户外背包对细节的设计也是尤其重视,根据不同人群的需求,为提升背负上的贴合感,其设计了凹陷头靠,并且根据不同使用者的体型,加入腰部支点活动性装置设计,可解决臀部消瘦者受力点与腰支点结合不牢的问题。

(三)功能美要素分析

1.包体

户外背包包体主要由包顶、包身和睡袋仓等构成,其中,包身和睡袋仓外部可以捆扎各类防潮垫、帐篷等大型装备和冰镐、绳子等技术器材。专业性较强的技术型背包还特别设计有携带冰抓和头盔的附件。包体两侧多用兜网设计,可以用来临时装载水瓶或其他一些杂物,便于即时取放所需物品。

2.顶部的头窝

一些大容量的户外背包顶部普遍设计有头窝,其设计多利用材料本身的特性形成一个凹陷的空间。良好的头窝有助于优化使用者的背负体验,使用者在打包时还可在对应头窝处尽量放置柔软的东西来增强舒适感。

3.物品的固定方式

早期的户外背包大多数都采用上下纵向收缩的方式,在装载不规则外形或较少物品时,打包非常麻烦。目前,龙狮戴尔等户外背包产品中增加了横向束缩结构,方便在装满物品后全方位收紧拉带,这样不管背包内装载多少物品,都可以很好地全方位对包内物品进行固定紧缩,背包整体外观也会因此漂亮整洁。

4.包体结构和分隔方式

户外背包的包体结构和分隔方式决定了户外背包是否能够让使用者方便寻找物品和即时拿取。龙狮戴尔等品牌的户外背包包体上都有双向双拉链的前脸,它的内部由两个侧翼和几根固定带组成,当使用者取放物品时,只需将前脸打开,松开包内的固定带,就可以十分方便、快捷地找到自己所需物品,而不必把所有物品都翻出寻找。

5.增加件放置

户外背包的基本功能是装携出行所需各类物品。而对于一些外形特殊的物品,就需要设计专门的放置空间,因此,户外背包的包体要为这类特殊物品的携行设计具有针对性的结构,以满足使用者多方面的需求。我们通常在包体上看到的各类扣袋和兜网就是这种携行设计的典型代表。就龙狮戴尔的户外背包来说,其肩带上最常见的几项设计如下:第一,肩带部分的胸口处设计有口哨;第二,肩带上特别增加了活性卡口来固定水袋、水管;第三,肩带上增加了挽带设计,能够减少使用者在长距离徒步中产生的疲劳;第四,在背包的两条肩带上增加了一个环扣,方便各类物品的携挂与扣带。

随着消费者对户外背包的需求不断提升和多样化,户外背包的设计理念和制作工艺也不断优化,市场上有优化不同功能、材质、结构和价格的产品可供消费者选择。在目前的户外背包市场中,随着生产力和科技水平的发展,包括材料和制造工艺的日渐成熟,户外背包的设计要素逐渐完善,不仅能够满足消费者对于不同户外活动的需求,同时产品的细节和结构的创新设计也有较大进步。龙狮戴尔的户外背包一直主张时尚与户外着装相结合,给户外运动爱好者提供了更多、更好的选择。

第十章　行旅住宿类游具的设计美学研究

——以帐篷为例

　　随着户外运动的发展和人们亲近自然需求的增长,帐篷成为出行的重要装备。针对人们的不同需求和不同的使用环境,有众多品牌和各式帐篷可供消费者选择。

一、帐篷的分类

　　帐篷根据大小尺寸可以分为单人帐篷、双人帐篷、多人帐篷等,适用于不同人数;根据季节可以划分为春夏秋三季帐和春夏秋冬四季帐,三季帐适用于一般的简易出游,四季帐比三季帐更加厚实,更能够抵御风寒,保暖性更强,透气性较弱;根据层数可划分为单层帐篷和双层帐篷,单层帐篷一般用于天气晴朗时候的简单出游,双层帐篷则可以抵御一定的风雨,比单层帐篷更加坚固、更能够抵抗恶劣环境;根据搭建手法可分为自动帐篷和手搭帐篷,自动帐篷只需要摆放好,手动进行一个简单操作便可自行弹起,搭建完成,快捷且省时省力,不过自动帐篷由于体积较大、较沉,一般都需要车载而更多的旅行者是徒步旅行,所以多是使用手搭帐篷,自行手动操作帐篷各个部件进行搭建,手搭帐篷的结构更加稳定、坚固,并且由于是零件组装而构成的,更为轻巧方便,可以背在身上进行徒步旅行,是广大驴友们的最爱。

二、帐篷的结构

帐篷的主要结构包括帐篷的面料和支撑的骨架。面料又分为底部面料和内部面料,底部面料一般采用 PE 面料,其质量好坏主要看它的厚度和密度,质量较好、较高档的帐篷则用牛津面料。内部面料一般采用透气尼龙或者是透气棉布,其质量好坏主要看它的密度。

支撑骨架也有几类,其中最常用的是玻璃纤维管,其越粗,刚性越强,柔软性越弱,所以玻璃纤维管的支架选择是否合理非常重要,要根据地面的尺寸和高度之间的比例来决定。弹性钢支撑骨架主要用于儿童帐篷或是沙滩游戏帐篷,不需要极大的支撑力来抵抗风雨。铝合金类骨架比较高档,一般此类帐篷原装的支架整体弧度曲线都已计算出来,然后经过热压定型处理而成,特点是轻,方便携带,且不易折断,缺点是比较容易弯曲变形。

三、帐篷的设计美学分析

(一)构成产品设计美的要素分析

每一样产品都有构成其设计美的要素,设计美的主要研究对象不是艺术,而是批量生产的产品。产品的材料、结构、形式、功能构成一个有机整体,成为一个不可分割的、一体的设计美构成要素。这里主要以牧高笛冷山 2plus 和 (The North Face)mountain25 为例进行设计美的要素分析(见表 10-1)。

表 10-1 牧高笛冷山 2plus 和北面 mountain25 基本信息

产品	售价	规格	产地	支架	内帐	外帐
牧高笛冷山 2plus	474 元	210×40×130×40	浙江义乌	航空铝支架	210T 透气涤纶	210T 防水涂层、PU3000mm 涤纶防水贴条
北面 mountain25	2499 元	占地面积 3m²	山东青岛	DAC Featherlite NSL 铝制帐杆	40D 240T 防撕裂尼龙	75D 185T 防撕裂涤纶

1. 材料美要素

材料是设计美的直接体现和物质载体,材料美被称为设计美的第一要素。就这两款帐篷来说,由于所使用的环境多为高地雪山等风雪多、气候环境比较恶劣的地区,其购买者若选用一般的三季帐或者单层帐篷,必然不能实现御寒保暖的作用,所以设计者应采用防风防水、保暖性较强、坚固的外帐材料,同时还要注意材料的透气性,以及在大风天气中不会断裂、损坏的帐篷支架,才能体现产品的材料美。

两款帐篷都选用了 210T 以上的内帐材料,保证了帐篷的保暖性,外帐都使用了防撕裂性能、防风雪性能比较强的涤纶面料。它们的支架都采用铝制材料,铝制材料在富有坚固性、支撑性的同时有一定的柔韧性,不易在大风或大雪积压下断裂损坏。这两款高山帐篷合理的材料运用便体现了材料美。

2. 结构美要素

结构赋予产品以鲜活的生命,决定着产品的根本性质。牧高笛冷山 2plus 采用双层结构,分为内帐和外帐,然后以两杆交叉式进行帐篷的搭建、稳固和支撑。双层结构,顾名思义,能起到双重的保护作用,其外帐可以抵挡风雪,其内帐在保证透气的同时又可以抵挡透过外帐进来的小风雪,起到更好的保护作用。在雪山上时,人的手指通常因为天气太冷而不太灵活,简单的双杆交叉式支撑结构使得帐篷的搭建更加便捷。

北面 mountain25 也是双层结构,不同的是它采用的是四杆支撑的结构,在双杆的基础上辅以另外两根帐杆进行二次固定支撑,使得帐篷的结构更加稳定。

3. 形式美要素

所有的东西都有其形式的一面,任何产品的材料和结构只有在赋予形式以后才能产生其功能。从美学的角度讲,任何美的东西都是由美的内容和美的形式所构成的。就牧高笛冷山 2plus 来说,类似半圆球的形态便是它的形式,可以使雪不利于堆积。试想,若在雪山上采用四方盒子形式的帐篷,不用过多久,帐篷便会因雪的积压而损坏,而圆形的形态则不然。而且高山帐需可抵挡强风,若用一般的棱角形设计必然容易被吹毁、损坏,圆弧形的设计使得风有流线走向,大大减少了被风吹毁的困扰。

北面 mountain25 也采用类似的形态,用四根套式的具有弹性、可拗弯的铝合金杆作为营骨,架起圆拱形的帐篷,像个蒙古包。这种造型的帐篷能承受强力的撕扯,可在高山等恶劣环境下使用。这种类似蒙古包的形态是高山帐篷最常用的形态,是形式美要素的体现。

4. 功能美要素

一定的材料在经过整理,形成结构,获得形式美感,最后形成一定功能之后,就可以说这个产品是美的。若一件产品只空有材料、结构和形式而无法产生其功能,那这件产品可谓是失败的。美的产品一定是有功能的,这种功能通常体现为人、机和环境的一种关系。我们对功能的认识应该更多地站在人与产品关系的角度去考虑,让相关产品能满足人的物质需求和精神需求,从而实现功能美。

就这两款高山帐来说,它们在使用一定的材料,形成特定的结构,获得其形式以后,又有抵御风寒、供人休息的功能,它们便是美的。它们满足了人在雪山上时对一个可供休憩的场所的需要,这就是对人的一个物质功能,或者说实用功能。

针对以上两款帐篷构成产品设计美要素的分析,可以总结出牧高笛冷山2plus和北面mountain25都是具有材料美、结构美、形式美、功能美的产品。在国产的产品中,牧高笛冷山2plus的性价比较高一些,在具备优秀品质的同时有着更优惠的价格,吸引了许多消费者。但对于一些经常从事户外探险运动的资深爱好者来说,可能会选择品质更胜一筹的北面mountain25。北面这个品牌致力于为户外运动爱好者提供适应于各种恶劣环境的专业装备。其产品在包含牧高笛冷山2plus所有特性的同时,具备更多的实用功能及设计,比如:顶部通风设计,上下对流式通风;双门,前门厅带帐杆;带有凸轮调节器的无弹性Kevlar帐绳;PU材质的透明窗口,通过华氏零下60度的冷裂测试;带反光的帐绳和夜光拉链拉头,与方形装备挂架兼容,配备防风拉绳和DAC帐钉;等等。当然,它的价格也和其品质成正比。

(二)产品设计美感分析

设计美感其实是人对工业产品的一个审美心理,主要站在人的立场和角度来进行分析,确切来说这属于心理学的一个范畴。通常来说,设计美感分为两个范畴,一个是狭义的设计美感,说的是人对产品的一个直观的审美感受。另一个是广义的设计美感,说的则是当人对产品产生一种审美时,所延伸的一些审美心理、审美趣味和联想,范围更为宽泛。

高山帐源于人们在户外雪山时对休息场所的需要,它的造型便说明了它有一个独立的空间,可以让我们在里面进行休息。它的空间大小也可以让我们直观地感受到,以根据自己的需求选择帐篷的尺寸。它的材料我们可以直接触摸感受,以判定其能否承受强烈的风雪。这些便是帐篷传达给我们的狭义的设计美感。广义的审美感受还包括,消费者在看到这款高山帐时,对其颜色、款式是否喜欢,联想自己若带着这款帐篷去雪山,预计能承受多大的风雪,是否能抵挡住风雪。

另外比较重要的是产品设计审美中的形式美感和艺术美感,这是人在设计产品时的一种视觉审美。人的视觉审美经常因为人的主观因素而产生变化,所以经常会有同样的一种东西现在觉得美,或许以后就觉得不美了。所以,产品的设计要与时俱进。只有顺应时代的发展,不断满足人们新的审美需求,才是有形式美、艺术美的产品。

四、小 结

伴随户外运动的热潮,户外野营休闲帐篷的发展趋势也越来越好。当今,帐篷更多的时候代表的是户外生活、品质生活,而不再是居住场所的象征。人们对帐篷的要求也越来越高,帐篷不仅要具备可以露营休息的功能,防风防水的功能,轻便携带的功能,透气、保暖和耐拉扯撕裂的功能等,还应当具有更时尚的外观和审美感受。所以,户外野营休闲帐篷的发展不仅要关注技术上的创新和发展、材料上的不断进步、品质上的继续提升,还要关注帐篷色彩、结构、形式美感等设计审美。

概言之,更优良的品质和功能、更多的人性关怀设计、更美丽时尚的外观将是帐篷发展应有的趋势。

第十一章　文房用具类游具的设计美学研究

在对当今衣履冠饰、饮食器具、装备配件和交通用具类游具进行设计美学研究的时候，我们常常会感叹这些游具的日新月异，我们不断地发现那些从无到有的新游具屡有出现，从存在到发展，从美到更美或不美，这些游具都实实在在存在着，而与此同时，我们却很难找到文房用具的有形存在感了。换言之，当其他类游具还处于从有形到有形、从无形到有形存在着的过程中的时候，文房用具却已经从有形走向了无形。也就是说，当我们出门旅行时，已经不像古代、近代，哪怕是十几年前那样纸笔相随了。数字化对于游具最大的冲击可能就体现在文房用具方面了。旅行的途中，砚、墨远去了，纸、笔也渐远了，我们不再会为遗忘了笔墨纸砚而惋惜了，却会记牢必须带上手机、笔记本电脑或平板电脑，旅途中的见闻记录、美景采摄、感受分享，这些即时通信工具都能很好完成、随兴推送。可以说，现代科学技术的发展、生活方式的改变引起了文房用具的巨大革命，出现了无须笔墨纸砚的文房用具，更方便、更高级的现代工具取代了传统的文房用具。然而，人们审美的快乐心情似乎并没有与日俱进，斜挎的绿色帆布书包、做旧的黄色牛皮纸小本、自制的宣纸信笺、手工打造的钢笔，这些悄然流行的文房用具是在拥抱那份不舍的传统情怀，是在张扬个性化的文化追求，是对游具审美的追慕。积淀深厚的文人审美、文化财富应该良好地融入现代生活，接续现代社会，其中的工作正是我们必须共同完成的。

江南地区当今游具设计美学研究小结

　　江南地区是我国最主要的旅游目的地和客源产生地,江南地区旅游业带动了游具产品的发展。江南地区的人们以先进的思想、开阔的眼界、敏锐的市场察觉能力,抓住了旅游业的发展机遇,积极地开发研制户外旅游用品,在我国近现代几乎空白的游具领域披荆斩棘。

　　国内游具市场有着巨大的市场潜力,只是游具在国内发展比较晚,不如国外已经相对成熟。要想在游具市场上分羹,甚至成为行业领导者,产品必须走品牌化、专业化的路子,要对产品和市场进行深入的研究分析,充分认识,总体把握。目前,我国国内游具的发展还存在着很多问题,通过对国内相关户外旅游用品的研究,我们认为其中比较突出的问题是:第一,产业规模小,产品种类少,质量不佳,市场体系不完整,导致本土品牌在国内市场的占有率很低,国外高端品牌长期占据市场。第二,经营者思想狭隘,市场意识不明显,经常以次充好,营运策略不佳,不善于从市场需求出发进行产品研发,盲目跟风,团队封闭,最终局限了户外旅游用品的发展。第三,品牌文化推广不善,品牌竞争意识薄弱。目前在市场上看到的只有商品的功能性解说,品牌文化几乎没有。这是一种非常短视的行为。国外品牌在演变和发展过程中积累的品牌文化,才是我国相关企业必须加快吸收的重要内容。

　　目前,国内大部分生产企业仍主要进行贴牌生产,能够占有高端市场的知名企业少之又少,而国外相关市场的发展却已经走向成熟,产业规模不断扩张,制造技术和加工工艺精益求精,品牌营销和产业分化、经营体系和营销渠道已经相对完善。结合市场上的国外知名品牌的发展,我们认为国内户外旅游用品在发展方面应该特别注意以下几点。

　　第一,对消费者认知习惯的改变。消费者的主体正由中低档向中高档转变,对户外旅游用品的款式、质量、功能和品牌有较高要求,购买力指向中高端品牌,这也正是大品牌市场占据越来越多市场份额的原因。

第二,品牌差异化营销策略。比如美国品牌北面关注时尚细节设计,德国品牌沙东华(SALEWA)注重功能性技术研发,自身品牌特色明显。我们的相关产品也要摸索出自己的特色。

第三,注重产品的文化内涵。不仅向国外看齐,也要接续传统游具设计的文化智慧,吸收优秀的文化基因,将优秀的文化模因传承发展,赋予产品更有感召力的文化内涵,形成自己独特的文化特质。

第四,注重产品研发,提高产品制造技术水平,真正从制造走向创造,从代加工走向自主创新,实现"纯粹专业化"。

要融入新潮元素,适应时代发展和人性需求。多视角、多维度地将产品功能进一步细化、优化,生产出高品质、个性化、时尚化的户外旅游用品,充分体现生命的生机活力和蓬勃朝气。

第五,注重产品设计的审美,将技术、材料与设计有机融合,充分开拓技术美、材料美、功能美、造型美、结构美等美美与共的户外旅游用品。须知户外旅游消费更多的是为了美善的体验,当前人们对户外旅游用品的需求也已经超过最基本的实用功能,那些有目的性的、合乎美的规律的美的产品才是最具生命力的产品。提高产品审美才是打开市场的最佳方法。

户外旅游用品行业在我国是一个新兴的快速成长的朝阳产业,国外成熟的户外用品行业已经证明,无论经济繁荣或衰落,人们游赏的热情不可阻挡,该行业的发展都是大有可为的。我们研究古今游具设计美学,也是希望理顺认知,一则更好地促进国牌户外旅游用品行业的健康发展,二则为使用者提供更优良、更美善的游具。

第三部分

江南地区传统游具设计美学的传承与流变

第十二章　游具设计美学传承与创新的辩证统一关系

《考工记》云:"知者创物,巧者述之,守之世,谓之工。"它记述了延续千年的我国古代器物设计的传承和创新方式,曾经那么忠实地传递了传统艺术设计与审美文化延续的主要形式,但随着工业社会和后工业社会的更迭,这种古老的形式却又显得那么不合时宜了。包豪斯让将艺术设计搭上了科技的快车,使得艺术设计如同科技一般追逐卓越的创新,具有创新性的现代艺术设计形式取代陈旧的、古老的传统艺术设计形式已是时代发展的必然。

历史的发展证明:艺术设计传承与创新的进程不是一个单纯的自然发展序列,而是受到一系列的生长环节、演化规律和运作机制等内外环节共同制约的。细言之,江南地区游具设计和审美的发展也是同诞生它的时代环境与社会生态环境互为你我、彼此作用的,因而,游具设计与审美的延续和传承方式必须注重与社会文化之变迁的互动。我国艺术设计发展的曲线与我国社会进程曲线的耦合是我国艺术设计发展过程中所体现的最大特性,近现代我国社会的变迁也时时拷问着传统艺术设计形式的社会适应力和互动力。从师徒问业、父子传承到近代新式学堂中艺术设计的独立发展,再到包豪斯现代艺术设计形式的横扫全球,我国延续千年的古老艺术设计传承、创新形式被击碎。游具的发展规律亦是如此。在抛弃古老形式的同时,我们连传统游具设计中内在优秀的审美文化也要一并扔掉吗?现代游具设计也不是空中楼阁,其创新性也不是空穴来风,继承传统,继往开来,在汲取前人旧的优秀成果的基础上才有更高、更好的创新。

所谓"修旧曰新",我们的先人早已对此有哲理性的认知。美国著名建筑师罗伯特·文丘里曾经说:"对艺术家来讲,创新意味着到旧的和现存的东西中去挑选。"①古人、今人、华人、洋人的言语不是金科玉律,但也不是毫无道理。古为今用,洋为中用,吸收古代的、传统文化的精华以及外来文化的精髓,是发展创新性游具与审美文化的重要前提之一。保守的、孤芳自赏的态度不是游具设计与审美文化发展的方法,开放的、自由的、兼容并蓄的、与时俱进的现代化的游具发展才是必然。这种传承和创新是不断向前发展的、动态的却又是辩证统一的,其中重要的一点就要求我们一定要正确处理好继承性与创新性的关系,在继承传统优越的东西的同时,才能更好地将创新性设计和审美展开。须知创新性艺术设计是建立在继承性艺术设计的基础上的,是对继承性学习的升华,没有或者抛弃继承性游具设计的创新,定是无本之木、无源之水的存在,同样,如果一味死守继承性学习这根陈年老枝,创新性游具设计一样将会失去生命的活力和发展的根本。

我国游具设计的落后、现代"拿来"的现状、日益加剧的竞争格局和文化属性在这一格局中的潜在优势,都使得我们比任何时候对创新的游具设计及其审美都要更加渴望。游具设计与审美要有自己的个性和自律性。任何希冀摆脱国家、民族的影响的设想都是不现实的。那种"拿来"的游具设计既丧失了对民族文化的继承,也取代了对创新的探索。在"提高自主创新能力,建设创新型国家"逐步成为国家发展战略核心的同时,立足自我、自主创新也日益成为我国游具设计发展的核心。

几千年来聪明智慧的华夏民族创造的灿烂文化,正成为我们游具设计创新、审美文化接续发展的不竭动力和智慧源泉。游具设计、审美关系到社会伦理、道德、民俗、信仰、宗教等诸多方面,是人类生活的投射和文化的重要载体。游具设计创造文化,又受制于文化,既包括对旧文化的继承和发扬,也包括对新文化的探索。

---

① 吕锋等:《艺术设计史》,辽宁美术出版社,2006年,第120页。

第十三章　江苏地区传统游具设计美学的传承与流变

——以南京地区花笺艺术的发展与传承为例

一、研究背景

花笺诞生、兴盛的时代已然远去,然而花笺蕴含的浓浓的文化气息仍然在氤氲。花笺作为传统文化的载体和古代文人群体特有的雅物,不仅从宏观的大历史观上反映着当时社会的实况,传达着文化发展的脉动,也从中观的哲学思辨上表现了封建社会文人的审美取向和美学理念,指示着文人审美的意象,更从微观的体用上积淀为后人丰富的文化财富。花笺上所精心采撷的名人字画不仅让后人有机会欣赏,而且还是当今美术学习入门者临摹的范本之一,以花笺为母本所制作的周边产品颇受今人珍爱。

当社会的浮华慢慢退却,经济的实力日渐壮实,对文化的追慕已成气候,对传统器物文化尤其是具有浓厚区域文化意味的器物文化的挖掘研究、传承保护已成显学,在这种背景下,对花笺和金陵地区花笺艺术的研究就渐有舒展开散了。其中比较有影响的论作有刘运峰的《文房清玩——笺纸》、《〈萝轩变古笺谱〉述略》,南京著名地方学者薛冰的《花笺光华》、《最牛花笺诞生在明代南京》,朱仲岳的《漫话〈萝轩变古笺谱〉与〈十竹斋笺谱〉》等。《东南文化》杂志为此还特设"十竹斋艺谈"专栏,专门邀请十竹斋艺术学会张尔宾先生为专栏特约编辑,其中著名学者王伯敏先生专门撰写的《胡正言及其十竹斋的水印木刻》在业界影响较大。北京服装学院王春娜的硕士论文《笺谱设计研究》资料收集也比较丰富。

遗憾的是,对于金陵地区相关花笺艺术的发展和传承进行条分缕析的研究尚是空白。历史上,金陵地区不仅花笺文化浓厚,更是诞生了花笺艺术最高水平标志的《萝轩变古笺谱》和《十竹斋笺谱》,所以综合而言,对于金陵地区花笺艺术进行比较系统的研究是必要且重要的,我们也希望借此见微知著,一睹那个时期金陵地区花笺艺术的繁盛,另则为推动当代文化建设的继往开来略尽绵薄之力。

二、制笺工艺的起源和发展

作为古代文人用于诗文唱和、书札往来的专用纸张,笺纸有着十分悠久的历史。目前有史可稽笺纸起源于南北朝时期,染色笺纸始见于晋,之后代有新作。唐朝薛涛的浣花笺将笺纸推向兴盛,其工艺水平由此不断发展。明朝时,我国的笺纸艺术达到鼎盛,各种笺纸层出不穷,笺纸的制作工艺也从各方面得到长足的发展。最为重要的当属嘉靖(1522—1566 年)、隆庆(1567—1572 年)年间最早开始出现的套色印法。明朝李克恭在《十竹斋笺谱》首卷序言中说嘉靖、隆庆以前,"笺制朴拙。至万历中年,稍尚鲜华,然未盛也;至中、晚而称盛矣。历天、崇而愈盛矣"。

最初的笺纸制作工艺比较朴拙,就是将质地较好的大张宣纸剪裁成小幅。之后慢慢演变成在素纸上印刷或砑印出图案、条纹等效果,再后来便出现了采用木版水印工艺在纸上印刷彩色图画的制作方法。如此制成的笺纸就称为"花笺"或"画笺",也有"彩笺"、"锦笺"之美誉,其既是文人外出的伴手爱物,也是文房的案头清玩。因其形式相当于一幅国画小品,取材多为名人字画、历史典故,实用之外更兼具很高的艺术价值。

笺纸用途多样,有用于书信传递的信笺、诗文唱和所用的诗笺、可以绘画传情的画笺,还有私人用笺、贺寿笺等。古时文人雅游,诗笺、画笺最为常用。明朝高濂在《遵生八笺》中列举了当时文人雅游使用的二十七种用具,包括:竹冠、披云巾、道服、文履、道扇、拂尘、葫芦、云舄、竹杖、瘿杯、瘿瓢、斗笠、药篮、棋盒、诗筒、葵笺、韵牌、叶笺、坐毡、衣匣、便轿、轻舟、叠桌、提盒、提炉、备具匣、酒樽。其中,叶笺、诗筒等赫然在列。

叶笺不仅服务文人文思,也是文人雅具。由于文人参与设计,因而充满文人的审美情趣,在文人游历生活中扮演着重要的角色,留下了许多典故。高濂《遵生八笺》载:"白乐天与微之(元稹)常以竹筒贮诗,往来赓唱,故和靖诗云'带斑犹恐俗,和节不妨山'之句。既有诗,可无吟笺? 许判司远以葵笺见惠,绿色而泽,入墨觉有精采。询其法,乃采带露蜀葵叶研汁,用布揩抹竹纸上,伺少干,用石压之。许尝有诗云:'不采倾阳色,那知恋主心?'不独便于山家,且知葵藿倾阳之意。"[①]他还对自己特制的笺纸做了详尽的介绍:"余曾作笺三种,以蜡版研肖叶纹,用剪裁成,红色者肖红叶,绿色者肖蕉叶,黄色者肖贝叶,皆取闽中罗纹长笺为之,此亦山人寄兴岑寂所为。若山游偶得绝句,书叶投空,随风飞扬,泛舟付之中流,逐水浮沉,自有许多幽趣。"[②]

三、金陵地区花笺的发展

(一)社会背景

自六朝以来金陵地区一直是南方的经济、文化、政治、军事中心。六朝时,其为我国重要的经济、文化繁华区域,是当时世界上第一个人口破万的城市。以建康为代表的南朝文化,与西方的古希腊古罗马文化被称为人类古典文明的两大中心。

金陵云集的文人士大夫、南朝兴盛的佛教传播奠定了笺纸的需求市场,浓厚的文化氛围为笺纸的诞生发展提供了适宜的土壤。明朝,金陵初为都城。永乐十九年(1421年),明成祖迁都北京后,朝廷搬迁,大批官员市民北上。金陵作

---

① 高濂:《遵生八笺》"溪山逸游"条,巴蜀书社,1992年,第358页。
② 高濂:《遵生八笺》"溪山逸游"条,巴蜀书社,1992年,第358页。

为留都,虽然呈现出暂时萧条的景象,但政治中心的迁移也为金陵的文化发展营造了宽松自由的空间。经济与文化持续繁荣,交通发达,无论是从人文历史还是地理环境来看,金陵都是江南地区无可替代的区域中枢。

明末清初,侨居金陵的余怀在其《板桥杂记》之"雅游"篇中记录了此种情景:"金陵为帝王建都之地,公侯戚畹,甲第连云,宗室王孙,翩翩裘马,以及乌衣子弟,湖海宾游,靡不挟弹吹箫,经过赵、李,每开筵宴,则传呼乐籍,罗绮芬芳,行酒纠觞,留髡送客,酒阑棋罢,堕珥遗簪。真欲界之仙都,升平之乐国也。"[①]在彼时的金陵,时间和空间的充分自由以及经济的高度繁荣直接促使了那些难及仕途的文人士大夫加入了手艺人的行列,市场的繁盛也将手艺人造就成为艺术家,这是特定时间和场合下艺术场域导致的结果。[②]

金陵的文化氛围、人文积淀、名胜古迹以及城市环境、交通条件等非常适合游乐山水、以文会友、纵乐都市,因此金陵名士胜流雅集宴乐,唱咏不绝。金陵文人雅游的盛行导致各种游具备受喜爱,笺纸作为文人雅游必不可少的用品,其制作水准及观赏价值被文人与手工艺人共同推到了顶峰。技艺与形式的突破创新,加之金陵与各地发达的贸易往来,使得金陵在明末清初逐渐真正成为全国笺纸制作的集散地。

(二)花笺的兴起

南北朝时期的金陵名曰建康,这个时期建康地区花笺艺术兴起。

《南史·后主纪》载:陈后主君臣宴会,先命张丽华等八妃嫔"襞彩笺制五言诗"。南朝文学家徐陵在《玉台新咏序》中,曾提到以"河北胶东之纸"制作的"五色花笺"。梁朝江洪《为傅建康咏红笺诗》云:"杂彩何足奇,唯红偏作可。灼烁类藁开,轻明似霞破。镂质卷芳脂,裁花承百和。且传别离心,复是相思里。"南朝时期花笺掌故甚丰,有学者认为花笺很可能肇始于南朝。而宋朝高承在《事物纪原》中则有:"《桓玄伪事》曰:玄令平淮作青赤缥桃花纸。又石季龙写诏用

---

① 余怀:《板桥杂记》,江苏文艺出版社,1987年,第177页。
② 布迪厄、华康德著,李猛、李康译:《实践与反思:反思社会学导引》,中央编译出版社,2004年,第145页。

五色纸。盖笺纸之制也,此疑其起也。"桓玄是东晋后期将领,依此也有说法认为,花笺的出现可能早到东晋。关于花笺的肇始时间,目前无从定论,但明末金陵地区花笺的繁盛发展确无争论。明末,代表花笺艺术最高成就的《萝轩变古笺谱》和《十竹斋笺谱》即诞生在南京。

(三)现存时代最早的笺谱《萝轩变古笺谱》在金陵问世

《萝轩变古笺谱》由明朝颜继祖辑稿,吴发祥刻版。据《金陵通传》记载,江宁人吴发祥寓于金陵,刻此谱时四十八岁,书刊成于天启六年(1626年)。笺谱分上、下两册。上册49叶,有颜氏自撰小引3叶,目录1叶,画诗10叶,筠蓝6叶,飞白4叶,博物4叶,折赠6叶,琱玉6叶,斗草8叶,杂稿1叶。下册45叶,计目录1叶,选石6叶,遗赠4叶,仙灵4叶,代步4叶,搜奇12叶,龙钟4叶半,择栖5叶半,杂稿4叶。根据天启丙寅年(1626年)《萝轩变古笺谱》中颜继祖所撰《笺谱小引》推断,《萝轩变古笺谱》的刊出至少比《十竹斋笺谱》早十八年。

颜继祖为笺谱命名强调"变古",他认为"我辈无趋今而畔古,亦不必是古而非今;今所有余,雕琢期返于朴,古所不足,神明总存乎人"①。其意乃权衡古今变化而裁之,既非厚古薄今,亦非今是昨非。在继承传统的基础上,以今人的性灵智慧弥补"古所不足",用清新淡雅的象征手法取代"藻绘争工",驾古人而上之。

《萝轩变古笺谱》堪称我国古代拱花木刻彩印笺谱之首,此"变古"笺谱在花笺制作工艺上最重要的贡献是对于具有凹凸效果的技法的运用。笺谱至今已历近四百年,其饾版、拱花效果未损。时人谓之"刻意标新,颛精集雅。删诗而作绘事,点缀生情;触景而摹简端,雕镂极巧。尺幅尽月露风云之态,连篇传禽虫花卉之名。大如楼阁关津,万千难穷其气象;细至盘盂剑佩,毫发倍见其精神。少许丹青,尽是匠心锦绣,若干曲折,却非依样葫芦",所谓"固翰苑之奇观,实文房之至宝"。②

---

① 出自《萝轩变古笺谱》中颜继祖所撰《笺谱小引》。
② 出自《萝轩变古笺谱》中颜继祖所撰《笺谱小引》。

《萝轩变古笺谱》封面

《萝轩变古笺谱》中的斗草笺

《萝轩变古笺谱》中的折赠笺

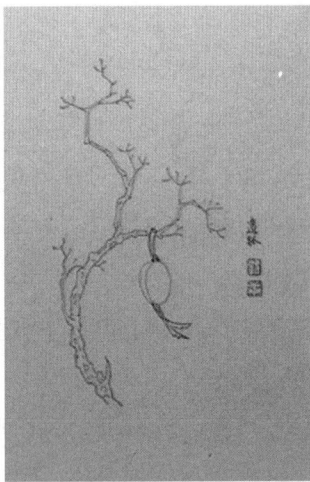

《萝轩变古笺谱》中的搜奇笺

(四)成就最高、影响最大的笺谱《十竹斋笺谱》在金陵诞生

《十竹斋笺谱》刊行于崇祯十七年(1644 年),由胡正言辑印,有九龙李于坚、上元李克恭序文。胡正言,明末书画篆刻家、出版家,字曰从,号十竹,原籍安徽休宁,寓居南京鸡笼山侧。因其家中庭院种竹十余株,所以将其居室命名为"十

竹斋"。《十竹斋笺谱》即由十竹斋主人胡正言先陆续印行花笺,然后才汇印而成。胡氏在金陵出版界的活动时间长达数十年,与吴彬、文震亨、杨文骢、米万钟、高阳等众多书画名家和刻印名匠交往过从,相互切磋濡染,所谓清姿博学,尤擅众长。胡正言以其当时的名望和经济实力,经常选雇刻印名手到他的斋中工作。上元(今南京)程家珏所著的《门外偶录》一书中,就有一段很重要的记述,说十竹斋经常雇有刻工十数人,胡正言对他们"不以工匠相称",并与他们"朝夕研讨,十年如一日",因此使得"诸良工技艺,亦日益加精"。当刻画"落稿"或付印时,胡正言"还亲加检点"。① 文人、画家与刻印工人密切合作,共创大成之作。

《十竹斋笺谱》运用当时流行的拱花、饾版工艺,将彩色套印木刻画艺术推向新的高峰。其后虽有名重一时的《芥子园画谱》等刊行,然而及今三四百年间,在雕刻印刷技艺方面未见能出其右者。《十竹斋笺谱》被鲁迅誉为"明末清初士大夫清玩文化之最高成就",人们称其"汇古今之名迹,集艺苑之大成,化旧翻新,穷工极变"。《十竹斋笺谱》全谱共四卷,所收录笺纸纹案题材有:清供、华石、博古、胜览、雅玩、折赠、寿征、灵瑞、文佩、杂稿等33组,共计289幅。画风或工或写,略可窥见明朝后期绘画风格。② 相较《萝轩变古笺谱》,其刻工、印工技艺更有前进。

由于明朝盛行"文必秦汉,诗必盛唐"的崇古之风,同时又有大力宣扬道统的"台阁体",这就推动了传统文化和艺术形式的复兴。晚明画笺纹样常以象征手法描写典故内容,以此鉴古喻今,抒发胸怀。《十竹斋笺谱》就很擅长运用象征手法和简明形象表达历史故事,如"高标八种"之"四知"笺,以杨震重德轻金故事歌颂这种高尚品质。《后汉书·杨震传》记曰:"当之郡,道经昌邑,故所举荆州茂才王密为昌邑令,谒见,至夜怀金十斤以遗震。震曰:'故人知君,君不知故人,何也?'密曰:'暮夜无知者。'震曰:'天知,神知,我知,子知。何谓无知!'密愧而出。"后演绎为"当畏四知"典故,四知笺作金元宝喻此。渭钓笺以水边岩上一鱼竿喻姜尚(字子牙)渭水垂钓捕获机遇,周莲笺画莲花以喻周敦颐的君子美德。

笺谱画面简洁明快,结构工整严谨,刻印干净利落,不落窠臼,所谓时人争

① 转引自王伯敏:《胡正言及其十竹斋的水印木刻》,《东南文化》,1993年第5期,第202页。
② 朱仲岳:《漫话〈萝轩变古笺谱〉与〈十竹斋笺谱〉》,《中国历史文物》,2002年第1期,第71页。

购,金陵纸贵。明人李克恭在《十竹斋笺谱》叙文中提到"自十竹斋之笺后先叠出,四方鉴赏,轻舟重马,笥运邮传,不独江南纸贵而已",称赞其"汇古今之名迹,集艺苑之大成"。《十竹斋笺谱》成就之高、影响之大,迄今为止堪称空前绝后。鲁迅先生与郑振铎先生花费极大心血,投入大量资金和人力,合力复刻该笺谱,保护该珍贵文化遗产。

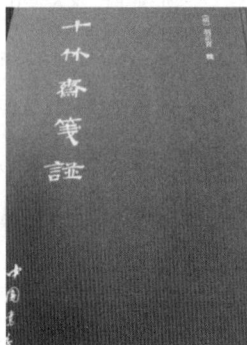

《十竹斋笺谱》封面

《十竹斋笺语》中的四知笺

《十竹斋笺语》中的渭钓笺

《十竹斋笺语》中的周莲笺

(五)变古拓新:饾版、拱花的技艺贡献

所谓饾版,是先根据画稿上敷色的深浅浓淡和阴阳背向进行分色,然后刻成各块大小不等的印版,依次套印。由于这些印版的形状犹如古代陈设用的饾

钉食品,故称饾版。饾版技法对每朵花、每片叶子的颜色深浅、阴阳向背都要仔细分出,犹如宋人没骨画法。用这种工艺复制出来的画,最善于保持中国画的本色和精髓。胡正言在1619—1633年刊行的《十竹斋书画谱》中,采用了大量的饾版彩印技术。饾版彩印技术的出现早于拱花印制技术。

拱花俗称凹凸版,是在木板上雕成图案纹线凹陷的阴版,砑印后使纸面拱起而产生立体感的工艺。具体制作时,先将用透明纸勾描的画稿贴在一块刨平的木板上,然后用刀沿着画稿刻出线条与层次,最后将素纸蒙在刻好的画稿上,铺上毛毡,用木棍用力压磨后,花纹即凸现在纸上,构刻成山水林木、花果虫鱼、龙凤麒麟、寿星八仙、钟鼎文等栩栩如生的版面。经典花色有碧云春树笺、龙凤笺、团花笺、金花笺等。成功的拱花作品,不着色彩,却能以浅浮雕的效果传达出栩栩如生的图案,具有光紧精华、文缕奇细的特点。拱花印制术首创于明朝吴发祥刻版的《萝轩变古笺谱》。该书分上下两册,前有天启六年(1626年)"小引"。此谱开创了拱花印制术的印刷技法,其刻镂、色彩无不精美绝伦。拱花工艺最重要的成就是将印刷技术从平面过渡到立体,在印刷史上具有里程碑式的意义。

拱花又分全拱花、拱花与饾版结合两种。[①] 作为一种极有魅力的传统艺术,拱花与饾版结合的表现形式使得画面整体更加错落有致,生气灵动。

饾版、拱花水平最高的作品当数明朝安徽人氏胡正言所辑刻的《十竹斋书笺谱》。在《十竹斋书画谱》和《萝轩变古笺谱》创用的饾版、拱花技术的基础上,《十竹斋笺谱》在饾版、拱花技艺的运用上更为娴熟自由,并增用"掸"的技巧,使墨色深浅干湿的变化更加丰富自然。相较而言,《萝轩变古笺谱》色彩沉着古雅,线性结构比较明显,《十竹斋笺谱》色彩明快艳丽,浅浮雕般的形式美感更加强烈,题材选择也更丰富,写意的表现手法运用较多。虽然同为笺谱,但其风格和审美感受明显不同。

饾版、拱花工艺成就了《萝轩变古笺谱》和《十竹斋笺谱》,成为金陵地区花笺艺术繁荣发展的重要标志。其变古拓新的技艺贡献在我国版画史上是极其辉煌的,无论是从历史价值还是艺术价值而言,都达到了很高的水准。郑振铎先生对传统版画艺术有着深入的研究,他曾数次提及其对《十竹斋笺谱》的特别

---

① 朱仲岳:《漫话〈萝轩变古笺谱〉与〈十竹斋笺谱〉》,《中国历史文物》,2002年第1期,第72页。

喜爱,如在《十竹斋笺谱初集》一文中写道:"余收集版画书二十年,于梦寐中所不能忘者惟彩色本程君房《墨苑》、胡曰从《十竹斋笺谱》及初印本《十竹斋画谱》等三伟著耳。"①两部登峰造极的花笺谱都诞生于明朝的金陵地区,奠定了金陵地区明末清初花笺艺术的翘楚地位。

四、传统花笺艺术在当今的传承

花笺既呈现了当时的文化时尚、社会风貌、文人喜好,又承载了古代书画文化、印刷技术的成就,是时代美好而丰富的载体,因而不乏后继文化人迷醉于此。

(一)南京地区的传承情况

世界版画史明确将明末南京十竹斋饾版印刷作为彩色套印版画的开端,印刷史也将它作为彩色印刷的开端。饾版、拱花技艺是历史悠久的传统工艺,应当得到技艺的传承与文化理念的拓展,作为非物质文化遗产,更应该被妥善保护和优良传承。

近年来,政府大力提倡非物质文化遗产的传承与保护,十竹斋饾版、拱花技艺作为传统手工艺技能品类中的项目被列入南京秦淮河流域非物质文化遗产名录,还成功入选省级非物质文化遗产。

先于政府,民间艺术家们率先展开了对饾版印刷术的研究和保护工作。20世纪60年代起,江苏的版画家们开始了对饾版印刷术的探究,成立了南京十竹斋水印木刻研究室。1962年,江苏省文化局恢复老字号"十竹斋",并于1965年移交南京市。这些举措对于研究、保存十竹斋艺术和复兴木版水印技艺意义重大。"文化大革命"期间,研究室和十竹斋被迫停歇。1987年元旦,十竹斋艺术研究部和研究学会于太平南路成立,研究部至今仍存有民国和解放初期刻印的信笺等。②

---

① 郑振铎:《西谛书话》,生活·读书·新知三联书店,1983年,第303页。
② 顾媛媛:《〈十竹斋笺谱〉木版水印技艺传承与文化拓展》,《艺术百家》,2014年第5期,第252页。

然而时至今日,南京地区对于饾版拱花技术的传承却出现了危机。我们曾于 2014 年秋季到访十竹斋,其外部建筑仍保持旧时风貌,而内部却不复当年书斋模样。遍寻全室,比肩接踵的展示柜台无半分木版水印相关印迹,拍卖的全是当代艺术家的字画作品。2015 年夏初的首届江苏省(国际)艺术博览会上,我们再次光顾南京十竹斋的展厅,依然是此番情形。其现今只是徒留"十竹斋"名号,实则已转型为一家文化拍卖公司,不再涉足木版水印的传承与发展。

(二)其他地区的传承情况

以《十竹斋笺谱》为代表的木版水印技艺,作为非物质文化遗产,如今在南京之外得到了良好的传承,形成了一个全新的文化理念。

北京的老字号荣宝斋,于 20 世纪 50 年代初期,在郑振铎先生的主持下,以数个明初印本为底本,重新用饾版和拱花技艺翻刻了《十竹斋笺谱》。几十年来,荣宝斋对于木版水印技艺的传承未曾间断。直至今日,荣宝斋的木版水印制作的师傅们仍沿袭着古法制作方式,且技艺精湛。

除了荣宝斋之外,在木版水印技艺上占据着半壁江山的上海老字号朵云轩至今仍保留着传统饾版技艺。1981 年 9 月,为纪念鲁迅先生 100 周年诞辰以及上海博物馆建馆 35 周年,朵云轩(又名上海书画出版社)把《萝轩变古笺谱》按原样的饾版、拱花套色翻印出来,该版现也成为珍本。重印本仍分上下两册,并在下册中补齐了原本残缺的四幅拱花作品。至此,集齐全谱画稿总计 182 幅,完整重现了《萝轩变古笺谱》的原本风貌。重印本分古宣本、素宣本两种发行,其中古宣本仅编号发行 300 部。日前,我们于南京市图书馆古籍部书库见到此书(1981 年重印古宣本.第五十号),整书制作非常精致,花格锦缎函装,一函两册,内本采用线装装订。展卷观之,内中笺纸画工传神,刻工精良,人物、花卉、鸟兽、行云、流水、器物、山石,清新别致,呼之欲出。其使用的仿古宣纸质轻薄透润,色泽淡雅,更显沉静。2013 年 8 月,凤凰出版社出版了宣纸印制的 8 开《萝轩变古笺谱》,上下两册,均为散页,一盒装。

朵云轩于 20 世纪 80 年代复制《萝轩变古笺谱》后至今,不断研究木版水印技术,将木版水印技术与各种文玩雅物结合,造就了一道独特的文化风景。

2007年,朵云轩木版水印技艺入选沪上非物质文化遗产名录。2008年6月,朵云轩所传承的木版水印技艺,代表了上海非物质文化遗产之一,入选第二批国家非物质文化遗产保护名录。朵云轩在传统技艺传承上做了示范,然而作为小众的艺术品,笺纸及朵云轩其他饾版印刷制品依然无法在市场立足。如同样出现在2015年夏初首届江苏省(国际)艺术博览会上的朵云轩的艺术品展厅,我们在展厅中仅见到朵云轩制笺工艺的介绍展板,并未见到任何和饾版印刷有关的艺术品实物。工作人员告知,目前饾版印刷制品大部分只是朵云轩为传统技艺传承做的非商业性实验及对传统艺术品做的抢救性复制传承,并没有很大的商业市场,因此不会展出。

在杭州,饾版印刷术也得到了比较好的保护和传承发展。杭州宝石山下,国家级非物质文化遗产杭州雕版印刷传承人黄小建先生对于饾版、拱花技艺的传承做出了突出的贡献。我们于近日拜访黄小建先生。黄小建于1978年始于浙江美术学院水印工厂跟从张耕源先生研习绘画与刻版,书正楷,绘工笔,每一道工序从基础学起,为精益求精,还外出南京等地拜师学艺,勤勤恳恳沉湎其中数十载,不仅熟悉掌握了饾版、拱花技艺,且日臻成熟完善,将这项技艺传承弘扬。如今无论是荣宝斋还是朵云轩,木版水印的程序无不是分步分人完成的,颇有些流水线的味道。这种模式因各道工序的负责工匠水准不一,以及对其他工序的不了解,作品常显生硬,缺乏传统艺人手工打磨的温润和巧于因施的灵气。因而必须一提的是,黄小建先生是全国全面掌握了从雕版到饾版、拱花及至印刷、装裱全套工艺的人。

经过多年的实践总结,黄小建还掌握了自制工具的窍门。比如崩刀,其刀片其实是用闹钟的发条拉直做成,特别适宜在木板上刻画细腻的线条。他还自制了很多大小不同的圆口刀,用来替换以前并不适用的铲底刀及剔刀。而最关键的刻刀,也叫拳刀,握柄正好适合自己的手掌,一拳握来,弧度正好,方便实用,也是自制的刀具。这把重现了精美的拱花工艺的刀在他手中把玩了三十多年,如今刀柄已形成了厚厚的包浆。这把刀滑熟可喜,幽光沉静,显露出一种温存的旧气。①

---

① 邹滢颖:《宝石山下刻书人》,《杭州日报》,2011年8月18日,CT版。

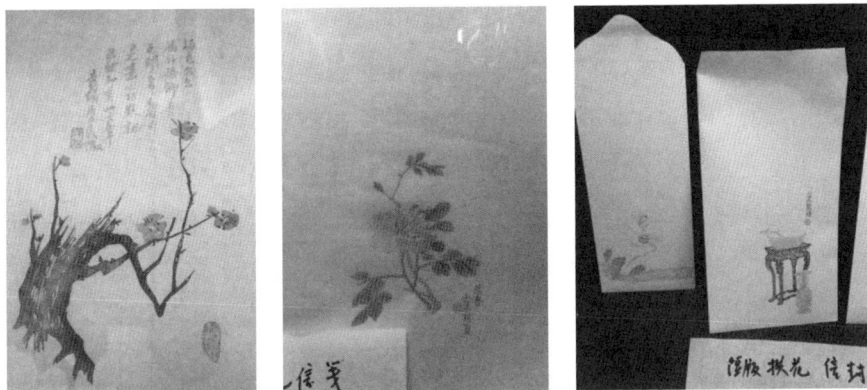

黄小建老师制作的饾版拱花信笺、信封

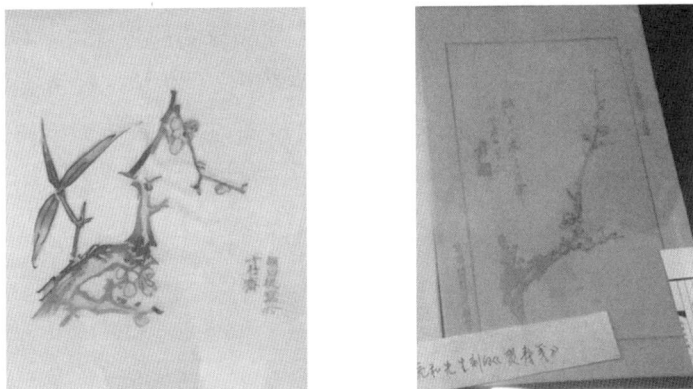

黄小建老师为张充和先生刻的贺寿笺

黄小建老师自制圆口刀、拳刀

单有技艺和工具还是不够的,黄小建不断强调刻书人本身艺术文化修养的重要性,应在工艺中加入艺术审美及感悟,使艺术在印刷中进行再创造。此外,黄小建还与我们讨论了技艺传承的难处。一是出师周期长。饾版、拱花技艺对制作者工艺水准和文化素养要求都十分严格,专心学习四五年也不过略知皮毛。二是即使学成,作为一门知己甚少的阳春白雪的小众艺术门类,饾版、拱花技艺虽然审美价值很高,然而市场需求少,实用价值低,政府支持不到位,学徒们难以维持生计,也多会转行。

因此,饾版、拱花技艺的传承与保护绝不仅仅是将其列入文化遗产名录就可以解决的问题。从艺术本身来看,在坚持传统技艺传承的基础上可以开发适应社会及市场需求的表现形式或商业产品,提升其社会认知度和接受度,以创造经济价值,在保障手工艺人生活的基础上稳定技艺的传续。从政府机构而言,除了出台法律法规予以保护之外,应切实考虑文化传承之经济支持,给予合理稳定的经济扶持,使有价值的手工艺人可以专心研艺,不致为生计转行,避免传统技艺难以传续。

五、小　结

作为我国古代四大发明之一的印刷术毋庸置疑有其独特的科学及艺术价值,饾版、拱花技艺代表了我国古代印刷术的最高水准。金陵地区传统饾版、拱花工艺虽然已经入选各类非物质文化遗产名录,并有开枝散叶,但其独特的人文内涵仍未得到足够的重视和开发,深度的抢救保护和合理的开发创新仍然任重道远。当今,很多传统文化已经退化为一种符号,人们忽略了传统文化本身的内涵,而只是单纯进行形式上的复制,缺乏在思维方式、文化理念等方面的更深层次的挖掘,这并不是对传统的很好继承。本章对于金陵花笺艺术发展与传承的探索,也希望回避这种浅层的形式化、符号化的再现,真正沉下心来思考其深层的文化内涵,将这种传统艺术与当代文化有机结合,在保护传统艺术的同时顺应现代文化市场的需求,从而更好地开拓发展,弘扬传承。

第十四章　浙江地区传统游具设计美学的传承与流变

——以余杭油纸伞为例

余杭油纸伞作为人们生活中曾经常伴的工具,尤其是行旅的重要游具,在现代社会却与我们渐行渐远。油纸伞制作工艺的繁复、造价的高昂等因素,使这门传统工艺近乎失传。这门传统手工艺及其设计美学何去何从,成了人们思考的问题。

一、余杭油纸伞的传统设计美学

余杭油纸伞作为江南文化具象化的象征,从外在的功能、形式和色彩,到内在的情趣、意象,都充分表现了江南传统工艺的设计思想和审美理念:既务本于实用,又着力于审美。1根毛竹、5根棉线、18片宣纸、36根伞骨、70多道工序,铸就了油纸伞坚韧的躯体和柔美的外表。其工艺之高、取材之讲究、审美积淀之深厚,赋予油纸伞极高的艺术价值、文化价值及经济价值。

(一)记忆里的桐油香

宋朝高承所著《事物纪原》载,公元前11世纪我国就有了用丝帛、羽毛制成的伞。魏晋南北朝时期,相对廉价的纸开始取代昂贵的丝帛,涂上油脂的纸成为伞面材料,标志着油纸伞的诞生。历隋唐五代,制伞工艺水平显著提高,并远传朝鲜、日本等地。到了宋朝,由于造纸业的发达,油纸伞在百姓中普及。北宋诗人孔平仲《遇雨》的诗句"狂风乱掣纸伞飞,瘦马屡拜油裳裂",反映出宋朝油纸伞已经成为百姓日常生活、行旅的用具。纸伞表面涂上一层桐油不仅可以使之有良好的避水性能,那雨后的桐油香还总能唤起人们情感上的共鸣和美的体验。

(二)油纸伞材美工巧的造物思想

纸伞所用的毛竹特别考究,以三年以上的冬竹为最佳,它不仅色泽光润,坚韧耐用,而且还可以防霉防蛀。在江南的梅雨季,纸张容易霉烂,所以伞面通常都选用上等的桃花纸,并用油刷透后逐张糊在伞骨上,以易于保存。伞柄和伞骨用发线扎好,糊好的伞面,绘上各种各样的图案,涂上桐油,悬吊阴干。

一把油纸伞,体积不大却饱含制作师傅精湛的技艺和深厚的情感。从选材到加工零部件、组装伞骨架、贴伞面,再到伞体装饰,需要经过锯竹、刮青、平头、圆头、画线、劈骨、锯槽、排伞骨、打洞、穿伞、糊伞、装柄等70多道工序,这些工序纯靠制伞师傅分工合力完成,其质量完全依赖于工匠手艺的巧拙和原材料的优劣。一把优质的油纸伞制作十分讲究,工艺要求很高,比如:锯竹时不可一锯到底,为防止毛边,要适度翻转对锯;刮青时下刀要不偏不倚,力度要恰到好处。每一道工序都浸润着材美工巧的思想。

(三)伞体装饰丰富,极具形式美感

油纸伞的伞体装饰包括伞面彩绘、折伞面、穿花线等诸多细节,受江南地域文化的影响,余杭油纸伞的制作独具一格,极具区域形式美感和审美特征。

伞头和伞柄的装饰工序相对简单。伞头和伞柄以竹木为主,用大漆涂刷之,用皮纸包扎或装饰伞帽,未添加过多的装饰,以原初质朴美感为主。伞体的装饰则要繁复许多。以穿线工序为例,花线在伞骨间层层排列,花线数量、缠绕次数以及方向的改变,都让伞体的牢固程度和美感明显不同。这些细节多而不乱,繁而有序,留舍有度。长、短伞骨的秩序排列既在对称中突显调和之美,也在对比中强调了个性。柔软的伞面与坚硬的伞骨浑然一体,轻、重的材料对比中又呈现和谐之美。撑持之间对纸伞的开合之美和张弛力道做了最美好的形式诠释。这些精巧的工艺体现了江南地区审美文化精致讲究、细致入微的风格。余杭油纸伞的审美设计始终有意无意地贯穿着变化与统一、对比与调和、对称与均衡、比例与尺度等形式美法则。

伞骨穿线工艺　　　　　　　　　　　　　　伞画绘画

（四）精致的伞面图案和富于变化的色彩

油纸伞伞面绘画的艺术性、欣赏性等审美价值很高。伞面涂绘是点睛之笔，极富巧思雅趣。伞面图案有花卉图案、山水风景图案、书法艺术图案、人物图案和几何图案等。一般而言，小面积图案多出现在伞面的边缘部分，主体图案会占伞面的1/3。纹样的表现以写实为主，多选用牡丹、蝴蝶、鸳鸯等寓意吉祥美好的图案纹饰。受区域文化的濡染，画家还常别出心裁地描绘西湖十景以及契合意境的题句，传达出独特的江南区域文化特征。

与丰富的伞面图案相映衬，余杭油纸伞的用色也颇为讲究。"色彩不仅可以强化造型效果，而且它本身就具有很高的审美价值。"[1]油纸伞的伞面用色白嫩通透；主体图案大面积使用暖色，配以彩线等美艳元素，明度、纯度的有意区分，让整个伞貌充满华丽美感。朴素的底色和华丽的图案配合，极具画面层次感和视觉吸引力。

----

① 陈望衡：《艺术设计美学》，武汉大学出版社，2000年，第265页。

(五)植根于民间的民俗文化之美

油纸伞饱含丰富的民俗文化内涵。就造字而言,繁体的"傘"字由许多"人"构成,因此在民间,油纸伞有五子登科、五福临门的寓意。又因伞体圆而饱满,象征家庭美满、团团圆圆,在许多不同的地方,人们用伞表达不同的祈愿和禁忌。

伞是江南地区民间很多礼仪风俗中不可或缺的工具,尤其是在人出生、结婚、丧葬三个重要阶段,它都有着重要的象征意义。例如:迎亲送嫁,油纸伞图案多用鸳鸯戏水、龙凤呈祥等;喜得贵子,是喜鹊闹梅、仙女散花等;生日祝寿则是八仙过海、百鸟朝凤等。油纸伞也被看作爱情的吉祥物。在余杭民间传统习俗中,人们还往往会把它置于家中以保平安或者祈福。

二、余杭油纸伞的现代延续:传统的未来

余杭油纸伞的制作迄今已有 230 余年的历史。据《余杭名产古今谈》所述,清乾隆年间,余杭镇伞店众多,有董文远九房伞店、王甫明的菫文遠正记、张庸鑫的菫文遠九号等。最有名者为董文远九房开设的余杭纸伞店(简称董九房),产品包括渔船伞、文明伞等多个品种。由于余杭油纸伞工艺精巧,美观耐用,伞店的生意一直红火。精湛的制伞手艺不仅成为当时人们谋生的一种重要凭借,那看似简单的纸伞更饱含着制作者无限的智慧和极富创造性的生活态度。

余杭纸伞展示馆资料显示,新中国成立后,余杭纸伞作为一种传统产业得到了政府的重视。1951 年,浙江省选择余杭纸伞为手工业合作化试点,在余杭镇上组建了雨伞生产合作小组。1953 年,余杭县组成手工业合作社,其产品质量在全省纸伞的评比中领先。直到 20 世纪 60 年代,其纸伞的工艺水平和发展态势依旧稳健。70 年代,余杭纸伞逐渐被竹骨帆布伞、尼龙折伞、自动伞等伞具替代。传统纸伞靠手工制作,费时耗力。学徒周期漫长,后继乏人,老艺人渐渐

离世,使油纸伞的发展遭遇瓶颈,工艺濒临失传。如何继承和发展制伞手艺成为迫切需要解决的问题,这也是我国传统手工艺普遍面临的难题。与此同时,国内现代设计也面临着发展的尴尬:一方面表现为对国外设计亦步亦趋,没有自己的文化特色;另一方面是对传统手工艺继承发展的束手无策,在传统设计美学的挖掘上还停留在视觉符号的表现上,缺少深层的思考。

面对传统文化和设计美学传承这个问题,许多设计师都在进行积极的探索和实践。以杭州品物流形产品设计有限公司(以下简称品物流形)为例,其设计师张雷和他的团队同样注重传统,但他们的设计不是停留在对视觉符号的浅层追慕,而是开辟了一条以我国传统思维来主导设计的创作思路:从传统文化出发,激发传统文化与当代设计的碰撞,根据当代的生活方式创造出新的设计。在具体的设计实践中,他们以传统手工艺为基础,充分运用解构和融合的设计美学元素,再经过深层的吸收、消化,重新进行融合和表达,赋予传统手工艺以新的生命和合理的现代创新,这种探索为传统工艺的延续和现代设计的发展开辟了一条新的路径。在立足对象上,他们从最具传统文化和区域特征的余杭油纸伞切入。主设计师花费两年的时间走访了余杭地区 12 个村落,与传统工匠一起工作,研究自然生活方式和传统工艺,重新感悟和思考传统工艺的未来,用设计的力量延续它们的价值,由此开启了"传统的未来"这一宏大的发掘传统手工和文化记忆的项目。余杭油纸伞是其第一站。

三、余杭油纸伞设计美学的传承流变

以品物流行的探索为例,"传统的未来"是品物流形参加国际展览的一个系列主题。2012 年,其设计了"余杭油纸伞的未来",以余杭油纸伞传统工艺为元素的 12 件设计作品参展 2012 年意大利米兰设计周,第一次亮相欧洲设计界,荣膺全场唯一最高奖。从一把普通的、几近消亡的生活用具,到现代设计的灵感源泉,围绕余杭油纸伞设计的这一系列衍生品种类各异,使其精巧的手工艺和设计审美得到了延续。

(一)形式美的传承与技术美的创新

"设计是对文化的创造,既包括对旧文化的继承、发扬,也包括对新文化的探索。"①对旧文化的传承并不代表因循守旧、一成不变。在追寻传统文化的根源时,需要找到其和现代生活接洽的点,才能为现代社会融合和接受。在这一点上,这个系列产品中的"盈",做了比较好的引领。这是一柄传统工艺与现代技术、审美相结合的纸伞,在保留了油纸伞的很多传统工艺和设计审美的基础上,结合现代工艺技术制作而成。将几十道传统工序去繁化简,加上对现代材料的斟酌运用,对伞骨的圆化处理、伞面用防水纸等现代技术的运用,为纸伞的现代化量产提供了可能。"盈"保留了传统纸伞的形式美感,融入了传统工艺的精髓,创新性的设计和现代技术美的融入让沉淀已久的纸伞功能美得以传承并适应现代社会。

(二)工艺美的传承与功能美的嬗变

"余杭油纸伞的未来"用现代的设计方法重新诠释传统工艺,把手工制作引入全新领域,将传统元素生成为现代因子,将传统制伞工艺衍生为不同的生活用品,摆脱传统与现代脱轨的尴尬境遇,实现了传统工艺文化与现代设计思想的良好对接,为余杭油纸伞提供了未来发展的无限可能。系列产品中的"飘"恰如其分地传达了这一思想。这是一把用宣纸糊制而成的椅子,沿用油纸伞的传统糊纸工艺,借助材料的质感和韧性,通过现代特定技术,让原本薄轻无比的宣纸获得如实木般牢固的性能,传承了油纸扇的工艺美,延伸了其功能美。

(三)材料美的传承与审美思想的深化

油纸伞的主要材料是竹和宣纸。对于这两种材料加工工艺的研究应用,是"余杭油纸伞的未来"系列产品中两款灯具设计成功的灵感源泉。

---

① 陈望衡:《艺术设计美学》,武汉大学出版社,2000年,第40页。

1. 竹材料美的本色传承与创新应用

作品"旋"是关于竹的联想设计。制作纸伞利用的是竹子的坚韧和长纤维，作品"旋"利用竹子长纤维的特性，将原本粗而硬的竹子制作成细长的竹丝，形成鸟巢状的灯罩。"旋"的整体外观诠释的是一种顺应自然、旋动洒脱的动态审美，灯光在竹丝的笼罩下，散发着恣肆野逸的气质。作品"瞬"不仅立足于材料工艺之美，还有油纸伞撑持间的开合之美。灯光的明暗投射、竹丝的曲直疏密都继承了油纸伞竹材料工艺的审美原理，是从创作手法上对竹材料的另外一种表达。竹丝与纸伞伞骨不同，可塑性更强。"瞬"充分借用竹子的韧性，赋予其多变的形态，增强灯具的美观性，在颜色上保留了材料本身的固有色。竹丝间的疏密变化在灯光的影响下，产生明暗上的细微变化。略微不足之处在于，细细的竹丝在伸缩变化间容易变形或断开。

2. 纸材料美的传承应用与审美深化

不同于单纯的形、色提炼，对材料的解构和思考也是余杭油纸伞成功转型的关键之一。品物流形使余杭油纸伞第一次遭遇现代工业设计方法的分析和再设计，把70多道工序逐步分解，融化为各种元素，再与现代设计融合，创新性地将宣纸、竹木等制伞材料和工艺运用到现代用品，让传统回归现实生活，在传承其材料美、工艺美的基础上，将审美思想进一步深化。

两款灯具设计反映了这一传承与流变的思想。产品"无"是一盏具有空灵飘逸之美的灯，灵感源于荷叶，设计来自油纸伞的轻韧竹骨架和伞面糊纸的方法。脉络明净的竹签机理、荷叶般富有生机的宣纸灯罩在灯光的照射下，空灵通透，轻盈巧妙，颇有道家仙风道骨、脱尽尘俗的散淡清灵之美，设计审美思想得到进一步深化。"忆"是一盏睡前阅读灯，灯罩的材料是宣纸，灯架成柱状，薄薄的宣纸灯罩在灯光的映射中，其柔韧、纯净的肌理别具柔和朦胧之美。灯架犹如书签，当夜色渐深时，书读罢处信手依放，方便下次继续展阅。小小设计却在细处渗透着人性关怀之美。这两款灯具都淋漓尽致地展示了余杭油纸伞的材料之美，以及建立在这一材料审美基础上的工艺之美。

(四)材料美的创新与形态美的拓展

在"余杭油纸伞的未来"系列产品取得成功的基础上,品物流形在汲取余杭油纸伞传统材料制作工艺的基础上,结合余杭当地其他材料的传统制作工艺,对材料美进行创新。

2013年,品物流形以"融"为主题,联合13位设计师,对传统材料的美学形式进行重新解读、融合,把竹、丝、泥、铜、纸五种材料融于当代设计中,拓展了其设计产品的功能。其中,用竹皮堆叠而成的叶子屏风、竹丝编织的首饰等都利用了竹材料制作工艺的多种可能性,糅合了丝、纸等材料的传统工艺,通过重复性的探索和尝试,汲取了可用于当下设计的工艺、材料及灵感。其设计的叶子屏风秀美雅致,竹丝编织的首饰精巧淳朴,材料自然天成,不仅对传统材料、工艺进行传承创新,也顺应现代社会返璞归真的自然理念,体现了品物流形设计的核心思想:遵循事物的自然发展规律做设计,用自然而然的方式去造物,去做延续传统文化的现代设计。

品物流形认为:一个好的设计师,他应该在一个有根的地方;一个可以扎根的地方;也是设计师能够得到最大启示和最大支撑的地方。由于扎根地方文化和传统工艺,热爱和尊敬传统手工艺,品物流形的设计既蕴含传统的智慧又独具现代的创新。正是这种植根于传统文化土壤之中的设计传承和素心妙悟赋予了余杭油纸伞这种传统工艺新的生命活力。

叶子屏风

竹丝编织的首饰

回望工业社会百多年的发展史,瞩目植根传统的经典案例,我们清晰地看到:油纸伞传统的生产方式虽然已经不再占据主流,但余杭油纸伞历经两百多年积淀的传统手工艺仍在传递。其温情脉脉的手工精神将一如既往地温暖着人们柔软的内心,其材美工巧的造物思想、极具形式美感的装饰、精致的伞面图案和富于变化的色彩等设计之美仍然启迪着现代设计和审美。

品物流形在汲取传统手工艺和设计美学创新前进的同时,也在促进油纸伞传统手工艺的保护与发展。2013 年 5 月,在余杭瓶窑镇政府、品物流形以及当地"自救"意识非常明显的民间人士的合力下,余杭纸伞展示馆在瓶窑镇西坞村扎根。2014 年 3 月,余杭纸伞制作技艺培训班计划招收年轻学徒以培养生力军。申请国家级非物质文化遗产保护的工作也在同步进行。现代手工人性化的产品将与作为手工延伸体的机器产品共生不悖,携手让人们的生活更加美好。"余杭"也因此成为国内唯一一个借助设计平台广泛传播的区域品牌,其所秉承的传统与现代、文化与产业共生的理念将会引起更多的社会共鸣。

四、小 结

从传统民间器具到现代经典设计,油纸伞的传统工艺和设计美学始终在传承延续。品物流形对材料的解构、融合,对重复折叠、粘贴等传统工艺的巧妙利用,对设计美学的深度吸收、重新释放,正是对传统文化的继承发扬和创造探索的合理进化过程。这一传承和流变的案例也让我们更清晰地认识到:传统手工艺文化是激发创意的肥沃土壤,传统工艺之美仍然蕴藏着强大的生命力,它将会衍生出新的设计形式和品类,呈现出传统手工艺文化无穷的张力。现代设计应该从中寻找灵感,才能获得自己的独特风格和意蕴。品物流形设计总监张雷认为:传统手工艺是糖,现代设计是水,糖水不见糖影,但是甜味始终。

总　　结

　　本书运用大历史观的研究方法架构整体框架,以系统研究法、类型学研究法为主要研究方法展开具体的研究。首先,本书对要研究的对象——古代游具设计美学——进行系统性的统一梳理,在开阔的宏观视野下对大量感性的微观材料进行有序显现,从而折射出特定历史环境中特定的游具设计美学现象和审美经验。在此基础上,本书进一步对现代户外旅游用具(相对户外运动而言)进行了比较科学、客观的研究,并引入国外的相关高端产品进行比较分析,发现问题,提出想法。最后,本书对传统游具设计美学的传承与流变进行客观的研究。传统游具名目繁多,本书采用的是经典的实证研究的方法,展开哲理的思考和文化的研究。在这部分的研究中,本书对一些重要的要素进行综合分析,提炼、归纳出古代游具设计美学中值得借鉴的审美经验,寻找一些共性的东西,并提出本书的观点和看法。这三步工作不但弥补了传统游具设计美学的系统性研究、现代户外旅游用具的设计美学、传统游具在当今的传承与流变等研究方面的空白,更形成了对古今游具设计美学及其传承与流变的系统性研究,并提出了具有针砭意义的见解。

　　江南地区古代游具设计的美学充盈着国人智慧和文化的光芒,当今游具设计富含技术的理性思辨,只是国内当今这些游具充斥的多是对舶来品的抄袭。其实,传统游具的设计美学不唯供审美,更可以滋养我国当今游具的审美性、文化创意性设计。江南地区古代文人亲身参与制作设计的游具不仅表现了对下层社会生活的理解和对民间百姓的关注,传达了器以载道的思想情怀,塑造了文人清新高逸的形象,更体现了齐物思想和设计审美,赋予游具以适情怡兴的脉脉人情。这些内化的设计思想和审美追求正是引领游具设计审美文化发展、光华当今设计内在气质的智慧源泉。如何进行深层次的继承和创新,而非流于表面的、符号化的、形式化的表现,是我们始终关注的核心问题,也是贯穿本书的主线。对传统文化的真正重视和有效传承创新,对国外相关先进技术美学的学习,对形成自己的核心技术力量和深厚的设计审美文化的重视,是国内游具设计发展的必然之路。江南地区古今游具设计美学的传承与流变这一研究成果,相信对更多其他器物设计美学的发展必将起到引领的作用。

　　我们不敢妄言研究意义的重大,但可以肯定的是我们的研究是扎实的、富有成效的。相较而言,本书的研究可以说是走在了相关研究的前沿,为相关研究提供了良好的借鉴和资料来源,为国内相关户外行业的发展提供了思考价值和参考意义。

参考文献

1. 藏洁雯:《户外运动服的设计与应用研究》,东华大学,2014 年。

2. 付黎明:《工业产品设计美学研究》,吉林大学出版社,2012 年。

3. 高濂:《遵生八笺》,巴蜀书社,1992 年。

4. 葛金芳:《南宋手工业史》,上海古籍出版社,2008 年。

5. 顾禄:《清嘉录》,江苏古籍出版社,1999 年。

6. 李超德:《设计美学》,安徽美术出版社,2009 年。

7. 李斗:《扬州画舫录》,中华书局,2007 年。

8. 李立新:《中国设计艺术史论》,天津人民出版社,2004 年。

9. 李泽厚:《美的历程》,安徽文艺出版社,1994 年。

10. 林正秋:《南宋临安文化》,杭州出版社,2010 年。

11. 凌继尧等:《艺术设计十五讲》,北京大学出版社,2006 年。

12. 柳诒徵:《中国文化史》,中国大百科全书出版社,1988 年。

13. 吕思勉:《两晋南北朝史》,上海古籍出版社,1983 年。

14. 马洪路:《人在江湖:古代行路文化》,江苏古籍出版社,2002 年。

15. 孟元老:《东京梦华录》,黑龙江人民出版社,2004 年。

16. 孟元老:《东京梦华录注》,中华书局,1982 年。

17. 潘翔:《材质的美感——对 3C 产品设计中材料运用的研究》,同济大学,2009 年。

18. 彭泽立:《设计概论》,中南大学出版社,2004 年。

19. 邱春林:《古代文人的游兴与游具设计》,《南京艺术学院学报(美术与设计版)》,2008 年第 2 期。

20. 尚刚:《中国工艺美术史新编》,高等教育出版社,2007 年。

21. 沈从文:《中国古代服饰研究》,上海书店出版社,2002 年。

22. 沈括:《梦溪笔谈》,重庆出版社,2007 年。

23. 田自秉:《中国工艺美术简史》,浙江美术学院出版社,1989 年。

24. 佟菲:《常态化户外徒步运动服装设计探究》,长春工业大学,2013 年。

25. 屠隆:《考槃余事》,金城出版社,2012 年。

26. 王崇焕:《中国古代交通》,商务印书馆,1996 年。

27. 王明强、曹菊枝:《中国旅游文化》,天津大学出版社,2011 年。

28. 王子今:《中国古代行旅生活》,商务印书馆,1996 年。

29. 文震亨著,陈植校注:《长物志校注》,江苏科学技术出版社,1984 年。

30. 巫仁恕:《品味奢华:晚明的消费社会与士大夫》,中华书局,2008 年。

31. 吴中杰:《中国古代审美文化论》,上海古籍出版社,2003 年。

32. 吴自牧:《梦粱录》,浙江人民出版社,1980 年。

33. 奚传绩:《设计艺术经典论著选读》,东南大学出版社,2005 年。

34. 席龙飞:《中国造船史》,湖北教育出版社,2000 年。

35. 谢贵安、谢盛:《中国旅游史》,武汉大学出版社,2012 年。

36. 邢庆华:《设计美学》,东南大学出版社,2011 年。

37. 徐吉军:《南宋临安社会生活》,杭州出版社,2011 年。

38. 许慎:《说文解字》,中华书局,1963 年。

39. 杨根英、孟家光:《浅谈户外运动服装用功能性面料》,《国际纺织导报》,
2009 年第 11 期。

40. 游彪等:《中国民俗史》,人民出版社,2008 年。

41. 张岱:《陶庵梦忆·西湖梦寻》,上海古籍出版社,1982 年。

42. 张丹丹、周建军:《国内冲锋衣市场分析》,《针织工业》,2015 年第 10 期。

43. 张道一:《造物的艺术论》,福建美术出版社,1989 年。

44. 张锦鹏:《南宋交通史》,上海古籍出版社,2008 年。

45. 张叶:《户外运动装的设计研究》,天津工业大学,2008 年。

46. 郑军:《中国装饰艺术》,高等教育出版社,2001 年。

47. 周密:《武林旧事》,中华书局,2007 年。

48. 周振鹤:《释江南/随无涯之旅》,生活·读书·新知三联书店,2007 年。

49. 宗白华:《美学散步》,上海人民出版社,1981 年。

附　　录
在售户外旅游产品统计

1．衣履冠饰品

服装类: T 恤、衬衫、速干内衣(内裤)、保暖速干内衣(内裤)、保暖抓绒衣、防风雪羽绒服、防风雪棉衣、冲锋衣(裤)、防晒衣、休闲衣(裤)。

鞋子类: 徒步鞋、登山鞋、高山靴、攀岩鞋、溯溪鞋、越野鞋、保暖鞋、休闲鞋、凉鞋、拖鞋、雪地靴。

帽子类: 鸭舌帽、大沿帽、小沿帽、保暖帽、攀岩头盔。

饰品类: 头巾、围巾、户外休闲腰带、太阳眼镜、腕表、手套。

2．交通工具(及其附件)

自行车类: 自行车、骑行头盔、骑行服、自行车灯、打气筒、骑行包、骑行手套、自行车夹。

自驾车类: 保温箱、便携油箱、车顶箱、车顶包、车载自行车架、车载船架、车载电冰箱、合金折叠床、防沙板、靠背椅、气泵、拖车绳、营地逆变器、钢丝门挂钩、车载充电器、车内杂物袋、车载空调出风口挂带、U 型钩。

3．饮食器皿

炊具类: 炉头、气炉、油炉、油气两用炉、取火器、三角吊架、炉头防风板、气罐转换头、小蒸架、户外点火喷枪、气罐支架、烧烤炉、燃料罐、油炉泵、野餐套锅。

餐具类:折叠筷子(勺子、叉子、刀)、饭盒、不锈钢酒杯、便携吸管、不锈钢刀、户外盘。

其他:便携折叠塑料砧板、操作台架、折叠桌椅、鸡蛋盒、野餐包、水壶、提盘器、锅夹、保温箱、调料瓶套装。

4. 装备配件

野营类:帐篷、地席、睡袋、地布、天幕凉棚、帐篷风绳、帐篷灯、折叠水盆、便携毛巾、牙刷、收纳袋、杂物袋、防晒保温救生毯、地钉、户外防潮垫、充气枕头、充气床垫。

工具类:工兵铲、手电筒、信号灯、口哨、钥匙扣、捆扎带、卡片刀、9字钩、冰袋、逃生绳、雨伞、指南针、密码锁、户外手机。

配件类:太阳镜、帽檐灯、相机包、防水袋、遮光眼罩、水壶快挂钩、手机绳、平板电脑保护袋、登山腰包、背包。

后　记

在这个多雨的季节,我轻轻地敲击着键盘,面对着即将写完的书稿,岁月一如既往地静静流淌。本书的研究经历了四五个春秋,尘海苍茫百感,沉思百味深长。

课题的展开坎坷艰难,单就"江南"、"游具"就几多磨合。江南在哪?钱塘江、长江,乃至淮河之南,古今文献不一,且框定长江事小,"江南"本身又是一个流动的概念,从先秦、秦汉的湖南、湖北,到唐季的江南东西两道,再到明朝的八府一州,变动的不仅是地理概念、政治含义,还有其中的文化内涵。行文中江南放在哪?于是产生了纠结,事先放在全书开端的设想似乎不妥,课题组成员显示了集体的智慧,运用历史学经典的历史分期方法谋定篇章,再结合历史地理学和政治地理学的地域研究方法定义这个历史时期的"江南",将"江南"的界定从行文的总开端移到每个篇章的开端。这样,既顺应历史发展的逻辑,也利于不同时段的研究展开,自然若行云流水,行于所当行,止于不可不止。但此亦非万全之策,或许只是其中上策之一而已。

而书中的"游具"一词,其界定亦属不易。此词的出现和广泛使用是在明朝,其中以屠隆《游具雅编》、高濂《遵生八笺》的传颂尤著。游具、食具这些精悍的词语如今却稀少出现,这当然与传统文化的没落相关,我们姑且不论,毕竟中华文化一脉相承,理解起来也不难,何况不惧望文生义。可是其内涵的界定较难,白居易《东归》云:"翩翩平肩舆,中有醉老夫。膝上展诗卷,竿头悬酒壶。……风将景共暖,体与心同舒。始悟有营者,居家如在途。方知无系者,在道如安居。……"诗文不仅描绘了春和景明之日外出游历的体舒神怡,还抛出了"居家如在途"、"在道如安居"的感悟,也间接说明哪些用具是在途所持,哪些为居家所用很难区分。苏轼《定风波》"竹杖芒鞋轻胜马,……一蓑烟雨任平生"的蓑衣竹杖芒鞋不仅是日常家居用具,也是古代司空见惯的游历必备的游具。冯时行"芒鞋竹杖祇相宜,……归作东游五胜诗"、陈著"芒鞋又办游山计"、方回"芒鞋未往意先飞"等脍炙人口的诗句也将这些用具指向游具的意象。即便是《游具雅编》等游具专著亦难将药篮、棋篮与家居用具截然分开,而坐垫、衣匣又如何分清家里家外? 所以我们所能依凭的依据只能是:第一,大众普遍认可的;第二,《游具雅编》等古籍里业已认可的;第三,外出游历必备或出现概率较大的。语言似乎不够严谨,但相信人文研究的资深学者们定会认同人文研究属性的弹性、软性,它的研究对象不同于自然科学所要回答的对象"是什么"、"怎么样"和"为什么"等更明确客观的问题,人文学科注重的是创建性的探讨过程和非固定的结论,相对而言更感性、更主观。这些当然不是托词,行文中还是在极力澄清"江南"、"游具"的概念。希望方家多提宝贵建议,以期完善和推进此类研究。

解决以上问题之后,学问之路似乎坦荡许多,但在具体的研究过程中还是真正体会到了傅斯年先生所言"上穷碧落下黄泉,动手动脚找东西"的艰难。感谢国家社会评学基金的专家抬爱,对本书研究予以资助,但此类研究尚属空白,资料的稀缺可想而知。文中资料的来源主要集中在五个方面:一是古今文献、唐诗宋词元曲等文字资料;二是古代各时期绘画、画像石、画像砖、洞窟岩石岩穴壁画等图像资料;三是各博物馆的藏品等实物资料;四是今人相关研究的成果资料;五是网络资料等。例如,其中单就隋唐时期的游具就得翻遍《唐诗大辞典》,以及隋唐时期的绘画、画像砖,相关时期的藏品,相关研究成果等。

感谢跟随我探讨学问的可爱的学生。我的研究生吴一卉为搜罗唐诗里的相关游具资料就耗费了整整一个暑假,我的研究生姚程珠说"为了找资料,都练就了飞檐走壁的功夫",王娜、周尧、张飞娥也跟着我兀兀穷年,尤其王娜还花费一个多月的时间学习 SPSS 软件。几位同学积年累月定时收集网上推出的旅游和游具的最新资料,和我一起线上、线下辛苦调研,进行图文制作和分析,项斐、焦基鹏、张胜涛、倪吉、金巍、傅颖韬、杨永欣、孟迪等学生辛苦前后接续,当然也有知难而退者。

特别感谢许燕敏博士、李小汾博士、张亚宁副教授、胡浩博士、许盼博士等同事好友与课题组成员的鼎力合作,为本书相关文字进行资料收集和初稿架构,尤其是李小汾博士、张亚宁副教授更是不辞酷暑,夙兴夜寐。课题能够以良好的成绩结题,实属不易,课题组朋友们的深情厚谊我必将铭记于心。人世沧桑,同甘容易共苦难,艰辛的日子有苦有甜,有付出有收获,这一段共同前进的路途也是人生的百味体验,再次感恩。在这里,我尤其要感谢的还有云南省博物馆的詹其友研究员,扬州博物馆的庄志军老师,杭州木版水印的非物质文化遗产传承人黄小建老师,西泠印社的黄捷成老师,东南大学的凌继尧老师、张燕老师、徐子方老师、刘道广老师、王廷信老师、李蓓蕾老师等,在这些并不详尽的老师名单中,有我敬爱的授业恩师,更有我未曾谋面的陌生学者,一面之交的热心非遗传承人,图书馆古籍部、现当代部的老师,美术馆、博物馆、专题馆的老师们,为了支持我们收集资料皆不遗余力。感谢浙江大学出版社吴伟伟老师和陈思佳老师等编辑部老师的辛苦劳作。感谢爱人和儿子一如既往的支持。你们无私的爱和奉献深深感动着我,促我前行,深深祝福你们幸福安康。在此,还要特别感谢嘉兴学院的襄助,才有本专著的付梓。

在采撷了众多师友的智慧,尽可能收集了比较多的材料后,我们通过定性和定量的分析研究手段,以及系统学、大历史观等研究方法,将研究扎实而深入地推进、展开。也许我们的研究还有许多有待提高和改善的地方,但可以自信的是,我们的工作是稳扎稳打、步步为营的,它远别于当今一些浮华的研究。我们这种经年累月沉寂的努力倘若能对相关研究有所裨益,能为丰富人文科学的研究有点滴贡献,为盼且喜。

秦菊英

2020 年 3 月